中国农业科学院科技创新工程资助

中国农业农村高质量发展区域战略研究

罗其友　姜文来　李文娟　等　著

中国农业科学技术出版社

图书在版编目（CIP）数据

中国农业农村高质量发展区域战略研究／罗其友等著．--北京：中国农业科学技术出版社，2021.11

ISBN 978-7-5116-5394-9

Ⅰ．①中… Ⅱ．①罗… Ⅲ．①农业经济发展-经济发展战略-研究-中国②农村经济发展-经济发展战略-研究-中国 Ⅳ．①F323

中国版本图书馆 CIP 数据核字（2021）第 127178 号

责任编辑	于建慧
责任校对	李向荣
责任印制	姜义伟　王思文

出 版 者	中国农业科学技术出版社 北京市中关村南大街 12 号　邮编：100081
电　　话	（010）82109708（编辑室）　（010）82109702（发行部） （010）82109709（读者服务部）
传　　真	（010）82106650
网　　址	http://www.castp.cn
经 销 者	各地新华书店
印 刷 者	北京建宏印刷有限公司
开　　本	185 mm×260 mm　1/16
印　　张	16.5
字　　数	391 千字　彩插　1 面
版　　次	2021 年 11 月第 1 版　2021 年 11 月第 1 次印刷
定　　价	68.00 元

◆版权所有·翻印必究◆

《中国农业农村高质量发展区域战略研究》
著者名单

主　著：罗其友　姜文来　李文娟

著　者：李建平　何英彬　尤　飞　高明杰

　　　　周振亚　张　晴　刘　洋　肖　琴

　　　　杨亚东　李俊杰　李国景　王秀芬

　　　　马力阳　朱娅秋　伦闰琪　刘子萱

　　　　孙炜琳　李婷婷　张　烁　郑海霞

　　　　段丁丁　姜　茜　栗欣如　郭晓鸣

　　　　梅　冬　鲁洪威　廖祖君

农业布局与区域发展创新团队

首席科学家：罗其友

团队主要成员：姜文来　李文娟　李建平　何英彬

　　　　　　　尤　飞　高明杰　周振亚　张　晴

　　　　　　　刘　洋　肖　琴

Research on the Regional Strategies of High-Quality Development of Agriculture and Rural Areas in China

Lead Author: Luo Qiyou, Jiang Wenlai, Li Wenjuan

Co-Author: Li Jianping, He Yingbin, You Fei, Gao Mingjie,
Zhou Zhenya, Zhang Qing, Liu Yang, Xiao Qin,
Yang Yadong, Li Junjie, Li Guojing, Wang Xiufen,
Ma Liyang, Zhu Yaqiu, Lun Runqi, Liu Zixuan,
Sun Weilin, Li Tingting, Zhang Shuo, Zheng Haixia,
Duan Dingding, Jiang Qian, Li Xinru, Guo Xiaoming,
Mei Dong, Lu Hongwei, Liao Zujun

Agricultural Distribution and Regional Development Innovation Team

Chief Scientist: Luo Qiyou

Core Team Members: Jiang Wenlai, Li Wenjuan, Li Jianping,
He Yingbin, You Fei, Gao Mingjie,
Zhou Zhenya, Zhang Qing,
Liu Yang, Xiao Qin

前　言

"十三五"期间，中国农业科学院农业布局与区域发展创新团队深入实施中国农业科技创新工程，聚焦"空间布局、地区发展和区际协调"等农业农村高质量发展重大区域问题开展研究，重点在面向高质量发展的农业水土资源合理配置、农业结构与空间布局优化、乡村振兴与区域现代农业增长极等方面取得重要研究进展，为新时代我国农业农村现代化与高质量发展空间布局决策提供了重要科技支撑。

本书基于团队"十三五"创新工程研究成果整理而成，包括3部分18个专题报告。第一部分，农业资源配置与管理：中国农业资源环境与可持续发展战略、中国农田灌溉水有效利用系数时空变化特征研究、新形势下农田建设管理政策研究、农业绿色发展评价体系研究、新时期长江经济带农业高质量发展研究、中国农业绿色生产效率的动态变迁与空间分异等6个专题报告；第二部分，农业结构与空间布局：新时代中国农业结构调整战略研究、2035年中国农业空间布局战略研究、粮食生产功能区和重要农产品生产保护区创建研究、2035年中国耕地需求与空间布局、中国玉米空间格局演变研究和马铃薯种植生态适宜性区划研究等6个专题报告；第三部分，乡村振兴与农业园区：中央"一号文件"演变特征研究、中国乡村振兴五大关键问题、乡村振兴路径选择、中国村庄演变规律初探、深度贫困地区农产品产销衔接研究、现代农业园区引领驱动产业兴旺战略研究等6个专题报告。

在项目实施过程中，中国农业科学院农业资源与农业区划研究所所领导及职能部门领导给予精心指导和大力支持，国务院发展研究中心、中国科学院地理科学与资源研究所、中国农业大学等有关单位专家和所内兄弟研究团队专家提供了大量建设性意见，在此一并表示诚挚的谢意！

中国农业科学院农业布局与区域发展创新团队
首席科学家　罗其友
2021年3月于北京

Preface

The Agricultural Distribution and Regional Development Innovation Team of Chinese Academy of Agricultural Sciences (CAAS) implemented Agricultural Science and Technology Innovation Project of CAAS, continued to focus on studying cutting-edge scientific issues, such as "spatial distribution, regional development and interregional coordinated development". The scientific and technological innovation achievements of the team were remarkable during the 13th Five-Year Plan period. The team has made great progress in the research of high-quality agricultural development, optimal allocation of water and land resources, agricultural structure and spatial distribution, rural revitalization and modern agricultural Growth Pole, which has provided reference for the formulation of the state strategy of agricultural and rural modernization and high-quality development in the new era from the perspective of science and technology.

This book is composed of the advanced findings of Agricultural Science and Technology Innovation Project of CAAS of the team during the 13th Five-Year Plan period, which includes three parts, 18 research reports totally. The part one is the water and land resource allocation, which includes Research on agricultural resource environment and sustainable development strategy in China, Spatio-temporal analysis of irrigation water use coefficients in China, Management policies of farmland construction in China in the New Era, Quantitative evaluation of agricultural green development in China, Research on the agricultural high-quality development of the Yangtze River economic zone in the New Era and Dynamic changes and spatial differentiation of agricultural green production efficiency in China. The part two is the agricultural structure and spatial distribution, which includes Study on the adjustment strategy of agricultural structure in China in the New Era, Research on Chinese agricultural spatial strategic pattern in 2035, Research on the policy creation of special areas for grain production and protected areas for the production of important agricultural products, Demand and spatial distribution of cultivated land in China in 2035, Study on spatial pattern evolution of maize in China and Study on ecological suitability of potato cultivation in China. The part three is the rural revitalization and agricultural park, which includes Research on the evolution characteristics of "No. 1 Central Document" in China, Analysis on five key issues of rural revitalization in China, Study on path selection of rural revitalization in Sichuan Province, A Preliminary Study on the law of village evolution in China, Research on docking of production and marketing of farm produce in areas in deep poverty and Research on how to to build a modern agricultural park to drive the development of the rural industry.

During the implementation of the Agricultural Science and Technology Innovation Project of CAAS, the leaders of the Institute of Agricultural Resources and Regional Planning of the CAAS (IARRP, CAAS) and the leaders of the related departments gave meticulous guidance and strong support. Relevant experts from the Development Research Center of the State Council in China, the Institute of Geographical Sciences and Resources of the Chinese Academy of Sciences, and China Agricultural University, as well as related research teams of IARRP, have provided lots of constructive suggestions. On behalf of the Agricultural Distribution and Regional Development Innovation Team, I would like to express my sincere thanks to them!

Luo Qiyou, Chief Scientist of the Agricultural Distribution and Regional Development Innovation Team of CAAS

March 2021 in Beijing

目　录

农业资源配置与管理

中国农业资源环境与可持续发展战略 …………………………………… 3
中国农田灌溉水有效利用系数时空变化特征研究 ……………………… 34
新形势下农田建设管理政策研究 ………………………………………… 46
农业绿色发展评价体系研究 ……………………………………………… 56
新时期长江经济带农业高质量发展研究 ………………………………… 66
中国农业绿色生产效率的动态变迁与空间分异 ………………………… 77

农业结构与空间布局

新时代中国农业结构调整战略研究 ……………………………………… 91
2035 年中国农业空间布局战略研究 …………………………………… 102
粮食生产功能区和重要农产品生产保护区创建研究 …………………… 116
中国玉米空间格局演变研究 ……………………………………………… 131
马铃薯种植生态适宜性区划研究——以吉林省为例 …………………… 146

乡村振兴与农业园区

中央"一号文件"演变特征研究 ………………………………………… 179
中国乡村振兴五大关键问题 ……………………………………………… 187
四川省乡村振兴路径选择 ………………………………………………… 196
中国村庄演变规律初探 …………………………………………………… 208
深度贫困地区农产品产销衔接研究 ……………………………………… 223
现代农业园区引领驱动产业兴旺战略研究 ……………………………… 241

Contents

Part One　Agricultural Resource Allocation and Management

Agricultural Resource Environment and Sustainable Development Strategy in China ············ 3
Spatio-Temporal Analysis of Irrigation Water Use Coefficients in China ························ 34
Management Policies of Farmland Construction in China in the New Era ······················· 46
Construction of Evaluation System for Agricultural Green Development ························ 56
Research on the Agricultural High-quality Development of the Yangtze River
　Economic Zone in the New Era ··· 66
Dynamic Changes and Spatial Differentiation of Agricultural Green Production
　Efficiency in China ··· 77

Part Two　Agricultural Structure and Spatial Distribution

Study on the Adjustment Strategy of Agricultural Structure in China in the New Era ············ 91
Study on Optimizing Agricultural Spatial Pattern in China ·· 102
Study on the Policy Creation of Special Areas for Grain Production and Protected
　Areas for the Production of Important Agricultural Products ······································ 116
Study on Spatial Pattern Evolution of Maize in China ·· 131
Study on Ecological Suitability of Potato Cultivation in Jilin Province Based on GIS ········· 146

Part Three　Rural Revitalization and Agricultural Park

Research on the Evolution Characteristics of "No. 1 Central Document" ························ 179
Analysis on Five Key Issues of Rural Revitalization in China ·· 187
Study on Path Selection of Rural Revitalization in Sichuan Province ······························ 196
A Preliminary Study on the Law of Village Evolution in China ······································ 208
Research on Producing and Marketing Linkage of Agricultural Products in Poverty-
　Stricken Areas ··· 223
Research on How to Build a Modern Agricultural Park to Drive the Development of
　the Rural Industry ··· 241

[中国农业农村高质量发展区域战略研究]

农业资源配置与管理

中国农业资源环境与可持续发展战略

尤 飞　王秀芬　郑海霞

摘　要：本研究基于多元数据，对全球水土资源时空演变格局进行分析，预判了未来发展演变趋势，并基于水土资源预测了全球粮食供给能力，指出了潜在增产区域；对我国人口变化、食物消费结构变化趋势进行分析，提出了食物需求总量、结构的变化趋势；对我国未来粮食供需平衡进行分析，预判了缺口变化，并折算成虚拟耕地资源、虚拟水资源刻画供需主要矛盾。分析了耕地污染、面源污染、地下水超采、畜禽粪污、秸秆和地膜等对农业生态环境影响的总体趋势，评估了已经实施的各类政策措施的效应，预判了未来在有效保护措施开展情境下的农业生态环境变化趋势。在以上分析的基础上，提出未来30年我国农业资源环境与可持续发展的总体思路、战略重点、重大保障措施和政策措施。

关键词：农业资源；环境；可持续发展

Agricultural Resource Environment and Sustainable Development Strategy in China

You Fei, Wang Xiufen, Zheng Haixia

Abstract: Based on multivariate data, this study analyzed the spatial and temporal evolution pattern of global water and land resources, predicted the future development trend. On the basis of water and land resources, the global food supply capacity was predicted and the potential areas for increasing production were pointed out. The changing trend of population change and food consumption structure in China was analyzed, and the trend of total food demand and structure was put forward; the future grain supply and demand balance were analyzed, the gap change was predicted, and converted it into virtual cultivated land resources and water resources to characterize the main contradiction between supply and demand. This study also investigated the overall trend of farmland pollution, non-point source pollution, groundwater over-extraction, livestock and poultry manure, straw and plastic film on the impact of agricultural ecological environment, evaluated the effects of various policy measures that had been implemented, and predicted the changing trend of the agricultural ecological environment in the context of effective protection measures in the future. Based on the above analysis, this study puts forward the general idea, strategic priorities, major safeguard measures and policy measures of China's agricultural resources, environment and sustainable development in the next 30 years.

Key words: agricultural resources; environment; sustainable development

一、农业水土资源变动平衡趋势

(一) 中国农业水土资源变动平衡趋势

1. 全球农业水土资源时空格局与变动趋势

(1) 全球耕地资源时空格局和变动趋势　全球耕地面积呈波动上涨趋势。1961—1987年，全球耕地面积持续增加，由 12.73 亿 hm² 增加到 13.74 亿 hm²，1988—2007年，耕地面积逐渐减少，2008 年以来，耕地面积逐步回升，2017 年，全球总耕地面积约 13.91 亿 hm²。全球耕地面积总量前 10 名国家中，中国耕地面积减少最明显，2014 年后逐渐增加，巴西耕地面积增加最大，2010 年以来，阿根廷和澳大利亚耕地面积也持续增加。美国 1986—2010 年耕地面积出现一定的下降，2011 年以来，基本保持稳定。全球耕地高强度种植区域主要集中在东南亚、美洲以及西非，复种指数可达 200%以上。

目前，全球耕地资源主要集中在中国、美国、印度、俄罗斯、巴西、阿根廷、澳大利亚、加拿大、哈萨克斯坦和乌克兰等国。最主要的区域集中在北纬 10°～45°、东经 65°～125°，对应亚洲的印度和中国东南部的产粮区；中部区域位于北纬 40°～45°、东经 15°～55°，对应欧洲种植区；北纬 30°～35°、西经 80°～110°，对应美国的"玉米—大豆"种植区；南纬 15°～45°、西经 45°～70°，是南美洲巴西和阿根廷东北部经济作物种植区。

联合国粮农组织（FAO）预测，到 2050 年，全球耕地利用将继续增长，但增长率将低于过去 50 年。预计到 2030 年，全球耕地面积将达 16.45 亿 hm²，2030—2050 年，耕地增长趋势将变得缓慢，年均增长率仅为 1%，2050 年，全球耕地达 16.61 亿 hm²，其中，大部分增长预计来自发展中国家，发达国家的耕地利用率可能继续下降（图 1）。

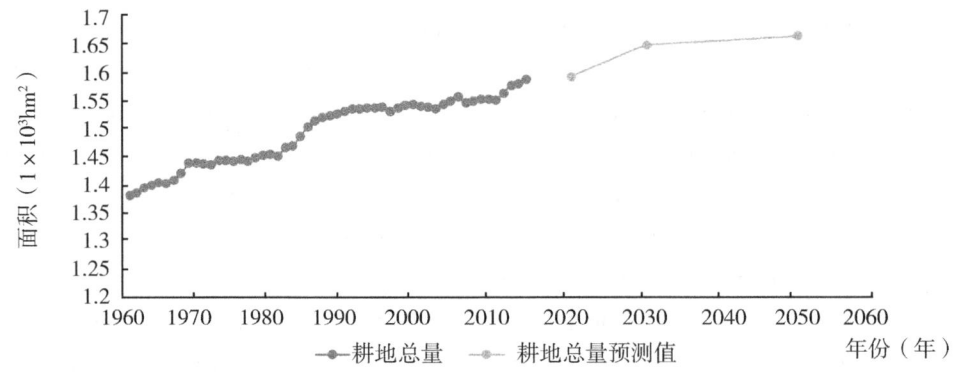

图 1　2030—2050 年耕地总量预测

全球耕地资源潜力巨大，有利于保证全球粮食安全。根据 FAO 估算，全球实际可利用开发的农业耕地可达 35 亿 hm²，有 14.67 亿 hm² 的潜在耕地尚未得到有效利用。全球土地资源中存在大量潜在耕地，在非洲撒哈拉以南地区和拉美地区，扩地空间依然存在，从长远来看，气候变化也会给温带地区带来一定的扩地潜力。如果考虑到生产技术进步与作物适应性的不断改良，全球还有 26 亿 hm² 潜在农业耕地未得到有效开发利用。适合种植稻谷、小麦、玉米、大豆的面积均超过 10 亿 hm²（不同品种之间存在重复计算），增产潜力达 8%~10%。

到 2050 年，农业产量中超过 80% 的增幅预计可通过提高现有耕地生产率的方式实现。未来全球粮食供给增加将主要依赖科技进步带来的单产提高。同时，需要采用可持续的土地管理手段，通过提高灵活性、可靠性，改为定时灌溉等方式实现灌溉用水的有效利用。

（2）全球水资源时空格局和变动趋势　全球水资源短缺，地区分布极不平衡，非洲和亚洲人均水资源严重缺乏。赤道附近降水量较多，由赤道往两级，降水量逐渐减少。南北回归线附近，大陆东岸降水较多，西岸降水较少。大洋洲是世界上淡水资源总量最少的地区，但由于人口数量少，人均水资源最多，达 29 225m³；美洲有丰富的水资源，北美洲的淡水资源大约占全世界淡水资源的 14%，南美洲拥有全球 30% 的淡水资源，人均可再生水资源达 25 419m³；由于人口密集，亚洲和非洲人均淡水资源相对缺乏，同时，受到全球气候变暖的影响，非洲的河流面临着极大的威胁，这将导致 1/4 的非洲大陆会在未来处于严重的缺水状态。

农业是目前用水量最多的产业，全球平均农业用水量占总用水量的比率为 69%，主要用于农业灌溉，农业灌溉用水效率较低导致水资源压力增加，同时也导致地下水位下降，农业环境生态恶化。联合国粮农组织全球水和农业信息系统（FAO-aquastat）（2016）资料显示，世界农业用水较多的地区集中在亚洲和非洲，农业用水占总用水量比达到 81%，在非洲撒哈拉以南的苏达诺·萨赫勒（Sudano Sahelian）地区和印度洋群岛，农业用水占比高达 94%；欧洲大部分地区，农业用水占比在 25% 以下，仅地中海区域农业用水占比较高，达 56%；美洲和大洋洲的农业用水占比分别为 48% 和 65%，灌溉用水约占农业用水的 70%，预计 2050 年全球作物灌溉用水将比 2010 年增加 23%~42%（Burek，2016），FAO 则认为 2050 年灌溉用水量将比 2008 年增加 5.5%。到 2030 年，农业的汲水量预计将增至每年 2 900m³，到 2050 年将达到 3 000m³（OECD，2015）。

全球共有 3.34 亿 hm² 的土地使用灌溉设备。灌溉土地在亚洲分布最多，大约占 70.9%；其次是美洲，占 15.6%。灌溉面积较大的国家依次是中国（0.73 亿 hm²）、印度（0.7 亿 hm²）和美国（0.27 亿 hm²）。

国际上通常将净灌溉水需求量和灌溉水汲水量的比率称为灌溉效率，目前，全球平均灌溉效率约为 56%，非洲和美洲灌溉效率较低，分别为 48% 和 49%，欧洲最高，达 63%。亚洲、非洲农业用水占比高，同时受实际可再生水资源总量的制约，因灌溉形成的水资源压力较大，其中，亚洲最大，为 14%，其次是非洲，为 3.1%（表1）。

表 1　各大洲灌溉需水量和灌溉水资源压力

地区	实际可再生水资源总量（亿 m³）	净灌溉水需求量（亿 m³）	灌溉汲水量（亿 m³）	灌溉效率（%）	因灌溉形成的水资源压力（%）
世界	525 794.72	15 004.64	26 726.4	56	5.1
非洲	55 302.86	826.11	1 712.22	48	3.1
美洲	243 617.6	1 952.91	3 972	49	1.6
亚洲	144 507.15	11 735.14	20 259.11	58	14
欧洲	74 177.11	436.71	691.81	63	0.9
大洋洲	8 190	53.84	91.25	59	1.1

注：灌溉效率＝净灌溉水需求量（Net Irrigation Water Requirement）/灌溉汲水量（Irrigation Water Withdrawal）；因灌溉形成的水资源压力＝灌溉汲水量（Irrigation Water Withdrawal）/实际可再生水资源量（Total Actual Renewable Water Resources）；数据来源：http://www.fao.org/nr/water/aquastat/water_use_agr/index.stm

全球用水需求持续增长，并且随着人口增加，用水紧张持续加剧。联合国发布的《2018 年世界水资源开发报告》显示，由于人口增长、经济发展和消费方式转变等因素，全球水资源的需求正在以每年 1% 的速度增长。2050 年，世界人口将增长到 94 亿~102 亿，城镇化率将达 69%，目前，全球的水需求大约为 46 000 亿 m³，到 2050 年将增长到 55 000 亿~60 000 亿 m³（Burek et al.，2016）。2010—2050 年，预计世界范围内，除西欧外的其他地区生活用水量都将显著增长。生活用水增长最显著的地区是非洲和亚洲，增长可能超过 3 倍，中美洲和南美洲生活用水需求增长也会翻一番。到 2050 年，面临缺水状态人口的主要分布在亚洲（91%~96%）和非洲（4%~9%）。

干旱缺水和洪涝灾害同时影响未来水资源供应。受土地退化、土地沙漠化、干旱以及洪水风险的人口数量预计将从目前的 12 亿增长到 2050 年的约 16 亿。目前约有 36 亿人口，相当于将近一半的全球人口居住在缺水地区，到 2050 年这一人口数量可能增长到 48 亿~57 亿。

未来工业用水和生活用水需求量增长将远大于农业需水量。工业用水，约占全球用水量的 20%（WWAP，2014）。Burek（2016）认为，除北美洲、西欧和南欧以外，世界上的其他地区工业用水量将增加。在西非、中非、东非和南非，尽管目前工业用水量占比重较小，但未来工业用水需求可能增长 8 倍。而在亚洲的南部、中部和东部，工业用水量可能增加 2 倍。根据经济合作与发展组织（OECD）的预测，2010—2035 年，预计用于能源生产的水资源需求将增长 1/5，生活用水需求将增长 85%。

2. 中国农业水土资源时空格局与变动趋势

（1）中国耕地资源时空格局和变动趋势　中国耕地资源呈先增加后减少趋势，人均耕地资源总体呈下降趋势。1949—1980 年，耕地资源总体呈上升趋势，1980 年以来总体下降，人均耕地资源亦呈现下降趋势，2017 年年末，全国耕地面积为 13 486.32 万 hm²。从空间分布看，我国耕地主要集中在东北地区、西北地区和华北地区，与水资源空间分布不匹配。

我国采取一系列政策保护耕地，严格控制耕地转为非耕地，实施耕地占补平衡制度和国家实行基本农田保护制度，建设 15.5 亿亩（1 亩≈667m^2。全书同）永久基本农田。根据《全国国土规划纲要（2016—2030 年）》，到 2020 年、2030 年我国耕地保有量要保持在 18.65 亿亩、18.25 亿亩以上；实施藏粮于地政策，为减少重金属污染和地下水下降采取休耕政策，为减少耕地退化采取轮作制度。

（2）中国水资源时空格局和变动趋势　中国水资源总量小幅增加，但时空分布不均，平均人均水资源量仅 2 000 亿 m^3 左右，平均农业用水量约 3 700 亿 m^3。2013—2018 年，平均水资源量 28 646.2 亿 m^3，2000 年以来最高水资源量是 32 466.4 亿 m^3，我国水资源利用以地表水为主，占比 96% 左右。2000 年以来，全国人均水资源量丰水年达到 2 300m^3 左右，枯水年只有 1 730.2m^3。

中国降水量从东南沿海向西北内陆递减，水土资源不匹配特征明显。长江流域和长江以南，耕地只占全国的 36%，而水资源量却占全国的 80%；黄河、淮河、海河三大流域，水资源量只占全国的 8%，而耕地却占全国的 40%，水土资源相差悬殊。西北、华北、东北是主要的农业灌溉区，农业用水量较多的地区主要集中在粮食主产区，即黑龙江、新疆、江苏、青海、广东、广西、湖南、湖北、内蒙古等省（区）。由于农业灌溉用水对地下水的过度开采，导致黄淮海平原、东北地区、西北地区和河西走廊地下水埋深持续下降，导致水质恶化，生态环境退化。

2018 年，全国水资源总量 27 462.5 亿 m^3，与多年平均值基本持平。其中，地表水资源量 26 323.2 亿 m^3，地下水资源量 8 246.5 亿 m^3，地下水与地表水资源不重复量为 1 139.3 亿 m^3。2018 年，全国用水总量 6 015.5 亿 m^3，其中，农业用水 3 693.1 亿 m^3，占用水总量的 61.4%。耕地实际灌溉亩均用水量 365m^3，农田灌溉水有效利用系数 0.554。

农业用水一直占主导地位，1949—1980 年，为快速增长期，1980 年以后，为稳定期甚至下降期，工业用水和生活用水则是在 1980 年后随着经济快速发展进入激增期。2010 年以来，基本保持在 3 700 亿 m^3 左右。2013—2018 年，5 年农业用水平均值为 3 789.7 亿m^3，占总用水量的 63.1%。

（二）中国粮食供需平衡分析

1. 中国粮食消费需求分析

农业资源是粮食安全的重要支撑，农业资源需求主要取决于人口总量及其结构变化和居民食物消费结构变化。根据联合国经济社会事务处人口署预测，总体上人口在 2030 年前后达到峰值，城镇化率逐步增加，城乡差距缩小。居民消费结构改变，表现为主粮消费占比大幅下降，肉类、水产品、奶制品、蔬菜和干鲜瓜果的消费占比逐步提高。2035 年和 2050 年农业资源总体需求量增加，虚拟水和虚拟耕地进口需求也将增加。

（1）我国粮食消费需求现状与趋势　随着居民收入水平提高，居民食物消费水平明显提高。随着收入的增加，居民膳食结构发生变化，人均主粮消费量下降，而对水果、蔬菜、肉类和水产品等高品质农产品的消费量快速增加，消费方式发生改变，对价格的敏感度降低，对购买产品的便利性要求提高，城乡居民人均食物消费支出显著增长。1990—

2016年，城镇和农村居民年人均粮食（原粮）消费量分别由205.9kg和262.1kg下降至111.9kg和157.2kg，分别下降了45.7%和40%；城镇居民年人均禽肉消费量由3.7kg升至10.6kg，农村居民禽肉人均消费量由1.3kg升至8.5kg；城镇居民奶类年人均消费量由8kg升至16.5kg，农村居民年人均消费量由1.1kg升至6.6kg；城乡居民牛羊肉、蛋类、食用植物油、鲜瓜果和水产品等的人均消费也呈现增长趋势。

（2）人口和人口结构变化预测　中国未来人口总量及其结构的变化将对未来食物消费结构和粮食需求总量产生显著的影响，直接关系未来粮食安全。根据联合国人口预测，不同增速方案下的中国人口总量峰值在14.2亿~14.8亿，预计到2035年，高、中、低方案下总人口分别达到15.02亿、14.33亿和13.64亿，城镇常住人口规模将达到10.59亿，农村常住人口规模3.73亿，城镇人口城镇化率为73.9%。2050年，高、中、低方案下的总人口分别达到15.06亿、13.64亿和12.3亿，中方案预计2029年人口达到峰值14.416亿，城镇常住人口规模将达到10.91亿，农村常住人口规模达2.72亿。

（3）人均主要农产品消费量预测　本研究主要运用中国农产品局部均衡模型，分析和预测不同人口情景下中国粮食需求的变化，模型定量描述中国农产品市场中各种农产品的生产、消费、贸易、价格及其相互之间的关系。模型包括31种农产品及其加工品，其中，6种粮食（稻谷、小麦、玉米、大麦、马铃薯、大豆）和10种畜产品（母猪、商品猪、猪肉、母牛、商品肉牛、牛肉、鸡肉、羊肉、牛奶、禽蛋），建立了不同农产品市场之间存在的替代关系和互补关系，尤其是畜牧业生产和粮食饲料消费之间的关系。

本研究利用联合国的高、中、低人口预测模拟方案，应用联合国中等增速人口预测模拟方案为基准模拟方案。

总体上，城乡居民食物消费结构变化不大，主粮消费小幅下降，肉蛋奶类消费持续增加。人均口粮消费农村均高于城市，未来口粮消费整体上稳中有降，人均口粮消费量从2018年的198.5kg下降到2050年的178kg。2018年、2035年、2050年全国农村和城镇人均口粮消费分别从229.57kg、177.04kg下降到225.3kg、171.98kg和219.72kg、167.53kg。农村人均口粮消费量，高于城镇人均口粮消费量，但两者随着时间发展逐渐趋同。从消费结构看，水稻消费最高，其次是小麦、玉米和大豆，结构整体变化不大。

城乡居民的粮食直接消费需求量有所下降，饲料和加工消费增长趋势明显。稻谷的直接人均消费量从2018年的113.9kg分别下降到2025年、2035年、2050年的112.3kg、109.4kg和106kg，小麦的直接人均消费量从2018年的66.5kg分别下降到2025年、2035年、2050年的63.2kg、59.9kg和55.9kg，玉米的直接人均食用消费量从2018年的13.2kg分别下降到2025年、2035年、2050年的12.3kg、11.3kg和10.5kg（图2）。

从水果和蔬菜消费看，城镇人均蔬菜消费高于农村人均蔬菜消费，农村和城镇人均蔬菜消费分别从2018年的155.53kg、180.21kg小幅增加到2035年156.01kg、180.86kg，随后小幅下降。农村和城镇人均水果消费量持续增加，分别从2018年的97.62kg和150.74kg增加到2050年的102.85kg和155.89kg。

至2050年，人均蔬菜和水果消费增加，人均蔬菜、水果消费量分别从2018年的170.01kg和129kg，增加到2035年174.4kg和140.3kg，随后出现下降，到2050年为

171.1kg 和 145.3kg。

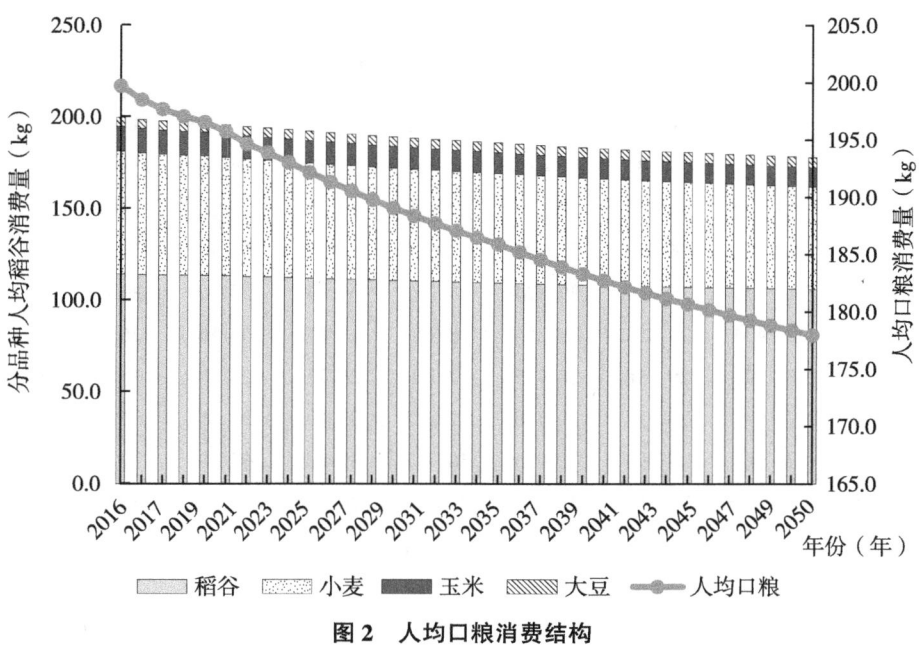

图 2 人均口粮消费结构

肉蛋奶类消费品整体趋于增加，均表现为农村低于城镇，总体上猪肉的消费量最大，到 2035 年农村城镇肉蛋奶类消费量差距逐渐减小，到 2050 年农村城镇基本接近。

依据饲料转化率和人均肉蛋奶类产品消费，估算出人均饲料粮消费量，得出年人均口粮、饲料粮、油料和食糖的消费量。到 2050 年，人均粮食消费从 2018 年的 418.73kg 增加到 443.83kg，人均口粮从 198.96kg 下降到 176.54kg，人均饲料粮从 197.19kg 增加到 238.7kg，人均油料和食糖消费量也增加（表2）。

表 2 人均粮食消费量　　　　　　　　　　　　　　　　　　　　　　　单位：kg

年份	人均粮食消费	人均口粮消费	人均饲料粮	人均油料	人均食糖消费量
2018 年	418.73	198.96	197.19	20.05	2.53
2020 年	430.68	195.23	210.98	21.88	2.59
2025 年	435.65	190.87	219.38	22.72	2.68
2030 年	436.88	186.09	224.77	23.27	2.75
2035 年	436.97	181.82	228.55	23.79	2.81
2040 年	439.44	179.35	232.37	24.53	3.20
2045 年	438.47	178.21	231.78	24.79	3.69
2050 年	443.83	176.54	238.70	24.81	3.79

（4）高中低方案全国粮食需求总量预测　结合我国人均主要农产品消费量预测值和联

合国人口高、中、低三种方案预测值,得到全国主要农产品未来总消费量的高、中、低三种方案(表3)。

表3　高、中、低三种方案预测值　　　　　　　　　　　　　　　　　　　单位:万 t

方案	2018年	2020年	2025年	2030年	2035年	2040年	2045年	2050年
粮食高方案	56 186	57 034	59 432	61 846	63 294	64 163	64 679	65 461
粮食中方案	55 922	56 543	58 219	59 768	60 374	60 349	59 818	59 302
粮食低方案	55 671	56 053	57 006	57 689	57 456	56 567	55 093	53 486
口粮高方案	29 573	29 709	29 874	29 771	29 497	29 309	29 082	28 843
口粮中方案	29 434	29 453	29 264	28 770	28 136	27 567	26 897	26 129
口粮低方案	29 302	29 198	28 655	27 770	26 776	25 839	24 772	23 567
饲料粮高方案	26 613	27 325	29 558	32 075	33 797	34 854	35 596	36 618
饲料粮中方案	26 488	27 090	28 955	30 997	32 238	32 782	32 921	33 173
饲料粮低方案	26 369	26 855	28 352	29 919	30 680	30 728	30 321	29 919
油料高方案	2 815	2 935	3 111	3 234	3 329	3 475	3 600	3 706
油料中方案	2 802	2 909	3 048	3 126	3 176	3 269	3 329	3 357
油料低方案	2 789	2 884	2 984	3 017	3 022	3 064	3 066	3 028
食糖高方案	206	214	234	253	270	273	275	276
食糖中方案	205	212	229	244	258	257	254	250
食糖低方案	204	210	224	236	246	241	234	225

按照联合国高方案人口预测,未来粮食总消费持续增加,按照中方案预测,粮食总消费在2035—2040年达到峰值,口粮高方案2025年达到峰值,中方案2021年就达到峰值。

考虑到收获损失、浪费、种子和工业需求,参照武拉平收获损失5%左右和中国农业科学院(GAMS)团队的研究,小麦、水稻等主粮工业加工需求在8%,种子按照1%计算,2018—2020年种子、工业、损耗和浪费按照15%计,2025—2035年按照12%计,之后按照10%估算,估算中方案目标下的粮食总需求。预测结果显示,中国粮食总需求在2035年达到峰值66 411万 t,同时,2030年饲料粮也达到峰值32 394万 t,口粮消费降低,油料和食糖增加(表4)。

表4　中方案粮食消费量和总需求量　　　　　　　　　　　　　　　　　　单位:万 t

年份	粮食总需求量	粮食消费量	种子、工业、损耗和浪费	口粮消费量	饲料粮消费量	油料消费量	食糖消费量
2018年	64 311	55 922	8 388	29 434	26 488	2 802	205
2020年	65 025	56 543	8 482	29 453	27 090	2 909	212
2025年	65 206	58 219	6 986	29 264	28 955	3 048	229
2030年	66 940	59 768	7 172	28 770	30 997	3 126	244
2035年	66 411	60 374	6 037	28 136	32 238	3 176	258

(续表)

年份	粮食总需求量	粮食消费量	种子、工业、损耗和浪费	口粮消费量	饲料粮消费量	油料消费量	食糖消费量
2040年	66 384	60 349	6 035	27 567	32 782	3 269	257
2045年	65 800	59 818	5 982	26 897	32 921	3 329	254
2050年	65 232	59 302	5 930	26 129	33 173	3 357	250

《中国食物与营养发展纲要（2014—2020年）》提出，要确保"谷物基本自给、口粮绝对安全"的目标，从数量上理解口粮绝对安全即口粮要实现100%自给，考虑到我国自然灾害频繁，农业抗灾能力有限，粮食生产的灾害损失率通常在5%～10%。当遇到较大自然灾害时需要依靠进口弥补缺口，在确定正常情况下粮食自给率时，也应考虑应急增加粮食进口时的粮源问题。因此，本研究认为口粮自给率只有超过105%，甚至达到110%时才能保证我国口粮的常年绝对安全。

2. 中国粮食供需平衡分析

依据CASM模型预测结果，分析主要粮食作物的种植面积、单产、消费、生产、贸易和库存情况，计算粮食缺口盈余情况，以分析农业资源供需缺口。从总体粮食作物种植结构看，小麦、稻谷和玉米合计占比基本保持稳定，在60%左右，小麦和稻谷的种植面积小幅减少，玉米的种植面积增加，这与消费结构变化相似，直接主粮消费降低，玉米饲料粮的消费增加。大豆种植面积将增加，但增幅不大。水果蔬菜种植面积将增加。

从四大主要作物单产和种植面积看，玉米单产将继续上升，是四大主要农作物中上升最快的，2035年单产可以达到7 301kg/hm^2，小麦单产将在5 400kg/hm^{2}波动，稻谷单产在6 800~6 900kg/hm^{2}波动。

粮食总体供需平衡表现在水果、蔬菜出现盈余，水稻、小麦、玉米等主要口粮和大豆、油籽、棉花出现缺口，糖料由缺口转为盈余。

水稻缺口先增加后减少，小麦缺口逐步减少，水稻缺口在2025年达到峰值。玉米缺口逐步增加，主要是用于饲料粮、能源加工和其他消费方面需求增加。水稻缺口占需求比率由2018年的1.87%逐步减少，到2050年出现少量盈余，小麦由3.46%逐步下降到2050年0.09%，玉米缺口由1.85%逐步增加到2050年的13.94%（表5）。

表5 主粮缺口预测　　　　　　　　　　　　　　单位：万t，%

年份	水稻缺口	小麦缺口	玉米缺口	口粮缺口	水稻缺口占需求比率	小麦缺口占需求比率	玉米缺口占需求比率	口粮缺口占需求比率
2018年	362	429	514	1 304	1.87	3.46	1.85	2.19
2020年	396	427	1 027	1 850	1.99	3.33	3.62	3.03
2025年	428	401	2 376	3 206	2.09	3.04	7.89	5.02
2030年	409	295	2 766	3 470	1.98	2.24	8.69	5.29
2035年	424	241	2 977	3 642	2.05	1.85	8.91	5.42

(续表)

年份	水稻缺口	小麦缺口	玉米缺口	口粮缺口	水稻缺口占需求比率	小麦缺口占需求比率	玉米缺口占需求比率	口粮缺口占需求比率
2040年	295	220	4 040	4 554	1.43	1.68	11.57	6.64
2045年	126	157	4 804	5 087	0.62	1.21	13.29	7.31
2050年	-145	12	5 153	5 020	-0.72	0.09	13.94	7.18

油料作物以缺口为主，以大豆缺口最大，缺口占需求比率小幅下降，由89.08%下降到87.54%，花生少量盈余，棉花缺口在35%左右（表6）。

表6 油料、棉花缺口预测　　　　　　　　　　　　单位：万t,%

年份	大豆缺口	油籽缺口	花生盈余	油料缺口	棉花缺口	大豆缺口占需求比率	油籽缺口占需求比率	花生盈余占需求比率	油料缺口占需求比率	棉花缺口占需求比率
2018年	9 424	468	-47	238	203	89.08	26.17	-2.78	8.65	23.43
2020年	9 479	500	-19	325	248	88.79	27.63	-1.13	11.36	28.25
2025年	9 642	572	-32	397	308	88.21	30.66	-1.75	13.28	34.18
2030年	9 814	635	-10	392	324	87.75	33.12	-0.55	12.86	35.02
2035年	9 951	689	0	365	332	87.32	35.09	-0.02	11.91	35.08
2040年	10 152	731	22	360	340	87.43	36.44	1.09	11.52	35.22
2045年	10 325	768	29	328	346	87.51	37.6	1.41	10.41	35.24
2050年	10 470	801	19	262	349	87.55	38.59	0.89	8.35	35.13

食糖总体上存在缺口，水果、蔬菜出现盈余，盈余量出现先增加后减少的趋势。2017年，耕地缺口8.66亿亩，2020—2025年缺口在9亿亩左右，2048年缺口达到峰值9.22亿亩。总体上看，缺口可控，粮食安全保障形势在2048年前比较紧张，之后耕地供需矛盾逐步趋缓。

由于国内外粮食价差不断扩大，存在粮食生产与进出口脱节的情况，尤其小麦、稻谷和玉米，生产盈余与进口量增加并存，导致库存增加，不利于粮食安全和粮食竞争力加强。在国际市场上我国粮食在价格、成本、品质等方面都不具优势，只能从国际市场进口低价粮食品种，这也冲击了国内粮食生产，不利于保持粮食供给的稳定。

（三）全球化视角下未来农业资源进口潜力

1. 基于粮食供需平衡的虚拟水土资源进口潜力

利用虚拟水和虚拟耕地估算不同农产品的水土资源缺口和水土资源总缺口，可以看出，大豆水土资源缺口最大，其次是玉米，水土资源缺口呈小幅增加并分别在2048年和

2045年达到峰值。按照虚拟水和虚拟耕地公式估算，虚拟耕地缺口在2048年达到峰值9.21亿亩，为我国2017年耕地面积20.23亿亩的45.5%。虚拟水缺口也逐步上涨，2045年虚拟水缺口达到峰值3 246.78亿 m^3，占2017年农业总用水量3 790.61亿 m^3 的85.65%。

虚拟水缺口是按照粮食总缺口估算的全部需水量，实际上水资源可以分为蓝水和绿水，蓝水指河流、湖泊和地下蓄水层中的水，绿水是指植物根部土壤存储的雨水。全球总降水量的65%通过森林、草原、湿地和雨水灌溉农田的蒸散作用返回大气，只有35%的降水储存在河流、湖泊和含水层中。按照蓝水计算，虚拟水进口量大约为1 136.37亿 m^3，占2017年农业总用水量的29.98%（图3，图4）。

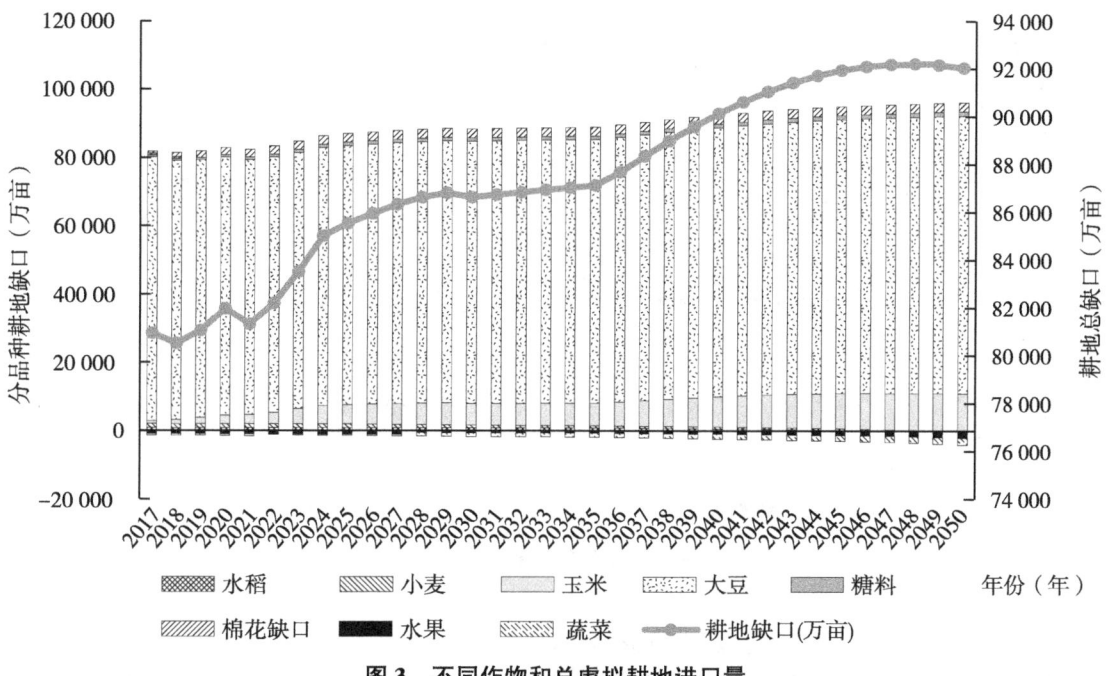

图3 不同作物和总虚拟耕地进口量

2. 中国农产品虚拟水土资源进口来源与潜力分析

（1）可能的进口来源地分析　可能的进口来源地集中在世界粮食主产国，即美国、印度、巴西、阿根廷、加拿大、俄罗斯、乌克兰、孟加拉国和澳大利亚等，畜产品主要进口来源地是德国、法国、波兰、荷兰、巴西、加拿大、阿根廷等国。2016年，世界主要粮食出口国非常集中，玉米、大米、小麦、大豆四大作物前15位国家进口比例为96%、94%、90%和99%，前六位粮食出口国为美国、阿根廷、俄罗斯、法国、加拿大、乌克兰。畜产品主要集中在德国、法国、波兰、荷兰、巴西、加拿大、阿根廷等国，其中，猪肉前15位国家进口比例96.1%、牛肉82.99%和禽肉87.65%。

（2）国际进口潜力分布　根据国际粮食贸易、国际政治和耕地潜力分析，中国未来粮食进口潜力增加主要分布在以国际粮食贸易为主的美国、加拿大、澳大利亚和德国、法国、英国等欧洲国家和耕地面积增加潜力较大的国家，主要集中在非洲和南美洲，包括非洲的莫桑比克、坦桑尼亚、尼日利亚、埃塞俄比亚、肯尼亚、南非，南美洲的巴西、阿根廷，东欧和中亚的俄罗斯、乌克兰、哈萨克斯坦以及东南亚的缅甸和泰国等。

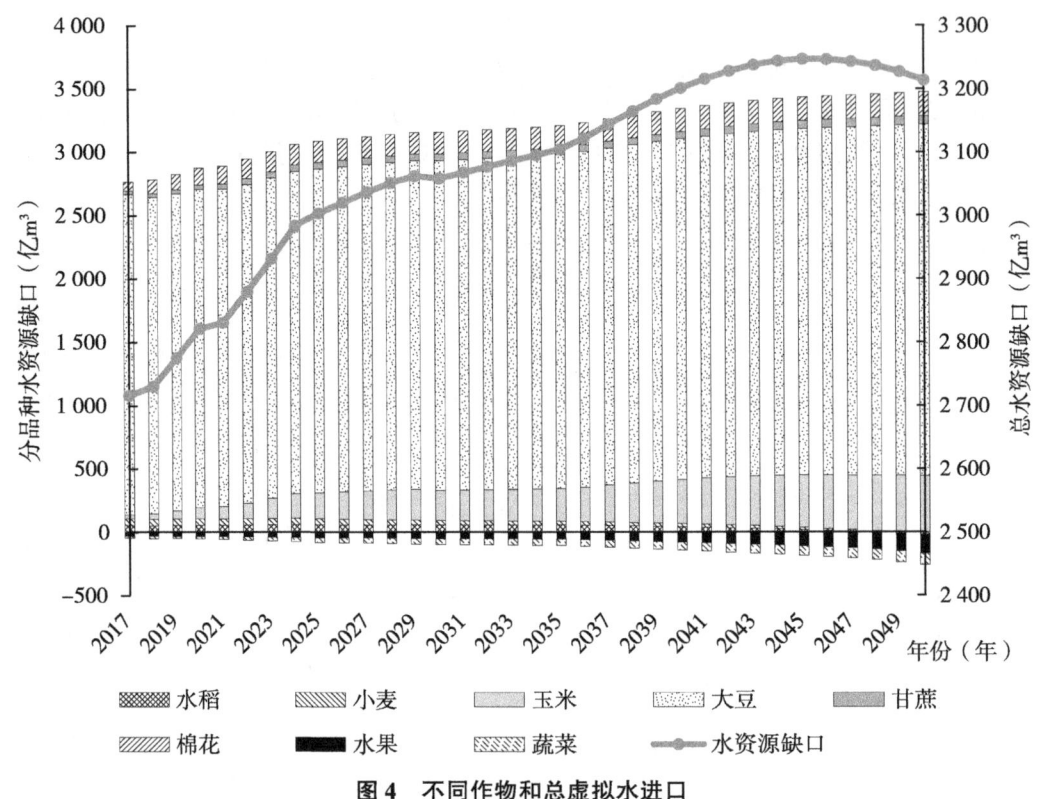

图 4 不同作物和总虚拟水进口

国际上主要粮食贸易国可以分为两个主要类型，即美国、加拿大、澳大利亚和欧洲等现代农业主产国和巴西、阿根廷、莫桑比克、坦桑尼亚、尼日利亚、埃塞俄比亚等耕地面积增加潜力较大的南美、非洲等粮食主产国。第一类国家经济发达，粮食生产机械化和商品化程度高，农业生产效率高，可以通过粮食公司建立粮食收储系统以国际贸易方式实现粮食进口。第二类发展中国家农业生产效率低，耕地开发潜力大，可以通过"一带一路"农业走出去政策，加强技术合作，提高农业生产率和农产品产量，建立海外粮食收储和生产基地。

重点关注"一带一路"沿线 38 个具有粮食出口潜力国家的未来耕地开发潜力。可开发潜在耕地面积最大的国家是巴西，达 1.72 亿 hm^2，其次是俄罗斯，0.77 亿 hm^2。从四个区域来看，拥有潜在耕地较多的国家多数是非洲，其次是南美洲（表7）。

研究显示，玉米生产潜力 12 亿 t 左右，大豆 10 亿 t 左右、水稻 9 000 万 t 左右、小麦 1 亿 t 左右。可以看出，国际粮食进口资源充足，可以建立海外粮食生产基地，保障我国粮食安全。

表 7 耕地进口潜力国际分布　　　　　　　　　　单位：万 hm²

区域	国家	2017年潜在耕地面积	2035年可出口潜在耕地	2050年可出口潜在耕地
南美洲	巴西	17 214.80	17 048.85	17 029.09
	阿根廷	5 735.10	5 678.79	5 648.13
	委内瑞拉	4 089.40	4 037.00	4 013.15
	巴拉圭	1 366.90	1 355.53	1 350.35
	乌拉圭	1 223.80	1 222.37	1 222.17
东欧与中亚	乌克兰	1 346.70	1 382.76	1 408.66
	俄罗斯	7 661.80	7 711.08	7 751.16
	哈萨克斯坦	664.00	641.12	626.26
	罗马尼亚	491.00	505.21	517.05
	保加利亚	348.40	356.13	361.58
	匈牙利	251.20	257.18	262.65
	塔吉克斯坦	103.00	77.15	58.56
东南亚	缅甸	883.30	824.46	811.96
	泰国	794.90	793.55	823.99
	柬埔寨	346.90	315.91	299.17
	老挝	318.30	305.31	300.01
	越南	275.00	162.94	123.50
非洲	莫桑比克	4 823.80	4 669.03	4 521.37
	坦桑尼亚	3 985.50	3 664.24	3 344.46
	尼日利亚	2 146.10	1 259.13	402.04
	埃塞俄比亚	2 028.00	1 627.35	1 346.16
	肯尼亚	1 176.10	972.88	812.87
	南非	922.30	837.61	795.02

二、中国农业环境安全状况变动趋势

(一) 农业生态系统环境现状评价

1. 全国及区域农田（土地）生态环境现状评价

（1）全国农田（土地）生态系统现状　农田土壤污染形势严峻（表8）。根据《全国土壤污染状况调查公报》，全国调查耕地点位超标率达到19.4%，其中，轻微、轻度、中度和重度污染点位比例分别为 13.7%、2.8%、1.8% 和 1.1%。若以 20.26 亿亩耕地估算，污染耕地面积达到 3.93 亿亩。从污染分布情况看，南方土壤污染重于北方；长江三角洲、珠江三角洲、东北老工业基地等部分区域土壤污染问题较为突出，西南、中南地区土壤重金属超标范围较大。总的来看，我国农田土壤受污染率从 20 世纪 90 年代初的约 5%，上升到目前的近 20%。

表 8 我国农田土壤污染变化情况

时间	污染面积（万 hm^2）	资料来源	占耕地面积比例（%）
1990 年	667	《1990 中国环境状况公报》	5.1
1997 年	1 000	《1997 中国环境状况公报》	7.7
2007 年	3 230	赵其国院士在 2007 年第四次全国土壤生物与生物化学学术研讨会上提交的材料	26.5
2013 年	—	宋伟等研究成果	16.67
2014 年	—	《全国土壤污染状况调查公报》	19.4

地膜使用强度大，污染严重。20 世纪 80 年代以来，我国地膜用量及覆盖面积一直呈大幅上升态势，年增长率在 8% 左右。2015 年，全国农用塑料薄膜使用量为 260.36 万 t，其中地膜使用量为 145.48 万 t，覆盖面积 1 831.84 万 hm^2，地膜使用总量和作物覆盖面积均高居世界第一，且区域差异较大。其中，西北地区地膜使用量均在 7 万 t 以上，东部的河南省和山东省使用量也较大，而地膜使用强度则是南方普遍高于北方。随着地膜在农业生产中使用范围不断扩大，用量逐年增加，残留的地膜对我国农田的污染在加剧、蔓延。尤其在西北内陆、黄土高原和东北风沙区。调查数据显示，我国农膜年残留量高达 35 万 t，残膜率达 42%，长期覆膜农田土壤中都存在程度不同的残膜污染，残留量一般在 71.9~259.1kg/hm^2。

水土流失等问题依然严重。根据中国第二次水土流失遥感调查，20 世纪 80 年代末，中国水土流失面积 356 万 km^2，据第一次全国水利普查成果，我国现有水土流失面积 294.91 万 km^2，占国土总面积的 30.72%。数据显示，因水土流失全国年均损失耕地 100 万亩，黄土高原严重区每年流失表土 1cm 以上，东北黑土地变薄，一些地方的黑土层流失殆尽。从全国分布情况看，北部重于南部，最严重的是西北、西南及东北地区。

（2）区域农田（土地）生态环境现状 对农田（土地）生态系统环境安全现状评价，得出不同区域农田（土地）生态系统农业环境突出问题见表 9。其中，东北区的突出问题是水土流失；长江中下游区的突出问题是土壤重金属超标问题；西北区地膜残留、水土流失问题严重；西南区土壤重金属超标范围大，地膜残留严重；华南区重金属超标、地膜污染较严重；青藏区水土流失严重。

表 9 不同区域农田（土地）生态系统农业环境突出问题

区域	土壤重金属超标范围大	地膜残留严重区	水土流失
东北区			√
黄淮海区			
长江中下游区	√		
西北区		√	√
西南区	√	√	
华南区	√	√	
青藏区			√

2. 农业水生态系统环境现状评价

（1）全国水质总体评价 根据《中国生态环境状况公报 2018》，全国地表水监测的 1 935 个水质断面（点位）中，Ⅰ类至Ⅲ类比例为 71%，比 2017 年上升 3.1 个百分点；劣Ⅴ类比例为 6.7%，比 2017 年下降 1.6 个百分点。在 10 168 个国家级地下水水质监测点中，Ⅰ类水质监测点占 1.9%，Ⅱ类占 9%，Ⅲ类占 2.9%，Ⅳ类占 70.7%，Ⅴ类占 15.5%。《全国土壤污染状况调查公报》显示，在调查的 55 个污水灌溉区中，有 39 个存在土壤污染；在 1 378 个土壤点位中，超标点位占 26.4%。由此可见，近 4 年来地表水水质略有好转，而地下水污染仍呈加重趋势（表 10，表 11）。

表 10 2015—2018 年地表水监测结果　　　　　　　　　　　　　　　　　单位：%

年份	断面（点位）数	Ⅰ~Ⅲ类断面比例	Ⅳ~Ⅴ类断面比例	劣Ⅴ类断面比例
2015 年	972	64.5	26.7	8.8
2016 年	1 940	67.8	23.7	8.6
2017 年	1 940	67.9	23.8	8.3
2018 年	1 935	71.0	22.3	6.7

表 11 2015—2018 年地下水监测结果　　　　　　　　　　　　　　　　　单位：%

年份	监测点数（个）	优良	良好	较好	较差	极差
2015 年	5 118	9.1	25.0	4.6	42.5	18.8
2016 年	6 124	10.1	25.4	4.4	45.4	14.7
2017 年	5 100	8.8	23.1	1.5	51.8	14.8
2018 年	10 168	1.9	9.0	2.9	70.7	15.5

目前，农业面源污染已被证实是导致水污染的主要原因之一，因此对近 20 年来农业面源污染的变化趋势进行分析。据环境保护部污染源普查数据和农业农村部农业面源污染定位监测和典型调查显示，近年来，我国农业面源污染局部虽有所改善，但总体仍呈加重趋势。山东财经大学的杨骞等基于清单分析方法测算了 1998—2015 年全国化学需氧量（COD）、总氮（TN）和总磷（TP）排放量及其变化趋势（图 5）。从图 5 可以看出，化学

需氧量（COD）、总氮（TN）和总磷（TP）排放量均呈缓慢增长趋势。

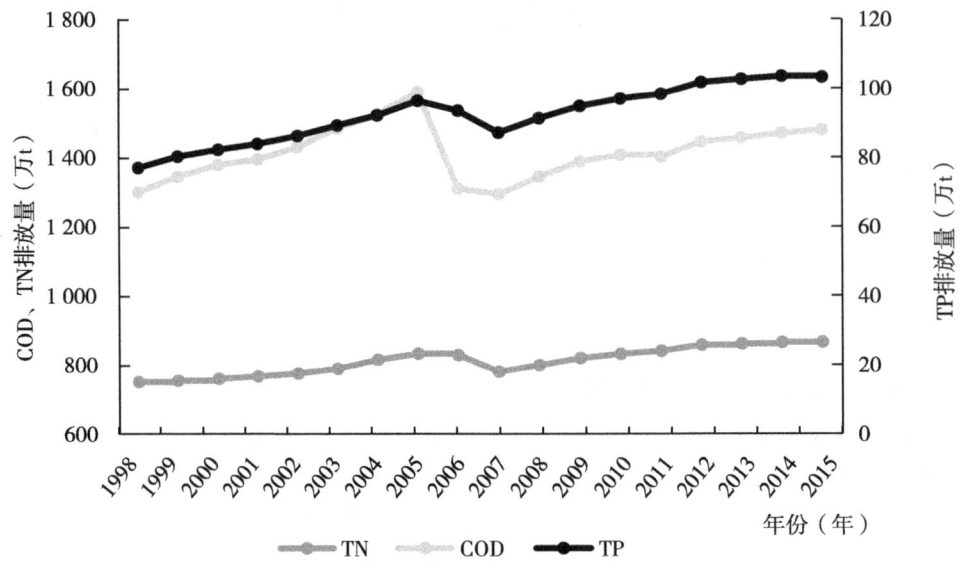

图 5　1998—2015 年全国 COD、TN、TP 排放量变化趋势

具体来说，农业面源污染总体加重的原因：一是农用化肥近几年来一直处于过量施用状态。中国是世界上最大的化肥生产国和消费国，耕地面积仅占世界耕地总面积 7%，但却消费了超过世界 1/3 的肥料，单位面积用量是世界平均水平的 3.7 倍。尽管 2016 年总施用量实现了负增长，但全国平均单位播种面积化肥施用量（359kg/hm²）远远高于发达国家的安全上线（225kg/hm²）。分区域来看，单位播种面积化肥施用量低于发达国家安全上线的仅有 4 个省，分别为黑龙江、青海、甘肃和四川，东部沿海省（市）普遍高于全国平均水平，其中最高的是福建、广东、海南，河南和甘肃的单位播种面积化肥施用量也较高。二是畜禽粪污产生量大，综合利用率不高。随着畜禽养殖量的不断增加，畜禽粪污的产生量也随之增加。当前我国每年畜禽粪污产生量约 38 亿 t，但综合利用率基本在 50%~60%。部分地区的畜禽养殖规模超出土地、水资源等环境可承受范围，特别是南方水网地区，例如湖南、湖北、江苏、江西和浙江等省。

（2）区域农田水生态环境现状　通过对农田（土地）生态系统环境安全现状评价，得出不同区域农业水生态系统农业环境突出问题见表 12。从表中可以看出，黄淮海区和长江中下游区的面源污染最为严重。

表 12　不同区域农业水生态系统农业环境突出问题　　　　　　　　　　单位：万 t

区域	面源污染		
	总氮	总磷	COD
东北区	116.72	12.11	187.64
黄淮海区	194.76	29.20	338.89

(续表)

区域	面源污染		
	总氮	总磷	COD
长江中下游区	252.99	27.48	343.35
西北区	72.33	6.41	91.32
西南区	131.40	16.39	317.35
华南区	78.73	8.91	122.05
青藏区	19.01	2.76	78.59

3. 农村人居环境现状评价

农村生活污水、生活垃圾、厕所卫生是影响农村人居环境质量的主要因素。

2019年7月，农业农村部在举行新闻发布会介绍农村人居环境整治推进工作有关情况时表示，据初步统计，目前全国80%以上行政村的农村生活垃圾得到有效处理，有11个省（区、市）通过了农村生活垃圾治理整省验收；近30%的农户生活污水得到处理，污水乱排乱放现象明显减少；2018年全国完成农村改厕1 000多万户，农村改厕率超过一半，其中六成以上改成了无害化卫生厕所，受到农民群众的普遍欢迎。最近的统计显示，2019年上半年，全国新开工建设农村生活垃圾处理设施50 000多座，农村生活污水处理设施80 000多座，新开工农村户厕改造1 000多万户，农村人居环境整治各项重点任务正在稳步推进。

4. 农业废弃物资源化利用现状评价

目前，我国每年产生畜禽粪便约40亿t，农作物秸秆8亿t，蔬菜废弃物1亿t，乡村生活垃圾和人粪便2.5亿t，肉类加工厂和农作物加工厂废弃物1.5亿t，其他类的有机废弃物约有0.5亿t，其中，畜禽粪便和农作物秸秆产生量居于首位。本研究对畜禽粪污和农作物秸秆利用现状进行重点分析。

（1）畜禽粪污资源化利用现状 据统计，目前我国的畜禽粪综合利用率，基本在50%~60%，其中，最主要的资源化利用方式是作为有机肥还田利用。本研究依据2018年1月农业部办公厅印发的《畜禽粪污土地承载力测算技术指南》，以2018年畜禽养殖量及各类农作物产量数据为基础，测算了畜禽粪污氮、磷元素资源化利用的供需平衡系数（表13）。

表13 畜禽粪污氮磷养分供需比

省（市、区）	畜禽粪污氮养分供需比			畜禽粪污磷养分供需比		
	0.35%	0.45%	0.55%	0.35%	0.45%	0.55%
北京	1.00	0.78	0.64	1.17	0.91	0.74
天津	0.42	0.33	0.27	0.49	0.38	0.31
河北	0.26	0.20	0.17	0.30	0.23	0.19
山西	0.21	0.16	0.13	0.29	0.22	0.18

(续表)

省（市、区）	畜禽粪污氮养分供需比			畜禽粪污磷养分供需比		
	0.35%	0.45%	0.55%	0.35%	0.45%	0.55%
内蒙古	0.46	0.35	0.29	0.57	0.44	0.36
辽宁	0.66	0.51	0.42	0.73	0.57	0.47
吉林	0.34	0.27	0.22	0.40	0.31	0.25
黑龙江	0.23	0.18	0.15	0.21	0.16	0.13
上海	0.32	0.25	0.20	0.24	0.19	0.15
江苏	0.15	0.12	0.10	0.17	0.13	0.11
浙江	0.21	0.17	0.14	0.22	0.17	0.14
安徽	0.17	0.13	0.11	0.19	0.15	0.12
福建	0.51	0.40	0.32	0.71	0.55	0.45
江西	0.43	0.33	0.27	0.35	0.28	0.23
山东	0.27	0.21	0.17	0.37	0.28	0.23
河南	0.23	0.18	0.14	0.18	0.14	0.11
湖北	0.35	0.27	0.22	0.26	0.21	0.17
湖南	0.50	0.39	0.32	0.35	0.27	0.22
广东	0.60	0.46	0.38	0.43	0.33	0.27
广西	0.53	0.41	0.34	0.45	0.35	0.28
海南	0.76	0.59	0.49	0.52	0.40	0.33
重庆	0.33	0.25	0.21	0.33	0.26	0.21
四川	0.47	0.37	0.30	0.45	0.35	0.28
贵州	0.59	0.46	0.37	0.51	0.40	0.33
云南	0.65	0.51	0.41	0.63	0.49	0.40
西藏	5.29	4.12	3.37	5.26	4.09	3.35
陕西	0.27	0.21	0.17	0.20	0.15	0.13
甘肃	0.54	0.42	0.34	0.42	0.32	0.26
青海	4.48	3.49	2.85	3.34	2.60	2.13
宁夏	0.48	0.37	0.31	0.34	0.26	0.21
新疆	0.21	0.17	0.14	0.14	0.11	0.09
全国平均	0.69	0.55	0.45	0.64	0.50	0.42

从表13可以看出，除西藏、青海和施肥养分供给占比35%水平下北京市氮、磷供需比大于1以外，其他省（区、市）的畜禽粪污氮磷养分供需比均小于1，也就是说氮磷养分消耗的角度来看，除西藏和青海外，其他省（区、市）从总的数量上来看畜禽粪便的消纳还有空间。从全国平均来看，施肥养分供给占比35%水平下，氮供需比为0.69，磷供需比为0.64；施肥养分供给占比45%水平下，氮供需比为0.55，磷供需比为0.5；施肥养分

供给占比 55%水平下，氮供需比为 0.45，磷供需比为 0.42。

(2) 秸秆资源化利用现状　据《中国农村可再生能源统计年鉴》数据显示，我国秸秆产生总量约达 10.4 亿 t，可收集量约为 9 亿 t，其中，玉米、水稻、小麦 3 类作物秸秆产量达 8.26 亿 t，占秸秆总量的 79.19%。从区域分布来看，秸秆产量从大到小依次为黄淮海区、东北区、西北区、东南区、西南区。当前，我国秸秆资源化利用总量为 7.21 亿 t，秸秆综合利用率达到 80.11%，秸秆肥料化、饲料化、基料化、燃料化、原料化利用量分别为 3.89 亿 t、1.69 亿 t、0.36 亿 t、1.03 亿 t 和 0.25 亿 t，已经形成了"农用为主"（化肥化、饲料化为主）的利用格局。从不同区域来看，黄淮海区、西北区、西南区、东南区秸秆综合利用率均超过 80%，分别达到 86.67%、83.91%、81.27%、81.11%，而东北区秸秆综合利用率较低，仅为 63.13%（表 14）。

表 14　不同区域农作物秸秆资源化利用现状　　　　　　　　　　　　单位：万 t

区域	利用方式					合计	综合利用率（%）
	肥料化	饲料化	基料化	燃料化	原料化		
黄淮海区	16 147.9	5 614.4	1 449.5	2 755.2	837.9	26 804.9	86.67
西北区	6 440.3	4 708.0	1 270.1	737.6	275.4	13 431.4	83.91
东北区	4 943.4	3 060.0	90.0	2 324.0	424.0	10 841.4	63.13
东南区	6 788.6	1 384.4	335.6	1 732.7	350.5	10 591.9	81.11
西南区	4 552.9	2 111.0	447.0	2 736.2	562.7	10 409.8	81.27
全国	38 873.1	16 877.9	3 592.2	10 285.7	2 450.6	72 079.4	80.11

(3) 区域畜禽粪污资源化利用现状　通过对畜禽粪污资源化利用现状评价，得出不同区域畜禽粪污排泄量及氮磷养分平衡状况表 15。从表中可以看出，氮磷养分供需比最高的区域是青藏区，其次是西南区、华南区。

表 15　不同区域畜禽粪污氮磷养分供需平衡表

区域	畜禽粪污氮养分供需比			畜禽粪污磷养分供需比		
	35%	45%	55%	35%	45%	55%
东北区	0.37	0.29	0.23	0.39	0.30	0.25
黄淮海区	0.25	0.20	0.16	0.28	0.21	0.18
长江中下游区	0.30	0.23	0.19	0.25	0.20	0.16
西北区	0.29	0.22	0.18	0.22	0.17	0.14
西南区	0.58	0.40	0.33	0.53	0.37	0.30
华南区	0.59	0.46	0.37	0.51	0.40	0.32
青藏区	4.87	3.79	3.10	4.15	3.23	2.64

注：粪肥占施肥比例为 50%。

5. 农业碳排放现状评价

(1) 全国农业碳排放现状　本研究运用构建的农业碳排放公式 $E = \sum E_i = \sum T_i * \delta_i$

(E 为农业碳排放总量,E_i 为各类碳源碳排放量,T_i 为各碳排放源的量,δ_i 为各碳排放源的碳排放系数),从 3 个方面(即农资投入、水稻种植、畜禽养殖)确定具体碳排放源头及其所对应的碳排放系数,对 2000—2016 年全国农业碳排放量进行了测度。从表 16 可以看出,2016 年,我国农业碳排放量为 28 047.81 万 t,较 2000 年的 24 930.4 万 t 增长了 12.5%,年均递增 0.74%,而农业碳排放强度则处于持续下降态势,每产生万元农业增加值所引发的碳排放量由 2000 年的 727.32kg 降至 2016 年的 425.17kg,累计减少 41.54%,年均递减 3.3%,由此表明近些年来我国在农业碳减排领域已取得了一定成效(表 16)。

表 16 2000—2016 年中国农业碳排放量动态变化与结构特征

年份	农资投入		水稻种植		畜禽养殖		碳排放总量		碳排放强度	
	数量(万 t)	比重(%)	数量(万 t)	比重(%)	数量(万 t)	比重(%)	数量(万 t)	增速(%)	数值(kg/万元)	增速(%)
2000 年	7 657.5	30.72	6 394.47	25.65	10 878.44	43.64	24 930.4	—	727.32	—
2001 年	7 889.37	31.81	6 168.35	24.87	10 744.3	43.32	24 802.02	-0.51	703.87	-3.22
2002 年	8 052.54	32.01	6 131.96	24.38	10 969.1	43.61	25 153.61	1.42	693.73	-1.44
2003 年	8 198.63	32.22	5 836.81	22.94	11 409.54	44.84	25 444.98	1.16	684.65	-1.31
2004 年	8 694.95	32.4	6 247.23	23.28	11 897.87	44.33	26 840.05	5.48	679.38	-0.77
2005 年	8 974.8	32.42	6 355.87	22.96	12 352.03	44.62	27 682.7	3.14	666.08	-1.96
2006 年	9 236.6	32.9	6 399.23	22.8	12 435.47	44.3	28 071.3	1.4	643.26	-3.42
2007 年	9 590.98	35.93	6 294.51	23.58	10 807.23	40.49	26 692.72	-4.91	589.85	-8.3
2008 年	9 709.21	37.24	6 351.25	24.36	10 012.7	38.4	26 073.16	-2.32	546.12	-7.41
2009 年	9 977.27	37.47	6 398.95	24.03	10 251.74	38.5	26 627.96	2.13	535.26	-1.99
2010 年	10 290.61	38.07	6 414.46	23.73	10 328.76	38.21	27 033.83	1.52	521.02	-2.66
2011 年	10 559.79	38.71	6 427.32	23.56	10 289.26	37.72	27 276.37	0.9	504.02	-3.26
2012 年	10 814.33	39.14	6 408.77	23.2	10 403.54	37.66	27 626.64	1.28	488.51	-3.08
2013 年	10 985.86	39.52	6 414.47	23.07	10 400.96	37.41	27 801.29	0.63	472.69	-3.24
2014 年	11 156.11	39.63	6 422.98	22.82	10 568.76	37.55	28 147.85	1.25	459.29	-2.83
2015 年	11 233.02	39.91	6 441.79	22.89	10 468.48	37.2	28 143.29	-0.02	441.55	-3.86
2016 年	11 143.17	39.73	6 438.49	22.96	10 466.15	37.32	28 047.81	-0.34	425.17	-3.71
增幅(%)	45.52	—	0.69	—	-3.79	—	12.5	—	-41.54	—
均速(%)	2.37	—	0.04	—	-0.24	—	0.74	—	-3.3	—

(2)区域农业碳排放现状 通过对全国不同省市农业碳排放现状评价,汇总得出不同区域农业碳排放状况见表 17。从表中可以看出,长江中下游区农业碳排放比例最高,其次为黄淮海区。从排放结构来看,黄淮海区和西北区农资投入排放占比最高,长江中下游区水稻排放占比最高,西南区和东北区畜禽养殖排放占比最高。

表 17　2016 年中国不同区域农业碳排放总量、结构及强度

区域	农资投入（万 t）	农资投入排放占比	水稻（万 t）	水稻排放占比	畜禽养殖（万 t）	畜禽养殖排放占比	合计（万 t）	各区域占总排放占比
东北区	1 725.72	0.45	252.58	0.07	1 855.66	0.48	3 833.93	0.14
黄淮海区	2 714.47	0.56	104.78	0.02	1 996.82	0.41	4 816.05	0.17
长江中下游区	2 775.22	0.32	4 290.35	0.49	1 704.89	0.19	8 770.46	0.31
西北区	1 511.60	0.53	19.43	0.01	1 316.41	0.46	2 847.43	0.10
西南区	1 573.70	0.31	1 059.90	0.21	2 415.50	0.48	5 049.09	0.18
华南区	800.07	0.40	711.45	0.36	484.89	0.24	1 996.42	0.07
青藏区	42.43	0.06	0	0.00	691.98	0.94	734.41	0.03

（二）全国及区域农业未来生态环境变动趋势预测

1. 农田（土地）生态系统未来生态环境变动趋势

（1）土壤重金属污染未来趋势预判　本研究以《土壤污染防治行动计划》中 2020 年目标为基础，分乐观、悲观两种情景进行预测，乐观情景即指《土壤污染防治行动计划》中的目标 100% 实现，悲观情景即指污染治理程度未能完全实现，结果见表 18。

表 18　《土壤污染防治行动计划》土壤重金属污染趋势预判

情景	《土壤污染防治行动计划》目标实现度	近期（2020 年）	中长期（2035 年）	远期（2050 年）
乐观情景	100%	全国土壤污染加重趋势得到初步遏制，土壤环境质量总体保持稳定，农用地土壤环境安全得到基本保障，土壤环境风险得到基本管控	全国土壤环境质量稳中向好，农用地土壤环境安全得到有效保障，土壤环境风险得到全面管控	土壤环境质量全面改善，生态系统实现良性循环
悲观情景	设定目标未能完全实现	由于土壤污染的滞后性和隐蔽性，土壤污染表现为局部加重趋势，但总体相对稳定，农用地土壤环境质量得到基本保障	全国土壤质量环境总体保持稳定，并逐步向好。农用地土壤环境安全得到有效保障，土壤环境风险得到有效管控	土壤环境质量全面改善，局部轻度污染可能存在

（2）地膜污染未来趋势预测　以 2018 年全国地膜使用量数据为基数，结合发达国家的经验，我国未来可能采取的系列措施、技术手段等，对地膜回收率进行预测。到 2025 年，地膜回收利用可达到 90% 以上；到 2035 年，地膜回收利用率可达到 98% 以上，不再新增地膜残留量；到 2050 年，继续推行地膜回收行动，全国农田土壤地膜残留量减少到标准规定的限制范围内，地膜污染得到全面治理。

2. 农业水生态系统环境趋势预判

本研究对农业面源污染变化趋势用清单分析法进行预判。清单分析法中从农业面源污染的来源角度综合考虑农田化肥、畜禽养殖、农田固体废弃物、水产养殖及农村生活等 5 个污染单元，分别对其趋势进行预判，进而对农业面源污染变化趋势做出总体预判（表 19）。

表 19 清单分析法中不同污染单元趋势预判

序号	一级污染单位	二级污染单位	2025 年	2035 年	2050 年
1	农田化肥污染排放相关预测	化肥施用量	小幅降低	有所减少	保持稳定
		化肥利用率	稳步提高	稳步提高	保持稳定
2	畜禽养殖排放量相关预测	畜禽养殖量预测	保持增长	保持稳定	保持稳定
		畜禽养殖污染物排放量预测	大幅减少	继续减少	保持稳定
3	固体废弃物排放量相关预测	农作物产量预测	小幅增长	保持稳定	保持稳定
		作物秸秆产生量预测	保持稳定	保持稳定	保持稳定
4	水产养殖污染物排放量相关预测	水产养殖面积预测	总体保持稳定	有所减少	保持稳定
		水产养殖污染物排放	保持稳定	有所减少	有所减少
5	农村生活污染物排放预测	农村生活污染物排放预测	减少趋势	减少趋势	减少趋势

由上述 5 个方面污染物排放量分清单预测结果综合可得，农业面源污染保持稳定或呈轻微下降趋势。2025 年，农业水生态系统环境污染负荷总体降低，生态系统将明显改善；2035 年农业水生态系统环境污染负荷进一步降低，生态系统恢复步伐加快；2050 年农业水生态系统环境污染负荷保持稳定，农业水生态系统持续向好。

3. 农村人居环境整治趋势预判

2018 年 9 月发布的《乡村振兴战略规划（2018—2022 年）》中用一个章节来论述持续改善农村人居环境，要加快补齐突出短板，着力提升村容村貌，建立健全整治长效机制，从而保证农村人居环境整治工作的顺利开展。

预判到 2025 年，实现农村人居环境明显改善，农村卫生厕所普及率达到 85%，村庄环境基本干净整洁有序，村民环境与健康意识普遍增强；2035 年，农村人居环境根本好转，农村卫生厕所普及率达到 90%；2050 年，农村人居环境质量得到全面提升。

4. 农业废弃物资源化利用趋势预测

预判到 2025 年，规模养殖场配套建设粪污处理设施比例达 80% 左右，畜禽粪污基本资源化利用，病死畜禽基本实现无害化处理，秸秆综合利用率达到 85% 以上；2035 年，养殖废弃物综合利用率达到 95% 以上，秸秆综合利用率达到 90% 以上；2050 年，农业废弃物资源化利用水平得到全面提升，所有废弃物处理率和利用率接近 100%。

5. 我国农业生态环境安全趋势总体预判

由上述分析可知，随着乡村振兴战略的深入实施，在国家各项战略、政策、行动、规划、计划、规范、标准的约束、引导和实施下,到 2025 年,我国农业生态环境安全能得到基本改善;到 2035 年,农业生态环境质量稳中向好;到 2050 年,农业生态环境得到全面改善。

(三) 主要农业生态环境管控政策与措施效果及国际经验

1. 农业生态环境管控政策与措施效果

进入 21 世纪以来,我国农业着力转变生产方式,实施了一系列重大工程,不断创新资源集约利用和环境保护的发展机制。国家启动实施了化肥农药使用量零增长行动、畜禽粪污资源化利用行动、果菜茶有机肥替代化肥行动、东北地区秸秆处理行动、农膜回收行动、村庄清洁行动和以长江为重点的水生生物保护行动等七大行动,开展了国家农业可持续发展试验示范区(农业绿色发展先行区)创建,实施耕地轮作休耕制度试点,极大地推进了农业绿色发展发展,已推动形成了一批可复制、可推广的农业绿色发展典型模式,为世界农业可持续发展贡献了"中国样板"。

(1) 资源利用 耕地利用强度降低,耕地养分含量稳中有升,全国土壤有机质平均含量提升到 24.3g/kg,全国农田灌溉水有效利用系数提高到 0.548。

(2) 农业产地环境 全国水稻、小麦、玉米三大粮食作物平均化肥利用率提高到 37.8%,农药利用率 38.8%,化肥、农药使用量双双实现零增长;秸秆综合利用率 83.7%。畜禽粪污资源化利用率达 70%;甘肃、新疆等省(区)地膜使用重点地区废旧地膜当季回收率近 80%。

(3) 农业生态系统 已划定国家级的水生生物自然保护区 25 个、水产种质资源保护区 535 个和海洋牧场示范区 64 个,全国草原综合植被覆盖度提升到 55.3%,重点天然草原牲畜超载率明显下降。

(4) 人居环境 逐步改善,全国完成生活垃圾集中处理或部分集中处理的村占 73.9%,实现生活污水集中处理或部分集中处理村占比 17.4%,使用卫生厕所的农户占 48.6%。

2. 农业生态环境管控国际经验

(1) 严格立法,立法执法并重 国外在生态环境管控方面比较注重立法。美国目前已经形成涵盖几乎所有生态领域的、较完善的环境法律体系格局,其与生态环境治理相关的法律法规主要有 6 个来源,即宪法、立法机构(国会)、行政命令(总统或内阁)、司法(法院解释或判例)、行政部门法规(国会或法律授权)和国际法,不同立法主体制定的立法成果以不同的形式编辑成典。英国环境保护法系由法律、规定和执行规范构成,内容非常丰富,包括环境保护法案、水资源法案、自来水工业法案、环境法案、清洁大气法案、城乡规划法案、野生动物和乡村法案,这些法案构成了英国环境保护法规体系的框架,在此框架基础上有针对性地进行相关法律制定,如针对水体污染,制定了《河流污染防治条例》等。德国、日本等国也非常重视环境立法。

(2) 源头把控,重视清洁生产 对环境最好的治理莫过于不产生污染。美国重视过程清洁和标准化操作,倡导以土地利用合理化为基础的"最佳管理规范"(Best Management Practices,BMPs),BMPs 着重于污染源的管理,主要通过技术、规章和立法等手段有效地减少农业面源污染。日本实施了一系列促进环境友好型农业的标准、规范和法律，明确使用清洁农业生产技术是所有农户义务，但以法规的方式给予大力补贴扶持，建立公众配合管理机制，并在此基础上继续增加了环境保全型农业认证制度以及生态农户认证制度，对农业生产和农业资源环境保护的农业从业者实施继续教育制度。欧盟采取技术清单激励补贴政策，农民必须遵守环境保护、食品安全标准和动物健康标准的法律法规，同时还要保持土地质量符合相关农业种植和环境标准，对未达到相关要求标准者，将视具体情况对补贴额度予以削减或者扣除。

（3）推进整体生态理念，注重国际合作　将生态环境作为一个整体加以综合治理，是国外诸多国家生态环境治理的理念。德国对于莱茵河的生态治理，就是以整体性生态理念推进，成立了由德国、法国、瑞士、荷兰、卢森堡等国家共同组成的"保护莱茵河国际委员会"，实施整体性生态规划，注重莱茵河大生态系统治理的理念，对城市、农村和社区以及森林、湖泊协同治理，大力投入资金进行动植物保护栖息地建设，针对河流中的城市生活药品残留物进行监测、过滤，改变工业化时期对河道截弯取直等反生态改造，恢复其自然原貌等。

（4）公众参与度高，人与自然和谐相处　日本生态治理共分为公众监督、通过教育强化公民环保意识以及协作共治3部分：公众监督即通过政府、群众以及新闻媒体三方的共同作用，形成有力的舆论，进而达到监督环境治理的目的；通过教育强化公民环保意识即通过家庭、学校以及社会宣传动员等教育方式，让公众认识到环境保护是牵涉到社会利益的，让公众自觉自愿地去承担生态治理的责任和义务。

英国政府通过3个方面来强化公民的环保意识：一是借助媒体的力量宣传环保知识，使环保理念内化为民众的价值观；二是从小加强环保教育，受到环保教育氛围的熏陶；三是尊重社会公众对于环境治理的知情权、参与权和监督权。

德国环境教育无处不在，其特色是，在政府高度重视和政策支持下，以学校教育为主导，把环境教育置于学校教育的优先战略地位，并积极推进户外教学运动，利用各种环境教育资源和环境教育项目以确保环境教育的务实性。同时，联合各种社会资源和民间力量，推进环境意识和环境道德内化为公民的环境道德素养。

三、我国农业可持续发展路径

（一）总体思路

抓住未来30年国内外有利的战略机遇，顺势推进农业绿色发展战略，以保障农业资源安全、生态安全、粮食安全为前提，藏粮于地、藏粮于技，加快构建与资源承载力相匹配、资源节约、环境友好的农业绿色发展生产体系、技术体系和制度体系，统筹兼顾生活、生产和生态，降低农业自然资源开发利用强度，保留和恢复恰当比例的生态空间，加快转变农业发展方式和资源利用方式，加大农业资源和生态环境的保护与修复力度，落实最严格的农业资源环境管控措施，构建农业资源休养生息的长效机制，为全面建成富强民主文明和谐美丽的社会主义现代化强国提供重要保障。

（二）战略重点

1. 建立与资源环境匹配的农业发展格局

稳定和恢复南方粮食生产，南移粮食重心，减轻北方水资源压力。通过补贴等政策，在东北、新疆、河西走廊、内蒙古东部等地下水超采区实现常态化轮作休耕；玉米大豆轮作扩大到北方地区，在东北冷凉区大力推广玉—玉—豆、玉—麦—豆、玉—薯—豆、玉—经—豆等轮作模式；在重金属污染区和生态严重退化地区推广"控害养地培肥"生产模式。

2. 稳步实施农业资源全球可持续利用战略

全球实际可利用开发的农业耕地达 35 亿 hm^2，如果考虑到生产技术进步与作物适应性的不断改良，全球还有 26 亿 hm^2 潜在农业耕地未得到有效开发利用。抓住全球化的战略机遇，以建立基于全球视野的国家粮食安全战略保障机制为基本目标，以提高统筹利用国际国内两个市场、两种资源能力为关键，综合实施直接贸易、多元化进口、境外农业投资与新型农业国际合作等战略措施，积极开发全球农业资源，有效利用国际农业市场，深度融合全球农业生产、加工、物流、营销及贸易产业链，构建符合国家粮食安全战略需要的持续、稳定、安全的全球农产品供应网络。

3. 实施基于营养科学的食物可持续消费战略

全国城市餐饮业浪费总量 1 700 万~1 800 万 t，折合 4 300 万~4 600 万 t 粮食。将食物可持续消费模式提升到影响新时代生态文明建设和粮食安全保障的高度，明确其在国家治理和社会发展中的战略定位，对食物可持续消费模式进行顶层设计，制定切实可行的实施方案，并辅以科普引导、示范推广、监测评估等手段，推进在全社会建立食物可持续消费模式。

4. 实施农业生态服务价值提升战略

以市场需求为导向，把增加绿色优质农产品和农业生态产品放在突出位置，更好地满足人民群众对安全优质、营养健康的消费需求。深入开发农业绿色发展的生态服务价值，加强农业生态基础设施建设，修复农业农村生态景观，提升农业"养眼、洗肺"的生态价值、休闲价值和文化价值，全面推进农业与旅游、文化、康养等产业深度融合，完善生态环境损害赔偿、生态产品市场交易与生态保护补偿协同推进生态环境保护的新机制。

5. 实施农业绿色发展制度创新战略

全面建成公平公正、诚实守信的市场环境，推行"谁污染、谁治理""谁受益、谁付费"的制度，强化顶层设计、政策引导、投入支持、执法监管，形成农民、企业和社会各方面全面参与农业资源保护、环境治理和生态修复的格局。

（三）重大保障措施

1. 生态友好型结构调整工程

在黄淮海区、东北区及长江中下游区等农业活动高强度地区，通过调整种养结构、降低资源利用强度、推广保护性耕作、恢复和培育土壤微生物群落，构建养分健康循环通道，恢复地力。试行分区域的化肥农药单位面积施用限制和管理制度，特别是针对蔬菜、水果等肥药高强度施用的区域,加强制定并严格监管,逐步恢复耕地生态系统。全面实施种养结合的产业准入、监管机制,控制渔业养殖强度,全面实现水产生态养殖。

2. 农业绿色生产关键技术提升工程

围绕农业绿色投入品研制、绿色生产技术、产后增值技术等农业绿色发展关键环节,开展重点攻关,力争在环保高效肥料、节能低耗智能化农业装备、耕地质量提升与保育技术、农业控水与雨养旱作技术、化肥农药减施增效技术、农业废弃物循环利用技术、农业面源污染治理技术、重金属污染控制与治理技术、畜禽水产品安全绿色生产技术、水生生态保护修复技术、农产品低碳减污加工贮运技术、农产品智能化精深加工技术等方面取得重大进展,全力支撑农业绿色发展。

3. 畜禽废弃物养分综合平衡管理工程

在种养两业空间叠合区域,选择肉牛和生猪养殖大县,探索区域养殖业废弃物循环高效利用的综合解决方案,确定区域环境可容纳氮、磷、钾、中量元素、微量元素等肥料的施用数量、施肥时期和施用方法,确定区域养殖总量阈值,对畜禽养殖污染物排放总量进行有效控制。对合格的养殖场颁发养分管理许可证,确保养殖活动在当地环境容纳量的范围内开展,且养殖场必须要有足够的土地来容纳其产生的粪污,确保畜禽粪污能够全部消纳。

4. 标准化沼气发电入网工程

借鉴发达国家经验,试点启动包括工程措施、政策措施、法律法规措施等在内的一系列配套创新措施,加快推动标准化的沼气发电厂建设,并网售电,形成示范。明确规定电网企业全额无条件收购可再生能源电力,不能拒绝接受沼气发电入网。在试点取得经验的基础上,在全国逐步推广,稳步提高我国沼气能源化利用水平。

5. 北方灌区高效智能节水全覆盖工程

推进物联网技术、自动化控制技术、传感技术、信息技术以及最新的人工智能等在灌溉系统的应用,研发推广时与空、量与质上精确定位、定时、定量的水肥一体化现代农业灌溉技术与管理系统。在北方灌区全面推广高效灌溉技术,通过调亏灌溉、限水灌溉、非充分灌溉等方式,不断改进灌溉方式,全面提升水资源的利用效率。借助高新技术手段,实施区域配水工程,在动态用水作用下,保障高效率利用水资源的有效实现。积极推行农艺节水保墒技术,改进耕作方式,调整种植结构,推广抗旱品种。推广地膜覆盖技术,开展粮草轮作、带状种植,推进种养结合。

6. 非常规用水资源综合利用工程

非常规水资源通常包括再生水、微咸水、雨水和海水等。面向未来,应加快启动和推进非常规水资源综合利用工程:一是针对长期灌溉条件下典型污染物在水—土—作物系统的迁移转化规律,综合考虑水土环境的承载能力,将非常规水资源、土壤、农作物和地下水作为整体展开系统研究。在黄淮海、西北、沿海缺水地区,适宜发展苦咸水反渗透处理技术和电渗析处理技术;在东北、华东沿海地区,适宜发展海水淡化和输配技术。二是以开源、节流和减污为核心,强化非常规水资源利用标准制定,推进常规水资源和非常规水资源农业灌溉的协同配置,调整用水结构及农业种植结构,提高灌溉水利用效率。

(四) 主要政策措施

1. 全面推广农业绿色生产补贴制度

借鉴发达国家经验，结合我国国情，逐步将对农产品的生产性补贴转变为对节水灌溉设施、秸秆还田、生物农药应用等绿色技术应用的补贴，引导生产者改变现有的农业生产方式，从减少对农业环境污染向全面改善农村农业环境的方向发展。补贴制度应包括但不限于探索粮食生产功能区和重要农产品保护区绿色补贴制度，完善绿色、有机农产品生产及循环农业的补贴制度，完善环境友好型农产品消费者价格补贴制度，促进生态环保型产品的销售，完善对生计困难农民的财政补贴制度，避免因生存困难和贫困导致的环境破坏和污染问题等。

2. 制定统一、完整的农业生态环境法律体系

整合部门职能，完善农业资源环境立法机制，建立重点突出、环节衔接顺畅、完整严密的农业资源环境保护法律体系，规范农业生产活动，禁止掠夺性经营，大力发展生态农业；建立完善土壤、水资源、农业废弃物等资源利用的法律法规，完善生态环境保护的法律法规；建设完备的农业生态环境监督管理机构和环境监测网络，建立和健全大农业生态环境综合执法体系，建立健全社会公众参与农业绿色发展法律法规体系，赋予公众全面参与环境保护的权利，包括公众知情权、监督权、决策参与权、自卫权、索赔权和诉讼权等。

3. 完善农业资源环境保护的市场化制度

加快农业水土资源管理及其产品价格改革，逐步建立全面反映市场供求、资源稀缺程度、生态环境损害成本和修复效益的农业资源价格体系。建立使用农业资源付费和"谁污染环境、谁破坏生态谁付费"的管控制度；建立"谁受益、谁补偿"的农业生态补偿机制，推动地区间建立横向生态补偿制度；发展农业环保市场，推行节能、农业碳排放权、水权交易制度；建立吸引社会资本投入农业生态环境保护的市场化机制，推行农业环境污染第三方治理。

4. 建立健全农业绿色发展考核机制

把农业发展的指标在"保供给促增收"的基础上，拓展到生产、生活、生态"三生共赢"上来，把农业生产资源消耗、农业生态环境损害、农业生态效益等体现农业生态环境保护状况的指标纳入经济社会发展评价总体系之中，使之成为推进农业生态环境建设的重要导向和约束，特别是把农业污染防控和生态农业建设纳入相关责任人的考核指标体系。

参考文献

贾培琪，吴绍华，李啸天，等，2016. 中国省际粮食贸易及其虚拟耕地流动模拟[J]. 地理研究，35（8）：1 447-1 456.

成升魁，汪寿阳，刘旭，等，2018. 新时期我国国民营养与粮食安全[J]. 科学通报，63（18）：1 764-1 774.

程国强,2013-09-17. 我国实施全球农业战略的总体思路 [N]. 中国经济时报 (5).

杜森,2018. 我国旱作农业技术推广现状与前景 [J]. 农业技术与装备 (6): 7-8.

戈多. 论我国农业生态环境保护法律体系的完善 [EB/OL]. [2012-12-]. 中国法院网 http://www.chinacourt.org/artide/detail/2012/12/id/799892.shtml.

龚道枝,郝卫平,王庆锁,等,2015. 中国旱作节水农业科技进展与未来研发重点 [J]. 农业展望,11 (5): 52-56.

顾国达,尹靖华,2014. 国际粮价波动对我国粮食缺口的影响 [J]. 农业技术经济 (12): 4-14.

国家发展改革委员会. 耕地草原河湖休养生息规划 (2016—2030) [Z/OL]. [2017-05-16]. http://www.ndrc.gov.cn/fggz/fzzlgh/gjjzxgh/201705/wo20191104624227719574.pdf.

国家统计局,2018. 中国统计年鉴 [M]. 北京:中国统计出版社.

国务院. 关于进一步加强新时期爱国卫生工作的意见 [Z/OL]. [2014-12-23]. http://www.gov.cn/zhengce/content/2015-01/13/conteht-9388.htm.

国务院. 土壤污染防治行动计划 [Z/OL]. [2016-5-28]. http://baike.baida.com/.

国务院办公厅,2014. 关于改善农村人居环境的指导意见 [Z/OL]. [2014-5-29]. item/土壤污染防治行动计划/13352369?fr=aladdin.

国务院办公厅. 关于加快推进畜禽养殖废弃物资源化利用的意见 [Z/OL]. [2017-6-12]. http://www.gov.cn/zhengce/conteat/2017-06/12/conteht_5201790.htm.

郝目远,马宁,刘操,等,2019. 北京市农村生活污水处理适宜模式研究 [J]. 北京水务 (1): 20-24.

禾日,2018. 德国畜禽粪污的管理及处理措施 [J]. 中国畜牧业 (15): 43-44.

胡鞍钢,2017. 中国特色社会主义生态文明新时代 [J]. 林业经济,39 (12): 3-5.

胡春胜,陈素英,董文旭,2018. 华北平原缺水区保护性耕作技术 [J]. 中国生态农业学报,26 (10): 1 537-1 545.

胡琼,吴文斌,项铭涛,等,2018. 全球耕地利用格局时空变化分析 [J]. 中国农业科学,51 (6): 1 091-1 105.

黄忠友,2019. 试析生物质发电发展现状及前景 [J]. 科技风 (2): 185.

贾焰,张仁陟,张军,2016. 中国与非洲农产品贸易虚拟水流动及节水效应研究 [J]. 草业学报,25 (5): 192-201.

蒋绍辉,2019-03-06. 农村生活污水怎么治? [N]. 中国环境报 (3).

金三林,柳岩,刘乃郗,2018. 全球粮食安全长期趋势对中国的影响及战略 [J]. 中国发展观察 (17): 17-20,61.

李佳,胡子君,房建恩,2019. 分散式农村垃圾治理研究——以美国分散式农村的垃圾多元治理为例 [J]. 农业经济 (2): 32-35.

李锦华,2016. 生态循环农业引领绿色转型发展——访农业农村部农业生态与资源保护总站站长王衍亮 [J]. 农村工作通讯 (23): 46-48.

李景明,李冰峰,徐文勇,2018. 中国沼气产业发展的政策影响分析 [J]. 中国沼气,36 (5): 3-10.

李利,2018. 生物质沼气发电的利用模式及效益分析[J]. 华电技术,40(12):48-49,52,79.

李星龙,2019. 可再生能源电力配额制的解读及建议[J]. 科技经济导刊,27(4):104-105.

郦依洒,2018. 实施EPR制度的启示和借鉴[J]. 浙江经济(12):39.

联合国教科文组织,2019. 世界水资源开发报告(2018)——基于自然的水资源解决方案[R]. 北京:中国水利水电出版社.

刘红梅,邓光耀,王克强,2013. 中国农产品虚拟水消费的影响因素分析——基于省级数据的动态空间面板STIRPAT模型[J]. 中国农村经济(8):15-28.

柳俊,陈永华,李科林,等,2019. 农村混合污水人工湿地处理模式与效果分析[J]. 环境污染与防治,41(2):231-235,256.

吕月珍,潘扬,孔朝阳,2018. 农村生活垃圾治理"浙江模式"调查研究[J]. 科技通报,34(12):254-259,264.

罗国亮,张嘉昕,郭晓鹏,等,2019. 我国农村能源发展状况与未来展望[J]. 中国能源(2):37-43,24.

骆世明,2015. 构建我国农业生态转型的政策法规体系[J]. 生态学报,35(6):2 020-2 027.

马翠玲,2019. 甘肃省循环发展成效及其经验[J]. 再生资源与循环经济,12(1):15-17.

莫际仙,高春雨,毕于运,等,2018. 国外养分管理计划政策与启示[J]. 世界农业(6):86-93,216.

农业农村部. 到2020年化肥使用量零增长行动方案[Z/OL]. [2015-2-17]. http://www.moa.gov.cn/nybgb/2015/san/201711/t20171129_5923401.htm.

农业农村部. 农业农村部关于打好农业面源污染防治攻坚战的实施意见[Z]. [2015-4-10]. http://www.moa.gov.cn/ztzl/mywrfz/gzgh/201509/t20150914_4827678.htm.

农业农村部. 全国农业可持续发展规划(2015-2030)[Z/OL]. [2015-9-14]. http://www.moa.gov.cn/ztzl/mywrfz/gzgh/201509/t20150914_4827900.htm.

农业农村部. 农业资源与生态环境保护工程规划(2016—2020年)[Z/OL]. [2016-12-30]. http://www.moa.gov.cn/nybgb/2017/dyiq/201712/t20171227_6129936.htm.

农业农村部. 东北地区秸秆处理行动方案[Z/OL]. [2017-5-16]. http://www.moa.gov.cn/nybgb/2017/dlq/201712/t20171231_6133708.htm.

农业农村部. 农膜回收行动方案[Z/OL]. [2017-5-16]. http://www.moa.gov.cn/nybgb/2017/dlq/201712/t20171231_6133712.htm.

农业农村部. 畜禽粪污资源化利用行动方案(2017—2020年)[Z/OL]. [2017-7-7]. http://www.moa.gov.cn/nybgb/2017/dbq/201801/t20180103_6134011.htm.

农业农村部. 畜禽粪污土地承载力测算技术指南[Z/OL]. [2018-1-15]. https://www.sohu.com/a/218670036_711772.

农业农村部,国家发展和改革委员会,财政部,等. 关于推进农业废弃物资源化利用试点的方案［Z/OL］.［2016-8-11］. http：//www.moa.gov.cn/gk/zcfg/nybgz/201609/t20160919_5277846.htm.

农业农村部办公厅. 重点流域农业面源污染综合治理示范工程建设规划（2016—2020年）［Z/OL］.［2017-3-24］. http：//www.moa.gov.cn/nybgb/2017/dsiqi/201712/t20171230_6133444.htm.

农业农村部市场预警专家委员会，2018. 中国农业展望报告（2018—2027）［R］. 北京：中国农业科学技术出版社.

农业农村部新闻办公室，2018. 西北地区深入推进农膜回收行动［J］. 中国农技推广，34（12）：73.

岐皓月，王琳，2019. 精准扶贫背景下农村生物质能源利用现状及对策研究——基于湖南省的调查［J］. 环境与发展，31（1）：193-195.

潜竹根，陈熙赓，2018. 农村沼气建设效应与合理利用的建议［J］. 农业与技术，38（14）：251.

乔倩倩，2019. 我国农村生活污水治理问题及对策研究［J］. 环境与发展，31（1）：47，49.

乔玮，李冰峰，董仁杰，等，2016. 德国沼气工程发展和能源政策分析［J］. 中国沼气，34（3）：74-80.

生态环境部. 2018中国环境状况公报［EB/OL］.［2019-05-29］. http：www.chemc.cn/jcbg/zghjzkgb/20190618_706932.shtml.

生态环境部，国土资源部，2014. 全国土壤污染状况调查公报［J］. 国土资源通讯，5：10-11.

生态环境部，农业农村部. 农业农村污染治理攻坚战行动计划［Z/OL］.［2018-11-6］. https：//www.mee.gov.cn/xxgk2018/xxgk/xxgk03/201811/t20181108_672959.html.

石祖梁，贾涛，王亚静，等，2017. 我国农作物秸秆综合利用现状及焚烧碳排放估算［J］. 中国农业资源与区划，38（9）：32-37.

水利部. 关于加强地下水超采区水资源管理工作的意见［Z/OL］.［2003-4-7］. http：//www.law-lib.com/law/law_view.asp?id=74003.

水利部，财政部，国家发展和改革委，农业农村部. 华北地区地下水超采综合治理行动方案［Z/OL］.［2019-1-25］. http：//www.rmzxb.com.cn/c/2019-02-22/2290345.shtml.

宋洪远，金书秦，张灿强，2016. 强化农业资源环境保护推进农村生态文明建设［J］. 湖南农业大学学报（社会科学版），17（5）：33-41.

孙才志，陈丽新，刘玉玉，2011. 中国省级间农产品虚拟水流动适宜性评价［J］. 地理研究，30（4）：612-621.

孙才志，马奇飞，赵良仕，2018. 中国东、中、西三大地区水资源绿色效率时空演变特征与收敛性分析［J］. 地理科学进展，37（7）：901-911.

孙才志，王中慧，2019. 中国与"一带一路"沿线国家农产品贸易的虚拟水量流动特征［J］. 水资源保护，35（1）：14-19，26.

孙才志，张蕾，2009. 中国农产品虚拟水—耕地资源区域时空差异演变 [J]. 资源科学，31（1）：84-93.

唐珂，2014. 保护农业生态环境，建设农业生态文明 [C] //2014 中国现代农业发展论坛论文集. 北京：中国农业出版社.

唐铁朝，2014. 河北省农业污染现状及治理对策研究 [C] //2014 中国现代农业发展论坛论文集. 北京：中国农业出版社.

田云，张银岭，2019. 中国农业碳排放减排成效评估、目标重构与路径优化研究 [J]. 干旱区资源与环境（12）：1-7.

王红杰，2018. 农村地区沼气发电前景探究 [J]. 河北农业（12）：37-39.

王灵恩，侯鹏，刘晓洁，等，2018. 中国食物可持续消费内涵及其实现路径 [J]. 资源科学，40（8）：1 550-1 559.

王秋芳，郭四拜，1999. 推广旱作农业技术，提高旱作技术水平 [J]. 甘肃农业（10）：31-33.

王全，2018. 论沼气发电对建设新农村的重大意义 [J]. 农民致富之友（19）：248.

王圣，徐静馨，2018. 我国农林生物质发电现状及相关问题思考 [J]. 环境保护，46（23）：61-63.

熊仁，谢敏，冯传禄，等，2019. 厌氧+跌水曝气+人工湿地组合工艺处理农村生活污水 [J]. 环境工程学报，13（2）：327-331.

徐慧，韩智勇，吴进，等，2018. 中德沼气工程发展过程比较分析 [J]. 中国沼气，36（4）：101-108.

张红宇，2019-02-27. 走有中国特色的现代农业发展道路 [N]. 经济日报（012）.

张桃林，2014-12-22. 努力开创农业资源环境保护工作新局面 [N]. 农民日报（006）.

中共中央办公厅，国务院办公厅. 农村人居环境整治三年行动方案 [Z/OL]. [2018-2-13]. https://m.huanqiu.com/article/9CaKrnK6BZ9.

中国农业绿色发展研究中心，2018. 中国绿色农业发展报告 [R]. 北京：中国农业出版社.

中央农村工作领导小组办公室. 乡村振兴战略规划（2018—2022 年）[Z/OL]. [2018-2]. http://www.farmer.com.cn/zt2018/zxgh/.

朱颢，胡启春，汤晓玉，等，2016. 德国《可再生能源法》实施及调整对其沼气产业发展的影响分析 [J]. 新能源进展，4（2）：159-164.

住房和城乡建设部，中央农村工作领导小组办公室，中央精神文明建设指导委员会办公室，等，2015. 关于全面推进农村垃圾治理的指导意见 [Z/OL]. [2015-11-3]. http://www.gov.cn/zhengce/2016-05/22/content_5075653.htm.

BUREK P, LANGAN S, COSGROVE W, et al., 2016. The water futures and solutions initiative of IIASA [M]. Isfahan: Islamic Republic of Iran.

中国农田灌溉水有效利用系数时空变化特征研究

栗欣如　姜文来　段丁丁

摘　要：中国是水资源短缺的国家，农业用水占总用水量的60%以上，节水潜力巨大，提高农业用水灌溉效率和效益是缓解水资源紧缺和减轻环境问题的重要途径。本文利用位序规模法、空间自相关等方法对中国31个省级行政区（不包括港澳台）大中小型灌区和纯井灌区灌溉水有效利用系数时空分布差异进行了分析，研究结果表明，全国农田灌溉水有效利用系数由2010年的0.501提升到2016年的0.542，相对于大中型灌区，小型灌区农田灌溉水有效利用系数更高；东部地区农田灌溉水利用系数明显高于西部地区，北部地区高于南部地区，但不同类型灌区灌溉水有效利用系数空间变化有差异；灌溉水有效利用系数空间溢出效应正在逐渐减弱，大中小型灌区空间溢出效应并不明显，纯井灌区空间溢出效应随时间变动较大。

关键词：水资源管理；灌溉用水系数；时间变化；空间变化

Spatio-Temporal Analysis of Irrigation Water Use Coefficients in China

Li Xinru, Jiang Wenlai, Duan Dingding

Abstract: Water shortage is a major problem for agriculture in many countries. Agricultural water accounts for more than 60% of total water consumption in China. Improving agricultural strategies in using irrigation water more effectively and efficiently is important to alleviate water shortages and associated environmental problems. In this study, the spatiotemporal distribution differences of irrigation water use coefficient in large, medium and small-scale irrigation districts and pure well irrigation districts in the 31 provinces of China (excluding Hong Kong, Macao and Taiwan) were analyzed by means such as the Zipf's law and spatial autocorrelation. The results showed that the national irrigation water use coefficient had increased from 0.501 in 2010 to 0.542 in 2016. By size of irrigation area, the irrigation water use coefficient in small irrigation areas was higher than that of large and medium-scale irrigation districts. Regionally, the irrigation water use coefficient in the eastern region was significantly higher than that in the western region, and the coefficient in northern region was higher than that in the southern region. The spatial spillover effect of the national irrigation water use coefficient gradually weakened, and the spatial spillover effect of large and medium-scale irrigation districts was not obvious. The spatial spillover effect of pure well irrigation districts varied greatly over time. All these results give a spatiotemporal overview of agricultural water use in China, which provides a direction for improving irrigation water coefficient in China.

Key words: water management, irrigation water usage coefficient, spatial autocorrelation, temporal and spatial variation

一、引言

在全球资源环境问题日益突出的今天，有效利用有限的水资源条件，提高水资源灌溉效率和效益是缓解水资源紧缺和减轻环境问题的重要途径（Deng et al., 2006）。农田灌溉用水是农业的主要用水和耗水对象（Jiang et al., 2018），评估和提高灌溉水利用效率逐渐成为国际上水资源管理和保障粮食安全的热点话题（Rodrigues et al., 2010；Wang et al., 2015）。Ali（2014）以加拿大阿尔伯塔省南部12个灌区为研究对象，分析了灌区灌溉技术效率、Malmquist全要素生产率及其影子份额进行估计，以建立能够评估未来用水效率提高的基准。

灌溉水利用受灌区规模等多种因素影响，众多学者研究结果表明，灌区规模（Fu et al., 2017）、灌溉方法（Hassanli et al., 2010；Wang et al., 2016）、灌溉策略（Sun et al., 2015）、种植密度（Trentacoste et al., 2015）、降水量（Ali, 2014）以及化学投入（Karagiannis et al., 2003）等是灌区灌溉水利用效率的影响因素。事实上，受时间变化和空间地理环境的影响，区域灌溉水有效利用情况也会随之不同。

中国农业用水占全国用水总量的62.4%（2016），农业用水节水潜力巨大，占农业用水量的90%以上（Jiang et al., 2018），目前，国内大范围内发展节水灌溉，不断提高灌溉用水效率和效益。受技术、经济发展水平、水资源条件和地理气候环境等诸多因素影响，灌溉用水效率在时间和空间上均呈现一定的变化。灌溉水有效利用系数是灌溉用水效率的重要表征指标（Han et al., 2009），指在某次或某一时间内被农作物利用的净灌溉水量与水源渠首处总灌溉引水量的比值。本文基于位序规模法、空间自相关分析方法分析中国2010—2016年全国及31个省（区、市）（不含港澳台地区）不同规模灌区农田灌溉水有效利用系数随时间变化的位序规模特征，并利用全局自相关和局部自相关指数，探讨了灌溉水有效利用系数的空间分布差异。

二、农田灌溉水有效利用系数测算简介

（一）灌区灌溉水有效利用系数测算分析方法

《全国灌溉水有效利用系数测算分析技术指导细则》采用"首尾测算分析法"对灌溉水有效利用系数定义，即直接用灌入田间可被作物吸收利用的水量（净灌溉用水量）与灌区从水源取用的灌溉总水量（毛灌溉用水量）的比值来计算灌区灌溉水有效利用系数：

$$\eta = \frac{W_{\text{净}}}{W_{\text{毛}}} \tag{1}$$

式中，η 为灌区灌溉水有效利用系数；$W_{\text{净}}$ 为灌区净灌溉用水总量，m^3；$W_{\text{毛}}$ 为灌区毛灌溉用水总量，m^3。为了能够反映灌区灌溉水利用的整体情况，同时便于汇总分析，计算分析时段采用日历年（每年1月1日起至12月31日止）。

（二）省区灌溉水有效利用系数测算工作流程

灌溉水有效利用系数测算分析采用点与面相结合、实地观测与调查研究分析相结合、微观研究与宏观分析评价相结合的方法进行。各省（区、市）在对灌区综合调研的基础上，分类汇总分析灌区的灌溉面积、工程设施与用水状况等，选择能代表大型灌区（设计灌溉面积A≥30万亩）、中型灌区（1万亩≤A<30万亩）、小型灌区（A<1万亩）和纯井灌区等4种不同规模与类型、不同工程状况、不同水源条件与不同管理水平的样点灌区，构建相对稳定的省级区域灌溉水有效利用系数测算分析网络；收集整理样点灌区有关资料，选择样点灌区典型田块，测算样点灌区典型田块年亩均净灌溉用水量，分析计算样点灌区净灌溉用水量和灌溉水有效利用系数；以样点灌区测算结果为基础，逐级汇总分析，计算不同规模、不同类型灌区以及不同区域的灌溉水有效利用系数。

（三）数据来源

本文农田灌溉水有效利用系数来自中国水利部2010年、2012—2016年农田灌溉水有效利用系数测算结果（2011年未测算，数据缺失），主要包括全国农田灌溉水有效利用系数，全国大、中、小型灌区及纯井灌区农田灌溉有效利用系数，各省市地区农田灌溉水有效利用系数，各省市大、中、小型灌区及纯井灌区农田灌溉有效利用系数。各有效利用系数测算过程参照《全国农田灌溉水有效利用系数测算分析技术指导细则》。文章研究对象为全国及其31个省（区、市）（港澳台地区除外）。

三、研究方法

（一）位序规模法

用位序规模法对全国不同类型灌区的灌溉水利用效率规模分布特征进行研究，位序—规模法的公式（也称Zip公式）参考Fu（2016）的算法：

$$P_i = P_1 R_i^{-q} (R_i = 1, 2, \cdots, n) \tag{2}$$

式中，n 为省区数量；R_i 为省区 i 的位序；P_i 为将所有研究对象农田灌溉水有效利用系数按从高到低排序，位序为 i 的省区农田灌溉水有效利用系数；P_1 表示首位序灌区的农田灌溉水有效利用系数，q 为Zipf系数（与分维值D呈互为倒数），分维值D可以反映农田灌溉水有效利用系数规模分布的均衡趋势（Surhone et al., 2010；Cheng et al., 2012；Tsiotas D, 2016；Tang, 2011）。其中，当 $q>1$ 时，q 越大，表明高、低位序灌区的农田灌溉水有效利用系数差距越大；当 $q=1$ 表示农田灌溉水有效利用系数不同区间分布较为均衡；当 $q<1$ 时，q 越小，高、低位序研究对象的农田灌溉水有效利用系数差距越小；当 $q\to\infty$，$P_i\to 0$ 时，表示研究对象只有一个灌区；当 $q\to 0$，$P_i\to 1$ 时，$P_i=P_1$，表示每个研究对象的农田灌溉水有效利用系数均相等。

（二）空间自相关

全局空间自相关（Global Spatial Autocorrelation），用于描述农田灌溉水有效利用系数在空间范围内的表现状态，可以说明相邻区域之间属性值的相似性，以判断区域农田灌溉水有效利用系数是否存在空间集聚。本文用 Global Moran's I 指数来衡量农田灌溉水有效利用系数在区域空间上的集聚性：

$$I = \frac{\sum_{i=1}^{n}\sum_{i=1}^{n}W_{ij}(a_i-\bar{a})(a_j-\bar{a})}{S^2\sum_{i=1}^{n}\sum_{j=1}^{n}W_{ij}} \tag{3}$$

式中，n 表示研究对象的总数；a_i 和 a_j 分别表示 i 和 j 地区的农田灌溉水有效利用系数，$\bar{a}$ 代表所有属性值的平均值；W_{ij} 代表空间权重值，空间邻接为1，不相邻为0。Moran's I 的值在 $-1\sim 1$，当 $I<0$ 时，代表农田灌溉水有效利用系数在全域空间内是负相关；当 $I>0$ 时，代表农田灌溉水有效利用系数在全局范围内表现为正相关；当 $I=0$ 时，则表示地区农田灌溉水有效利用系数不存在空间相关性，呈随机分布状态。

局部自相关（Local Indicators of Spatial Association，LISA），用于考查局部空间集聚状态，即空间非平稳性（Anselin, 1995）。本文用 LISA 统计指标来识别空间局部不平衡性，反映不同空间位置灌溉水利用效率的空间集聚形态。局部 Moran's I 把全局莫兰指数分解到了各个研究单元，计算如式（4）所示：

$$I_i = \frac{(a_i-\bar{a})}{S_a^2}\sum_{j=1}^{n}\left[W_{ij}(a_j-\bar{a})\right] \tag{4}$$

式中，S_a 为对应于 a_i 和 a_j 的标准差；$Z_i=\dfrac{(a_i-\bar{a})}{S_i^2}$ 为标准化变量。如果 I_i 显著为正并且 $Z_i>0$，说明研究单元的观测值和周边区域观测值都比较高，属于 HH 集聚；如果 I_i 显著为正且 $Z_i<0$，说明研究单元的观测值和周边区域观测值都比较低，属于 LL 集聚；如果 I_i 显著为负并且 $Z_i>0$，说明研究单元的观测值远低于周边区域观测值，属于 HL 集聚；若 I_i 显著为负且 $Z_i<0$，说明研究单元的观测值远高于周边区域观测值，属于 LH 集聚。

四、农田灌溉水有效利用系数时间序列分析

（一）农田灌溉水利用效率年度变化情况

从图1可以看出，全国农田灌溉水有效利用系数呈现逐年增长的趋势。其中，全国农田灌溉水总利用系数从2010年的0.501上升至2016年的0.542，提升了8.184%；大型灌区的灌溉水利用系数从2010年的0.454提升到2016年的0.492，提升了38.37%；中型灌

区从2010年的0.467提升到2016年的0.508，提高了8.78%；小型灌区从2010年0.503提升到2016年的0.538，提升了6.958%；纯井灌区从2010年的0.682提升到2016年的0.737，提升了8.065%。

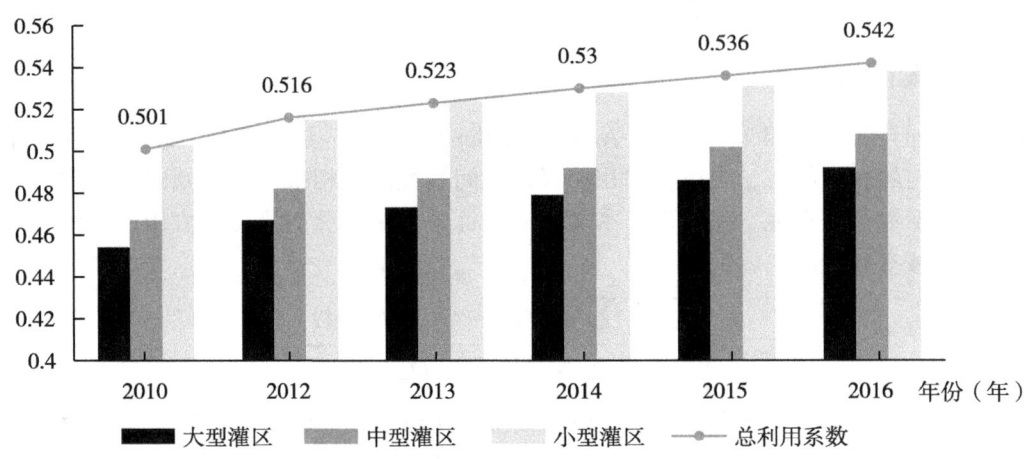

图1　2010—2016年全国农田灌溉水有效利用系数变化

注：其中，2011年数据缺失。

为分析不同类型灌区灌溉水有效利用系数的规模分布，将全国31个省级行政区不同类型灌区2010—2016年规模位序与所对应的灌溉水有效利用系数绘制散点图（图2）。从图中可以看出，2010—2016年全国大型灌区灌溉水有效利用系数的规模主要分布在0.376~0.586，中型灌区灌溉水有效利用系数的规模分布在0.391~0.702，小型灌区灌溉水有效利用系数的规模分布在0.343~0.737，纯井灌区灌溉水有效利用系数的规模主要分布在0.548~0.848。通过对比分析可以看出，不同类型灌区之间灌溉水有效利用系数有较大差异，总体表现为：纯井灌区>小型灌区>中型灌区>大型灌区；整体上看，2010—2016年全国不同类型灌区灌溉水有效利用系数均呈现逐年上升的趋势，但不同类型灌区之间灌溉水有效利用系数的差距依然较大，2016年纯井灌区农田灌溉水有效利用系数比大型灌区高0.245。

（二）全国农田灌溉水利用效率年度变异特征

以全国农田灌溉水有效利用系数为例，对位序及其对应的效率值进行对数转换，然后以位序的对数为横坐标、灌溉水有效利用系数的对数为纵坐标绘制出散点图，采用一阶线性模型对点进行拟合（图3）。结果显示，2010—2016年位序—规模分布均存在拟合直线，即存在无标度区，表达式的拟合度 R^2 均在0.9以上，各年份全国农田灌溉水利用效率情况符合齐夫法则。2010—2016年所有回归模型的q值均小于1，并且呈现出逐年减小的趋势，由此可以得出高位序与低位序省级行政区灌溉水利用效率规模逐年减小，这表明全国各省级行政区之间灌溉水利用效率的差距正在逐年缩小，分布向均衡趋势变化。但全国灌溉水利用率提升的发展空间仍旧很大，对灌溉水利用效率的提升仍然有更高的要求，也为灌区的均衡发展提供了可行性依据。

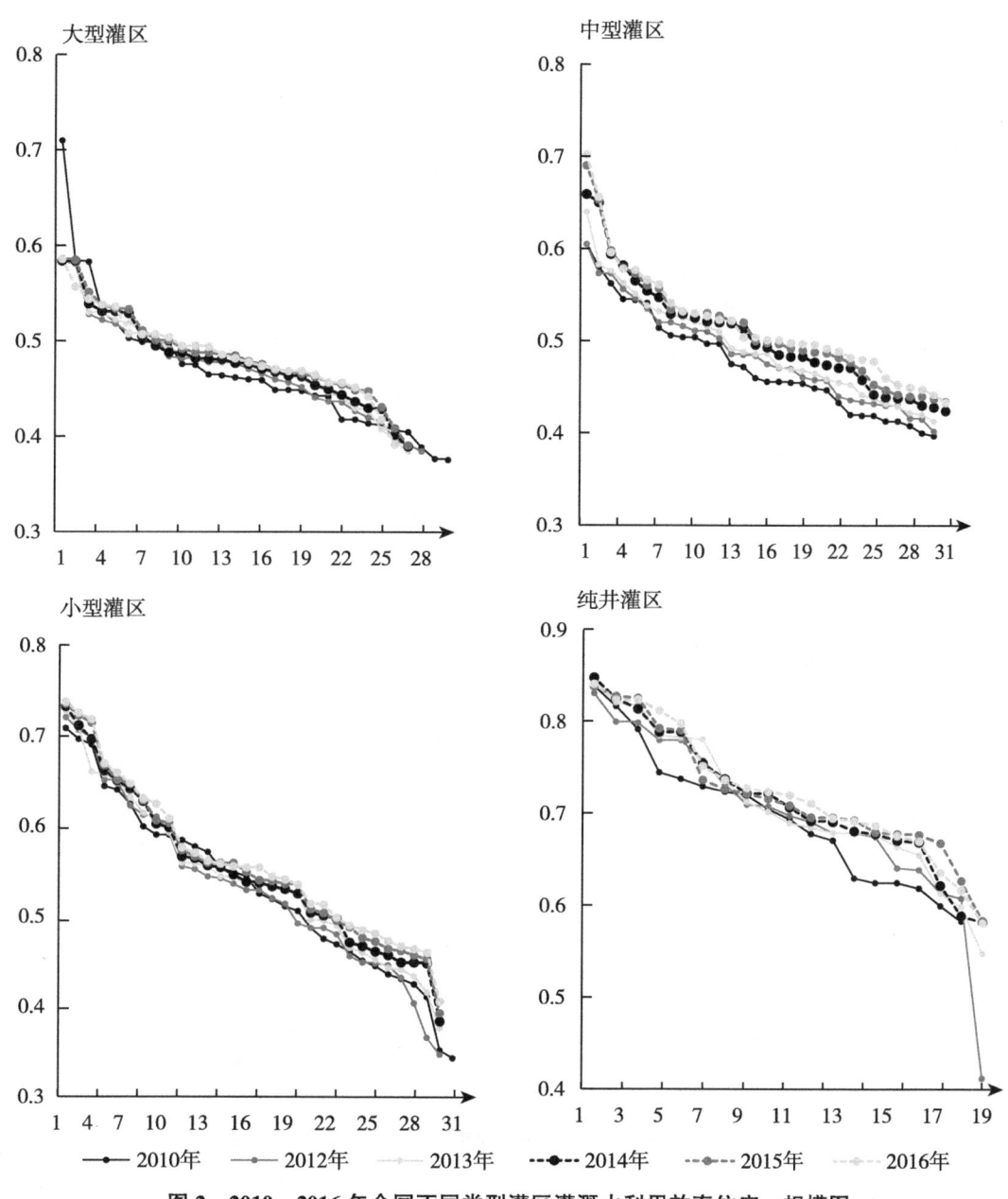

图2 2010—2016年全国不同类型灌区灌溉水利用效率位序—规模图

五、农田灌溉水有效利用系数空间分异

在分析时间变化的基础上,利用ESDA-GIS为技术平台,以2010年和2016年为典型年份,分别从总体趋势、全局自相关和局部自相关分析全国农田灌溉水有效利用系数的空间格局变化。

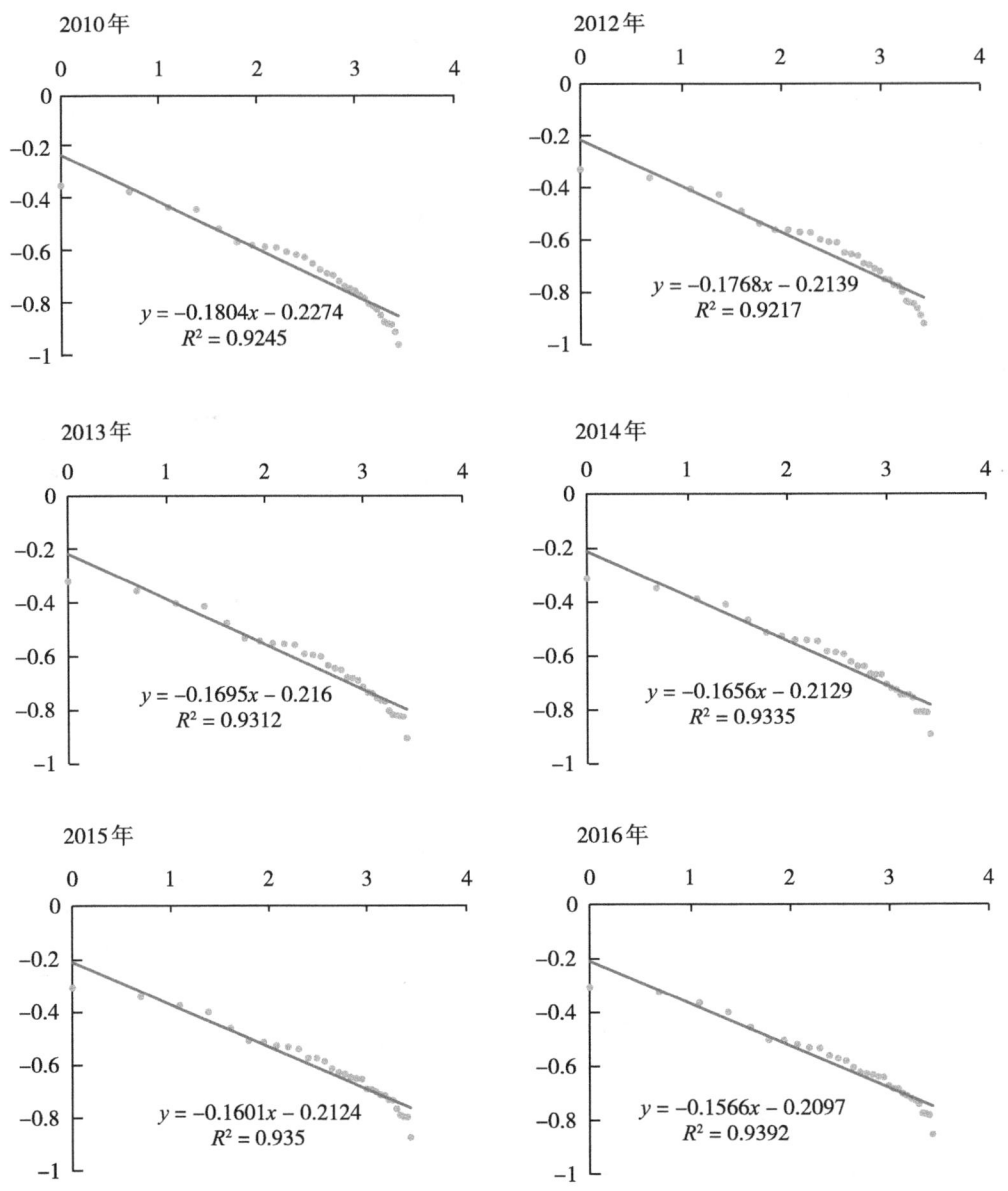

图 3　2010—2016 年全国灌溉水利用效率位序—规模双对数图

（一）趋势分析

对全国 2010 年、2016 年农田灌溉水有效利用系数进行分析，利用 ArcGIS10.0 中提供的地统计分析（Geostatistical Analyst）模块执行正态 QQ 图命令后，均接近一条直线，说明全国农田灌溉水有效利用系数服从正态分布；变异系数分别为 0.165 和 0.143，说明全国省域灌溉水有效利用系数有差异，但差异不大。

将全国 2010 年、2016 年农田灌溉水利用系数在空间上（套水资源一级分区）进行展示，空间变化特征明显。从整体上看，东部地区农田灌溉水利用系数明显高于西部地区，以海河区、淮河区为代表的东中部地区表现尤为突出；沿海地区农田灌溉水利用系数高于内陆地区；2016年，西北诸河区、黄河区、松花江区、辽河区等地的农田灌溉水利用系数提升程度明显；2016年，北部地区高于南部地区，东部地区高于西部地区，西南诸河区灌溉水有效利用系数较低。

采用ArcGIS 10.0中的趋势分析工具，分别对2010年和2016年全国农田、大型灌区、中型灌区、小型灌区和纯井灌区灌溉水有效利用系数进行三维透视分析，以有效利用系数作为高度属性值（Z值），X、Y分别为正东、正北方向（图4，图5）。从整个研究区域来看，各省（市、区）灌溉水利用效率空间差异较为明显。

从全国农田水灌溉有效利用系数来看，2010—2016年省域有效利用系数差异较为明显。东西方向上趋势大致是一条指数函数曲线，从西向东逐渐上升；从南北方向看，南北方向呈阶梯状自北向南平滑过渡趋势，表明有效利用系数北部高于南部。

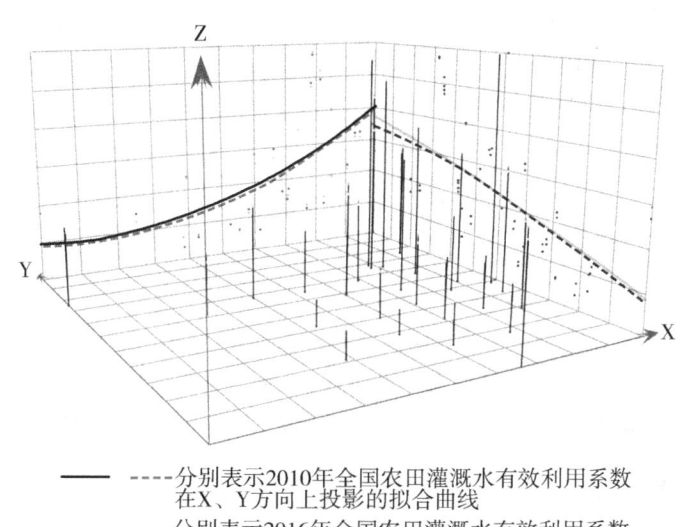

图4 全国农田灌溉水有效利用系数2010年、2016年趋势分析对比图

从全国大型灌区农田水灌溉有效利用系数来看，2010年有效利用系数在省域之间差异显著，由西向东逐渐上升，南北方向上呈现倒"U"形曲线，从南向北先上升后下降，说明东中部高于其他地区的趋势。到2016年，曲线变化的整体趋势整体幅度有所提高，省域之间东西方向差异有缩小的趋势，南北差异有增大趋势，有效利用系数高的依然是中东部地区。这与淮河区、海河区水资源紧缺条件的实际情况一致。

中型灌区2010年、2016年农田水灌溉有效利用系数与大型灌区大致呈现相同的空间趋势，较之不同的是2016年南北方向上差异逐渐缩小。小型灌区农田水灌溉有效利用系数趋势与全国农田水灌溉有效利用系数趋势大致相同，不做过多叙述。

纯井灌区覆盖省域数量较少，但其农田水灌溉有效利用系数空间差异明显，呈现西部高东部低的趋势，南北方向上，由中部高、南北低逐渐变为北部高、南部低。其中，山东、辽宁、新疆、天津等地纯井灌区农田水灌溉有效利用系数最高，均大于0.81，广东、青海等大型灌区农田灌溉指数最低，青海省仅为0.581。

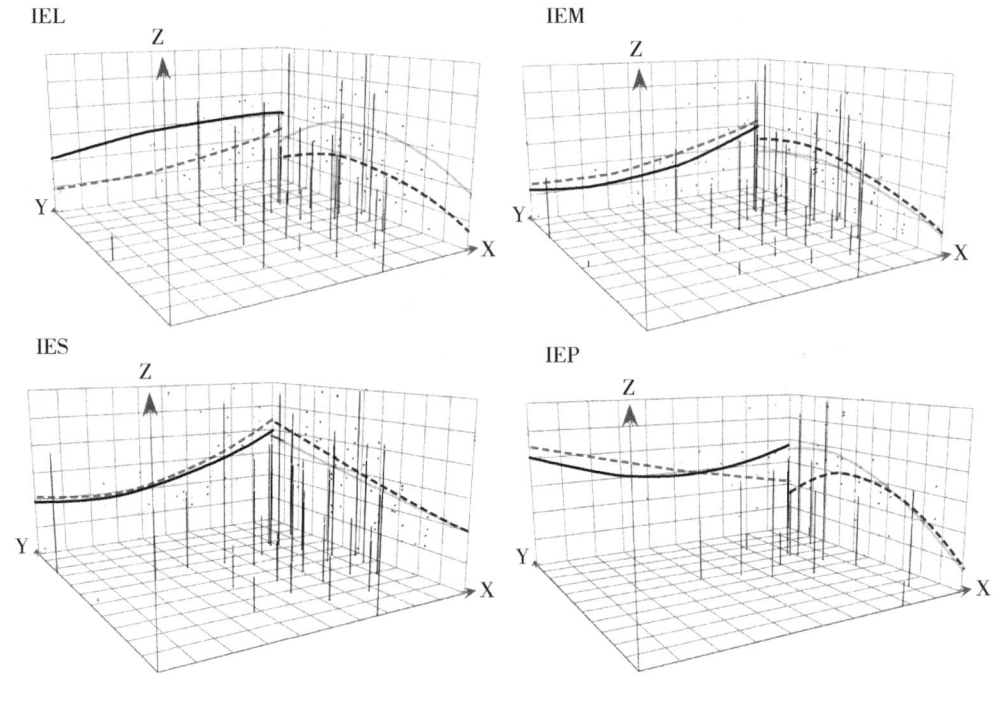

——— ----- 分别表示2010年全国农田灌溉水有效利用系数在X、Y方向上投影的拟合曲线
——— ----- 分别表示2016年全国农田灌溉水有效利用系数在X、Y方向上投影的拟合曲线

图5 不同类型农田灌溉水有效利用系数2010年、2016年趋势分析对比图

注：IEL表示大型灌区农田灌溉水有效利用系数，IEM表示中型灌区灌溉水有效利用系数，IES表示小型灌区农田灌溉水有效利用系数，IEP表示纯井灌区农田灌溉水有效利用系数。

（二）空间溢出效应

空间溢出效应是指研究对象与周边相同特征的区域之间的潜在依赖性，或者说是对周边区域的影响作用，主要通过全局自相关的 Moran's I 指数来衡量，当 $I<0$ 时，值越小，空间溢出效应越明显；当 $I>0$ 时，值越大，空间溢出效应越明显；当 $I=0$ 则不存在空间溢出效应。全国农田灌溉水有效利用系数的全局空间自相关计算①结果显示，2010—2016年灌溉水有效利用系数的全域莫兰指数都通过了5%水平下的显著性检验，且为正值，表明省域灌溉水有效利用系数在空间上存在正向自相关，灌溉水利用效率空间溢出效应明显。从时间推移的角度看，2010—2016年空间溢出效应正在逐渐减弱，这可能是由于各省级行政区之间灌溉水利用效率的差距正在逐年缩小，且空间分布趋于均衡（表1）。局部自相关分析结果显示，北京、天津、河北、江苏4省一直处于HH集聚类型区域，主要可能是由于华北地区地下水超采，大面积实施高效节水工程，灌溉水有效利用率较高；而江苏省现代农业发展程度较高，高效节水灌溉面积比重较大，灌

---

① 为防止"孤岛"的出现，在空间权重设置时将广东与海南设为相邻。文章无中国香港、中国澳门、中国台湾的数据，故不将其作为研究对象，在空间临近时不考虑其与大陆地区的相邻。

溉水利用系数较高。

表 1　2010—2016 年不同类型灌区农田灌溉水有效利用系数的莫兰指数和 Z 值

年份	IE		IEL		IEM		IES		IEP	
	Moran's I	P	Moran's I	P	Moran's I	P	Moran's I	P	Moran's I	P
2010 年	0.201	0.025**	0.098	0.1*	0.053	0.181	0.139	0.550	0.392	0.002***
2012 年	0.202	0.03**	0.003	0.365	0.057	0.169	0.018	0.298	0.415	0.001***
2013 年	0.193	0.026**	0.024	0.271	0.061	0.196	0.018	0.306	-0.019	0.195
2014 年	0.190	0.026**	0.031	0.273	0.135	0.580	0.376	0.001***	0.415	0.001***
2015 年	0.185	0.037**	0.027	0.280	0.132	0.068*	0.006	0.329	0.385	0.001***
2016 年	0.183	0.025**	-0.053	0.433	0.182	0.055*	0.003	0.323	0.411	0.001***

注：IE 表示全国农田灌溉水有效利用系数，IEL、IEM、IES、IEP 分别表示大型、中型、小型和纯井灌区农田灌溉水有效利用系数；*、**、*** 分别表示计算结果通过 10%、5%、1% 的检验。

大型灌区、中型灌区、小型灌区的莫兰指数计算结果显示，只有 1~2 个年份通过了检验，说明 3 种类型的农田灌溉水有效利用系数在空间上呈现随机分布，空间溢出效应并不明显。纯井灌区除 2013 年外，其他年份均呈现空间正向自相关，且相关指数随时间呈现波动状态，说明纯井灌区的灌溉水有效利用系数存在空间溢出效应，且在空间分布上随时间变动较大。局部空间溢出效应的分析结果显示，HH 集聚区主要集中在华北和东北地区，LL 集聚区主要集中在云贵高原、湖南等地，HL 集聚在广东省较为明显（表 2）。

表 2　2010—2016 年纯井灌区灌溉水有效利用系数局部空间溢出效应

年份	HH	LL	LH	HL
2010 年	内蒙古、山西、山东、河南、河北、北京	湖南、云南、贵州		
2012 年	内蒙古、山西、山东、河南、河北、北京、吉林、宁夏	湖南、云南、贵州		广东
2014 年	内蒙古、山西、山东、河南、河北、吉林、甘肃	湖南、云南、贵州、广西		广东
2015 年	内蒙古、山西、山东、河北、吉林	湖南、云南、贵州		广东
2016 年	内蒙古、山东、山西、河南、河北、北京、甘肃	湖南、云南、贵州、广西		

六、结论

随着全社会节水意识的提高和技术的进步，全国农田灌溉水的利用率有所提高，各省级行政区之间灌溉水利用效率的差距正在逐年缩小，分布向均衡趋势变化；不同类型灌区之间灌溉水有效利用系数有较大差异，纯井灌区>小型灌区>中型灌区>大型灌区。

1. 全国农田灌溉水有效利用系数空间分布特征明显

从整体上看，东部地区农田灌溉水利用系数明显高于西部地区，北部地区高于南部地区，以海河区、淮河区为代表的东中部地区较高，以南诸河区为代表的西南部地区较低；沿海地区农田灌溉水利用系数普遍高于内陆地区；从时间变化上看，西北诸河区、黄河区、松花江区、辽河区等地的农田灌溉水利用系数提升程度明显，这可能与国家高标准农田建设中高效节水灌溉工程续建配套有紧密联系。

2. 不同类型灌区灌溉水有效利用系数空间变化不尽相同

大、中、小型灌区趋势大致相同，各省级行政区灌区有效利用系数高的依然是中东部地区，省域之间东西方向差异缩小，南北差异增大；纯井灌区呈现西部高、东部低的趋势，由中部高、南北低逐渐变为北部高、南部低。

3. 灌溉水有效利用系数空间溢出效应明显

从时间推移的角度看，2010—2016年空间溢出效应正在逐渐减弱，这与灌溉水利用效率分布向均衡趋势变化的结论不谋而合，空间集聚程度降低，溢出效应减弱。大型灌区、中型灌区、小型灌区农田灌溉水有效利用系数在空间上呈现随机分布，空间溢出效应并不明显。纯井灌区的灌溉水有效利用系数存在空间溢出效应，且在空间分布上随时间变动较大。

全国农田灌溉水有效利用系数时空变化特征明显，但具体是什么因素引起的这种变化，有待深入研究，将在以后的时间里进行深入研究。

参考文献

冯保清，2013. 我国不同分区灌溉水有效利用系数变化特征及其影响因素分析[J]. 节水灌溉（6）：29-32，35.

付强，刘巍，刘东，等，2016. 黑龙江省灌溉水利用率分形特征与影响因素分析[J]. 农业机械学报，47（9）：147-153.

韩振中，裴源生，李远华，等，2009. 灌溉用水有效利用系数测算与分析[J]. 中国水利（3）：11-14.

姜文来，王红瑞，刘洋，等，2018. 中国农业用水安全[M]. 武汉：湖北科学技术出版社.

汤韵，张榕晖，2011. 台湾城市规模分布初探——基于位序—规模法则的分析[J]. 集美大学学报（哲社版），14（2）：59-64.

ALI M K, KLEIN K K, 2014. Water use efficiency and productivity of the irrigation districts in southern Alberta [J]. Water Resources Management, 28 (10): 2 751-2 766.

ANSELIN L, 1995. Local indicators of spatial association—LISA [J]. Geographical Analysis, 27 (2): 93-115.

CHENG K M, ZHUANG Y J, 2012. Spatial econometric analysis of the rank-size rule for urban system: A case of prefectural-level cities in China's middle area [J]. Scientia Geographica Sinica, 32 (8): 905-912.

DENG X P, SHAN L, ZHANG H, et al., 2006. Improving agricultural water use efficiency in arid and semiarid areas of china [J]. Agric Water Manage, 80 (1-3): 23-40.

FU Q, LIU Y, LI T, et al., 2017. Analysis of irrigation water use efficiency based on the Chaos Features of a rainfall time series [J]. Water Resources Management, 31 (6): 1 961-1 973.

HASSANLI A M, AHMADIRAD S, BEECHAM S, 2010. Evaluation of the influence of irrigation methods and water quality on sugar beet yield and water use efficiency [J]. Agric Water Manage, 97 (2): 357-362.

KARAGIANNIS G, TZOUVELEKAS V, XEPAPADEAS A, 2003. Measuring irrigation water efficiency with a stochastic production frontier [J]. Environ Resour Econ, 26 (1): 57-72.

RODRIGUES G C, CARVALHO S, PAREDES P, et al., 2010. Relating energy performance and water productivity of sprinkler irrigated maize, wheat and sunflower under limited water availability [J]. Biosyst Eng, 106: 195-204.

SUN H, ZHANG X, WANG E, et al., 2015. Quantifying the impact of irrigation on groundwater reserve and crop production - a case study in the north china plain [J]. Eur J Agron, 70: 48-56.

TRENTACOSTE E R, PUERTAS C M, SADRAS V O, 2015. Effect of irrigation and tree density on vegetative growth, oil yield and water use efficiency in young olive orchard under arid conditions in mendoza, argentina [J]. Irrig Sci, 33 (6): 1-12.

TSIOTAS D, TSIOTAS D, 2016. City-size or rank-size distribution? An empirical analysis on greek urban populations [J]. Theoretical & Empirical Researches in Urban Management, 11 (4): 5-16.

WANG G, LIANG Y, ZHANG Q, et al., 2016. Mitigated CH_4 and N_2O emissions and improved irrigation water use efficiency in winter wheat field with surface drip irrigation in the north china plain [J]. Agric Water Manage, 163: 403-407.

WANG Y, WU P, ENGEL B, et al., 2015. Comparison of volumetric and stress-weighted water footprint of grain products in China [J]. Ecol Indic, 48: 324-333.

新形势下农田建设管理政策研究

李俊杰 李建平 杨亚东 梅 冬 罗其友

摘 要：高标准农田建设是"藏粮于地，藏粮于技"的重要措施，在粮食安全问题重要性凸显的背景下，加强高标准农田建设意义非凡。分析机构改革后农田建设管理政策在实施过程中存在的问题及相应措施，将为政策完善提供方向和依据。本研究选取4个粮食主产省的8个粮食大县进行调研，组织省、市、县各级农田建设管理部门人员、新型经营主体等，采用半结构性方式进行访谈，收集分析农田建设政策落实及项目实施中存在的问题。研究表明，农田建设在提高粮食产能、促进农业机械化、增加农民收入、新增耕地指标和改善农田生态环境方面发挥了成效，但机构改革后的农田政策执行中还存在机制不全、体制不顺的问题，在组织管理、资金管理、工程项目管理方面都有体现。需从体制机制上完善农田建设管理政策，让高标准农田项目建设更高效，为保障粮食安全发挥更大作用。

关键词：农田建设；管理政策；机构改革；政策问题；政策建议

Management Policies of Farmland Construction in China in the New Era

Li Junjie, Li Jianping, Yang Yadong, Mei Dong, Luo Qiyou

Abstract: Farmland construction is an important measure of reserving grain in the ground and storing grain in technology. In the context of the importance of food security issues, it is of great significance to strengthen the construction of high-standard farmland. By analyzing the problems and corresponding measures in the implementation of the farmland construction management policy after the institutional reform, it will provide direction and basis for policy improvement. We selected 8 major grain counties from 4 major grain producing provinces to conduct surveys, organized personnel from farmland construction management departments at all levels of the province, city, county and new business entities, etc., conducted interviews in a semi-structured manner, and analyzed farmland construction problems in policy implementation and project implementation. Farmland construction played an effective role in increasing food production capacity, promoting agricultural mechanization, increasing farmers' income, adding farmland indicators and improving farmland ecological environment. However, there were still incomplete mechanisms and systems in the implementation of farmland policies after institutional reforms. Problems were reflected in organizational management, capital management, and project management. It is necessary to improve farmland construction management policies from the institutional mechanism to make the construction of high-standard farmland projects more efficient and play a greater role in ensuring food security.

Key words: farmland construction; management policy; institutional reform; policy issues; policy suggestions

一、引言

农田建设是巩固和提高粮食生产能力、保障国家粮食安全的关键举措。机构改革前，农田建设相关的项目主要包括财政部农业综合开发办公室的土地治理项目、国家发展和改革委员会的新增千亿斤粮食产能规划田间工程项目、国土资源部的土地整治项目以及水利部的小型农田水利建设项目，各部门按照各自的标准实施，建设内容各有侧重。按照《中共中央关于深化党和国家机构改革的决定》《深化党和国家机构改革方案》《国务院关于机构设置的通知》的要求，农田建设项目管理职责已整合到农业农村部统一管理。农业农村部高度重视农田建设工作，就深入实施"藏粮于地、藏粮于技"战略，作出了一系列重要部署，推进我国高标准农田建设取得重要成效。但是，我国还有一半左右的耕地缺乏灌溉设施，每年有近30%的耕地面积受洪涝干旱灾害影响，而且在水资源短缺的同时，农业用水方式粗放，农田灌溉水有效利用系数远低于0.7~0.8的世界先进水平（张岩松，2013）。面向国家基本现代化及其高质量发展和高品质生活新需求，需要全面评估农田建设政策效应、现有政策的局限性，超前谋划2022年以后农田建设方略与政策调整，为制定农田建设长远发展战略提供依据。

机构改革前各部门实施的高标准农田建设中已经显露出一些问题。土地整治中涉及农田建设中的主要问题是土地生态整治实践水平不高、土地整治资金稳定性不足（郧宛琪，2016）。小型农田水利建设补贴政策存在补贴不够规范、补贴力度小、重建轻管、权责模糊、管理主体缺位、老化失管失修等问题（王广深，2009；靳轲，2015）。例如，江苏省宿迁市某新区的高标准基本农田建设中在项目资金、权属调整、设施维护和公众参与等方面存在问题（李华，2016）。天津市农业综合开发土地治理项目存在的一个主要问题就是可实施农业综合开发高标准农田项目土地基数呈下降趋势（王文彬，2017）。

机构改革后，农业农村部等部委主要出台了农田建设项目管理办法和资金管理办法，但较多细则中央还没有明确，地方一般沿用机构改革前的程序，但缺少依据。2019年8月，农业农村部发布《农田建设项目管理办法》；2019年9月，财政部发布《农田建设补助资金管理办法》，规定了农田建设补助资金使用范围；2019年11月，国务院办公厅发布《关于切实加强高标准农田建设提升国家粮食安全保障能力的意见》，提出到2022年建成0.67亿hm^2高标准农田的目标任务。

为全面摸清机构改革后现行农田建设发挥的成效、政策实施中存在的问题,作者于 2020 年 8 月到河北、山东、江西、湖南等地开展调研,围绕农田建设政策落实及项目实施中存在的问题,组织省、市、县各级农田建设管理部门人员、新型经营主体等到项目点进行实地查看。结合调研内容,总结了高标准农田在提高粮食产能等方面的成效,在组织管理、资金管理、工程项目管理方面存在的问题并提出建议。

二、高标准农田建设成效

通过农田建设,建成"旱涝保收"的高标准农田,在提高粮食产量、保障国家粮食安全,促进农业机械化、规模化发展,增加农民收入等方面发挥了重要作用,同时在新增耕地、改善农田生态环境等方面也有积极影响。

(一)提高粮食产能

通过高标准农田建设项目的实施,改善了农田基础设施条件,提高了粮食产能。农田项目的建设完善了灌排工程体系,有效减少灌溉输水过程中的渗漏损失,减少了用水量,改善了灌溉条件,实现了"旱能灌、涝能排"的目标,农业生产条件得到明显改善、农业综合生产能力得到明显提高、抗御自然灾害能力得到明显增强。在湖南等南方地区还能有效提高粮田复种指数。调研数据显示,河北故城 2020 年高标准农田项目区比其他区每公顷土地增产小麦 750kg、玉米 975kg,山东建成后的高标准农田单位土地粮食产能提高 15%~20%,粮食单产增加 100kg 左右。马雪莹等(2018)构建综合绩效评价指标体系,评估重庆山区县域高标准基本农田建设综合成效,与建设前相比,耕地连片度增加 13.56%,梯田化率明显提升,道路通达度提升 25%,灌溉保证率和沟渠密度显著增加,有效土层厚度明显增加。

(二)促进地区农业发展和农民增收

通过集中连片开展田块平整、配套设施建设,带动了农业机械化提档升级,推动了农业经营方式、生产方式、资源利用方式的转变。基础设施能够降低粮食生产成本,提高产品国际竞争力(朱晶,2016)。通过农田建设增加耕地作为占补平衡补充耕地指标,以河北故城县为例,2019 年高标准农田建设项目建设规模 2 600 hm^2,新增耕地面积 33.67 hm^2;2020 年高标准农田建设项目建设规模 2 140 hm^2,新增耕地面积 32.78 hm^2,平均新增耕地面积占农田建设面积的 1.4%。

通过改善农业生产条件、实现粮食增产增收,增加土地流转租金、推动农民就近就业打工、促进节能环保等,实现农民增收。以 2019 年河北故城县军屯镇项目区为例,该项目区 11 153.33 hm^2 农田,立项前 3 年平均年粮食产量 845 万 kg,年总产值为 1 768 万元,项目实施后平均年粮食产量 1 092 万 kg,年总产值为 2 282.8 万元,年新增种植业纯收入 541.8 万元,人均增收 515 元。山东高标准农田项目区单位土地节水、节电率分别可达 24.3%和 30.8%,化肥农药使用量分别减少 14%和 19%,综合节本增效带动农民增收近 500 元。

（三）改善农田生态环境

通过高标准农田建设，有效提高耕地集约节约利用水平、缓解农业发展的水土资源约束，提高农药、化肥利用效率，减轻农业面源污染，增强农田水土保持能力；有效减少农业灌溉用水，减少土壤养分的流失和地下水的污染，缓解区域水资源的紧张状况，维持地下水的采补平衡；有效增加植被覆盖率，涵养地下水源，改善田间小气候，防止畦田冲刷；有效改善和保护周边自然生态，促进农业绿色、可持续发展。

三、政策实施中存在的主要问题

高标准农田建设在提高粮食产能等方面取得了较大成效，但政策实施中还存在一些问题，特别是机构改革后在体制机制方面还有许多需要理顺和完善之处，主要体现在农田建设政策实施组织管理、资金管理、工程项目管理等方面。

（一）农田建设资金整合不彻底

国家发展和改革委员会的"新增千亿斤粮食产能规划田间工程建设项目"资金管理权限未按照机构改革要求完全整合到农业农村部，增加了各级协调难度，拖慢农田建设工作进度。一是任务和资金下达时间不一致。中央层面，年度农田建设任务清单由农业农村部一次性下达，但由于发改委渠道的任务、资金和时间没有同步，且只限于国家新增千亿斤粮食产能规划确定的粮食主产县，影响省级的资金分配和下达。二是管理办法不同。农业农村部有《农田建设项目管理办法》《农田建设补助资金管理办法》，国家发展和改革委员会有《农业生产发展中央预算内专项投资管理暂行办法》，同一项任务上级管理部门不同，管理办法不同，县级要同时执行两个部门的办法，对项目的实施和管理影响较大。三是信息管理平台不同。农业农村部有"全国农田建设综合监测监管系统""农业建设项目管理平台"。其中，"全国农田建设综合监测监管系统"是农田建设项目管理平台，要求填报高标准农田建设项目的所有信息；"农业建设项目管理平台"只需要填报发改委渠道的高标准农田建设项目信息，县级为满足管理平台信息填报要求，只能将已完全整合的项目拆分，极大增加了县级的工作量和工作难度。

（二）农田建设基层管理队伍薄弱

机构改革后，原多个部门的农田建设任务量整合到一个部门，人员配备不增反减，基层工作负担过重，高标准农田建设时间紧、任务重，各区（县）、乡（镇）两级工作力量不足，导致工作效率不高，影响建设进度。另外，有的地方与农田相关的抛荒整治、垃圾处置等工作都归到农田建设部门，工作职责范围过大。部分县农田建设管理队伍比较薄弱，少的只有2~3人，相对于每年的建设任务，人员力量明显不足。

（三）工程管护经费难以落实

农田建设"重建设、轻管护"的现象仍普遍存在。首先，农田设施管护必要性大，公共属性较强的设施对管护经费需求高。高标准农田设施分布范围广，受人为因素或自然灾害影响易发生损坏的数量较多，人工管护成本高，积累较多项目工程损坏等实际问题，管护经费需求较大，工程损坏、失效时管理者往往无能力履行维修和更新责任。"谁受益，谁管护"的原则主要适用于土地流转后归合作社或企业等经营主体使用的情形。由村集体负责、公共性较强的设施，因为村集体经济薄弱，运行管护经费和维护资金无保障。

其次，管护经费投入缺口较大。新出台的农田建设补助资金管理办法中不再列支管护经费，尽管各地都建立了高标准农田建设项目工程管护制度，但部分地区管护经费难以落实。乡（镇）财政困难无法承担管护经费，项目村组集体拿不出该项经费，农民个体更无能力进行高标准农田建后的管护，因此大部分地区很难真正落实管护资金。江西建立了"县负总责、乡镇监管、村为主体"的建后管护机制，规定各县（市、区）财政预算每年安排 225~450 元/hm^2 的管护资金，并可用项目结余资金用于管护，一定程度保障了管护资金落实到位，但同时也给县级财政造成了较大的负担。据江西省丰城市调研情况，每年管护费需近 1 300 万元，市财政难以承担。

最后，管护主体意识不强、人员专业能力有待提高。一方面，在当前分散经营仍占主导的体制下，农户缺乏管护主体意识，导致农户参与高标准农田建后管护的积极性不高，损坏、侵占高标准农田设施的现象时有发生，设施一旦损坏，就无人过问，大都推到政府解决。另一方面，部分地区即使有工程所在地群众参与管护，由于专业技能受限，大多只能对沟渠道路破损等简单情况进行处理，对大型电力设施、排灌设施等出现的安全隐患等情况难以及时有效分辨和处置。

（四）管理费使用范围不合理

管理费由于规定的使用范围较窄，"不够用"与"用不完"并存，较多地区可能存在结余，但青苗补偿、土地占用等占补费却无出处，增加了推进难度。农田建设项目在实施过程中，特别是在实施田间基础工程时，时常会发生青苗补偿、地面附着物拆除等问题，由于农田建设项目没有安排各类补偿资金，造成在工作中协调难度比较大。

（五）单位面积投资达不到"高标准"

近年来，工程建筑材料、劳动力成本提高，但相应单位面积补助资金额度并没提高，按照不变价格来算，单位面积投资实际是减少的。据山东蒙阴县测算，每公顷建设成本约 61 500 元（表1）。该县为典型的山区县，山地面积占总面积的 94%，居民居住分散，工程战线长且石方多，施工难度大，相对平原地区投资较高，建设标准相同的情况下，山区比平原地区资金缺口较大。同时，县财政困难，乡镇经济基础依然薄弱，配套资金筹集困难。最后，各地大多按照"先易后难"来进行农田建设，剩余待建区域条件更差，工程难度更大。江西宜春市剩余的田块大多集中连片面积小、地形复杂、相对高程较大，项目的设计及施工难度加大。

表 1　山东省蒙阴县高标准农田建设标准体系典型项目对照分析表　　　　单位：万元

项目名称	单位	原项目情况（2020年）			新标准增建内容（2020年）			总投资
		任务量	单价	投资额	任务量	单价	投资额	
高标准农田建设项目	hm²	666.67		1 138.64	666.67		2 991.78	4 121.75
一、土地平整							600.00	600.00
1. 田块修筑	hm²				20.00	18	360.00	360.00
2. 耕作层剥离和回填	hm²				66.67	3	200.00	200.00
3. 细部平整	hm²				66.67	0.6	40.00	40.00
二、土壤改良							480.00	480.00
1. 地力培肥	hm²				533.33	0.9	480.00	480.00
三、灌溉和排水				1 011.00			724.40	1 735.40
1. 塘堰（坝）	座				2	120.00	240.00	240.00
2. 小型拦河坝	座	2	30.00	60.00	3	28.00	84.00	144.00
3. 农用井	座	5	10.00	50.00	5	10.00	50.00	100.00
4. 小型集雨设施	座				5	10.00	50.00	50.00
5. 泵站	座	3	17.00	51.00	2	2.70	5.40	56.40
6. 渠系建筑物							267.00	267.00
其中：农桥	个				5	15.00	75.00	75.00
涵洞	个				120	1.60	192.00	192.00
7. 管灌（高效节水灌溉措施）	hm²	666.67	1.275	850.00	666.67	0.042	28.00	878.00
四、田间道路							896.00	896.00
1. 机耕路	km				20	44.00	880.00	880.00
其中：硬化道路	km				20	44.00	880.00	880.00
2. 生产路	km				10	1.60	16.00	16.00
五、农田防护与生态环境保护							100.80	100.80
1. 农田林网工程	m							
2. 岸坡防护工程	m				5 000	0.0160	80.00	80.00
3. 沟道治理工程	m				8 000	0.0026	20.80	20.80
六、农田输配电				73.42			40.60	114.02
1.10kV以下的高压输电线路	km	3	18.00	54.00	1.5	18.00	27.00	27.00
2. 低压输电线路	km	0.5	5.00	2.50	0.6	5.00	3.00	3.00
3. 变压器	台	6	2.50	15.00	2	3.70	7.40	22.40
4. 配电箱（屏）	处	4	0.48	1.92	4	0.80	3.20	5.12
七、科技推广措施							15.96	15.96
1. 技术培训	人次				120	0.008	0.96	0.96
2. 仪器设备	套				5	1.50	7.50	7.50
3. 耕地质量监测	处				5	1.50	7.50	7.50

（续表）

项目名称	单位	原项目情况（2020年）			新标准增建内容（2020年）			总投资
		任务量	单价	投资额	任务量	单价	投资额	
八、其他工作及措施				54.22			150.02	195.57
1. 项目管理费				21.69			58.57	69.42
2. 其他费用				32.53			91.45	126.15

资料来源：山东省蒙阴县农业农村局。

（六）投入标准未实现分区分类

由于我国地形地貌复杂、农业分布区域广，在高标准农田建设政策发展过程中，多次提到要建立分区分类的投入标准，但目前全国仍基本按照统一标准。首先，不同地形条件的建设成本差异较大。据江西省测算，该省平原、丘陵和山地地形农田，要实现高标准建设，每公顷建设成本约45 000元、54 000元和60 000元。不同作物类型的工程内容、产出效益有差异，从提高投入产出的角度来看，产出效益更大的粮食作物在同等条件下"值得"投入更多的建设成本。

（七）剩余耕地碎片化现象明显

剩余耕地碎片化现象明显，项目选址达到集中连片要求较难。随着项目推进，剩余耕地碎片化现象明显，项目选址达到集中连片要求越来越难。由于项目实施不能重合的规定，按照高标准农田建设项目要求的集中连片平原地区 33.33hm² 以上、丘陵地区 13.33hm² 以上、山区 6.67hm² 以上的地块越来越少，项目选址困难。

（八）耕地质量提升不受重视

高标准农田地力建设成效不明显，受到多方面原因影响。一是随着城市化、工业化及新农村建设进程的加快，非农建设占用高标准农田后，为了维持耕地占补平衡，不少地势平坦、经长期耕作培肥改良熟化的优质农田被地力条件较差的一般农田替换，造成耕地地力下降。二是由于资金有限，优先投入在灌排等水利设施、道路建设等方面，对耕地质量提升的资金投入不够。三是对农田地力建设缺乏重视，并没有把耕地质量要求严格纳入验收要求中。另外，即使是建设内容中有土壤改良措施的，由于土壤改良或其他提升地力的措施一般要连续3年以上才能见效，但高标准农田实施期限一般为1~2年，对耕地质量提升作用较有限。

（九）农田建设质量参差不齐

原发改委、财政部、国土资源部、水利部等各部门建设的高标准农田建设项目，因投资标准不一，建设内容侧重不同，造成建设质量参差不齐，部分项目达不到现行《高标准农田建设通则》中的建设标准，有待提升改造，而且，机构改革前等各部门实施的高标准农田"底数"尚未明确，影响2021年及"十四五"规划高标准农田建设任务落实落地。

例如，河北赵县原国土局项目的主干道达不到农业开发所要求的宽度，且没有边沟、道路两旁没有栽树，农业局、水务局项目偏重于水利设施建设而忽略农业措施和林业措施。通过对全县35个农田项目的清理检查，核定符合高标准农田标准的项目只有13个，入库项目只有11个。再如河北故城县，原土管局实施的土地整治项目，前期资金投入较低，每公顷投资最多9 000元，往往只修一条路，项目区上百公顷的土地就算整治完成，项目区内很多水利、电力等田间基础设施不完善，但是现有的政策是只有县域内所有农田改造完成以后，才能对原项目区实施提升改造。还有江西省宜春市，原各部门的项目实施时存在线状工程，或是核心区和辐射区，有些没有实施的地块已"上图入库"，造成项目选项时冲突，也激化了当地村组的矛盾。

（十）农民对高标准农田建设的重要性意识不够

高标准农田建设项目以县级开发部门或乡镇政府为主体组织实施，受益的是广大的农民及市民，农民多分散耕种和外出打工，部分农民对高标准农田的认识不足，没有处理好当前利益和长远利益的关系。个别镇、村对高标准农田建设的现实重要性、紧迫性认识不到位，耕地统筹规划难以实现。高标准农田建设要打破原有农田划块，重新调准农田分配，而延长土地承包期后，往往有些农民不愿接受，使得农田连片开发难以实现。另外，一部分农民为追求较高的生产效益，进行掠夺式耕作，大量使用化肥、农药等，使得耕地质量大幅下降。

（十一）农田建设制度缺少操作性细则

首先，出台的一系列农田建设制度和办法，还需要进一步加强可操作性和实用性，如县级资金报账办法、统一的农田建设项目验收办法实施细则。其次，任务下达等对地方实际考虑不足，中央补助标准未实现分类分区差别化。例如，南方水源充沛地区，不应该安排节水灌溉面积任务。再次，农田建设不应一味追求"宜机化"，朝适应大型机械作业的方向进行设计，应充分考虑地方实际和建设成本。最后，对农田重金属污染缺少相应措施。如根据相关统计，江西省宜春市的农田约14.5%存在重金属污染问题，目前仅仅采用适用生石灰等简单措施钝化重金属活性，治标不治本，效果不理想，本来就不该安排粮食生产，此类区域应优先进行生态治理，布局非食物性生产。

四、完善农田建设管理政策的建议

针对以上问题，从完善体制机制上主要提出以下7个方面的建议。

（一）优化高标准农田建设组织管理建设

从国家层面推动财政渠道和发改委渠道高标准农田建设项目的整合统一。明确界定农田建设管理职责边界，力争各级农田建设管理机构在实际开展工作时不缺位、不越位。未来可以逐步把农田水利建设作为农田建设的主要战场，适当拓展农田整治、农业综合开发。重点配备管理、技术等相关人员，打造与当地高标准农田建设任务相适应的管理队伍，提高高标准农田建设管理水平。

完善法规制度是构建农田建设长效机制的基础。日本农田建设包括完善的法律规章保障和标准体系，资金投入力度大，监管并举（陈伟忠，2013）。建议尽快研究出台《高标准农田建设管理条例》，从法律层面加强农田建设工作，确保把保障国家粮食安全的基础夯实夯牢。将农田建设规划、实施、利用、保护等纳入法规建设内容，明确各方权利义务，确保农田建设有法可依。

（二）加强工程建后管护工作

首先，建立建后管护资金筹措机制。充分发挥政府主导作用，中央设立工程建后管护专项资金或允许在年度项目计划中计提工程管护费，引导市县同步建立管护资金长效机制，明确工程管护经费列支渠道，采取补助、奖励等方式鼓励有关受益主体做好工程管护，确保工程长久发挥效益。建议项目管护费由村委会按"一事一议"列支，由管护主体对新老项目区基础工程设施进行经常性检查维护，确保项目发挥长效。其次，加强工程管理体制改革，推行农民用水户协会参与管理，鼓励农民用水户以承包、租赁和股份制等方式经营管理小型农田水利工程。加强对项目工程管护工作的督查指导和监测评价，建立长效管护机制，保证项目监督责任和管护责任一并落实，确保工程长久发挥效益。最后，针对特大灾害等情形，安排高标准农田自然灾害损坏工程修复补助资金。

（三）对旧项目区进行统一评估和提升改造

建议农业农村部尽快研究评估认定各省"十二五"以来已建成高标准农田项目及面积，为2021年任务落实落地和加快编制"十四五"高标准农田规划提供基础。对"十二五"以来建成的高标准农田建设内容单一的田块进行查漏补缺，重新规划建设，达到国家规定的高标准农田建设的标准。评估改造提升和新建劣等地的成本效益对比，调整实施范围规定。

（四）适应技术进步需求更新工程建设内容

适当列支部分耕地质量保护提升项目专项资金，补充高标准农田项目中土壤改良效果的不足。建议农业农村部尽快研究制定耕地质量保护提升的实施意见，明确相关标准要求，指导各地统筹做好耕地质量保护提升相关工作。探索新的管理模式，实现对土壤改良等工作的良好管理，不能在工作中"避重就轻"。

评估科技措施补助的必要性及可行性。例如，进一步加大智慧农业建设，安装推广技术含量高，操作方便，具有定额用水用电、土壤墒情监测、电机保护、漏电保护、IC卡控制、信息远程传输、手机短信监控功能的智能灌溉系统，实现农田灌溉水肥一体化，努力打造民心工程、亮点工程；进一步加大科技培训力度，重点培训、推广节水高效种植、高效栽培等先进实用技术，实现农业增效、农民增收。

（五）创新土地流转机制助推产业发展

韩国农田建设与国土区划和规模经营紧密结合（方琳娜，2020）。建议在高标准农田项目区内，切块资金积极开展各项试点工作，促进土地流转和适度规模经营。在整合土地进行土地流转的过程中，要以依法、自愿、有偿为原则，充分尊重项目区农民群众的意愿，建设高标准农田应依托资源和产品比较优势，以加强基础设施建设为重点，处理好粮食生产与发展优势农产品和产业化经营发展的关系，走出一条立足区域优势和主导产业带动现代农业发展的新路子，让项目建设得到广大农民群众的参与和支持。

（六）分区分类制定投资标准

首先，从地形上主要分为平原、丘陵和山地，在作物类型上主要分为水稻、小麦—玉米，根据典型样板区域的实测建设成本，制定分类型的投入标准，保证农田建设真正满足生产所需，实现"藏粮于地"。其次，根据各区域耕地质量等级，确定用于提高地力水平等方面的工程措施和资金安排，提高农田建设的可持续性。另外，优先保证土地流转的项目区实施，按照大户种植类型，适当调整项目设计，去掉不必要的建设内容，避免资源浪费。对于特殊地块，适当提高单位面积投资标准以确保项目建设符合实际需求。根据区域特点，在南方土地碎片化地区适当推行"农机宜田化"，在集中连片平原地带大力推行"农田宜机化"建设，实现建设内容的合理化并实现更高的效益。

参考文献

陈伟忠，2013. 日本土地改良区的农田基础建设及其对中国的启示 [J]. 世界农业（12）：22-27.

方琳娜，李建民，陈子雄，等，2020. 日韩农田建设做法及对我国高标准农田建设启示 [J]. 中国农业资源与区划，41（6）：1-6.

靳轲，陈蕾，2015. 基于DEA方法的农田水利工程建设管理政策绩效分析——以河南省为例 [J]. 水利发展研究，15（9）：44-49.

李华，2016. 高标准基本农田建设实证研究——以宿迁市某新区为例 [J]. 中国国土资源经济，29（1）：38-41.

马雪莹，邵景安，曹飞，2018. 重庆山区县域高标准基本农田建设综合成效评估——以重庆市垫江县为例 [J]. 自然资源学报，33（12）：2 183-2 199.

王广深，侯石安，2009. 中外农田水利建设补贴政策比较研究 [J]. 内蒙古社会科学（汉文版），30（4）：74-78.

王文彬，赵军，2017. 关于改进天津市农业综合开发土地治理项目管理的对策研究 [J]. 天津经济（2）：38-42.

郧宛琪，朱道林，汤怀志，2016. 中国土地整治战略重塑与创新 [J]. 农业工程学报，32（4）：1-8.

张岩松，朱山涛，2013. 财政支持农田水利建设政策取向的几点思考 [J]. 财政研究（3）：36-40.

朱晶，晋乐，2016. 农业基础设施与粮食生产成本的关联度 [J]. 改革（11）：74-84.

农业绿色发展评价体系研究

刘 洋 罗其友 孙玮琳 姜 茜

摘 要：构建科学合理的农业绿色发展评价体系，实现对农业绿色发展状况的系统跟踪评价和管控，对有序推进我国农业绿色发展具有重要理论和现实意义。本研究在借鉴国内外相关研究成果基础上，基于农业绿色发展的核心要义，明确了农业绿色发展评价的目标取向，构建了农业绿色发展评价指标与方法，提出了评价体系应用的相关建议。

关键词：绿色发展；指标体系；评价方法；农业

Construction of Evaluation System for Agricultural Green Development

Liu Yang, Luo Qiyou, Sun Weilin, Jiang Qian

Abstract: Constructing a scientific and reasonable agricultural green development evaluation system is a significant way to realize the system tracking evaluation and control of agricultural green development. It is of great theoretical and practical significance to build a scientific and reasonable evaluation system of agricultural green development. Based on relevant research and the core meaning of agricultural green development, We have constructed evaluation indicators and methods for agricultural green development, and put forward some suggestions on the application of evaluation system.

Key words: green development; index system; evaluation method; agriculture

贯彻落实中共中央办公厅、国务院办公厅《关于创新体制机制推进农业绿色发展的意见》要求，构建符合我国国情农情的农业绿色发展评价体系，科学测度各地农业绿色发展水平，将为开展地方农业绿色发展评价考核、有序推进我国农业绿色发展提供定量依据。

一、开展农业绿色发展评价的重大意义

开展农业绿色发展评价，是贯彻绿色发展理念，内化农业绿色发展动力，形成农业绿色发展推进合力的重要举措。

(一)贯彻绿色发展理念、转变农业发展方式的重要指引

绿色发展是我国农业从高速增长阶段迈入高质量发展阶段的必然选择,农业绿色发展承载了人们对"望得见山、看得见水、记得住乡愁"美好生活的追求。无论是为实现农业可持续发展,还是为实现美好生活,农业绿色发展之路都必须坚定不移地走下去。当前,我国农业绿色发展处于探索阶段,各地对农业绿色发展的内涵、实现路径也存在不同认识。随着全国农业绿色发展工作的蓬勃开展,亟待建立一套统一的、具有可操作性的农业绿色发展评价体系,将农业绿色发展的目标、内容和重点任务通过评价指标的设计逐一得以体现,在指标中体现农业绿色发展的判断与要求,通过评价发现农业绿色发展过程中的问题和不足,指明发展方向和重点,推动农业发展方式转型升级,实现由高投入、高消耗、资源过度开发的粗放型发展向低投入、低消耗、低污染的集约型发展转变。

(二)加强地方绿色考核、内化农业绿色发展动力的重要抓手

研究构建科学合理的农业绿色发展评价体系,是实施农业绿色发展进程跟踪和评价考核的重要基础,也是倒逼各地加快推进农业绿色发展的有效方法。探索建立农业绿色发展评价体系,全面捕捉和反映各地农业绿色发展现状,架起从理论到实践的桥梁,为农业绿色发展水平评价和考核提供一个量化工具。同时,将农业绿色发展评价结果纳入地方政府考核,表扬、激励绿色发展水平高的地区,预警、提示绿色发展水平低的地区,引导各地区有针对性地补齐短板,加快推进农业绿色发展。

(三)强化公众绿色意识、形成农业绿色发展推进合力的重要举措

农业绿色发展是农业发展方式的深刻变革,这次转变是广泛的、长期的和艰巨的,单靠行政力量推动难以持续,需要全社会的支持与合作。开展农业绿色发展评价,发布评价结果,为社会各界观察判断我国农业绿色发展状况提供重要"窗口",能够使社会大众更加了解我国各地区农业绿色发展的一些基本情况和问题,唤起社会对于农业绿色发展的关注,提高全民推进农业绿色发展的意识,使农业绿色发展理念深入人们内心,让农业绿色发展转化为公众的内在诉求,成为全民的自觉行动,营造全社会共同支持的良好氛围,形成上下联动推进农业绿色发展的新合力。

二、国内外绿色发展评价体系比较借鉴

绿色增长思想最早出现于1989年英国环境经济学家戴维·皮尔斯所著《绿色经济蓝皮书》。2009年,联合国经济合作与发展组织(OECD)正式将"绿色增长"定义为,在防止代价昂贵的环境破坏、气候变化、生物多样化丧失和以不可持续的方式使用自然资源的同时,追求经济增长和发展。于是,越来越多的国际组织、国家、科研机构开始研究绿色发展指标体系。近年来,农业绿色发展指标体系的相关研究也逐渐涌现出来。

从指标体系的类型特点来看,主要分为多指标测度体系和绿色发展综合指数两类。多指标测度体系是通过一系列核心指标从各角度反映绿色发展情况,不需要对指标进行加权

处理，如 OECD 的农业绿色增长指标体系、UNESCAP 的生态效率指标体系、生态文明建设考核目标体系，这类指标体系能够直观显示绿色发展的促进和制约因素，但无法提供综合指数从总体上评估绿色发展。综合指数通常是在选择核心指标的基础上，根据指标的重要性对不同指标赋予其相应权重，进而加权综合而成，如耶鲁大学的环境绩效指数、中国的绿色发展指数，综合指数的计算方法主要采用综合指数和效用函数合成法。

从指标体系的共同指向来看，尽管国内外对于绿色发展的定义和理解各有侧重，但在本质上均体现了资源环境与经济发展之间的协调关系，要求在追求经济增长的同时，减少对资源环境的影响。总体而言，国外指标体系较多关注资源环境、社会包容和人类福祉，国内指标体系更多关注经济发展，同时国内外指标体系较多集中在国家、区域和城市层面，近年来农业领域的绿色发展问题陆续得到关注，国内外代表性评价指标体系特征见表1。

表 1 国内外绿色发展代表性指标体系

评价指标体系	类型	侧重点	涉农指标
OECD 农业绿色增长指标体系	多指标测度体系	重视国家政策与农业绿色增长之间的关系，构建包括社会、环境和经济政策的框架体系捕捉农业绿色增长的动力	从环境效率、自然资源生产率、自然资源基础、环境生活质量、政策反应和经济机会6个方面构建了包含25项指标9项补充指标的农业绿色增长指标体系
UNESCAP 的生态效率指标体系（EEI）	多指标测度体系	经济活动的资源消耗和环境影响	农业水资源消耗强度、农业能源消耗强度、土地利用强度、农业二氧化碳排放强度、农业甲烷排放强度
耶鲁大学环境绩效指数（EPI）	综合指数	衡量各国与既定环境政策目标（环境健康和生态系统活力）之间的距离	可持续氮管理（氮利用效率、作物产量）
中国环境绩效指数（CEPI）	综合指数	经济可持续性（资源效率）	农村自来水供应、农村生活垃圾处理、农药使用强度、化肥使用强度、水土流失、农业用水利用效率
FAO 的农业可持续发展评价指标	综合指数	可持续生产的3个维度：环境，经济和社会	从经济、环境和社会3个维度出发确定了11项指标
北京师范大学的中国绿色发展指数	综合指数	注重绿色与发展的结合，突出政府绿色管理的引导作用	第一产业劳动生产率、土地产出率、单位耕地面积化肥施用量、单位耕地面积农药施用量
中国人民大学绿色发展评价指标体系	综合指数	关注空间集聚与可持续性之间的动态关系，突出短板因素的制约作用。	城乡收入比、最低生活保障
国家发改委等的生态文明建设考核目标体系	多指标测度体系	资源环境约束性、目标任务完成情况、公众获得感	耕地保有量

(续表)

评价指标体系	类型	侧重点	涉农指标
国家发改委等的绿色发展指标体系	综合指数	侧重从资源、环境、生态、经济等方面多维度、多层面地综合反映生态文明建设总体进度	农田灌溉水有效利用系数、耕地保有量、农作物秸秆综合利用率、受污染耕地安全利用率、单位耕地面积化肥使用量、单位耕地面积农药使用量、农村自来水普及率、农村卫生厕所普及率

三、农业绿色发展评价的总体要求

（一）农业绿色发展的概念和内涵

科学界定农业绿色发展的概念内涵是进行农业绿色发展评价的基础和前提。综合国内外相关理论研究和实践来看，农业绿色发展本质上是一种高质量、高效率、高惠民的可持续发展，核心是以人与自然和谐共生为统领，以资源环境承载力为基准，构建新型布局体系、生产体系、生态体系和生活体系，转变发展方式，推动形成资源节约保育、生态环境安全、绿色产品供给和生活富裕美好的农业农村高质量持续发展新格局。其中，资源节约保育是农业绿色发展的基本特征，突出科技创新驱动，推进资源节约循环利用，降低资源利用强度，有效保育资源，可以提升农业资源永续利用能力。生态环境安全是农业绿色发展的重要支撑，突出化学投入品控制和田园生态系统建设，统筹山水林田湖草综合治理，保护农业发展的生态和环境基础。绿色产品供给是农业绿色发展的内在要求，突出农产品质量提升，增加优质、安全、特色农产品供给，促进农产品供给由主要满足"量"的需求向更加注重"质"的需求转变。生活富裕美好是农业绿色发展的基本目标，突出农民收入增长和美丽家园建设，实现农业强、农民富、农村美。

（二）农业绿色发展评价的基本取向

一要体现绿水青山就是金山银山的财富观。贯彻创新、协调、绿色、开放、共享的发展理念，加快形成节约资源和保护环境的空间格局、产业结构、生产方式、生活方式，给自然生态留下休养生息的时间和空间。"绿水青山就是金山银山"是习近平总书记对绿色发展的系统全面论述，是新时期农业绿色发展的重要指南。农业绿色发展评价必须要以绿水青山就是金山银山发展理念为根本遵循，要充分体现以该理念为指引的农业绿色发展的新内涵。

二要体现资源环境承载力的安全阈值。耕地是农业发展之基，水是农业生产之要。当前，我国资源利用的弦绷得越来越紧，必须将各类开发活动限制在资源环境承载能力之内，也即"资源开发利用既要支撑当代人过上幸福生活，也要为子孙后代留下生存根基"。农业绿色发展评价要以资源环境承载力为基准，充分体现落实构建生态功能保障基线、环境质量安全底线和自然资源利用上限的要求。

三要体现"三生"协调的发展方式。农业绿色发展不仅指农业生产生活方式的绿色化、生态化，还包括农业资源保育、农业生态系统修复等内容，是农业生产生态生活的全过程全方位绿色化。农业绿色发展评价要以绿色生产方式、绿色生活方式、绿色生态环境为导向，体现"三生"（生产、生活、生态）协调发展。

四、农业绿色发展评价的指标与方法

（一）农业绿色发展评价指标体系

1. 指标设置原则

一是重要性原则。评价指标重点突出反映农业绿色发展的结果和水平，适当兼顾发展的措施与过程，要有一定公认度和权威性，契合社会重要关切，不用有歧义的指标。

二是系统性原则。评价指标要从资源、生态、生产和生活等全方位反映农业绿色发展的基本特征，共同构成一个有内在逻辑关系的指标体系，并与国家生态文明建设目标相衔接。

三是独立性原则。评价指标应具有较强的独立性，相互之间尽量避免交叉重复，能够剔除和减少关联信息，提高农业绿色发展评价精度。

四是操作性原则。评价指标可量化，所需数据可获得，且主要来源于公开发布的统计年鉴或部门统计数据，以提高评价结果的社会接受度。

2. 指标体系构成

基于农业绿色发展的核心要义，借鉴国内外相关研究成果，突出绿色发展的水平测度和短板识别需求，设置了由资源节约保育、生态环境安全、绿色产品供给和生活富裕美好4类一级指标和33个二级指标组成的农业绿色发展评价初步指标体系（表2）。

表2 农业绿色发展评价初步指标体系

一级指标	二级指标		
	指标	单位	类型
B_1 资源节约保育	C_1 耕地保有率	%	正向
	C_2 耕地复种指数	%	正向
	C_3 耕地质量等级提升	/	正向
	C_4 土壤有机质含量	%	正向
	C_5 养地作物面积比重	%	正向
	C_6 节水灌溉面积比重	%	正向
	C_7 单位农业增加值用水量	t/万元	负向
	C_8 农田灌溉水有效利用系数	/	正向
	C_9 单位农业增加值能耗	t标准煤/万元	负向
	C_{10} 单位农业增加值碳排放量	t/万元	负向
B_2 生态环境安全	C_{11} 化肥施用强度	kg/亩	负向
	C_{12} 农药使用强度	kg/亩	负向
	C_{13} 农膜回收利用率	%	正向

（续表）

一级指标	二级指标		
	指标	单位	类型
B_2 生态环境安全	C_{14} 秸秆综合利用率	%	正向
	C_{15} 畜禽养殖粪污综合利用率	%	正向
	C_{16} 畜禽标准化规模养殖比重	%	正向
	C_{17} 林草覆盖率	%	正向
	C_{18} 草原综合植被覆盖度	%	正向
	C_{19} 天然草原草场平衡率	%	正向
	C_{20} 湿地面积比重	%	正向
B_3 绿色产品供给	C_{21} 粮食单产	kg/hm²	正向
	C_{22} 口粮产能稳定度	/	正向
	C_{23} 主要农产品质量安全例行监测总体合格率	%	正向
	C_{24} 单位面积地理标志农产品登记数量	个/万 hm²	正向
	C_{25} 单位面积绿色食品标识产品个数	个/万 hm²	正向
	C_{26} 农业科技进步贡献率	%	正向
	C_{27} 耕种收综合机械化率	%	正向
B_4 生活富裕美好	C_{28} 农村居民人均可支配收入	元/人	正向
	C_{29} 农林水事务支出占财政支出的比重	%	正向
	C_{30} 农村生活垃圾有效处理率	%	正向
	C_{31} 农村生活污水有效处理率	%	正向
	C_{32} 农户卫生厕所普及率	%	正向
	C_{33} 农村集中供水占比	%	正向

按照重要性、系统性、独立性和操作性原则，结合目前国内现有数据基础，经过多轮专家咨询论证筛选，最终确立了由 4 类一级指标 15 个二级指标组成的农业绿色发展评价推荐指标体系（表3）。

表 3　农业绿色发展评价推荐指标体系

一级指标	二级指标		
	指标名称	单位	计算所需数据
Y_1 资源节约保育	X_1 耕地质量等级提升	/	耕地质量等级
	X_2 节水灌溉面积比重	%	节水灌溉面积 耕地灌溉面积
	X_3 农业单位产值用水量	t/万元	农业用水量 农林牧渔业总产值

(续表)

一级指标	二级指标		
	指标名称	单位	计算所需数据
生态环境安全 Y_2	X_4 化肥施用强度	kg/亩	化肥施用量（折纯量） 播种面积
	X_5 农药施用强度	kg/亩	农药使用量 播种面积
	X_6 秸秆综合利用率	%	秸秆综合利用率
	X_7 农膜回收率	%	农膜回收率
	X_8 畜禽粪污综合利用率	%	畜禽粪污综合利用率
绿色产品供给 Y_3	X_9 主要农产品质量安全例行监测总体合格率	%	主要农产品质量安全例行监测合格率
	X_{10} 单位面积地理标志农产品登记数量	个/万 hm²	地理标志农产品登记数量 耕地面积
	X_{11} 单位面积绿色食品标识产品个数	个/万 hm²	当年有效使用绿色食品标识的产品数量 耕地面积
生活富裕美好 Y_4	X_{12} 农村居民人均可支配收入	元/人	农村居民人均可支配收入
	X_{13} 农村生活垃圾有效处理率	%	农村生活垃圾得到处理的农户比例
	X_{14} 农村生活污水有效处理率	%	农村生活污水得到处理的农户比例
	X_{15} 农村卫生厕所普及率	%	农村卫生厕所普及率

（二）农业绿色发展评价模型

农业绿色发展评价采用综合指数法进行测算。在完成计算提取各指标值的基础上，通过对指标标准化值加权求和而最终得到农业绿色发展评价结果。

1. 指标权重确定

农业绿色发展评价采用层次分析法（简称AHP法）确定各农业绿色发展评价指标权重。针对分层次的指标体系，列出两两比较判断矩阵，由专家依据相对重要程度对其打分，将打分结果进行汇总，计算出指标权重。

2. 农业绿色发展指数

农业绿色发展评价采用指数法进行量化计算。通过离差法对各指标进行标准化处理，加权求和得到农业绿色发展指数。计算公式：

$$\text{AGDI} = \sum_j S_j \times W_j \tag{1}$$

式中，AGDI是农业绿色发展指数，取值范围在[0, 100]，数值越大，表明农业绿色发展水平越高；W_j 为第 j 指标的权重，S_j 为第 j 指标的标准化值，其计算公式如下：

正向指标：

$$S_j = (X_j - X_{\min}) \times 100 / (X_{\max} - X_{\min}) \tag{2}$$

逆向指标：

$$S_j = (X_{max}-X_j) \times 100 / (X_{max}-X_{min}) \qquad (3)$$

式中，S_j 是第 j 个指标的标准化值，X_j 是第 j 个指标的数值。

五、农业绿色发展评价体系的应用分析

（一）农业绿色发展评价体系应用前景

农业绿色发展评价体系是对农业绿色发展水平进行科学量化的工具，在推动我国农业农村绿色高质量发展过程中具有广泛应用前景。用好农业绿色发展评价体系这个"指挥棒"，有利于引导各地区各部门践行农业绿色发展理念，树立正确的发展观和政绩观。

一是农业绿色发展评价体系以农业绿色发展的内涵为依据，所选用的统计指标涵义清晰，计算方法明确，可用于国家、省和县不同层级农业绿色发展水平测度和评价。

二是定期开展农业绿色发展评价，公布地区农业绿色发展指数评价结果，对地方农业绿色发展绩效进行排序，调动各地推动农业绿色发展的积极性。同时，指数还能反映农业绿色发展面临的主要制约因素和不足，引导各地加快补齐"短板"，提升农业绿色发展水平。

（二）开展农业绿色发展评价工作的建议

农业绿色发展评价工作涉及指标体系的科学性和数据的可获得性，目前最大的短板在数据。为有序推动我国农业绿色发展评价工作，现提出如下建议。

1. 加强农业资源生态环境监测，改革完善农业统计指标体系，加快补齐数据短板

可靠的数据来源是农业绿色发展评价准确测算的基础。然而，当前我国公布的各类官方统计资料（年鉴）所涵盖的统计条目陈旧，有关农业生态资源状况、污染排放及环境治理、生态保护等方面的统计资料少之又少，在农业绿色发展指数研究过程中，通过查阅公开发布的统计数据发现，现有数据尚不足以较好地支撑农业绿色发展的评价。当前，生态文明、绿色发展已上升为国家战略，农业绿色发展作为推进农业供给侧结构性改革的主攻方向，建议国家加快更新完善农业统计指标，强化农业生态资源环境监测与数据采集，将相关指标列入官方统计资料（年鉴），为农业绿色发展的各项工作开展提供数据支撑。

2. 开展国家和省级农业绿色发展评价试点，逐步实现农业绿色发展评价的国家、省和县三级全覆盖

（1）通过梳理统计数据，国家和省级层面基础数据大部分可以从公开的统计年鉴和相关行业部门获取，基本能支撑国家和省级农业绿色发展评价测算需要，近期可开展试测算工作。

（2）县级层面农业绿色发展评价测算的数据缺口比较大。目前，部分省份的统计年鉴中没有县级数据，如在某省及其各地级市的统计年鉴中均没有指标体系中县级层面的数据。此外，在有县级数据的统计年鉴中，统计的数据在时间上也存在不连续的情况，例如，某市下属县"化肥施用量"和"农药使用量"两个指标数据 2015 年之后没有。因此，亟须改革完善国家统计制度，补齐县级基础数据，支撑县级农业绿色发展评价工作的全国县域全覆盖。

参考文献

北京师范大学科学发展观与经济可持续发展研究基地,西南财经大学绿色经济与经济可持续发展研究基地,国家统计局中国经济景气监测中心,2010. 2010 中国绿色发展指数年度报告——省际比较 [M]. 北京:北京师范大学出版社.

郭迷,2011. 中国农业绿色发展指标体系构建及评价研究 [D]. 北京:北京林业大学.

国家发展和改革委员会,国家统计局,环境保护部,等. 关于印发《绿色发展指标体系》《生态文明建设考核目标体系》的通知 [EB/OL]. [2016-12-12]. http://www.ndrc.gov.cn/gzdt/201612/t20161222_832304.html.

国家统计局农村社会经济调查司,2018. 2017 年中国农村统计年鉴 [Z]. 北京:中国统计出版社.

何安华,楼栋,孔祥智,2012. 中国农业发展的资源环境约束研究 [J]. 农村经济 (2):3-9.

南锡康,赵华甫,吴克宁,等,2018. 基于遥感蒸散数据的农田灌溉水平评价和设施建设分区研究 [J]. 中国农业资源与区划,39 (7):29-37.

秦书生,杨硕,2015. 习近平的绿色发展思想探析 [J]. 理论学刊 (6):4-11.

饶静,许翔宇,纪晓婷,2011. 我国农业面源污染现状、发生机制和对策研究 [J]. 农业经济问题,32 (8):81-87.

生态环境部,环境保护部,国土资源部. 全国土壤污染状况调查公报 [EB/OL]. [2018-5-20]. http://www.zhb.gov.cn/gkml/hbb/qt/201404/t20140417_270670.htm.

水利部. 2016 年中国水资源公报 [EB/OL]. [2018-06-12]. http://www.mwr.gov.cn/sj/tjgb/szygb/201707/t20170711_955305.html.

王常伟,顾海英,2013. 市场 VS 政府,什么力量影响了我国菜农农药用量的选择 [J]. 管理世界 (11):50-66.

魏琦,张斌,金书秦,2018. 中国农业绿色发展指数构建及区域比较研究 [J]. 农业经济问题 (11):11-20.

吴乐,孔德帅,李颖,等,2017. 地下水超采区农业生态补偿政策节水效果分析 [J]. 干旱区资源与环境,31 (3):38-44.

徐国祥,2009. 统计指数理论及应用 [M]. 北京:中国统计出版社.

严耕,林震,杨志华,2010. 中国省域生态文明建设评价报告(ECI 2010)[M]. 北京:社会科学文献出版社.

尹成杰,2016. 加快推进农业绿色与可持续发展的思考 [J]. 农村工作通讯 (5):7-9.

张乃明,张丽,赵宏,等,2018. 农业绿色发展评价指标体系的构建与应用 [J]. 生态经济,34 (11):21-24.

郑红霞,王毅,黄宝荣,2013.绿色发展评价指标体系研究综述[J].工业技术经济,33(2):142-152.

中国林业网.第五次全国荒漠化和沙化土地监测"情况[EB/OL].[2018-06-15].http://www.forestry.gov.cn/gzsl/2734/content-831567.html.

周健民,2015.浅谈我国土壤质量变化与耕地资源可持续利用[J].中国科学院院刊,30(4):459-467.

自然资源部.2016年中国国土资源公报[EB/OL].[2016-5-30].http://data.mlr.gov.cn/gtzygb/201704/P020170428532821702501.pdf.

新时期长江经济带农业高质量发展研究

肖 琴 罗其友 周振亚

摘 要：长江经济带作为中国新一轮区域发展战略地区之一，其经济已由高速增长阶段转向高质量发展阶段。农业作为长江经济带发展的重要组成部分，也要适应并遵循这一趋势，向高质量阶段迈进。本文系统梳理长江经济带农业资源禀赋特征和农业发展现状，深刻剖析新时期长江经济带农业高质量发展面临的主要问题，从巩固提升农业综合生产能力、促进区域协调发展、严格保护水土资源、综合防治农业面源污染、养护修复生态系统、推进产业精准扶贫等方面有针对性地提出促进新时期长江经济带农业高质量发展的政策建议。

关键词：高质量发展；农业；长江经济带

Research on the Agricultural High-quality Development of the Yangtze River Economic Zone in the New Era

Xiao Qin, Luo Qiyou, Zhou Zhenya

Abstract: As one of China's new regional development strategies, the Yangtze River Economic Belt has shifted its economy from a high-speed growth stage to a high-quality development stage. As an important part of the development of the Yangtze River Economic Belt, agriculture must adapt to and follow this trend and move towards a high-quality stage. This paper systematically analyzes the characteristics of agricultural resource endowment and the status quo of agricultural development in the Yangtze River Economic Zone, and deeply parses the main problems facing the high-quality agricultural development of the Yangtze River Economic Zone in the new era. Targeted policy recommendations have been put forward to promote the high-quality development of agriculture in the Yangtze River Economic Belt in the new era, which are in regard to how to consolidate and improve comprehensive agricultural production capacity, promote coordinated regional development, strictly protect water and land resources, comprehensively prevent and control agricultural non-point source pollution, maintain and repair ecosystems, and promote industrial precision poverty alleviation.

Key words: high-quality development; agriculture; Yangtze River Economic Belt

长江经济带包括上海、江苏、浙江、安徽、江西、湖北、湖南、重庆、四川、贵州和云南省等11个省（市），所辖面积205万 km²，横跨东、中、西3个经济区域，人口和经济总量占全国的比例超过40%，其生态地位重要，综合实力较强，发展潜力巨大。推动长江经济带发展是党中央、国务院在经济发展新常态下作出的重大决策部署，是关系国家发展全局的重大战略。2018年11月，中共中央、国务院明确要求充分发挥长江经济带横跨东、中、西三大板块的区位优势，以"共抓大保护、不搞大开发"为导向，以生态优先、绿色发展为引领，依托长江黄金水道，推动长江上中下游地区协调发展和沿江地区高质量发展。作为我国重要的农业生产区，长江经济带农业发展也要适应并遵循这一趋势，向高质量发展阶段迈进。那么，长江经济带农业发展现状如何？农业高质量发展面临哪些挑战？需要着力解决哪些问题？廓清这些认识，对推动新时期长江经济带农业高质量发展具有重要意义。

一、长江经济带农业资源禀赋

（一）耕地资源总量多，质量较好，人均占有量较少

长江经济带现有耕地4 493.37万 hm²，占全国耕地总面积的33.3%，其中，水田2 195.07万 hm²，约占全国水田总面积的66.1%；水浇地148.55万 hm²，约占全国水浇地总面积的5.3%；旱地2 149.75万 hm²，约占全国旱地总面积的29.3%。长江经济带耕地以水田和旱地为主，占比分别为48.9%和47.8%；水浇地较少，仅占3.3%。长江经济带人均耕地面积0.08 hm²，低于全国人均耕地水平22个百分点。从耕地质量来看，长江经济带现有优等地317.47万 hm²，占全国的81.42%；高等地1 678.03万 hm²，占全国的46.88%；中等地2 385.81万 hm²，占全国的33.61%；低等地119.87万 hm²，占全国的5.00%。从长江经济带内部来看，优、高、中、低等地的比例分别为7.05%、37.28%、53.00%和2.66%（根据2016年全国耕地质量等别更新评价主要数据成果测算）。

（二）水资源充沛，人均占有量较多，开发利用率中等

长江经济带水资源总量15 387.7亿 m³，约为全国水资源总量的47.4%，其中，地表水资源量15 105亿 m³，约占全国地表水资源量的48.30%；地下水资源量8 854.8亿 m³，约占全国地下水资源量的40.63%。长江经济带人均水资源量2 602 m³，高出全国人均水资源量10个百分点。截至2016年，长江经济带累计建成大、中、小型水库6.29万座，占全国水库总数的63.93%；总库容8 993亿 m³，占全国水库总容量的52.69%。水资源开发利用率约为17.1%，低于全国平均值。

二、长江经济带农业发展态势

（一）主要农产品产量增加，份额变化差异明显

1. 粮棉油糖产量稳中有降，份额持续下降

长江经济带粮食产量由2000年的2.07亿t增加到2016年的2.31亿t，占全国粮食产

量的比例由 2000 年的 44.74% 下降到 2016 年的 37.53%。油料产量由 2000 年的 1 433.57 万 t 增加到 2016 年的 1 617.33 万 t，占全国油料产量的比例由 2000 年的 48.52% 下降到 2016 年的 44.56%。糖料产量由 2000 年的 2 183.16 万 t 下降到 2016 年的 2 176.99 万 t，占全国糖料产量的比例由 2000 年的 28.59%下降到 2016 年的 17.74%。棉花产量由 2000 年的 121 万 t 下降到 2016 年的 67 万 t，占全国棉花产量的比例由 2000 年的 27.4%下降到 2016 年的 12.64%。

2. 果菜茶产量快速增加，份额稳中有升

长江经济带蔬菜产量由 2000 年的 1 158.86 万 t 增加到 2016 年的 30 296.98 万 t，产量增加了 25.1 倍，占全国的份额由 2000 年的不足 5%增加到 2016 年的 37.98%。水果产量由 2000 年的 1 330.78 万 t 增加到 2016 年的 7 778.43 万 t，产量增加了 4.8 倍，占全国的份额由 2000 年的 21.38%增加到 2016 年的 27.44%。茶叶产量由 2000 年的 47.73 万 t 增加到 2016 年的 166.84 万 t，产量增加了 2.5 倍，占全国的份额持续保持 70%左右。

3. 肉蛋奶水产品产量稳步增加，份额稳中有降

长江经济带肉类产量由 2000 年的 2 704.4 万 t 增加到 2016 年的 3 670.53 万 t，产量增加了 35.72%，但占全国肉类产量的份额由 2000 年的 44.97%下降到 2016 年的 42.99%。牛奶产量由 2000 年的 127.8 万 t 增加到 2016 年的 304.97 万 t，牛奶产量增加了 1.4 倍，份额由 2000 年的 15.45%下降到 2016 年的 8.47%。禽蛋产量由 2000 年的 675.7 万 t 增加到 2016 年的 936.8 万 t，占全国禽蛋产量的比例基本稳定在 30%左右。水产品产量由 2000 年的 1 600.91 万 t 增加到 2016 年的 2 818.81 万 t，产量增加了 76%，但占全国的份额略有下降，由 2000 年的 43.2%下降到 2016 年的 40.84%。其中，淡水产品产量由 2000 年的 1 087.35 万 t 增加到 2016 年的 2 167.05 万 t，产量翻了一番，份额虽有所下降，由 2000 年的 72.38%下降到 63.53%，但仍保持绝对重要地位（表1）。

表1　2000—2016 年长江经济带主要农产品产量变动情况

农产品	产量（万 t）				占全国的比重（%）			
	2000 年	2005 年	2010 年	2016 年	2000 年	2005 年	2010 年	2016 年
粮食	20 679.42	20 019.23	21 344.94	23 124.97	44.74	41.36	39.06	37.53
棉花	121.02	135.60	145.49	67.00	27.40	23.73	24.41	12.64
油料	1 433.57	1 450.90	1 443.50	1 617.33	48.52	47.15	44.69	44.56
糖料	2 183.16	1 997.94	2 186.29	2 176.99	28.59	21.14	18.21	17.64
蔬菜	1 158.86	19 326.96	23 102.93	30 296.98	2.61	34.24	35.49	37.98
茶叶	47.73	64.30	102.82	166.84	69.88	68.78	69.70	69.38
水果	1 330.78	4 356.06	5 865.22	7 778.43	21.38	27.02	27.41	27.44
肉类	2 704.40	3 274.64	3 457.65	3 670.53	44.97	47.19	43.63	42.99
牛奶	127.80	251.54	288.71	304.97	15.45	9.14	8.07	8.47
禽蛋	675.70	838.82	841.36	936.80	30.97	34.40	30.45	30.27

(续表)

农产品	产量（万t）				占全国的比重（%）			
	2000年	2005年	2010年	2016年	2000年	2005年	2010年	2016年
水产品	1 600.91	1 996.85	2 189.43	2 818.81	43.20	45.18	40.75	40.84
淡水产品	1 087.35	1 466.01	1 659.61	2 167.05	72.38	75.03	64.44	63.53

数据来源：根据相应年份的《中国统计年鉴》整理。

（二）农业经济总量不断增加，份额基本稳定

2000年以来，长江经济带农村地区的经济总量保持持续增长态势，第一产业增加值、农林牧渔业增加值和农林牧渔业总产值分别由2000年63 673.58亿元、6 259.8亿元、10 396.41亿元增加到2016年的27 135.65亿元、26 171.20亿元、46 431.97亿元，规模增量较大，年均增幅超过10%，基本与全国同期持平。2000年以来，长江经济带第一产业增加值、农林牧渔业增加值和农林牧渔业总产值占全国的份额基本稳定，保持在40%左右。

（三）农业比重持续下降，内部结构相对稳定

长江经济带第一产业比重持续下降，降幅略高于全国平均水平。长江经济带第一产业增加值占地区GDP的比重由2000年的15.82%下降到8.05%，同期全国第一产业增加值占GDP的比重由15.02%下降到8.16%。

从农林牧渔业内部结构来看，长江经济带农、林、牧、渔业的增加值比重结构由2000年的59.62∶5.08∶24.26∶11.02调整为2015年的58.04∶5.42∶21.79∶11.51，农业和牧业的比重有所下降，而林业和渔业的比重略有上升。同期，全国农、林、牧、渔业的增加值比重结构由59.49∶4.53∶24.87∶11.1调整为58.87∶4.6∶22.83∶10.44，农业、牧业和渔业的比重均有所下降，而林业的比重略有上升。

（四）农产品进出口贸易活跃，总量和份额持续增加

长江经济带大米、小麦、玉米、大豆、棉花（原棉）、食用植物油、食糖等农产品进出口总量大幅增加，由2000年的516.25万t增加到2016年的2 923.45万t，进出口贸易量增加了4.7倍，同期，占全国农产品进出口总量的比例由18.19%上升到27.63%。

长江经济带大米、小麦、玉米、大豆、棉花（原棉）、食用植物油、食糖等农产品进出口贸易结构变化显著。其中，进口量由2000年的304.54万t增加到2016年的2 920.54万t，进口量增加了8.6倍；而出口量由2000年的211.71万t减少到2016年的2.92万t；进、出口比例由2000年的58.99∶41.01调整为2016年的99.14∶0.86。

（五）农产品加工业发展较快，增速低于全国同期水平

2015年，长江经济带农产品加工业规模以上企业3.43万个，约占全国总企业数的43.74%；规模以上企业主营业务收入76 094.8亿元，约占全国总收入的39.29%；利润总

额 5 255.5 亿元，约占全国利润总额的 40.72%；上缴税金 7 101.8 亿元，约占全国税金总额的 57.88%。相较于 2005 年，营业收入和利润总额分别增加了 4.3 倍和 7.6 倍。2005—2015 年，长江经济带农产品加工业规模以上企业营业收入年均增速 18.04%，比同期全国平均增速低 2.76 个百分点。

（六）农业新业态不断涌现，新兴农业蓬勃发展

长江经济带地理形态多样，农业资源丰富，消费市场巨大，新兴农业发展走在全国前列。近年来，长江经济带农家乐、洋家乐、互联网+农业、农村电子商务、高科技农业等新业态不断兴起，极大拓展了高原特色农业、山地精品农业、平原粮食生产、江湖养殖捕捞等传统农业功能。

三、长江经济带农业高质量发展面临的主要问题

（一）粮食供需形势严峻

长江经济带历来是我国多种农产品的主要生产基地。进入 21 世纪以来，随着第一产业在三次产业结构中比重下降，粮食、棉花、油料、糖料等大宗农产品产量在全国的比重显著下降。尤其是长江经济带粮食供求呈紧平衡状态，部分省份供求均衡难度加大。从全国层面来看，长江经济带粮食生产能力低于全国平均水平。2016 年，长江经济带的人均粮食产量为 391.02kg，低于全国人均粮食产量约 55kg。从长江经济带内部来看，重庆和贵州的粮食生产能力略低于经济带平均水平；上海和浙江的粮食生产能力偏低，人均粮食产量分别为经济带平均水平的 0.1 和 0.34。据预测，2030 年，全国人均粮食总消费量 338～403kg。通过比较区域人均粮食产量和预测的人均粮食消费量可发现，长江经济带基本能实现供求均衡，但上海、浙江和贵州粮食供给存在缺口，尤其是上海和浙江人均粮食供给缺口达到 200kg 以上，缺口分别达到 61% 和 88%。

此外，不容忽视的是，由于种粮比较效益不高、农村劳动力不断向城镇转移，长江经济带水稻种植"双改单"现象日益普遍。2016 年，长江经济带早稻和双季晚稻播种面积分别比 2000 年减少了 10.9% 和 18.23%，而中稻和一季晚稻播种面积比 2000 年增加了 9.96%。这在一定程度上解释了长江经济带粮食供需紧平衡状态。

（二）区域发展不均衡

2000 年以来，长江经济带农林牧渔业总产值呈持续增加态势，年均增幅 9.79%，略低于同期全国 9.85% 的年均增幅。从各省（市）农林牧渔业总产值占经济带的比重来看，江苏、安徽、湖南、湖北、四川是长江经济带的农业主产省，浙江、江西、贵州、云南是长江经济带比较重要的农业省份，上海和重庆在长江经济带中的农业地位相对较弱。从各省（市）农林牧渔业总产值年均增幅来看，湖北、湖南、重庆、四川、贵州、云南的年均增幅超过 10%，江苏、浙江、安徽、江西的年均增幅在 7%～9%，上海年均增幅较小，仅 1.73%。从各省（市）农林牧渔业总产值占经济带的比重变化来看，湖北、湖南、重庆、四川、贵州、云南的比重有所上升；上海、江苏、浙江、安徽、江西的比重有所下降，其

中，浙江下降较多，由2000年的10.22%下降到2016年的6.79%（表2）。

表2 长江经济带农林牧渔业总产值情况

区域	2000年		2016年		年均增幅（%）
	农林牧渔业总产值（亿元）	占长江经济带的比重（%）	农林牧渔业总产值（亿元）	占长江经济带的比重（%）	
上海	216.50	2.08	285.09	0.62	1.73
江苏	1 869.73	17.98	7 235.06	15.61	8.83
浙江	1 062.87	10.22	3 146.06	6.79	7.02
安徽	1 219.96	11.73	4 655.53	10.05	8.73
江西	760.27	7.31	3 130.29	6.75	9.25
湖北	1 125.64	10.83	6 278.35	13.55	11.34
湖南	1 221.69	11.75	6 081.92	13.12	10.55
重庆	412.63	3.97	1 968.28	4.25	10.26
四川	1 413.29	13.59	6 831.08	14.74	10.35
贵州	412.97	3.97	3 097.19	6.68	13.42
云南	680.86	6.55	3 633.12	7.84	11.03
长江经济带	10 396.41	100.00	46 341.97	100.00	9.79
全国	24 915.77	—	112 091.26	—	9.85

数据来源：根据相应年份的《中国统计年鉴》整理。

（三）资源约束趋紧

耕地逐年减少，优劣增减不平衡。对比2009年和2016年的耕地数据，长江经济带耕地面积减少了0.61%。除上海、湖南的耕地面积略有增加外，其余9个省（市）的耕地都不同程度地减少，尤其是湖北和重庆的耕地减少较多，减幅分别达到1.46%和2.29%。从不同类型耕地的增减变动来看，长江经济带的水田和水浇地分别减少了1.76%和0.26%，旱地增加了0.58%。其中，上海的水田面积增加了4.48%，其余10省（市）的水田均减少；云南的水浇地面积增加了72.16%，其余9省（市）的水浇地均减少；上海、重庆和云南的旱地减少，其余8省（市）的旱地均有增加。由此推测，长江经济带的耕地占补平衡是用"劣地"补"好地"（表3）。

表3 2009年与2016年长江经济带耕地数量对比　　　　　　　　　单位：万 hm^2

区域	2009年				2016年			
	耕地	水田	水浇地	旱地	耕地	水田	水浇地	旱地
上海	19.07	13.54	4.97	0.56	18.97	12.96	5.43	0.59
江苏	457.11	269.19	46.87	141.06	461.29	274.09	47.18	140.02
浙江	197.47	148.16	0.00	49.30	198.67	153.21	0.00	45.46

(续表)

区域	2009 年				2016 年			
	耕地	水田	水浇地	旱地	耕地	水田	水浇地	旱地
安徽	586.75	287.39	23.75	275.61	590.71	291.44	24.65	274.62
江西	308.22	247.44	1.63	59.15	308.91	251.05	1.81	56.05
湖北	524.53	265.43	48.45	210.65	532.31	271.77	50.62	209.91
湖南	414.87	326.41	0.24	88.23	413.50	330.30	0.30	82.90
重庆	238.25	95.99	0.08	142.19	243.84	97.65	0.09	146.09
四川	673.29	275.85	11.68	385.76	671.99	278.67	12.00	381.32
贵州	453.02	123.57	1.13	328.32	456.25	128.53	1.20	326.52
云南	620.78	142.10	9.75	468.93	624.39	144.81	5.67	473.91
长江经济带	4 493.37	2 195.07	148.55	2 149.75	4 520.83	2 234.50	148.94	2 137.39

数据来源：根据土地调查成果共享应用服务平台的数据整理。

耕地质量区域差异显著，生态退耕压力大。从耕地坡度分级来看，长江经济带 15°以下耕地 3 505.03 万 hm^2，占经济带耕地面积的 78.1%，占全国 15°以下耕地面积的 29.5%，主要分布在安徽、四川、江苏、湖北和湖南；15°~25°耕地 666.91 万 hm^2，占经济带耕地面积的 14.85%，占全国 15°~25°耕地面积的 62.45%，主要分布在云南、四川和贵州；25°以上耕地 319.01 万 hm^2，占经济带耕地面积的 7.1%，占全国 25°以上耕地面积的 58.40%，主要分布在云南、贵州、重庆和四川。从各省（市）耕地质量来看，上海、江苏、安徽、江西、湖南优质耕地资源丰富，15°以下耕地占比超过 90%，其中，上海和江苏的耕地全部为≤2°的平地；浙江、湖北优质耕地资源较丰富，15°以下耕地占比超过 80%；四川优质耕地资源较多，15°以下耕地占比为 72%；云南、贵州和重庆的优质耕地资源较欠缺，15°以下耕地占比仅在 50%左右。

土壤污染严重，分布范围广。长江三角洲是我国土壤污染问题较为突出的区域之一；重庆、四川、贵州、云南、湖北和湖南土壤重金属超标范围较大；湘鄂皖赣区是耕地重金属污染或超标的主要分布区；尤其是长江中游及江淮地区、四川盆地等粮食主产区的耕地污染点位超标率分别达到 43.55%和 30.64%，分别超过全国平均水平 24 个百分点和 11 个百分点。

水资源区域分布不均，局部供用水矛盾突出。从水资源的区域分布来看，四川、江西、湖南和云南的水资源较多，各省水资源量占经济带水资源总量的比例在 13%~15%；湖北、浙江、安徽和贵州等各省水资源量占经济带水资源总量的比例在 6%~10%；江苏、重庆和上海的水资源较少，各省（市）水资源量占经济带水资源总量的比例不足 5%。从长江经济带农业用水的区域分布来看，江苏是农业用水大省，农业用水量占经济带农业用水量的 20%；湖南、安徽、四川、江西和湖北农业用水较多，各省农业用水量占经济带农业用水量的比例在 10%~15%；云南、浙江和贵州等各省农业用水量占经济带农业量的比例在 4%~8%；重庆和上海的农业用水量占经济带农业用水量的比例均不足 2%。四川盆地、云贵高原、江汉平原、鄱阳湖湖区、长江下游地区等重要农产品生产区域局部水资源承载能力临界超载。此外,长江上游和河源的局部地区存在资源性缺水问题,下游地区特别是一些沿江城市和部分湖泊存在水质性缺水情况。

农业用水效率不高。2016年,长江经济带农田灌溉水有效利用系数为0.52①,低于全国平均水平约4个百分点,其中,江西、重庆、四川、贵州和云南的农田灌溉水有效利用系数低于0.5。

(四)农业面源污染加剧

农用化肥施用总量大,强度高。2000年以来,长江经济带农用化肥施用折纯量逐年增加,由2000年的1 701.76万t增加到2016年的2 133.93万t。2016年,长江经济带农用化肥施用折纯量占全国的比例达到35.66%。从施用强度来看,长江经济带化肥施用强度大幅度提高,由2000年的258.06kg/hm²提高到2016年的316.48kg/hm²,平均化肥施用强度远远超过国际公认的环境可能受到威胁的225kg/hm²的施肥强度值。

畜禽粪污排放总量多,耕地负荷大。2016年,长江经济带猪、牛、羊和家禽等畜禽排放的粪便总量约6.55亿t(猪粪当量),约占全国畜禽粪便排放总量的36%;单位耕地畜禽粪便负荷约为15t/hm²,高出全国平均水平约7个百分点。

(五)生态系统脆弱且退化明显

受地形地貌、土壤、岩性、降水与植被的影响,长江经济带生态系统较脆弱,是水土流失和石漠化的主要分布区域。分布有西南喀斯特地区等水土流失极敏感区域;秦岭—大巴山区、四川盆地周边、川滇干热河谷、滇中和滇西地区、南方红壤区等水土流失高度敏感区域;贵州西部、南部区域,云南东部,川西南峡谷山地等石漠化极敏感区与高度敏感区交织分布。截至2016年年底,贵州、云南、湖南、湖北、重庆和四川等6省石漠化面积847.8万hm²,占全国岩溶地区石漠化土地总面积的84.19%,潜在石漠化面积1 157.6万hm²,占全国岩溶地区潜在石漠化土地总面积78.91%。此外,近20年来,随着城镇化、工业化的快速发展,长江经济带生态系统服务功能退化明显,农田、森林、草地、河湖、湿地等面积减少,中下游湖泊枯水期提前。

(六)农村贫困化地域分布广

长江经济带分布有国家级贫困县238个②,占全国的40.68%。分布着六盘山区、秦巴山区、武陵山区、滇桂黔石漠化区、滇西边境山区、大别山区、藏区等7个连片特困地区,这些地区生态安全屏障功能突出,是地震、崩塌、滑坡、泥石流等地质灾害的密集发生区,区域资源环境承载力弱,对外界的人为扰动抵抗能力弱,极易造成人地关系失调、生态环境退化。贫困区域与生态脆弱区、少数民族集聚区分布的吻合程度比较高,贫困人口贫困程度较深,减贫成本高,使得长江经济带脱贫不仅要解决经济发展差距问题,还叠加了生态安全和社会稳定问题,脱贫任务更加复杂和紧迫。

---

① 根据《2016年农田灌溉水有效利用系数测算分析成果表》测算。
② 根据最新的国家级贫困县名单(截至2019年1月)统计。

四、长江经济带农业高质量发展的对策建议

（一）巩固提升农业综合生产能力

作为保障国家粮食安全和农产品供给的重要区域，充分发挥长江经济带水土资源比较优势，加快农业"三区"建设，巩固提升长江经济带"国家粮仓"战略地位，适当减轻东北区、黄淮海区等农产品主产区的农产品供给压力，不断优化国家粮食安全空间战略格局。

长江经济带承担的"两区"建设任务共计 2 636.67 万 hm^2，占全国的 35.31%，其中，粮食生产功能区 2 060 万 hm^2，占全国的 34.33%，重要农产品生产保护区 576.67 万 hm^2，占全国的 39.32%。分品种来看，水稻、小麦和玉米 3 类粮食作物分别为 1 456.67 万 hm^2、660 万 hm^2、443.33 万 hm^2，占全国的比例分别为 64.26%、30.94%、14.78%；大豆、棉花、油菜、糖料蔗和天然橡胶 5 类重要农产品分别为 86.67 万 hm^2、26.67 万 hm^2、440 万 hm^2、23.33 万 hm^2 和 60 万 hm^2，占全国的比例分别为 13%、11.43%、94.29%、23.33% 和 50%。

同时，长江经济带是马铃薯、特色纤维、道地药材、特色出口蔬菜、季节性外调蔬菜、柑橘、梨、桃、特色浆果、热带水果、猕猴桃、食用菌、茶叶、咖啡、花卉、特色猪、特色家禽、特色牛、特色羊、淡水养殖产品、油茶籽、特色干果、木本调料、竹子等国家级特优区的重点区域。

长江经济带要加快完成"两区"划定任务和国家级特优区认定，加强高标准农田建设，完善绿色生产体系，提升设施装备水平，推广"三新"技术，促进信息化深度融合、健全社会化服务体系，加快优质农产品品牌建设等，力争把长江经济带"三区"建成全国现代农业建设的主阵地、农产品生产保供的大粮仓、农业资源政策的集聚区和农业生产经营现代化的先行区。

（二）促进区域协调发展

新时期，长江经济带农业发展要遵循农业空间与城镇空间、生态空间相协调，农业生产与资源环境承载力相匹配的思路，按照优化发展区、适度发展发展区、保护发展区的布局，引导农业发展向优势区聚集，减轻非优势区发展农业的压力，防止和解决空间布局中资源错配和供给错位的结构性矛盾，努力建立反映市场供求、资源稀缺程度与区域协调发展的农业生产力布局。

上游地区重点发展水稻、小麦、玉米和马铃薯种植，推进甘蔗等糖料生产基地建设，发展高产速生天然橡胶种植，大力发展草食畜牧业，建设畜牧产品优势区；中下游地区推进双季稻、籼改粳和优质专用小麦生产区建设，着力稳定棉花种植面积，大力发展油菜等油料作物生产，加快培育以淡水鱼、河蟹为主的水产品优势产业带。同时，引导生猪和家禽生产向粮食主产区集中，提高麻类、柑橘、烟叶、茶叶、油茶籽等优势产业基地竞争力。

同时，拓展农业的休闲观光与文化传承功能，上游地区依托特色民族文化和农事景观，大力发展传统文化展示表演与农耕体验活动等乡村文化旅游；中下游地区大力发展休闲农业，着重促进农业与文化、旅游、健康养老等产业深度融合。

（三）严格保护水土资源

严格永久基本农田保护。坚持最严格的耕地保护制度，严守耕地红线，全面落实永久基本农田特殊保护制度，细化落实省级政府耕地保护责任目标考核制度，确保耕地保有量和永久基本农田面积不减少、质量有提升、生态有改善。强化永久基本农田对各类建设布局的约束，各地在推进多规合一过程中，应当与永久基本农田布局充分衔接，原则上不得突破永久基本农田边界。

全面实施耕地质量保护与提升行动。加快完善农田基础设施，大规模推进高标准农田建设。加大长江中下游平原、成都平原等重点农产品生产区域退化、污染、损毁耕地改良修复力度，积极稳妥推进耕地轮作休耕，实施提质改造。对25°以上坡耕地、严重沙化耕地、重要水源地15°~25°坡耕地等有序开展退耕还林还草。因地制宜全面实行保护性耕作制度，多措并举保护提升耕地产能。

提高农业用水效率。加强农田水利设施建设，增加有效灌溉面积，大田作物种植区以渠道防渗为主，经济作物种植区因地制宜推广高效节水灌溉技术，强化丘陵山地区集雨节灌、河塘清淤整治等工程建设，稳步推进农业水价综合改革，多措并举提高农业用水效率，实现农业灌溉用水总量零增长。

（四）综合防治农业面源污染

以长江干流、重要支流、重要湖库等作为重点治理区域，集中连片开展农业面源污染全覆盖治理。推进化肥减施增效，实行农药减量控害，强化秸秆综合利用和禁烧管控，加强农膜废弃物处理利用，控制和净化地表径流，推广用养结合耕作模式，综合防控农田面源污染。加强养殖规划管理，依据土地消纳粪污能力合理确定养殖规模，适度调减水网密集区的畜禽养殖，大力发展标准化规模养殖，推进畜禽粪污资源化利用，加强养殖污染监控，控制畜禽养殖污染。开展养殖水域滩涂环境治理，科学划定禁养区、限养区和养殖区，推行标准化生态健康养殖，发展工厂化循环水养殖、多品种立体混养及稻田综合种养等养殖模式，改善水域生态环境。

（五）养护修复生态系统

严格贯彻"共抓大保护，不搞大开发"的理念，严守资源利用上线、生态保护红线和环境质量底线，根据长江经济带生态系统特征，坚持空间管控、分区施策。上游地区以预防保护为主，重点加强农业在水源涵养、水土保持、生物多样性维护和高原湖泊湿地保护等功能，加强自然保护区建设与管护，加强云贵川喀斯特地区、河流湖库等区域水土流失治理与生态恢复；中游地区以保护恢复为主，重点协调江湖关系，恢复沿江沿岸湿地，维护生物多样性，管控土壤环境风险，保护水生生态系统；下游地区以治理修复为主，重点修复太湖等退化水生态系统，严格控制城镇周边生态空间占用，深化河网地区水污染治理。

（六）推进产业精准扶贫

坚持开发式扶贫战略，因势利导，通过内涵拓展和外力帮扶，实施错位发展、差异化发展策略。对于受资源环境约束强的贫困地区，引导人口外迁、实现异地发展，降低生态压力；对于资源环境约束较弱的地区，立足当地资源禀赋，做强后发优势的转化和内生发展动力的培育，精准实施农林产业扶贫，打造特色产业，形成拳头产品，实现资源优势向经济优势转变，提升长江经济带集中连片特困地区自我发展能力。引导具有一定基础和能力的贫困人口城镇化、就业非农化，因地制宜建设美丽乡村，促进公共服务向农村覆盖、资源要素向农村辐射，促进城乡融合，整体营造促进贫困地区人地关系转变、生产方式转型、城乡关系革新的脱贫新范式。

参考文献

国家林业局. 中国岩溶地区石漠化状况公报 [EB/OL]. [2018-12-14]. http://www.forestry.gov.cn/main/195/20181214/104340783851386.htm.

国土资源部, 中国地质调查局. 中国耕地地球化学调查报告（2015年）[EB/OL]. [2016-03-07]. http://www.cgs.gov.cn/xwl/ddyw/201603/t20160309_302254.htm.

国家发展改革委员会, 农业部, 国家林业局. 特色农产品优势区建设规划纲要 [EB/OL]. [2017-10-31]. http://www.gov.cn/xinwen/2017-10/31/content_5235803.htm.

环境保护部, 国土资源部. 全国土壤污染状况调查公报 [EB/OL]. [2014-04-17]. http://www.gov.cn/xinwen/2014-04/17/content_2661765.htm.

环境保护部, 中国科学院. 关于印发《全国生态功能区划（修编版）》的公告 [EB/OL]. [2015-11-26]. http://www.mee.gov.cn/gkml/hbb/bgg/201511/t20151126_317777.htm

李米龙, 2016. 长江经济带农村经济发展的特征及范式转型 [J]. 改革与战略, 32 (9)：70-73.

罗其友, 米健, 高明杰, 2014. 中国粮食中长期消费需求预测研究 [J]. 中国农业资源与区划, 35 (5)：1-7.

农业农村部办公厅, 国土资源部办公厅, 国家发展改革委办公厅. 关于开展粮食生产功能区和重要农产品生产保护区划定联合督导调研的通知 [EB/OL]. [2017-12-21]. http://jiuban.moa.gov.cn/zwllm/tzgg/tfw/201712/t20171221_5984425.htm.

尚二萍, 许尔琪, 张红旗, 等, 2018. 中国粮食主产区耕地土壤重金属时空变化与污染源分析 [J]. 环境科学, 39 (10)：4670-4683.

王俊, 2018. 长江流域水资源现状及其研究 [J]. 水资源研究, 7 (1)：1-9.

中华人民共和国国家发展和改革委员会. 长江经济带发展规划纲要 [EB/OL]. [2016-10-11]. http://www.ndrc.gov.cn/fzggzx/dqjj/qygh/201610/t20161011_822279.htm.

中华人民共和国中央人民政府. 中共中央 国务院关于建立更加有效的区域协调发展新机制的意见 [EB/OL]. [2008-11-29]. http://www.gov.cn/zhengce/2018-11/29/content_5344537.htm.

周侃, 王传胜, 2016. 中国贫困地区时空格局与差别化脱贫政策研究 [J]. 中国科学院院刊, 31 (1)：101-111.

中国农业绿色生产效率的动态变迁与空间分异

肖 琴

摘 要：本研究引入农业用水量作为资源投入要素和碳排放作为环境非期望产出，利用 SBM 和 Malmquist-Luenberger 指数相结合的方法，基于生产效率和全要素生产率的角度，对 2004—2017 年中国农业绿色发展效率进行测度与分析。主要结论：①中国农业绿色生产效率不断提高，但总体偏低，平均值为 0.451，主要是源于纯技术效率低；②中国农业绿色全要素生产率年均增长率为 5.73%，其变动基本以 3 年为一个周期，呈现波动式上升趋势，其中，纯技术效率变化、纯技术变化和规模效率变化对农业绿色全要素生产率表现出正效应，而规模技术变化对农业绿色全要素生产率表现出微弱的负效应；③东部的农业绿色生产效率最高，中部次之，西部最低；④中部农业绿色全要素生产率的平均增长率最高，东部次之，西部最低，且三大区域农业绿色全要素生产率增长的来源存在差异；⑤省份间农业绿色生产效率的差异明显，除上海和西藏外，其他省份的农业绿色全要素生产率均呈现正增长。

关键词：农业绿色生产效率；动态变迁；空间分异；SBM 模型；Malmquist-Luenberger 指数

Dynamic Changes and Spatial Differentiation of Agricultural Green Production Efficiency in China
Xiao Qin

Abstract: This paper introduces agricultural water consumption as a resource input factor and carbon emissions as an environmental undesired output. From the perspective of production efficiency and total factor productivity, this paper measures and analyzes the efficiency of agricultural green development from 2004 to 2017 with the SBM model and Malmquist-Luenberger index. The main conclusions are as follows: ①China's agricultural green production efficiency continues to increase with the low average of 0.451, which is mainly due to the low pure technical efficiency; ②The average annual growth rate of China's agricultural green total factor productivity is 5.73%, and its changes are basically a three-year cycle with a fluctuating upward trend. Among them, pure technical efficiency changes, pure technical changes and scale efficiency changes have a positive effect on agricultural green total factor productivity, while scale technology changes have a weak negative effect; ③ Eastern agricultural green production efficiency is the highest, followed by the central region, and the west is the lowest; ④The average growth rate of agricultural green total factor productivity in the central region is the highest, followed by the east, and the west is the lowest. There are differences in the sources of growth of agricultural green total factor productivity in the three major regions; ⑤There are obvious differences in agricultural green production efficiency among provinces. With the exception of Shanghai and Tibet, the agricultural green total factor productivity of other provinces has shown positive growth.

Key words: agricultural green production efficiency; dynamic change; spatial differentiation; SBM model; Malmquist-Luenberger index

改革开放40年来，中国农业发展取得了举世瞩目的成就。1978—2017年，农林牧渔业总产值增长了7.5倍，年均增长速度5.65%；粮食产量由1978年的30 476.5万t增加到2017年的66 160.72万t，成功地以世界7%的耕地和6%的水资源，养活了占世界21%的人口。但是，中国农业在快速发展的同时，也面临着资源约束日益趋紧、环境质量持续下降等问题。在经济发展进入新常态的背景下，中国高度重视农业发展的可持续性，明确提出要加快转变农业发展方式，推进农业绿色发展，走产出高效、产品安全、资源节约、环境友好的现代农业道路，以保障国家食物安全、资源安全和生态安全。在大力推进农业绿色发展过程中，有必要重塑农业发展评价体系，既要将资源和环境作为农业发展的内生变量，也要将其看作是农业发展规模和速度的刚性约束。考虑资源环境因素的农业绿色生产效率和农业绿色全要素生产率是正式衡量农业绿色发展的重要指标，可以更好地评估中国农业绿色发展的现状。

近年来，从基于资源环境约束的生产效率和全要素生产率的角度来考察中国农业可持续发展的效率，逐渐引起学者的关注。例如，潘丹、应瑞瑶（2013）和潘丹（2014）将水资源投入和农业面源污染同时纳入分析框架，分别运用SBM方向性距离函数和Malmquist-Luenberger生产率指数，测度了30个省份的农业绿色生产率水平和农业全要素生产率；田伟等（2014）、葛鹏飞等（2018）均以碳排放作为环境指标，分别运用非期望产出的SBM模型和基于SBM-DDF的Luenberger指数，测算了中国的农业环境效率和农业绿色全要素生产率；崔晓等（2014）引入农业营养余额这一环境要素，利用DEA-Malmquist指数方法，对中国农业环境效率和环境全要素生产率的变化进行了研究；王奇等（2012）基于SFA-Malmquist指数方法，将农业生产中的氮磷流失作为一种要素投入，测算了中国农业绿色全要素生产率变化指数；王宝义等（2018）将农业碳排放和农业面源污染作为非期望产出，利用SBM-Undesirable模型，测算了中国的农业生态效率。

以上可知，基于资源环境约束的农业生产效率与全要素生产率的研究中，对资源约束的相关研究较少，而同时考虑水资源投入和碳排放产出的研究尚属空白。此外，很少有学者同时从生产效率和全要素生产率的角度对农业绿色发展效率进行静态和动态分析。因此，本研究将水资源投入和农业碳排放同时纳入分析框架，从静态和动态的角度，测算中国农业生产效率与全要素生产率，以期合理评估中国农业绿色发展效率。

一、研究设计

（一）研究对象、样本及时间选取

广义的农业是农林牧渔业的总称，常指第一产业。由于农林牧渔业在环境污染物排放方面差异较大，难以对广义的农业生产效率和全要素生产率进行测算，故本研究以狭义的农业即种植业为研究对象。研究样本包括中国大陆 31 个省（区、市）。对研究样本期的选取，本研究着重分析新时期中国农业绿色发展情况，故将样本期选定为2004—2017 年。

（二）变量与数据处理

第一，投入变量的选择。本研究选取资本、劳动力、土地、化肥、机械、农业用水量作为投入变量。农业资本投入无直接数据来源，本研究采用农林牧渔业全社会固定资产投资，通过农业产值占农林牧渔业总产值的比例，来估算农业资本投入，为剔除价格因素的影响，相关数据全部换算成以 2004 年为基期的可比价格；农业劳动力投入无直接数据来源，本研究采用农林牧渔业从业人员数（或第一产业从业人数），通过农业产值占农林牧渔业总产值的比例，来估算农业从业人数；土地投入选用主要农作物播种面积来反映；化肥投入采用化肥施用折纯量来表征；机械投入采用农业机械总动力来表征；农业用水量作为资源变量引入本研究中，用以考察水资源约束对农业生产效率和农业全要素生产率可能产生的影响，通过农业产值占农林牧渔业总产值的比例，将农业用水总量折算为狭义农业用水量。

第二，期望产出的选取。选用农业产值来表征。为剔除价格因素的影响，全部换算成以 2004 年为基期的可比农业产值。

第三，非期望产出的选取。由于中国已加入《联合国气候变化框架公约》，积极落实控制温室气体排放行动目标，将"到 2020 年单位国内生产总值二氧化碳排放比 2005 年下降 40%~45%，作为约束性指标纳入国民经济和社会发展中长期规划"。因此，本研究选取农业碳排放作为非期望产出。

（三）测算方法选择

为实现 DEA 分析框架下精确地对中国农业的生产效率和全要素生产率进行分析，本研究引入规模报酬可变、非导向角度、包含非期望产出的 SBM 模型和 Malmquist - Luenberger 指数来开展研究。

1. SBM 模型

借鉴 Tone Kaoru（2001），本研究定义考虑资源环境约束的 SBM 模型（至前沿最远距离函数）为：

$$\min\rho = \frac{1 - \frac{1}{I}\sum_1^I s_i^-/x_{ik}}{1 + \frac{1}{M+N}(\sum_1^M s_m^+/y_{mk} + \sum_1^N s_n^-/b_{nk})} \quad (1)$$

$$\text{s.t.} \quad X\lambda + s^- = x_k$$
$$Y\lambda - s^+ = y_k$$
$$B\lambda - s^- = b_k$$
$$\lambda, s^-, s^+ \geq 0$$

x_k、y_k、b_k 分别表示省份 k 的投入、好产出和坏产出变量,s_i^-、s_m^+、s_n^- 分别表示投入、好产出和坏产出的松弛变量。由于线性规划的约束条件为等式,以及松弛变量的符号不同,当 s_i^-、s_m^+、s_n^- 均 >0 时,表示投入过度、好产出不足和坏产出过多的量。

2. Malmquist-Luenberger 指数

Malmqquist TFP 指数常用来分析生产率的变动情况以及技术效率和技术进步对生产率变动所起的作用。Chung 等 (1997) 将包含坏产出的方向距离函数应用于 Malmquist 模型,并将得出的 Malmquist 指数称为 Malmquist-Luenberger 生产率指数。实践中,任何包含坏产出的 Malmquist 模型得出的 Malmquist 指数都可以称为 Malmquist-Luenberger 指数。本研究选择 SBM 模型与全局参比 Malmquist 指数相结合,对包含非期望产出的农业绿色全要素生产率进行分析。选择全局参比 Malmquist 指数,主要基于以下三点:一是全局参比 Malmquist 模型各期参考的是同一前沿,故计算得出的是单一 Malmquist 指数;二是效率变化的计算仍采用各自的前沿,故得出的各期的效率值具有可比性;三是被评价 DMU 肯定包含在全局参考集内,故不存在 VRS 模型无可行解问题。

同时,本研究引入 Zofio (2007) 对生产率的分解方法,将把全要素生产率变化分解为纯技术效率变化(PEC)、纯技术变化(PTC)、规模效率变化(SEEC)和规模技术变化(SETC),即:

$$ML = PEC \times PTC \times SEEC \times SETC \quad (2)$$

式中,技术效率变化可表示为:

$$EC = PEC \times SEEC \quad (3)$$

技术变化可表示为:

$$TC = PEC \times SETC \quad (4)$$

规模效应可表示为:

$$SEML = SEEC \times SETC \quad (5)$$

二、非期望产出:农业碳排放的计算

根据《省级温室气体清单编制指南(试行)》,农业温室气体清单包括稻田甲烷排放、农用地氧化亚氮排放、动物肠道发酵甲烷排放和动物粪便管理甲烷和氧化亚氮排放。本研究以狭义农业为研究对象,故重点考察稻田甲烷排放和农用地氧化亚氮排放。

稻田甲烷排放量测算公式为:

$$E_{CH_4} = \sum EF_i \times AD_i \tag{6}$$

式中，E_{CH_4} 为稻田甲烷排放总量；EF_i 为分类型稻田甲烷排放因子；AD_i 为对应于该排放因子的水稻播种面积；i 表示稻田类型，分别指单季水稻、双季早稻和晚稻。

农用地氧化亚氮排放测算公式为：

$$E_{N_2O} = \sum(N_{输入} \times EF) = N_2O_{直接} + N_2O_{间接} = (N_{化肥} + N_{秸秆}) \times EF_{直接} + (N_2O_{沉降} + N_2O_{淋溶}) \tag{7}$$

式中，E_{N_2O} 为农用地氧化亚氮排放总量（包括直接排放、间接排放）；$N_{输入}$ 为各排放过程氮输入量；EF 为对应的氧化亚氮排放因子。

$$N_{秸秆} = 地上秸秆还田氮量 + 地下根氮量$$
$$= (作物籽粒产量/经济系数 - 作物籽粒产量) \times 秸秆还田率 \times 秸秆含氮率$$
$$+ 作物籽粒产量/经济系数 \times 根冠比 \times 根或秸秆含氮率 \tag{8}$$

$$N_2O_{沉降} = N_{输入} \times 10\% \times 0.01 \tag{9}$$

$$N_2O_{淋溶} = N_{输入} \times 20\% \times 0.0075 \tag{10}$$

在核算稻田甲烷排放量和农用地氧化亚氮排放量的基础上，全部转化为二氧化碳当量一项指标来表征。具体测算方法和相关参数见《省级温室气体清单编制指南（试行）》。

三、农业绿色生产效率与农业绿色全要素生产率的测算与分析

为更清晰地了解在考虑资源环境约束下的中国农业生产效率与全要素生产率状况，把不考虑与考虑资源环境因素的两种不同情况结合起来进行分析，其中，不考虑水资源投入和碳排放这两类资源环境因素的生产效率与全要素生产率分别称为传统农业生产效率与传统农业全要素生产率，用以测度传统农业发展效率；考虑水资源投入和二氧化碳这两类资源环境因素的生产效率与全要素生产率分别称为农业绿色生产效率和农业绿色全要素生产率，用以测度农业绿色发展效率。

（一）农业绿色生产效率的测算与分析

1. 全国层面

2004—2017 年，中国农业绿色生产效率的平均值为 0.451，而传统农业生产效率的平均值为 0.497，表明此时期中国农业绿色生产效率水平偏低，且资源环境约束对中国的农业绿色生产效率造成了损失（图 1）。在规模报酬可变的情况下，将生产效率进一步分解为纯技术效率和规模效率。2004—2017 年，中国农业绿色生产纯技术效率和规模效率的平均值分别为 0.551 和 0.824，纯技术效率低于规模效率，表明从总体上来看，中国农业绿色生产效率低主要是源于纯技术效率低，其原因可能是中国农业绿色生产的科技投入不足，创新能力较弱，生产技术落后等。此外，中国农业绿色生产规模效率不足，也制约着中国农业绿色生产效率的提高。

从农业绿色生产效率的变化趋势来看，中国农业绿色生产效率不断提高，由 2004 年的 0.357 提高到 2017 年的 0.682，年均增幅 5.09%，高于农业产值 4.48% 的年均增速。尤其是 2013 年以来，中国农业绿色生产效率提高较快，2013—2017 年中国农业绿色生产效

率年均增幅达到 10.31%。究其原因，主要是由于纯技术效率提高的结果。

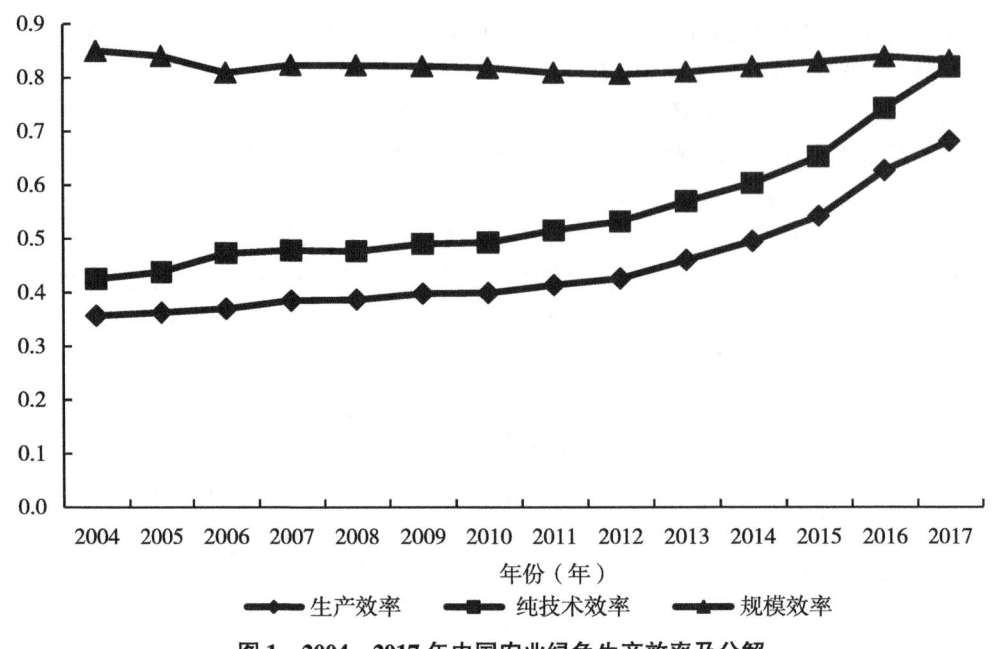

图 1 2004—2017 年中国农业绿色生产效率及分解

2. 区域层面

分区域来看，东部的农业绿色生产效率最高，中部次之，西部最低。2004—2017 年，东、中、西部的农业绿色生产效率的平均值分别为 0.531、0.422 和 0.369。从三大区域农业绿色生产效率的变化趋势来看，均呈现不断提高态势，但提高幅度有差异，其中，中部农业绿色生产效率提高较多，由 2004 年的 0.316 提高到 2017 年的 0.677，年均增幅 6.04%；东部农业绿色生产效率由 2004 年的 0.416 提高到 2017 年的 0.819，年均增幅 5.35%；西部农业绿色生产率提高较少，由 2004 年的 0.316 提高到 2017 年的 0.369，年均增幅仅 3.67%。这就导致中部、西部与东部农业绿色生产效率的差距呈现不同的变化特征，其中，中部与东部的差距逐渐缩小，而西部与东部的差距则不断拉大。尤其是 2013 年以来，中部农业绿色生产效率表现出明显的追赶效应（图 2）。

3. 省级层面

从各省份来看，省份间农业绿色生产效率的差异明显。上海农业绿色生产效率最高，平均效率水平达到 0.935；而宁夏农业绿色生产效率最低，平均效率水平仅为 0.177。从各省份农业绿色生产效率的排名来看，排名前五位的省份分别是上海、北京、江苏、福建和海南，全部为东部省份，排名后五位的省份分别是江西、陕西、内蒙古、青海和宁夏，均为中西部省份。为了进一步确定各省份农业绿色生产效率的排序是否与所处区域有关，进行了非参数的 Spearman 的 rho 检验。结果显示，相关系数为 0.625 且在 0.01 的水平下显著，表明各省份农业绿色生产效率排序与所处区域呈较强的正相关性，这或许表明经济发达地区可能有着更强的农业绿色发展能力。

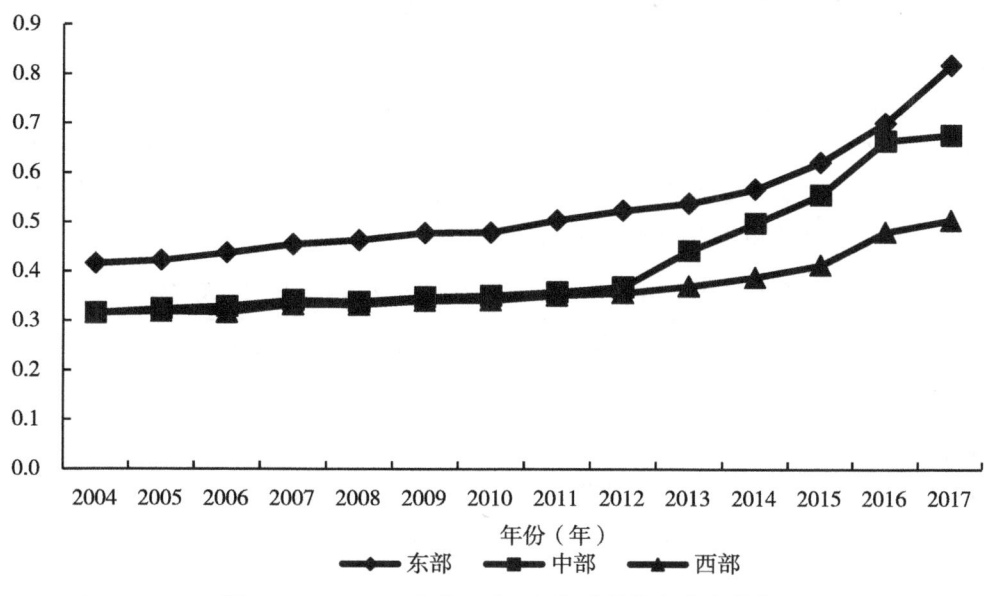

图2 2004—2017年东、中、西部农业绿色生产效率

相比传统农业生产效率,农业绿色生产效率排名提前的省份主要有河南、重庆、山东、河北、贵州、西藏等;农业绿色生产效率排名落后的省份主要有江西、广东、辽宁、广西、新疆、浙江、湖南等。为进一步确定各省份在两种生产效率中的排序是否发生了较大的变化,进行了非参数的Spearman的rho检验。结果显示,相关系数为0.894且在0.01的水平下显著,表明排序发生了变化且两者呈较强的正相关性,这或许表明具有较高传统农业生产效率的省份可能有着更强的农业绿色发展能力(图3)。

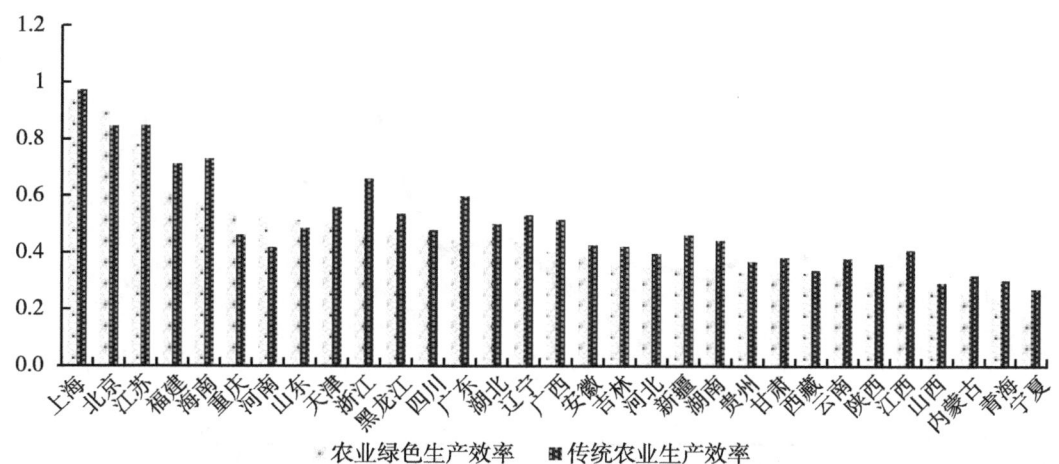

图3 中国各省份平均传统农业生产效率与农业绿色生产效率比较

（二）农业绿色全要素生产率的测算与分析

1. 全国层面

2004—2017年，中国年均农业绿色全要素生产率指数为1.057，农业绿色全要素年均增长率为5.73%，而同期中国传统农业全要素生产率的年均增长率为3.76%。农业绿色全要素生产率大于传统农业全要素生产率，可能的解释是，环境管制促进技术进步的"波特假说"在中国农业生产领域得到初步验证有关（表1）。

表1　2004—2017年中国及各区域农业绿色全要素生产率指数及其分解

区域	全要素生产率指数	纯技术效率变化指数	纯技术变化指数	规模效率变化指数	规模技术变化指数
全国	1.057	1.006	1.060	1.022	0.999
东部	1.057	0.999	1.057	1.018	0.996
中部	1.066	1.008	1.060	1.029	0.986
西部	1.039	1.005	1.055	1.010	1.014

从农业绿色全要素生产指数的变化来看，中国农业绿色全要素生产率的变动基本以3年为一个周期，呈现波动式上升趋势，特别是在2013年和2016年分别经历了一个急剧的上升（图4）。究其原因，可能与国家政策顶层设计有关。2012年以来，中国农业绿色发展进入全面推进阶段，密集出台了一系列政策，加快转变农业发展方式，着力构建资源节约、环境友好的农业发展格局。一个直观的表现是，在整个样本期，农业碳排放量和农业用水总量分别以2014年和2013年为分界点，整体呈现先逐步增加后逐年减少的变化趋势（图5）。由此可见，国家政策顶层设计对农业绿色全要素增长率的提升具有积极推动作用，但政策的时滞和递减效应也应予以重视。

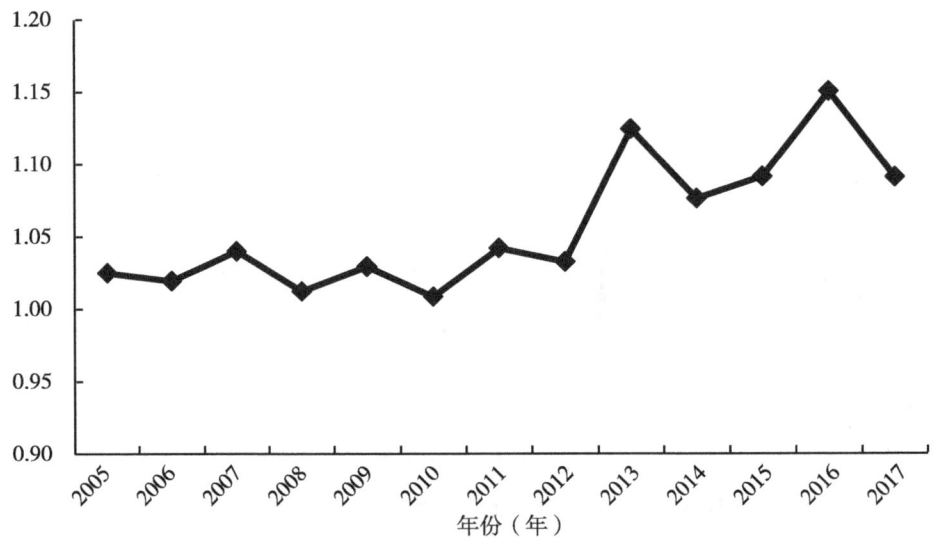

图4　2005—2017年中国农业绿色全要素生产率动态变化趋势

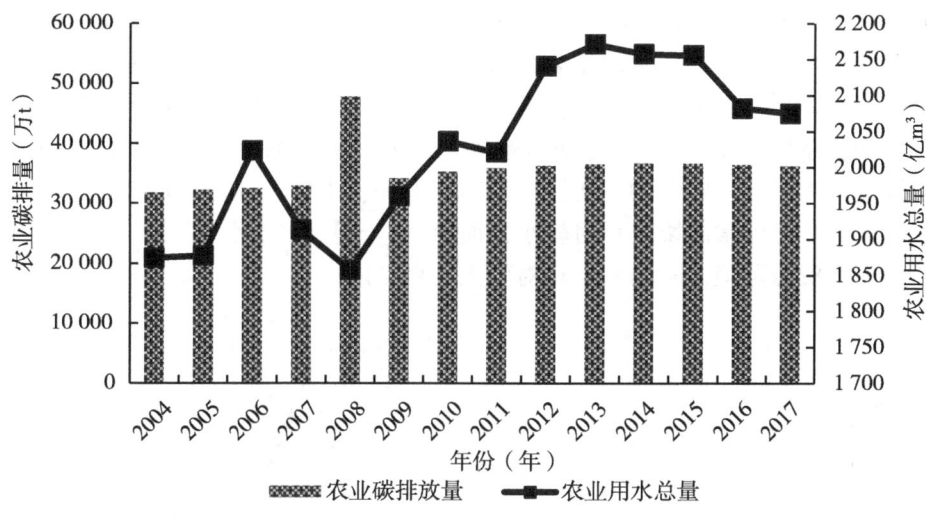

图 5 2004—2017 年中国农业碳排放量与农业用水总量情况

从农业绿色全要素生产率增长的来源来看，2004—2017 年纯技术效率变化、纯技术变化、规模效率变化、规模技术变化的年均增长率分别为 0.57%、5.95%、2.18% 和 -0.1%，表明纯技术效率变化、纯技术变化和规模效率变化对农业绿色全要素生产率表现出正效应，其中，纯技术变化的正效应最显著，规模效率变化次之，纯技术效率变化的正效应较小，而规模技术变化对农业绿色全要素生产率表现出微弱的负效应。

2. 区域层面

2004—2007 年，东、中、西部的农业绿色全要素生产率指数分别为 1.057、1.066 和 1.039，三大区域农业绿色全要素生产率的平均增长率由高至低依次为中部、东部和西部，分别为 6.63%、5.67% 和 3.91%。从三大区域农业绿色全要素生产率指数的变化来看，2004—2012 年，三大区域农业绿色全要素生产率指数的变化趋势与全国基本保持一致；但 2013—2017 年，三大区域农业绿色全要素生产率指数的变动呈现出明显的差异，东部逐年提升，中部迅速提升后逐步回归，西部呈现先提升后回落的态势（图 6）。

三大区域农业绿色全要素生产率增长的来源存在差异。纯技术变化和规模效率变化均对三大区域农业绿色全要素生产率增长表现出正效应；纯技术效率变化对东部的影响为负，但对中、西部的影响为正；规模技术变化对东、中部的影响为负，但对西部的影响为正，表明东部的农业绿色发展表现出纯技术进步、规模效率提高、纯技术效率降低和规模技术倒退，中部表现出纯技术进步、规模效率提高、纯技术效率提高和规模技术倒退，西部表现出纯技术进步、规模效率提高、纯技术效率提高和规模技术进步。

3. 省级层面

从各省年均农业全要素生产率指数来看，仅上海和西藏小于 1，其他省份均大于 1，表明除上海和西藏外，其他省份的农业绿色全要素生产率均呈现正增长，其中，增长最快的 5 个省份依次是黑龙江（11.79%）、河南（8.86%）、浙江（8.26%）、山东（8.05%）、重庆（7.84%）。对比传统农业全要素生产率年均增长率的排序，河南、重庆、山东、江苏、湖北、贵州等省份农业绿色全要素年均增长率的排名上升较多，而山西、宁夏、江西、广西、福建、海南等省份的排名下降较多，上海、天津、黑龙江、内蒙古、新疆和西藏的排名无变化。为了进一步确定排名是否发生了显著性变化，进行了非参数的 Spearman 的 rho 检验。检验结果显示，在1%的显著性水平上传统农业全要素生产率和农业绿色全要素生产率相关系数为0.901。借鉴胡鞍钢等（2008）的判断，这种排名的变化反映出各省份资源环境因素对产出影响的强弱，即河南、重庆、山东、江苏、湖北、贵州等省份的农业发展受资源环境因素的影响相对较小，而山西、宁夏、江西、广西、福建、海南等省份的农业发展受资源环境因素的影响相对较大（图7）。

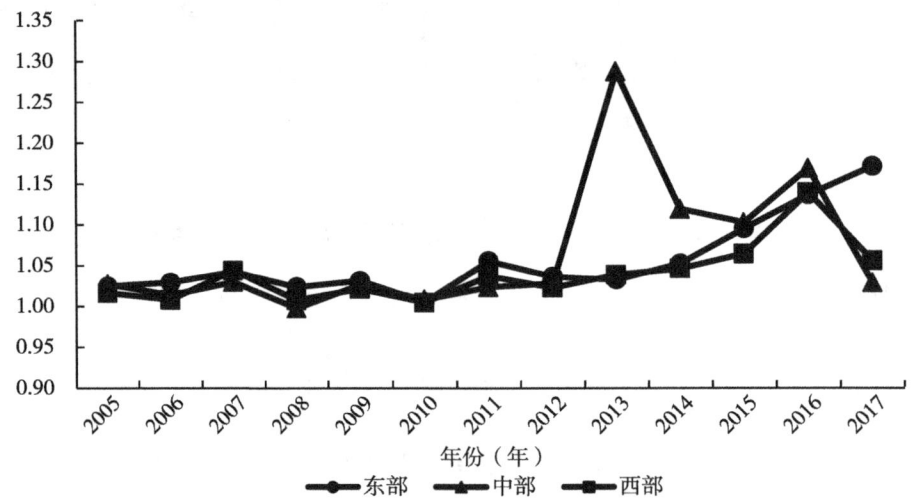

图6　2005—2017年东、中、西部农业绿色全要素生产率指数动态变化趋势

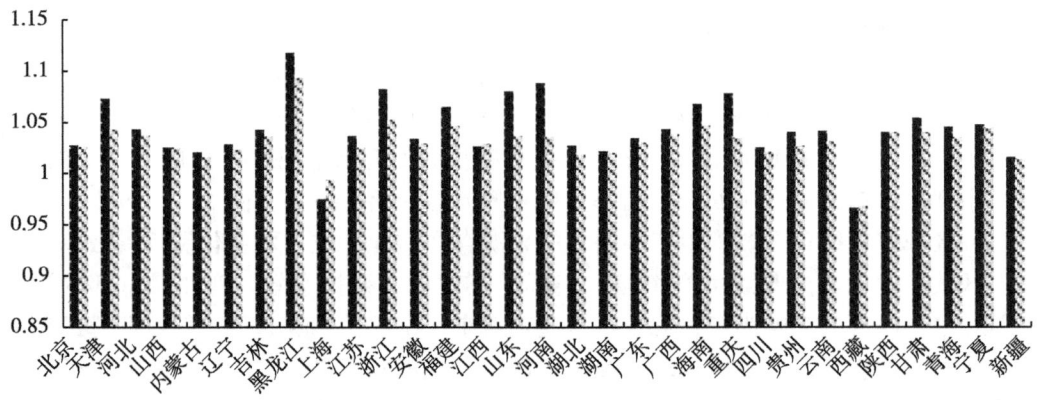

图7　中国各省份平均传统农业全要素生产率指数与农业绿色全要素生产率指数

四、结论与启示

（一）结论

本研究引入农业用水量作为资源投入要素和碳排放作为环境非期望产出，利用 SBM

和 Malmquist-Luenberger 指数相结合的方法，基于生产效率和全要素生产率的角度，对 2004—2017 年中国农业绿色发展效率进行了测度，主要得出以下研究结论。

从全国整体来看，农业绿色生产效率不断提高，但总体偏低，平均值为 0.451，主要是源于纯技术效率低。农业绿色全要素年均增长率为 5.73%，其变动基本以 3 年为一个周期，呈现波动式上升趋势，其中，纯技术效率变化、纯技术变化和规模效率变化对农业绿色全要素生产率表现出正效应，而规模技术变化对农业绿色全要素生产率表现出微弱的负效应。

分区域来看，东部的农业绿色生产效率最高，中部次之，西部最低。三大区域农业绿色全要素生产率的平均增长率由高至低依次为中部、东部和西部，农业绿色全要素生产率增长的来源存在差异。

分省份来看，省份间农业绿色生产效率的差异明显，相较于传统农业生产效率排名，农业绿色生产效率的排名发生了显著变化。除上海和西藏外，其他省份的农业绿色全要素生产率均呈现正增长，相较于传统农业全要素生产率增长率排名，农业绿色全要素生产率增长率的排名同样发生了显著变化。

（二）启示

基于前述研究结论，得到如下启示。

一是实现农业发展与资源节约、环境改善的"双赢"是农业绿色发展的内在要求，相比传统农业生产效率和全要素生产率，农业绿色生产效率和全要素生产率具有更丰富的内涵，更能反映资源环境约束对农业发展的影响，更能合理地评估农业发展的质量。农业绿色全要素生产率的年均增长率要高于传统农业全要素生产率增长，表明中国以农业增长与资源节约、环境改善为双重目标的农业绿色发展取得了一定的成效。

二是东、中、西三大区域间农业绿色生产效率和农业绿色全要素生产率及其来源的差异反映了不同区域在农业绿色发展能力上所存在的较大差异，需要根据区域农业发展特点来制定针对性的政策，以提高农业绿色生产效率和农业绿色全要素生产率增长率。

三是资源环境因素对各省份农业绿色生产效率和农业绿色全要素生产率增长率的排名有显著影响。各省份需根据自身的资源环境特征和农业投入产出潜力，调整农业增长模式，促进农业转型升级，实现高质量发展。

参考文献

成刚，2014. 数据包络分析方法与 MaxDEA 软件 [M]. 北京：知识产权出版社.

崔晓，张屹山，2014. 中国农业环境效率与环境全要素生产率分析 [J]. 中国农村经济（8）：4-16.

葛鹏飞，王颂吉，黄秀路，2018. 中国农业绿色全要素生产率测算 [J]. 中国人口·资源与环境，28（5）：66-74.

胡鞍钢，郑京海，高宇宁，等，2008. 考虑环境因素的省级技术效率排名（1999—2005 年）[J]. 经济学（季刊）（3）：933-960.

潘丹，2014. 基于资源环境约束视角的中国农业绿色生产率测算及其影响因素解析 [J]. 统计与信息论坛，29（8）：27-33.

潘丹，应瑞瑶，2013. 资源环境约束下的中国农业全要素生产率增长研究 [J]. 资源科学，35（7）：1 329-1 338.

田伟，杨璐嘉，姜静，2014. 低碳视角下中国农业环境效率的测算与分析——基于非期望产出的 SBM 模型 [J]. 中国农村观察（5）：59-71，95.

王宝义，张卫国，2018. 中国农业生态效率的省际差异和影响因素——基于 1996—2015 年 31 个省份的面板数据分析 [J]. 中国农村经济（1）：46-62.

王奇，王会，陈海丹，2012. 中国农业绿色全要素生产率变化研究：1992—2010 年 [J]. 经济评论（5）：24-33.

中华人民共和国国家发展和改革委员会. 省级温室气体清单编制指南（试行）[Z/OL]. [2020-03-19].http：www. ncsc. org. cn/SY/tjkhybg/20200319-769763. shtml.

CHUNG Y H, FARE R, GROSSKOPF S, 1997. Productivity and undesirable outputs：A directional distance function approach [J]. Journal of Environmental Management, 51：229-240.

TONE K, 2001. A slacks–based measure of efficiency in data envelopment analysis [J]. European Journal of Operation Research, 130：498-509.

ZOFIO J L, 2007. Malmquist productivity index decompositions：a unifying framework [J]. Applied Economics, 39：2 371-2 387.

[中国农业农村高质量发展区域战略研究]

农业结构与空间布局

新时代中国农业结构调整战略研究

刘 洋 罗其友 周振亚 尤 飞 高明杰

摘 要：新形势下，我国农业的主要矛盾已由总量不足转变为结构性矛盾。适应农业发展新常态，调整优化农业结构，加快转变发展方式，推进农业供给侧结构性改革，成为当前我国农业发展的重要任务。本文从种植业结构、畜牧结构、产业结构、产品结构、空间结构5个方面分析了当前我国农业结构存在的主要问题，阐述了新时期我国农业结构调整的战略构想，提出种植业结构、畜牧业结构和产业结构的调整优化方案及相应的政策建议。

关键词：结构调整；种植业结构；畜牧业结构；区域布局

Study on the Adjustment Strategy of Agricultural Structure in China in the New Era

Liu Yang, Luo Qiyou, Zhou Zhenya, You Fei, Gao Mingjie

Abstract: The main contradiction of China's agriculture has changed from gross shortage to structural contradiction in new time and circumstances. In order to adapting to the new normality of agricultural development, it has become an important task for the current agricultural development of our country that adjust and optimize the agricultural structure, speed up the transformation of the growth model, and promote the structural reform of the agricultural supply side. This paper analyzes the main problems existing in China's agricultural structure from five aspects, such as planting structure, animal husbandry structure, industrial structure, product structure and spatial structure. Furthermore, we elaborate the strategic conception of China's agricultural structural adjustment in the new era, and put forward the adjustment and optimization plan of planting structure, animal husbandry structure and industrial structure and corresponding policy recommendations.

Key words: structure adjustment; planting structure; animal husbandry structure; regional layout

一、引言

我国经济进入"新常态",农业发展也步入新阶段,农业发展环境发生深刻变化,面临的形势更加复杂、发展的任务更加繁重。化肥等农业生产资料和劳动力成本快速上涨,国际大宗产品价格已不同程度低于国内,在成本"地板"和价格"天花板"的双重挤压下,农业比较效益持续降低;农产品供求结构矛盾日益突出,买难卖难问题并存,库存增加和进口增加并存;部分农产品对外依存度加深,产业安全形势严峻;农业资源环境问题日益突出,耕地数量减少、质量下降以及地下水超采、农业面源污染加重等问题凸显,资源要素的弦越绷越紧,农业生态环境亮起"红灯";农业兼业化、农民老龄化趋势明显,"谁来种地""如何种地"问题突出。新形势下,农业的主要矛盾已由总量不足转变为结构性矛盾。适应农业发展新常态,调整优化农业结构,加快转变发展方式,推进农业供给侧结构性改革,构建粮经饲统筹、种养加一体、农牧渔结合的现代农业结构,走产出高效、产品安全、资源节约、环境友好的现代农业发展道路,成为当前我国农业发展的重要任务。

二、当前我国农业结构存在的主要问题

(一)作物结构——籽粒玉米多、大豆油料少、饲草饲料少

1. 玉米阶段性过剩,库存大幅增加

在粮食"十二连增"中累计增产的1.9亿t粮食中,有1亿t来自玉米的增产,占比57%。稻谷和小麦基本保持供求平衡。但玉米受国内消费增长放缓、替代产品进口冲击等因素影响,出现了相对暂时的过剩,库存增加较多(表1)。

表1 2015年我国主要大宗农产品供需状况

品种	总产量 (万t)	国内消费量 (万t)	供需缺口 (万t)	自给率 (%)
三大谷物和大豆	56 304	46 928	-9 376	120.0
水稻	20 823	18 950	-1 873	109.9
小麦	13 019	10 977	-2 042	118.6
玉米	22 463	17 001	-5 462	132.1
大豆	1 179	8 775	7 597	13.4
食用植物油	1 126	3 280	2 154	34.3
豆油	41	1 410	1 369	2.9
菜籽油	462	630	168	73.3
花生油	252	260	8	96.9

(续表)

品种	总产量（万 t）	国内消费量（万 t）	供需缺口（万 t）	自给率（%）
棕榈油	0	570	570	0.0
棉花	522	716	194	72.9
食糖	1 160	1 560	400	74.4

注：数据来自历年《中国农业统计资料》、《中国粮食发展报告》、国家粮油信息中心、国家棉花市场监测系统和中国糖业协会。供需缺口=国内消费量−总产量，自给率=总产量/国内消费量。

2. 大豆面积产量双下降，对外依存度过高

自 2004 年以来，我国大豆面积和产量同步下降，2015 年种大豆植面积和产量较 2004 年分别下降了 32.15% 和 32.28%。由于国内大豆在质量和价格上都处于劣势，我国大豆进口数量保持快速增长，大豆依存度逐年攀升。2015 年，共进口大豆 8 169 万 t，是国内生产量的 6.8 倍，约占全球大豆贸易量的 70%，国内消费量的 87%，在所有农产品中进口依存度最高。

3. 优质饲草缺乏，产业现状与饲草料需求不匹配

2015 年，我国牛出栏量 5 003 万头，奶牛存栏量 1 507 万头，粗估共需种植青贮玉米 7 596 万亩，但据全国畜牧总站统计，2015 年我国青饲青贮玉米种植面积 4 073 万亩，缺口达 3 523 万亩。

（二）畜牧结构——与资源承载力不相适应

1. 畜牧业布局与环境承载力不匹配

畜禽养殖业布局与畜禽粪污消纳能力在空间上不匹配，种养结构不匹配，粪污综合利用率不足一半，局部地区畜禽养殖量超过了环境承载量，环境污染问题突出。东北地区饲料粮资源丰富，畜禽粪污消纳能力强，但人口少，畜产品市场小，畜禽养殖业不发达。东南沿海饲料粮短缺，但人口稠密，畜禽产品市场大，畜禽养殖业发达，环境承载力有限。

2. 畜产品结构以粮饲型的猪禽为主，草食畜比重小

猪肉和禽肉产量占肉类总产量比重始终在 85% 以上，草食畜（牛羊兔）比重较低，维持在 14% 左右。

（三）产业结构——加工、服务短腿

1. 农产品加工业总体能力与国外仍存在较大差距

目前，我国农产品加工率只有 60%，低于发达国家的 80%；果品加工率只有 10%，低于世界 30% 的水平；肉类加工率只有 17%，低于发达国家的 60%；加工和农业产值的比值 2.2∶1 与发达国家（3~4）∶1 和理论值（8~9）∶1 有较大差距。

2. 农产品加工业的产品仍以初级加工品为主，产业链条短，加工增值能力尚有待提高

大部分食用类农产品加工企业都面临副产物综合利用率偏低问题，其中，约 5.7% 的农产品加工企业将副产物完全作为废弃物直接处理掉，25.3% 的农产品加工企业认为副产物价值没有充分开发。

3. 农业服务业档次低、效率低

当前农产品流通模式大多处于原始集散阶段，按产地收购、产地和销地交易、商贩零售方式进行交易，而适应新的消费需求的订单农业、连锁经营、直销等现代流通方式相对较少。

（四）产品结构——"大路货"多，优质安全专用农产品少，供需错位

随着城乡居民生活由温饱开始走向小康，市场对农产品的需求日益转向多样化和优质化，而我国农产品市场上却充斥着大量质量一般甚至较差的"大路货"，优质农产品总量偏低，"三品一标"产品占整个农产品总量不足20%，造成了小生产与大市场的供需矛盾，制约我国优质农产品的发展。

（五）空间结构——粮食生产与水资源分布错位，养殖与种植空间不匹配

1. 粮食生产与水资源分布错位

南方土地资源占全国38%，而水资源量却占全国的81%；北方的土地资源占全国62%，而水资源量却只占全国的19%。近年来，我国粮食生产重心北移、向水少地多的北方地区聚集，进一步加剧了水资源的紧张（图1）。

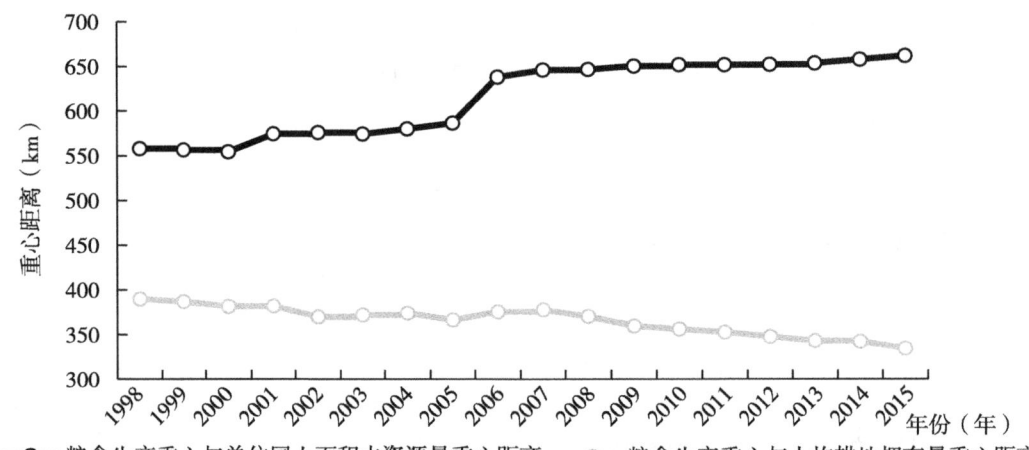

图 1　粮食生产重心与水土资源空间距离

2. 养殖与种植空间不匹配

近年来，作为重要饲料资源的玉米种植中心北移，使得南方大中型城市周边的饲料资源极其有限，甚至无饲料资源。另一方面，南方生猪加快发展，南方水网地区养殖密度越来越高。由于区域布局不尽合理，农牧结合不够紧密，粪便综合利用水平较低，生猪养殖与水环境保护矛盾比较突出，养殖与种植在空间分布上的错位问题形势严峻。

三、新时期我国农业结构调整的战略构想

（一）总体思路

按照新形势下国家粮食安全战略和绿色发展理念，以保供给、保生态、保收入为中

心任务，研究设计更精准的绿色农业生产扶持政策，引导我国口粮等关键农作物的发展规模与空间布局调整以及优势产区和环境问题地区农作物结构调整，积极优先培育家庭农场、种养大户等新型经营主体，切实依靠科技进步，优化品种结构、产业结构、空间结构，大力拓展饲料饲草业、加工业和服务业，加快构建与资源环境相匹配、与市场需求相适应、种养加服协调发展的现代农业结构，全面提升农业的市场竞争力和可持续发展能力。

（二）调整重点

1. 以特色、优质和专业为重点，优化品种结构

在保障一定自给率条件下，稳步调减和淘汰滞销的劣质品种，大力发展适销对路的优质、专用、特色产品生产。粮食作物重点提高优质品种和专用粮比重，要加快食用粮、饲用粮（草）、加工专用粮生产基地建设。经济作物重点发展特色产品，加大包括中药材、蔬菜在内的特色产业基地建设力度。

2. 以发展现代饲料饲草产业为抓手，优化作物结构

推进饲用粮生产，推动粮改饲和种养结合发展，促进粮食作物、经济作物、饲草三元结构协调发展。在粮食主产区，按照"以养定种"的要求，积极发展饲用玉米、青贮玉米等，发展苜蓿等优质牧草种植。拓展优质牧草发展空间，合理利用"四荒地"、退耕地、南方草山草坡和冬闲田，种植优质牧草，加快建设人工草地，加快研发适合南方山区、丘陵地区的牧草收割、加工、青贮机械。

3. 以二三产业为核心，优化种养加服结构

加快发展农产品加工业，打造农业产业集群，积极发展农产品产地初加工，建设一批专业化、规模化、标准化的原料生产基地。发展农业生产全程社会化服务，促进农业规模化经营。加快推进市场流通体系与储运加工布局的有机衔接，改造升级农产品产地市场，发展"互联网+"农业。挖掘农村文化资源，拓展农业多功能性，发展都市现代农业和休闲农业，提高农业整体效益。

4. 以资源环境承载力为中心，优化空间结构

综合考虑自然条件、经济发展水平、市场需求等因素，以农业资源环境承载力为基准，因地制宜，优化种养结合空间配置结构，合理布局规模化养殖场，提高农业生产与资源环境匹配度。促进农业生产向优势区聚集，构建优势区域布局和专业生产格局。

四、农业结构调整方案

（一）种植业结构调整方案

1. 总体方案

在统筹兼顾配置口粮、工业用粮、种子用粮以及各种经济作物生产的基础上，推进由粮经二元结构向粮经饲三元结构发展，实行"一保，一稳，一增"的种植业结构调整方案，即保证口粮绝对安全，稳定经济作物，增加饲料作物（表2）。

到2025年，粮食作物、经济作物、饲料作物播种面积比重从2015年的52.1∶30.7∶

17.2 调整至 2025 年的 47.3∶30∶22.7。2025 年，青贮玉米面积达到 6 000 万亩，苜蓿面积 9 700 万亩。

到 2030 年，粮食作物、经济作物、饲料作物播种面积占比调整至 44.8∶29.6∶25.7。2030 年，青贮玉米面积达到 9 000 万亩，苜蓿面积 11 000 万亩。

表 2　全国种植业结构调整方案

品种		单位	2015 年	2025 年	2030 年
农作物播种面积		万亩	249 561	269 225	279 630
粮经饲结构	粮食作物	%	52.1	47.3	44.8
	经济作物	%	30.7	30.0	29.6
	饲料作物	%	17.2	22.7	25.7
主要农作物占比	水稻	%	18.2	16.0	14.8
	小麦	%	14.5	12.9	12.0
	玉米	%	22.9	27.2	29.5
	青贮玉米	%	1.6	2.2	2.5
	棉花	%	2.3	2.2	1.8
	糖料	%	1.0	1.0	1.0
	油料	%	8.4	9.3	9.9
	苜蓿	%	2.8	3.6	4.0

注：粮食作物包括稻谷、小麦、玉米、大豆、薯类、杂粮和部分工业用粮；经济作物包括棉花、油料、糖料、蔬菜等；饲料作物包括饲料玉米、饲料稻、饲用薯类、饲用杂粮、青饲料等。

2. 作物区域布局优化

水稻南恢北稳。东北地区井灌区水稻种植面积逐步收缩，重点提升江河湖灌区水稻集约化水平，提升产品质量；西北地区减少水稻种植；未来重点建设长江中下游、西南水稻优势产区，恢复水热资源匹配度较高的华南水稻种植。

小麦北稳南压。稳定黄淮海小麦主产区生产能力，提升长江中下游稻茬麦区单产水平，适度恢复东北强筋春麦区生产能力；适当调减黄淮海地下水超采区小麦面积。

玉米稳优控非。稳定东北和黄淮海玉米优势区面积，调减北方农牧交错区、西北风沙干旱区、西南石漠化区等非优势区的玉米面积。扩大青贮玉米种植，为畜牧业提供优质饲料来源；调减籽粒玉米，特别是非优势区籽粒玉米生产。

大豆粮豆轮作。因地制宜开展粮豆轮作，逐步恢复和提高大豆面积。东北地区扩大优质食用大豆面积，稳定油用大豆面积；黄淮地区以优质高蛋白食用大豆为重点，适当恢复面积；南方地区发展间套作，实现种地养地相结合。

稳油菜增花生。加强长江流域油菜优势区建设，发展南方冬闲田和沿江湖边滩涂地双低油菜种植；北方地区适当扩大春油菜面积。扩大花生面积，主攻黄淮海榨油花生，发展粮油轮作。

棉花稳北增效。稳定新疆棉区,推广耐盐碱、抗性强、宜机收的高产棉花品种和机械化生产技术。巩固沿海沿江沿黄环湖盐碱滩涂棉区。

糖料提蔗稳甜。甘蔗重点发展桂中南、滇西南两个优势区建设。稳定新疆、内蒙古、黑龙江等北方甜菜主产区种植面积,压缩南方和黄淮海地区甜菜面积。

蔬菜均衡发展。调减黄淮海区设施蔬菜,降低面源污染强度;调减华南区南菜北运面积和规模;巩固西南区冬春蔬菜基地、黄土高原区、甘新区夏秋蔬菜基地。

饲草积极发展。以养带草,北方地区发展苜蓿、青贮玉米、饲用燕麦、饲用大麦等,草粮轮作,南方地区发展黑麦草、三叶草、狼尾草、饲用油菜等多种饲料作物,开发草山草坡。

3. 区域作物结构调整

东北区,稳定水稻,扩种大豆、杂粮、薯类和饲草作物,构建合理轮作制度。稳定三江平原、松嫩平原等优势产区的水稻面积,调减黑龙江北部、内蒙古呼伦贝尔以及农牧交错带玉米面积,扩种大豆、杂粮、薯类和饲草作物,改变种植方式,推行粮豆轮作、粮草(饲)轮作和种养循环模式,逐步建立合理的轮作体系。

华北区,以稳定为主,适度调减,三元统筹。稳定小麦面积,完善小麦/玉米、小麦/大豆(花生)一年两熟种植模式,稳定蔬菜面积;在稳步提升粮食产能的前提下,适度调减华北地下水严重超采区小麦种植面积;扩大青贮玉米面积,适当扩种花生、大豆、饲草。

长江中下游区,稳定双季稻面积,稳定油菜面积,提升品质。稳定双季稻面积,重点推广水稻集中育秧和机插秧;稳定油菜面积,加快选育推广生育期短、宜机收的油菜品种;提升品质,选育推广生育期适中、产量高、品质好的优质籼稻和粳稻品种,高产优质的弱筋小麦专用品种;开发冬闲田扩种黑麦草等饲草作物。

华南区,稳定水稻面积、稳定糖料面积、扩大冬种面积。稳定双季稻面积,选育推广优质籼稻,因地制宜发展再生稻;稳定糖料面积,推广应用脱毒健康种苗,加强"双高"蔗田基础设施建设,加快机械收获步伐,推广秋冬植蔗;充分利用冬季光温资源,扩大冬种马铃薯、玉米、蚕豌豆、绿肥和饲草作物。

西南区,以地定种,稳经扩饲,增饲促牧。稳定水稻、小麦生产,发展再生稻,稳定藏区青稞面积,扩种马铃薯和杂粮杂豆。推广油菜育苗移栽和机械直播等技术,扩大优质油菜生产。调减云贵高原非优势区玉米面积,改种优质饲草,发展草食畜牧业。

黄土高原区,挖掘降水生产潜力,建立高效旱作农业生产结构。稳定小麦等夏熟作物,积极发展马铃薯、春小麦、杂粮杂豆,因地制宜发展青贮玉米、苜蓿、饲用油菜、饲用燕麦等饲草作物。发展特色杂粮杂豆,扩种特色油料,加强玉米、蔬菜、脱毒马铃薯、苜蓿等制种基地建设。

西北区,以水定地、以地定种,建立节水型农业生产体系。积极推进棉花机械采收,稳定棉花种植面积。发展饲草生产,推行草田轮作,保护山区草场,促进牧业发展。

内蒙古中部地区,以草定畜,加快优质人工饲草发展,扩大植被覆盖,改善生态环境。扩大马铃薯、谷子、高粱等耐旱粮食作物和人工牧草种植,鼓励休耕轮作。

青藏高原区,发展粮、饲、草兼顾型农业,推进农牧结合。保障藏区粮食(青稞)自给水平,同时注意农牧结合,在农区种植牧草。在保证畜牧业发展和生态安全的基础上,发展高原特色农业。

(二)畜牧业结构调整方案

综合考虑不同畜禽生产效率、贸易替代潜力、草食畜发展空间等因素,确立我国畜牧业产品结构调整方案:稳定生猪生产、扩大肉鸡生产、大力发展肉牛、奶牛、肉羊等草食畜。到 2030 年,我国猪肉、禽肉、牛肉、羊肉、禽蛋和奶类产量分别达到 6 095 万 t、2 313 万 t、972 万 t、653 万 t、3 357 万 t 和 4 700 万 t。2015—2030 年,全国猪肉比重调减约 4.1 个百分点、牛羊肉调增 2.7 个百分点、禽肉增加 1.5 个百分点(表 3)。

表 3　全国畜产品结构方案

品种	2015 年		2025 年		2030 年	
	产量(万 t)	比重(%)	产量(万 t)	比重(%)	产量(万 t)	比重(%)
肉类	8 453	100	9 605	100	10 033	100
猪肉	5 487	64.9	5 962	62.1	6 095	60.8
牛肉	700	8.3	892	9.3	972	9.7
羊肉	441	5.2	590	6.1	653	6.5
禽肉	1 826	21.6	2 162	22.5	2 313	23.1
奶类	3 870	100	4 500	100	4 700	100
禽蛋	2 999	100	3 291	100	3 357	100

畜牧业总体布局的基本思路是调减南方水网地区和京津沪等大城市周边畜禽养殖规模,发展东北、黄淮海和农牧交错带,同时优化黄淮海区内布局。从产业布局来看,生猪要分类推进重点发展区(黄淮海和西南地区)、约束发展区(京津沪和南方水网地区)、潜力增长区(东北区)和适度发展区(西北区),促进生猪生产与资源环境和市场协调发展;肉牛要巩固发展中原产区,稳步提高东北产区,优化发展西部产区,积极发展南方产区,保护发展北方牧区,逐步提高牛肉品质;肉羊要巩固发展中原产区和中东部农牧交错区,优化发展西部产区,积极发展南方产区,保护发展北方牧区;奶牛要巩固发展东北及内蒙古和华北产区,稳步提高西部产区,积极开发南方产区,充分利用南方冬闲田、草山草坡的草地资源;家禽要重点发展华北和长江中下游地区,适度发展城市周边。

(三)产业结构调整方案

1. 大力发展农产品加工业

扩大农产品加工业规模、提升发展技术含量,延长产业链条,满足城乡居民对健康、安全、优质食品的需求。争取 2025 年农产品加工业与农业总产值比达到 2.7,2030 年提高到 3.0。主要途径:一是积极引入"互联网+"和"工业 4.0"思维,创新农产品加工生产模式和经营模式;二是加大农产品现代加工技术研究;三是鼓励副产品精深加工,提高综合利用率；四是加强加工专用型农产品研发和基地建设；五是完善农产品加工标准体系建设，提升产品质量。

2. 推进设施农业发展

设施农业发展总的趋势是向智能化、工厂化、节能化、高效化的方向发展。加快我国设施农业发展，一是加强对设施农业科技创新的支持力度，重点突破设施光热动力学过程模拟、作物环境与营养响应机制、畜禽环境生物学机理及调控机制等基础性难题，以及全程机械化和智慧垂直植物工厂技术、机械化饲养管理与粪污处理技术等一批重大关键技术。二是加大对设施农业专业人才的培养。我国设施农业从业人员绝大多数都是兼业农民，文化水平低、管理经验欠缺，产量与效益难以保障。国家应从战略层面出发，着力培养一批设施农业的职业农民、具有国际化视野的创新人才和国际化产业开拓人才。

3. 有序发展休闲观光农业

休闲观光农业作为一种新产业、新业态，在推动农业增效、农民增收、农村增绿方面越来越展现出独特的产业优势和发展潜力，是推进农业供给侧结构性改革的一个有效路径。推动休闲观光农业有序发展，一是以农为主，充分体现"农"性特征；二是立足本地，发挥农民的市场主体地位；三是延长产业链，拓宽休闲观光农业产业发展空间；四是农业发展模式特色化，培育多元消费群体。

五、推动我国农业结构优化的对策措施

（一）高标准农田建设工程

确保口粮绝对安全、谷物基本自给和大宗农产品维持一定自给率，就必须加大高标准农田建设，保证最好的农田始终用于农业生产。建议加大财政对高标准农田建设和农田水利设施建设的专项资金投入，将高标准农田建成后的地块划入永久基本农田，纳入耕地保护红线范围，并立法保护。高标准农田实行权属登记管理，建成后上图入库，落实到地块和农户，确保用途不改变、质量有提升、问题有追责。建议优先将"两区"（即粮食生产功能区和重要农产品生产保护区）的地块纳入高标准农田建设范围。

（二）耕地休养生息工程

实施以用养结合、种养结合为核心的耕地休养生息工程，建立与生产发展相协调、与资源禀赋相匹配、与市场需求相适应的粮豆轮作、粮饲轮作等耕地轮作制度。在"镰刀湾"地区和黄淮海玉米低产区，推行粮改饲，因地制宜发展青贮玉米、苜蓿、燕麦、大麦等饲料作物，满足草食畜牧业发展需要。在东北地区，改玉米连作为玉米—大豆轮作模式。在黄淮海地区，改麦—玉一年两熟为麦—豆一年两熟或玉米大豆间套作。在华北地下水超采地区，压缩小麦种植面积，改种棉花、油葵、马铃薯、苜蓿等耐旱作物。

（三）粮食区域再平衡工程

针对北粮南运、主销区越来越多的问题，实施"南恢北压"区域粮食再平衡工程，充分发挥南方年积温较高、作物生育期长、复种潜力高等自然优势，逐步提高南方粮食生产

比例；适当调整北方粮食生产面积，减轻北方水土资源压力。"南恢"是指稳定南方粮食生产面积，在上海、浙江、广东等南方主销区和江汉平原、四川盆地等正处于城市化快速扩张期的粮食主产区，严格控制耕地面积和用途，因地制宜发展南方双季稻和马铃薯等冬作粮食作物，推广节本增效的生产栽培技术，逐步提升主要粮食产品供给能力。"北压"是指减北方资源环境压力地区和非主产区粮食生产，重点压缩东北第四、第五积温带、北方农牧交错区玉米面积和华北地下水严重超采区小麦面积。

（四）特色小宗作物推广工程

小宗作物生产长期以来没有得到重视，包括大豆、薯类、饲草饲料及杂粮杂豆等，这些作物在构建合理轮作制度、推动农业绿色发展、提升农民受益方面具有较大作用。建议加强小宗作物生产发展，着力在收储制度、生产补贴、市场流通、加工转化等方面给予相应的政策支持；支持小宗作物、饲草生产与加工的科技创新，在品种改良、优质栽培、标准制定等方面不断取得技术突破。

（五）绿色农业补贴改革试点工程

当前，我国农业生产补贴制度已经不适应形势变化，特别是补贴主体、补贴范围与实际需求错位，客观上阻碍了农业生产力的提高和资源环境的改善。为此，必须全面推进农资综合补贴、种粮农民直接补贴和农作物良种补贴等农业"三项补贴"改革，将农业补贴改革与绿色农业结构调整、农业转型升级连接起来，扩大农业生产领域的生态补贴，协调好"生态"与"高效"的矛盾，推进建立用养结合、资源节约、环境友好的农业体系。因此，绿色农业补贴改革的原则是：一是补贴重点是口粮；二是补贴必须有明确的地域指向，即条件好、生产规模大、比较优势明显的主产区；三是补贴对象是实际种植者，都通过补贴保障农民的种粮收益；四是补贴要符合农业绿色发展要求。

参考文献

陈阜，2017. 我国种植业结构调整面临的主要问题与挑战 [J]. 民主与科学（1）：15-18.

韩长赋，2015-11-25. 加快转变农业发展方式 [N]. 人民日报.

罗其友，2015. 新一轮农业结构调整的探讨 [J]. 中国农业信息（2）：13-14.

罗其友，尤飞，2015-12-08. 我国种植业面临结构调整问题 [N]. 中华合作时报.

农业农村部农产品加工局，2015. 关于我国农产品加工业发展情况的调研报告 [J]. 农产品市场周刊（23）：41-43.

农业农村部农产品加工局，2015. 我国食用类农产品加工业发展情况调查报告 [J]. 农业工程技术（32）：14-17.

Agricultural Products Processing Bureau of the Ministry of Agriculture, 2015. An investigation report on the development of China's agricultural products processing industry [J]. Agricultural Products Market Weekly, 23：41-43.

Agricultural Products Processing Bureau of the Ministry of Agriculture, 2015. An investigation report on the development of edible agricultural products processing industry in China [J]. Agricultural Engineering Technology, 32: 14-17.

CHEN F, 2017. Main Problems and Challenges Faced by China's Planting Structure Adjustment [J]. Democracy and Science, 1: 15-18.

HAN C F, 2015-11-25. Speeding Up the Transformation of Agricultural Development Mode [N]. People's Daily.

LUO Q Y, 2015. A new turn of agricultural structure adjustment [J]. China Agricultural Informatics, 2: 13-14.

LUO Q Y, YOU F, 2015-12-08. The structural adjustment problem faced by China's crop farming [N]. China Cooperation Times.

2035年中国农业空间布局战略研究

罗其友 刘 洋 伦闰琪 张 烁

摘 要：面向构建国家双循环发展新格局，优化我国农业空间布局，对推动农业高效率、高效益和高质量发展，有效支撑国家粮食及重要农产品供给安全具有重要作用。数据分析显示，我国耕地面积集中在平原地区，且数量持续减少；我国农业生产重心逐渐向北推进，土地密集型农产品北移和资金密集型农产品东移。未来我国农业发展在农产品供需、自然资源、生态环境、农产品生产、国际市场贸易等方面存在诸多不确定性和潜在风险。综合考虑国家粮食及重要农产品供给安全、生态安全、乡村振兴和区域比较优势等因素，研究提出了2035年全国"六区十一带"农业空间战略格局及其耕地保护利用格局方案与相关配套政策措施建议，为我国农业高质量发展和空间布局调整决策提供了重要科学依据。

关键词：农业；耕地；空间格局；优化策略

Study on Optimizing Agricultural Spatial Pattern in China

Luo Qiyou, Liu Yang, Lun Runqi, Zhang Shuo

Abstract: Aiming at building a new pattern of domestic and international cycle development, optimizing the spatial distribution of national agriculture plays an important role in promoting the high-efficiency and high-quality development of agriculture, and effectively supporting the national food and important agricultural product supply security. Data analysis showed that the area of arable land in China is concentrated in plain areas, and the amount continues to decrease; China's agricultural production center has been gradually moving northward, production center of land-intensive agricultural products has been moving northward and production center of capital-intensive agricultural products has been moving eastward. In the future, China's agricultural development will face many uncertainties and potential risks in terms of agricultural product supply and demand, natural resources, ecological environment, agricultural product production, and international trade. Taking into account the factors such as national food and important agricultural product supply security, ecological security, rural revitalization and regional comparative advantages, etc., the study put forward the national "Six Districts and Eleven Belts" agricultural spatial strategic pattern, a plan for the protection and utilization of cultivated land and related supporting policies in 2035. The proposed policy implications provide an important scientific reference for the decision-making on the adjustment of the spatial distribution and national agricultural high-quality development.

Key words: agriculture; cultivated land; spatial pattern; optimization plan

党的十九届五中全会提出，推动高质量发展，深化供给侧结构性改革，满足人民日益增长的美好生活需要，需要加快构建以国内大循环为主体，国际国内双循环相互促进的发展新格局，以高质量供给引领和激发新需求。经济社会高质量发展和人民高品质生活需求形成的"双高体系"，对未来我国农业发展和农业空间布局提出新要求、新挑战和新机遇，将成为我国推动农业生产力发展和优化农业空间布局的重要动力（王一鸣，2020）。

农业空间布局包括耕地布局和农业产业布局两大方面，对农业生产结构、农业供给能力和农业生产效率均会产生重要影响，科学、协调、可持续的农业空间布局是实现农业现代化的必备前提，也是促进乡村振兴的重要推动力。中国作为世界上最大的发展中国家，科学合理的农业空间布局是实现粮食安全和农产品供给稳定、构建国内大循环和融入国际大循环的重要基础。长久以来，我国将农业空间布局视作影响农业供给能力和农业生产效率的关键因素，陆续制定了很多前瞻性和战略性农业空间布局规划，例如《全国优势农产品区域布局规划（2003—2007年）》《特色农产品区域布局规划（2013—2020年）》《全国种植业结构调整规划（2016—2020年）》《关于建立粮食生产功能区和重要农产品生产保护区的指导意见》等（蔡之兵，2020）。2017年，党的十九大报告中也强调了"三农"问题对于人民福祉和国家复兴的重要性，农业空间布局正是影响"农业强、农村美、农民富"的重要一环。2020年是"十三五"规划的收官之年，也是迈向"十四五"的关键一年，新的历史条件下如何优化农业空间布局值得深入研究。

生产力布局即按照地域进行社会生产组织，是政府或主管机构根据社会经济发展的总体战略和目标进行区域统筹的重要方式。2013年，党的十八届三中全会决议明确，促进重大经济结构协调和生产力布局优化是宏观调控的主要任务之一；习近平总书记在《推动形成优势互补高质量发展的区域经济布局》一文中也指出，新中国成立后，我国生产力布局经历过几次重大调整。"十四五"时期作为我国迈向第二个百年目标的关键基石，需要在新的国内外发展形势下，对重大生产力布局进行中长期的战略性思考，支撑我国形成优势互补、高质量发展的区域经济布局和更高层次的开放型经济新格局（李佳洺，2020）。

近年来，包含农业空间格局在内的空间格局形成原因、演变规律、优化等已然成为学界研究的热点（邹利林，2015）。在城镇或乡村空间格局优化研究方面，国内许多学者分别运用不同的分析方法对城镇或乡村空间格局现状进行研究，并从经济社会发展、自然资源承载度、人口增长等多维度进行空间格局优化，为农业空间格局优化研究提供有益借鉴（杨青山，2020；郑文升，2014；李骞国，2015；孙道亮，2020；中国宏观经济研究院，2020；隋虹均，2020；罗志军，2019；姜磊，2013；邹利林，2012）。针对农业空间格局方面的研究，大多聚焦在格局特征、演变机制或原因、影响因素等主题。研究发现我国粮食生产重心逐渐向中部地区和北方地区转移，蔬菜、棉花、畜产品等重要农产品的主产区域也逐渐向西或向北移动，论述了其演变历程，并解释了其格局演变原因（杨万江，

2011；屈宝香，2011；冯永辉，2006）。随着"北粮南运"带来的资源环境压力愈发凸显，农业空间格局与区域资源承载力的关系在农业空间格局优化研究中的地位愈发重要。自1980年开始，我国农业空间格局研究中开始强调自然资源和环境承载力等因素。《中国农业功能区划研究》项目组（2010）基于农业生产与环境承载力的匹配程度，及区域发展对农业功能的要求，提出了将全国划分为10个一级区、45个二级区的农业区划方案；刘江等（2010）在对粮棉油糖等9种重要农产品进行空间格局研究时充分考虑了自然因素对农产品供给能力的影响。刘彦随等（2018）根据"四化"的宏观发展背景，综合了自然条件变化、农业经营形式发展和地域功能演变3个角度，通过构建现代农业区划研究框架，制定了与未来发展相协调的现代农业区划方案。已有研究成果对我国农业空间格局优化研究具有较强的指导意义，但针对适应双循环新发展格局和构建"双高"体系进行农业空间格局研究较少，在满足未来农产品需求、保障重要农产品供给方面仍存在一定空白，因此本文将面向2035年基本实现社会主义现代化远景目标、建立"以国内大循环为主体，国际国内双循环相互促进"的新发展格局和构建"高品质生活，高质量发展"体系，对我国农业空间格局优化进行有益探索。

一、我国农业空间格局现状分析

耕地是农业生产的载体，耕地空间格局在很大程度上决定着农业生产分布格局，特别是作物生产的空间格局。

（一）耕地空间格局

我国耕地主要分布在平原地区。我国耕地主要集中在地势较为平坦的东北平原、华北平原、长江中下游平原及成都平原。新疆维吾尔自治区的耕地主要集中在准格尔盆地和塔里木盆地。平坦耕地面积占比较高，2°以下耕地占全国耕地面积的57.07%；15°以下耕地占全国耕地面积的88.03%；15°~25°耕地占全国耕地面积的7.92%；25°以上耕地占全国耕地面积的4.05%。

耕地重心在空间上由南方、中部地区向复种指数较低的西北和东北方向转移。耕地增加主要发生在西北、东北地区以及一些自然条件较差的区域，耕地减少主要发生在长三角洲、珠江三角洲、环渤海地区、山东半岛和成都平原等地区（坡度小于2°）。2009—2019年第二次全国土地调查结果显示，耕地减少753.75万亩。

（二）农业生产空间格局

1. 农业生产区域格局

近40年来，我国农业生产总体空间格局变化主要表现为重心北移，并逐步趋于相对稳定状态。粮食生产分布格局从"南粮北运"已经变成"北粮南运"。经济作物产量快速增长，生产分布格局发生显著变化。畜产品产量快速增长，生产分布格局也趋于稳定。

2. 主要粮食作物区域格局

全国水稻生产区域格局出现"北增南减"变化。水稻向东北扩展、向长江中游集中。

湖南、江西和黑龙江是我国水稻主产省，1978—2019 年 3 省水稻面积的全国占比提高了 13 个百分点，达到 37%。其中，黑龙江水稻扩展最快，其种植面积占全国比重已达到 13%。

全国小麦生产区域分布向黄淮海地区集中。河南、山东、安徽、河北和江苏是我国小麦主产区，1978—2019 年 5 省小麦播种面积的全国占比提高了 25 个百分点，已经达到 73% 以上，小麦生产在全国的突出地位不断提升。

全国玉米生产区域分布向东北和华北集中。黑龙江、吉林、辽宁、河南、山东、内蒙古自治区（以下简称内蒙古）和河北是我国玉米的主产区，1978—2019 年这些主产省区玉米播面积的全国占比提高了 7 个百分点，达到 66% 以上。

3. 主要经济作物区域格局

全国棉花生产重心西移，形成"一疆独大"棉花区域格局。1978 年以来，黄河、长江流域棉花生产地位快速下降，新疆棉花生产地位大幅提升，面积的全国占比 2019 年已经达到 76% 以上。全国棉花区域格局从 20 世纪 80 年代的黄河和长江"两区"格局发展到 90 年代的黄河、长江和新疆"三足鼎立"，再发展到现在的"一疆独大"。

全国糖类作物生产区域集中在广西、云南、广东、内蒙古和新疆等地，海南等东南沿海地区生产地位不断下降，生产重心逐渐向西移动。以甘蔗和甜菜为例，甘蔗向云桂集聚，甜菜向蒙新集中。我国甘蔗过去 40 年从东南、华南不断向西南的广西和云南两地集聚。1990 年以来，由于东南沿海地区产业结构升级和农业结构调整，我国甘蔗生产力布局逐渐向西部地区转移。2019 年，广西甘蔗面积已占全国的 64% 以上，云南上升到了近 20%，而广东、海南从占 1/3 下降到了 13% 左右。东北、西北、华北部分地区是我国甜菜传统主产区，但过去 40 年，新疆和内蒙古的甜菜面积占比分别从约 6% 和 12% 上升到了 27% 和 58%，而黑龙江则从近 50% 下降到了现在只有约 4%。

油料作物生产区域逐渐集中，主要分布在黄淮海地区和长江中上游地区，2019 年，两大主产区产量占比接近 60%。以油菜籽为例，油菜籽生产萎缩并向长江中上游聚集。四川、重庆、湖南、湖北面积占全国比例 55%，且在国内和省内的生产地位显著。而浙江、安徽、江苏的生产均弱化明显。

花生生产布局主要集中在黄淮海和西南，华南主产区萎缩。2019 年，我国花生生产主要集中在河南、山东、广东和海南、四川、重庆，面积占全国 55% 以上。其中，河南从 1978 年占不到 7% 提高到目前 26% 以上，生产地位提升显著。

2013—2018 年间，全国大豆生产出现恢复性增长，产量增长接近 30%，生产区域主要集中在东北地区，2018 年，黑龙江的大豆产量在全国占比超 40%，已成为我国大豆生产的核心区域，镰刀弯地区粮改饲效果显著。

全国天然橡胶生产区域相对稳定，集中在云南、广东、广西、福建和海南等地，2019 年，主产区产量占比超 90%，其中，云南和海南生产地位提升明显，考虑到产业结构优化和提升产品国际竞争力，未来橡胶优势生产区域可能会集中在云南和海南，其他产区的生产地位会有所下降。

4. 主要养殖产品区域格局

生猪生产扩张的区域布局较为均衡，但近期受环保政策影响波动较大。目前，生猪养殖主要集中在西南的四川和云南，黄淮海的河南、山东和河北，以及南部的两湖和两广地区。2019年，主产区猪肉产量占全国的58%以上，其中，四川生产地位相对有所下降，其他省份生产地位都有不同程度的提升。近期受环保政策影响，江浙地区生产地位显著下降。

牛羊肉生产布局从牧区向农区扩展趋势明显，生产重心向黄淮海和东北等地区集聚。考虑资源环境承载能力和饲料资源等约束，2019年，东北、黄淮海和西南地区牛羊肉产量占全国比重接近60%，未来牛羊肉的生产将向东北、黄淮海、西北和西南等拥有丰富草原和秸秆饲料资源地区集聚。

牛奶生产重心逐渐向华北地区、黄淮海地区、西南地区和东北地区移动，2019年，山东、河南两省牛奶产量占全国比重最高，分别达到9%和7%以上。鉴于未来华北地区和黄淮海地区资源约束趋紧的情况，奶牛生产将会集中在西南地区和东北地区。

2000年以来，水产品生产区域相对稳定，2019年，广东、山东、福建、浙江、江苏、湖北、辽宁和广西等省（区）的产量占全国总产量的74%以上，生产重心逐渐向东南沿海地区集中，长江中下游地区和环渤海地区生产地位略有下降。

（三）农业空间格局存在的主要问题

我国农业发展的内外部环境正发生深刻变化，现有农业生产空间格局面临一系列潜在风险。

1. 农产品供需结构性矛盾突出

国内农产品消费需求持续增长和结构升级压力并存，重要农产品供给结构性矛盾日益凸显。从农业供给角度来看，市场需求旺盛、适销对路的高品质农产品，国内生产供给不足，或者供应成本高，导致许多国内需求外移，中高端农产品进口显著增加，形成高进口局面；而一些"大路货"品种，产品质量一般，国内生产供应充足，出售价格处于较低水平，时常造成积压或滞销的窘境，形成高库存局面。高进口、高库存成为我国农产品供需矛盾的突出表现。

2. 农业生产布局与资源格局错位

我国南北水土资源呈现出互补关系，但我国粮食生产重心在不断北移，在生产上却呈现出"一边倒"的格局，形成了长期困扰我国粮食生产的重要资源环境问题，即我国水土资源空间格局与农业生产格局不匹配。2000—2019年，北方粮食产量的全国占比上升了13个百分点，增加了北方水资源短缺与生态环境恶化的风险，加剧了我国粮食综合生产能力下降的风险。华北地区地下水超采严重，已成为全球最大的地下水漏斗区，造成地下水水位连续降低、地面沉降、水质变差、海（咸）水入侵等一系列生态与环境问题，将危及供水安全、粮食安全和生态安全。

3. 地区农业产地环境恶化

虽然我国化肥施用量和施用强度自2015年开始下降（图1），但化肥施用强度仍远高于国际公认的化肥施用安全上限225kg/hm^2，使得土壤肥力下降，破坏了农业产地环境。根据第二次和第三次全国国土调查数据，我国水热和生态环境条件好的中南和东南部地区耕地面积大幅减少，水热条件差、生态环境脆弱的东北和西北地区的耕地面积大幅增加，我国耕地资源环境总体质量下降。近年来，农作物秸秆、畜禽粪污等农业废弃物数量快速增长，由于技术、成本、设备等因素，大部分农业废弃物得不到有效处理，未能实现循环有效利用，在一定程度造成农业产地环境恶化，不利于农业生产绿色可持续发展。

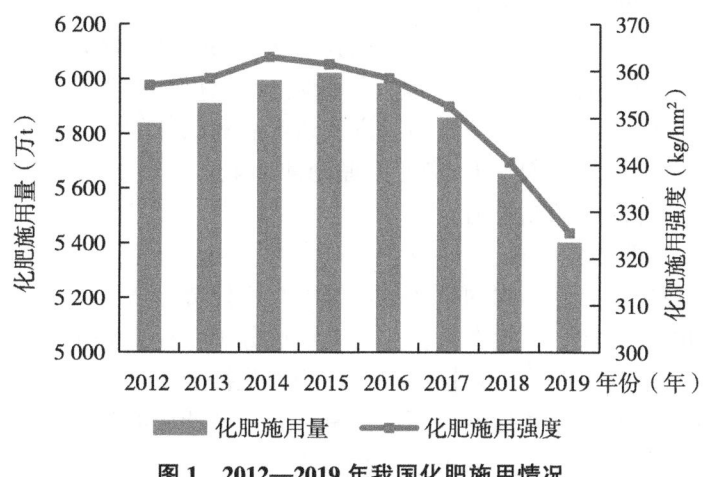

图1　2012—2019年我国化肥施用情况

4. 主销区稳定生产难度加大

农业比较效益低，主销区生产积极性继续下滑，区域性应急保障能力严重不足。长期以来，小农生产模式所带来的收益远低于外出打工收益，导致农户生产积极性不高，农村大量青壮年劳动力向城市流动，从事农业生产的劳动力数量和劳动者素质在不断下滑，影响该地区农业生产发展。我国粮食主产区与主销区耦合度较低，主销区大部分在南方或者发达地区，近年粮食生产能力持续性下降，如果主销区遇到类似"封城"等特殊情况，保障粮食供给风险将会进一步增大。

5. 国际市场不确定性增加

随着第二波新冠肺炎疫情在全球扩散蔓延，中美贸易摩擦愈演愈烈，各国继续收紧农产品贸易相关政策，国际间农产品贸易再次受到严格限制，国际农产品市场动荡延续，全球产业链和供应链受到冲击，逆全球化呼声越来越高，多个世界粮食出口国纷纷开始叫停粮食出口，我国统筹利用国际粮源的不确定性增加，对农产品供给和价格造成不利影响，统筹利用两个市场、两种资源的风险增加。

二、2035年农业空间格局优化目标分析

（一）农业空间格局优化的理论基础

1. 比较优势理论

比较优势理论内容是当某区域的产业空间布局与该区域的比较优势匹配度较高时，在该区域才能形成产业比较优势，且两者匹配程度与产业发展成正相关。该理论在农业空间布局中发挥着重要作用，所以在对农业的空间布局进行优化时，应充分了解目标区域的资源禀赋、生态环境、产业基础、区位条件等因素，科学分析农业产业与该区域资源环境的

匹配度,并据此将符合地区确定具有比较优势的农业产业,实现农业生产效率和效益最大化(刘彦道,2018)。

2. 规模经济理论

规模经济是经济学的重要基础理论之一,其具体内容是在某段特定时间内,厂商扩大生产规模时,平均单位成本会下降,从而实现利润水平的提高,这是所有理性生产者追求的目标。特别对于农业来说,拥有一定的生产规模能有效提高各类生产要素的利用率,同时可以快速分摊使用农业机械、知识产品等高价值产品和服务的成本,达到降成本提效率的目的。因此,有意识地培育符合比较优势理论的农业产业,扩大该优势产业的产业规模,将提高该农业产业的市场竞争力。

3. 劳动地域分工理论

劳动地域分工理论是研究不同国家或地区根据自身优势生产不同产品通过商品交换或流通而获得更大的经济、社会、生态效益,劳动地域分工是社会分工的一种,是从空间角度的一种表述,其形成与部门分工直接相关,原动力是社会生产力的变革。劳动地域分工理论对农业空间布局研究有重要指导作用,具有不同地域特征的地区生产不同农产品用贸易来满足社会需求,促使农业生产分工,逐渐形成生产的专业化、特色化,这正是劳动地域分工理论作用的结果(陈际瓦,2010)。

4. 产业集聚理论

产业集聚是指产业发展过程中相关企业或生产要素在一定程度上相互补充、相互结合、相互联系而形成的一种在一定地域内集中布局的现象,它是产业空间组织形式的重要表现形式之一。1776年,"产业集聚"一词出现于亚当·斯密的著作《国民财富性质和原因的研究》中,第一次对"产业集聚"进行了描述。而后,奥古斯特·廖什、迈克尔·波特等学者对产业聚集进行深入研究,产业集聚理论逐渐成为《区域经济学》《产业经济学》《农业区域发展学》等学科的重要理论基础之一(崔哲,2019)。

(二)农业空间格局优化的主要目标

当前,我国农业空间布局为农业生产力的快速发展奠定了坚实基础,对保障粮食安全作出了重大贡献,但是面对未来经济高质量发展和生活高品质建设的新需求,农业空间布局仍需进行优化调整。农业空间格局优化的主要目标如下。

1. 确保国家重要农产品供给安全

确保重要农产品有效供给是治国理政的头等大事,按照"以我为主、立足国内、确保产能、适度进口、科技支撑"的国家粮食安全战略,首要原则便是保证重要农产品供给安全(何喆,2018)。根据测算,2030年前后我国将出现人口峰值,粮食等农产品需求也会达到最大值,我国现有耕地资源可以满足2035年我国粮食等各类农产品的底线需求,但无法全部满足我国居民对各类农产品的总需求,大豆等农产品仍将大量长期进口,每年净进口农产品量相当于我国有10亿亩左右的耕地缺口。在厘清各地农产品生产能力,产品特点与未来发展潜力的基础上,制定农业空间格局优化方案,有侧重地进行优化调整,通过空间格局优化,确保在全球粮食减产或供应链断裂等极端环境下实现国家粮食及其他重要农产品供给安全,全面提升国家农业安全风险管控能力,实现农产品供给安全。

2. 满足乡村振兴战略要求

乡村振兴战略的目标是使我国农业生产力水平达到较高水平，有能力供给丰富的优质农产品，实现农村地区全面发展，这一切的基础来源于科学合理的农业空间格局，也是对优化农业空间布局提出的高要求和新挑战。优化空间格局，从科学视角调整我国耕地利用结构，调整不同作物的种植比例，主产区进一步巩固提升粮食综合生产能力，产销平衡区和主销区要保持应有的自给率。加快我国特色农产品产业和优势农业产业发展，最大限度满足乡村振兴战略需求。优化农业空间格局，旨在促进农业产业链延伸和完善，引导农产品加工业和仓储物流业等其他产业链的组成部分向主产区集聚，提升产业链运行效率，实现农业就地加工增值增收，支撑地区产业兴旺，确保主产区经营主体合理经济收益，平衡主产区与主销区之间的利益关系，实现农业农村高质量发展。

3. 保障国家生态安全

农业的重要功能之一是保障生态安全，农业各要素自身便是生态系统中的重要部分，其作用体现在保持生物多样性、防治自然灾害、分解二三产业排放物、改善生活环境等方面。为确保国家生态安全和大江大河上游水源地生态质量，并充分考虑国家长江经济带、京津冀一体化、长三角一体化战略需求，应有序将陡坡耕地退耕还林还草还湖，控制耕地规模，调整农业生产方式，确保国家生态安全。同时，坚持保护优先和绿色发展，引导非适宜区逐步有序退出农业生产，减轻发展农业带来的生态压力。突出农业的生态功能，重点增加生态农产品供给，满足人民对高品质生活的需求，积极推进农业全产业链绿色化转型，提升保护农业产地生态环境的参与度和获得感，实现农业高质量发展。

4. 区域比较优势充分发挥

农业生产受地理因素、气候因素、自然环境等非受控因素影响较大，比较优势来源于农业产业与区域自然资源禀赋的匹配度，匹配度越高，产业发展成效越显著，反之则会阻碍农业产业发展（夏晓平，2011）。在农业空间格局优化中，通过强化比较优势概念，综合考察不同地区的自然资源条件、农业生产力发展水平和社会经济发展现状等因素，评估不同农产品发展所需的适宜环境与当地自然、农业生产力和社会经济因素之间的匹配度，引导农业优先向比较优势较高的地区集中，汇聚技术、装备、资本和企业等现代生产要素，打造农业生产区和重要农产品产业带，形成辐射全国的农业产业发展高地，逐步形成融入全国"双循环"、区域分工合理、区域优势互补、与自然资源禀赋分布协调的现代农业空间格局，实现农业高质量发展。

三、2035年农业空间格局优化方案

面向构建畅通国内大循环、促进国内国际双循环的新发展格局要求和高品质生活、高质量发展的发展主题，综合经济、政治、社会、安全等多角度，提出以保障国家粮食安全为底线，在科学优化耕地资源保护空间格局的基础上，以关系国计民生的水稻、小麦、玉米等11个重要农产品的核心保障区的统筹布局为重点，协调布局农业相关产业链，畅通种植、养殖、加工、流通和消费各主要环节，完善现代农业产业体系，建立"六区十一带"重要农产品供给空间格局，旨在从整体上提升国内农业稳产保供能力和应对国际不确

定性风险能力的 2035 年农业空间格局优化方案（图 2）。

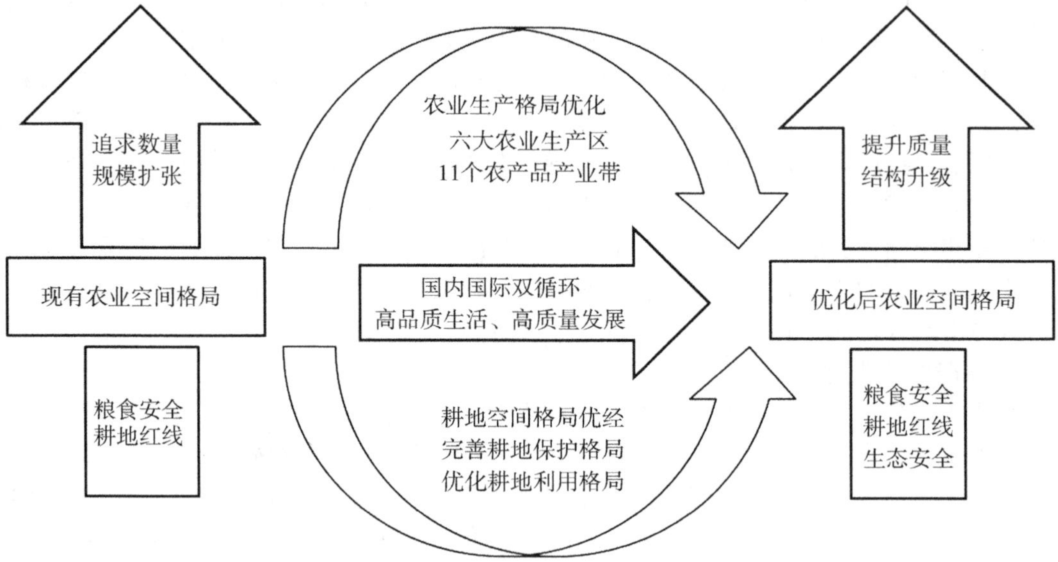

图 2　农业空间格局优化路径

（一）耕地空间格局优化方案

耕地是农业最基本的载体，是农业发展的根基，耕地空间格局是农业空间格局的基础。我国耕地总量少、整体质量不高、后备资源匮乏，确保国家粮食安全需要系统完善耕地空间格局，将发展粮食等重要农产品生产作为耕地利用的最优先项，有利于防止耕地"非粮化"和"非农化"，切实把握国家粮食安全主动权。

1. 完善耕地保护格局

耕地是农业最重要、最宝贵、最基本的生产要素，优化后的农业空间格局要严守 18 亿亩耕地红线，实施最严格的耕地保护制度。确保支撑 2035 年国家粮食和重要农产品供给安全的耕地空间格局，坚持耕地数量和质量并重，按照总量不减少、质量不降低和生态有改善的原则，建立以永久基本农田为基础、以粮食生产功能区和重要农产品生产保护区为核心的耕地空间保护格局，不断提升巩固耕地综合生产能力，切实提高我国重要农产品供给质量和水平。

2. 优化耕地利用格局

（1）稳步推进坡耕地退耕　坡耕地由于地形因素导致耕种难度较大，农业生产效率低下，但其对周围生态环境有较大影响，在充分尊重农户意愿的前提下，鼓励和支持坡耕地退耕休耕，恢复生态原貌，力争实现 25°以上坡耕地自然退出，提升农业生态系统质量和稳定性。加快完善市场化、多元化生态补偿机制，保障农户的经济利益，落实绿色发展理念。

（2）积极探索轮作休耕　在充分前期试点探索的基础上，重点在长江流域开展稻油、稻菜、稻肥轮作，促进耕地休养生息；逐步扩大在地下水漏斗区、重金属污染区、石漠化地区和生态严重退化等地区的休耕规模。完善相关支持政策，鼓励社会各方参与。建立健全耕地轮作休耕政策框架，鼓励农民自主开展轮作休耕。

（二）农业生产空间格局优化方案

1. 构建"六区十一带"农业生产空间格局

从农业和国民经济发展现实与2035年发展需求出发，立足我国农业生产实际和未来需求，兼顾国际农产品市场，统筹粮棉油糖等11类大宗农产品，科学设计农产品生产空间格局，聚焦核心产区与优质产能管控，加快我国农业主产区和农产品产业带发展，确保国家粮食和重要农产品供给安全。

以现有的粮食生产功能区、重要农产品保护区和永久基本农田划定范围为基础，运用多因素综合分析法，充分考虑优质耕地资源优势、现阶段生产能力、农产品比较优势、农业生产发展稳定性和生态安全性等因素，同时，在分区划定过程中参考中国综合农业区划、全国主体功能区规划、全国生态功能区划、土地利用区划等相关研究成果和国外农业产业集群和产业带发展经验，将目标区域和目标作物耕地面积分解到县级行政区，突出农产品商品性和输出功能，按照总产量进行排序，结合集中连片分布特点，确定目标产品主产区与产业带，水稻、小麦、玉米、大豆、棉花、油料、糖料、天然橡胶、肉类、奶类和水产品等各种重要农产品产能的全国贡献份额均达70%以上。

系统优化我国农业生产空间格局，科学划分生产功能明晰的农业主产区和农业产业带，进行前瞻性、全局性地统筹谋划区域农业生产发展，制定与区域农业生产功能配套的考核标准和引导支持政策；不断优化调整农业生产发展格局，加强农业科技创新，实现农业生产可持续发展，满足国民经济和社会发展对重要农产品的需求。

从近期来看，加强中国农业生产空间格局的实施管理，逐步调整不符合农业生产功能空间格局的工程项目，实现农业区域布局、农业经济发展基本适应农业生产空间格局要求，有效缓解农业发展在空间上的无序竞争和生态环境质量恶化的趋势。

从中长期来看，实行严格的农业生产空间格局划分制度，现代农业与乡村振兴、农产品产业带布局与农业区域专业化发展适应符合农业生产空间格局，生态环境质量得到改善，农村经济稳步发展。

以水土资源承载能力为基准，实施重要农产品保障战略，以确保口粮绝对安全、谷物和猪肉基本自给、其他农产品保持合理自给水平为目标，以"藏粮于技、藏粮于地"为支撑，立足农业自然资源禀赋和综合比较优势的地域空间差异，构建与水土资源格局相匹配、供需协调、确保农产品高质量有效供给的"六区十一带"（见彩图）农业生产空间格局体系，提升国家重要农产品供给安全保障水平，增强区域农产品应急保障能力，实现农业高质量可持续发展。"六区十一带"是指在东北区、华北区、长江区、华南区、西北区和海洋区等六大区布局建设水稻、小麦、玉米、大豆、棉花、油料、糖料、天然橡胶、肉类、奶类和水产等11个重要农产品带。

（1）东北区 主要包括三江平原、松嫩平原、辽河平原和东北农牧交错带等，重点建设玉米、水稻、大豆、肉类和奶类生产带。

（2）华北区 主要包括海河平原、黄淮平原和胶东地区等，重点建设小麦、玉米、大豆、油料和肉类和奶类生产带。

（3）长江区 主要包括江淮平原、江汉平原、洞庭湖平原、鄱阳湖平原、四川盆地、长江三角洲和红壤丘陵等，重点建设水稻、油料、玉米、大豆、肉类和水产生产带。

（4）华南区 主要包括珠江三角洲、滇桂热区等，重点建设水稻、糖料、天然橡胶、肉类和水产生产带。

（5）西北区 主要包括天山北坡西部、伊犁河谷和天山南坡及喀什三角洲、河西走廊、内蒙古河套与土默川灌区、宁夏河套灌区、汾渭平原、渭北陇东旱塬等，重点建设棉花、小麦、玉米、肉类和奶类生产带。

（6）海洋区 重点建设海洋水产带，发展海洋渔业经济，促进农业陆海统筹发展。

在推进全国"六区十一带"建设的同时，积极支持其他地区发展特色优势产业和区域性粮食生产基地，全面振兴乡村经济。

2. 健全现代农业全产业链布局体系

立足全国重要农产品带核心区，跨界整合现代生产要素，集聚加工、储藏和流通等关联产业和关联企业，延伸产业链和价值链，建立健全现代农业产业链布局体系，将更多的就业机会和产业链增值收益惠及农民。

（1）协同布局农产品加工业 统筹发展农产品初加工、精深加工和综合利用加工，支持农产品加工向产地下沉，推进生产—加工一体化建设，降低中介环节的无谓损耗；提升与销区的连接度，向加工园区集中，最大限度避免滞销等问题，减少运输损耗；推进加工技术创新、加工装备创制，在设备购买和人才引进中强化政策扶持，建设一批农产品加工园和技术集成基地，培育农产品加工龙头企业。

（2）配套布局农产品流通 在主产区布局建设产地批发市场和田头市场，推动公益性农产品市场建设。围绕"米袋子""菜篮子"产品和特色农产品产布局建设一批烘干、保鲜、分拣、包装、储藏等商品化处理设施。打造农产品营销公共服务平台，推广农社、农企等形式的产销对接，支持城市社区设立鲜活农产品直销网点，推进商贸流通、供销、邮政等系统物流服务网络和设施为农服务。发展农村电子商务，做实"互联网+"农业，实施数字农业工程，加快重要农产品全产业链大数据建设，完善服务体系，引导新型经营主体对接各类电子商务平台。

（3）拓展农业多种功能 依托农村绿水青山、田园风光、乡土文化等资源，大力发展生态休闲农业，推进农业与旅游、教育、文化、健康养老等产业深度融合，推进休闲农业与乡村旅游发展由单一休闲向深度体验转变、由简单粗放向精细品质转变。支持休闲农业和乡村旅游重点村改善道路、宽带、停车场、厕所、垃圾污水处理设施等基础设施，补齐乡村建设短板，完善乡村生产生活功能。

（4）积极发展农业社会化服务业 有序扩大生产性和生活性服务业领域和服务范围，使更多农民享受到现代化的社会服务，根据地域特点和农民需求创新服务方式，提高服务水平，改善服务环境，提高农民体验度，激活农村地区服务业市场需求。进一步发展健全农资供应、土地托管、代耕代种、统防统治、烘干收储等农业生产型服务。

四、优化农业空间格局的政策建议

(一) 完善重要农产品供给保障区制度与配套政策

以"两区"保障制度和政策为基础,建立健全重要农产品保障区制度和政策体系,增加重要农产品供给保障区基础设施建设资金投入。创新投融资机制,积极吸纳社会资本投入。完善均衡性转移支付机制,健全保障区利益补偿机制,进一步优化财政支农结构,创新资金投入方式和运行机制。鼓励各级金融机构完善信贷管理机制,加大金融支农产品和服务创新力度,拓宽抵质押物范围,加大对涉农信贷的支持。

(二) 完善耕地和永久基本农田保护制度政策

坚守耕地保护红线,严控建设占用永久基本农田,防止耕地"非粮化"倾向,一般建设项目不得占用永久基本农田,重大建设项目占用需经严格审查论证。加强永久基本农田建设,提升农业生产基础设施建设水平,妥善处理好生态退耕,开展永久基本农田质量建设,建立健全耕地质量调查监测与评价制度。健全永久基本农田保护监管机制,构建动态监管监测体系,严格监督检查,跟踪耕地地力变化,完善农田保护激励补偿机制。

(三) 实施现代农业经营主体培育工程

积极培育以新型农民、家庭农场和农业产业化联合体为代表的现代农业经营主体,在继续教育、技术培训、试验示范等方面给予扶持;稳步扩大家庭农场数量和规模,让更多小农户融入现代农业发展中来;实施农民合作社规范提升行动,充分发挥合作社的示范和带动效应,培育更多拥有现代化经营管理理念、掌握科学生产技术的新型农民;积极发展各类社会化服务组织,培育示范农业产业化联合体,丰富现代农业经营主体类型。

(四) 完善农业生产设施和产业用地政策

根据农业生产特点,进一步界定农业生产设施和产业用地范围;依据用地情况实行分类管理,明确农业生产设施和产业用地管理方式,合理控制设施用地规模,引导农业产业组织合理选址;规范用地审核,建立个人申请、乡镇申报、县级审核的设施或产业用地申请审核程序;切实加强用地的用途管制,建立用地监管的共同责任机制,严肃查处违法违规用地行为,提高土地利用效率,最大限度地节约优质耕地资源。

(五) 实施水土资源综合治理工程

加强黑土地保护,在华北和东北地区继续实施地下水漏斗修复工程,在西北和西南地区推进荒漠化、石漠化、水土流失综合治理,加强地质灾害防治;扩大坡耕地退耕还林还草面积,完善长效责任利益联结机制,实现成效可持续;扩大轮作休耕试点范围,大力推进退化、酸化和重金属超标耕地修复工程,健全耕地草原森林河流湖泊休养生息制度,建立市场化、多元化、风险共担的生态补偿机制。

（六）建立农业空间格局动态监测预警体系

完善农业空间分布监测指标，建立健全农业监测体系，长期系统监测农业水土资源、农业环境变化、农业生产能力及其空间分布，系统评价水土资源和环境承载力动态变化，科学评估其对农业生产的影响，实现农业生产与农业资源的动态平衡关系。利用大数据、人工智能、云计算等技术创新农业空间布局数据管理模式，实现农业资源与农业生产"上图入库"的精准管理，建立农业空间格局预警报告制度和公报制度，加快农业空间管理的数字化。

参考文献

卞靖，2019. 未来15年中国粮食安全面临的主要风险及应对思路 [J]. 经济纵横（5）：119-128.

蔡之兵，张青，2020. 新时代中国农业生产力布局调整思路研究 [J]. 行政管理改革（2）：60-68.

陈际瓦，2010. 发挥区域比较优势 做大做强特色农业 [J]. 求是（3）：39-40.

崔哲，2019. 区域特色农业布局演进研究 [D]. 曲阜：曲阜师范大学.

冯永辉，2006. 我国生猪规模化养殖及区域布局变化趋势 [J]. 中国畜牧杂志（4）：22-26.

何喆，2018. 基于钻石模型的中国茶产业国际竞争力研究 [J]. 农村经济（8）：25-30.

姜磊，雷国平，张健，等，2013. 农村居民点空间布局及优化分析 [J]. 水土保持研究，20（1）：224-229，307.

李二玲，位书华，胥亚男，2016. 中国大豆种植地理集聚格局演化及其机制 [J]. 经济经纬，33（3）：37-42.

李佳洺，张文忠，余建辉，2020. 我国重大生产力布局的历史沿革与"十四五"时期优化策略 [J]. 中国科学院院刊，35（7）：825-834.

李骞国，石培基，刘春芳，等，2015. 黄土丘陵区乡村聚落时空演变特征及格局优化——以七里河区为例 [J]. 经济地理，35（1）：126-133.

刘江，杜鹰，2010. 中国农业生产力布局研究 [M]. 北京：中国经济出版社.

刘彦随，张紫雯，王介勇，2018. 中国农业地域分异与现代农业区划方案 [J]. 地理学报，73（2）：203-218.

罗志军，赵越，李雅婷，等，2019. 基于空间组合特征的农村居民点布局优化研究 [J]. 农业工程学报，35（4）：265-272，314.

屈宝香，张华，李刚，2011. 中国粮食生产布局与结构区域演变分析 [J]. 中国农业资源与区划，31（1）：1-6.

隋虹均，张慧，于诗雯，等，2020. 黑龙江省现代农业区农村居民点空间布局优化研究 [J]. 水土保持研究，27（2）：284-290.

孙道亮，洪步庭，任平，2020. 都江堰市农村居民点时空演变与驱动因素研究[J]. 长江流域资源与环境，29（10）：2 167-2 176.

王欢，乔娟，2017. 中国生猪生产布局变迁的经济学分析[J]. 经济地理，37（8）：129-136，215.

王一鸣，2020. 百年大变局、高质量发展与构建新发展格局[J]. 管理世界，36（12）：1-13.

卫龙宝，张菲，2012. 我国奶牛养殖布局变迁及其影响因素研究——基于我国省级面板数据的分析[J]. 中国畜牧杂志，48（18）：52-56，61.

夏晓平，李秉龙，隋艳颖，2011. 中国肉羊产地移动的经济分析——从自然性布局向经济性布局转变[J]. 农业现代化研究，32（1）：32-35.

杨青山，江孝君，刘鉴，2020. 区域城镇化空间格局优化路径与实践——以吉林省为实证[J]. 经济地理，40（5）：10-18.

杨万江，陈文佳，2011. 中国水稻生产空间布局变迁及影响因素分析[J]. 经济地理，31（12）：2 086-2 093.

殷艳，廖星，余波，等，2010. 我国油菜生产区域布局演变和成因分析[J]. 中国油料作物学报，32（1）：147-151.

张越杰，田露，2010. 中国肉牛生产区域布局变动及其影响因素分析[J]. 中国畜牧杂志，46（12）：21-24.

郑文升，姜玉培，罗静，等，2014. 平原水乡乡村聚落空间分布规律与格局优化——以湖北公安县为例[J]. 经济地理，34（11）：120-127.

中国宏观经济研究院国土开发与地区经济研究所课题组，2020. 中国新型城镇化空间布局调整优化的战略思路研究[J]. 宏观经济研究（5）：5-17，40.

中国农业功能区划研究项目组，2011. 中国农业功能区划研究[M]. 北京：中国农业出版社.

邹利林，王建英，2015. 中国农村居民点布局优化研究综述[J]. 中国人口·资源与环境，25（4）：59-68.

邹利林，王占岐，王建英，2012. 山区农村居民点空间布局与优化[J]. 中国土地科学，26（9）：71-77.

粮食生产功能区和重要农产品生产保护区创建研究

周振亚　罗其友　刘　洋　高明杰　尤　飞　李文娟

摘　要：创建粮食生产功能区和重要农产品生产保护区，是落实新形势下国家粮食安全新战略的重大举措，是应对国际竞争的战略性措施。本文主要包括以下研究：(1) 两区发展定位研究。在系统梳理国内外农业区域政策理论与实践的基础上，结合国家主体功能区规划和农业功能区划理论，首次系统明确界定了两区的概念、内涵和主体功能定位，阐明两区与主产区和优势区、两区与基本农田和高标准田的关系。(2) 两区可用优质耕地测算。综合考虑耕地复种、数据口径、耕地质量等因素，构建了可用优质耕地资源面积测算模型，并据此估算了基于国土资源部数据的粮棉油糖等目标作物生产可用优质耕地面积，生成两区划分的资源底数。(3) 两区划分方案设计。在科学确定两区划分基本原则的基础上，建立基于生产能力底线、两区对生产力底线贡献率和目标作物单产增长等多要素影响的两区划定方法体系，制定了两区划定的高、中、低3个方案。(4) 两区政策设计。在对我国现行农业支持政策进行梳理研究的基础上，提出了精准支持、三生协调、全产业链、利益均衡等两区政策设计理念，并对两区的运行机制和政策创设提出了具体建议。

关键词：粮食生产功能区；重要农产品生保护区；功能区政策

Study on the Policy Creation of Special Areas for Grain Production and Protected Areas for the Production of Important Agricultural Products

Zhou Zhenya, Luo Qiyou, Liu Yang, Gao Mingjie, You Fei, Li Wenjuan

Abstract: The policy creation of special areas for grain production and protected areas for the production of important agricultural products (hereafter called "the Two Areas") is an important measure to implement the new national food security strategy under international competition. Main Research Progress: (1) Study on function of the Two Areas. The paper studied the theory and practice of agricultural regional policy both in domestic and foreign, the theory of national main functional zones and the theory of agricultural functional zones. The paper gave the concept, connotation and main functional orientation of the Two Areas at the first time, defined and clarified the relationship between the the Two Areas and the main production area, the Two Areas and the dominant area, the Two Areas and the basic farmland, The Two Areas and the high standard farmland. (2) Estimation of arable land with good quality of the Two areas. Considering the factors of cultivated land reseeding, data caliber and cultivated land quality, an area estimation model of available high-quality cultivated land resources was established. The basic data for the Two Areas was generated, based on the amount of high qualitied arable land available for grain, cotton, oil, sugar and other target crops. (3) Design of the Two Areas division. On the basis of scientific determination of the basic principles of the two-zone division, the Two Areas division method system was established, which is based on the multi-factors such as the production capacity base line, the contribution rate of the two-zone to the productivity base line and the growth of the target crop per unit yield, and formulated the high, medium and low plans. (4) Policy design for the Two Areas. Based on the current agricultural support policies in China, this paper puts forward the concepts of the Two Areas policy, such as precise support, Coordination of production, life and ecology, complete industrial chain and benefit balance. At last, the paper gave some concrete suggestions on the operation mechanism and policy establishment of the two areas.

Key words: special area for grain production; protected areas for the production of important agricultural products; policy for the Two Area

一、两区的由来

改革开放以来，为优化我国农业生产空间布局、保障国家粮食及主要农产品供给安全，先后开展了农业商品基地建设、粮棉油糖生产大县建设、粮食主产区建设、农产品优势建设等区域布局工作，取得了显著成效。但随着工业化、城镇化进程加快，以及经济全球化影响的加深，我国农业发展面临着新的严峻挑战。

一是优质耕地流失。工业建设、城市建设和住房扩张对耕地资源的占用不断增加，优质耕地和优质劳动力流失加剧，粮食生产比较效益不高，耕地非农业化、非粮化利用趋势突出。

二是进口冲击增大。国内农产品生产成本增加，进口冲击加大，种粮农民意愿下降，地方政府发展农业积极性不高；大豆、油料、棉花、糖等大宗产品国际市场冲击日趋严峻，国内生产萎缩，传统优势区范围缩小，部分主产区消失。

三是政策效应递减。以往商品粮基地、生产大县、优势区等区域布局建设的基本单元主要是县，农业支持政策以普惠性为主，不与目标作物挂钩，针对性、精准性不足，影响政策效果；监督和激励措施效率低，基本农田用途管理措施需要根据新形势进行优化调整。

为了有效应对上述挑战，在总结借鉴国内外有关经验的基础上，中央提出了建立粮食生产功能区和重要农产品生产保护区（以下简称"两区"），其中心任务是聚焦目标地块、目标作物和目标主体，深化区域分工，实现核心功能，确保口粮绝对安全、谷物基本自给，并将棉油糖等重要农产品国内供给能力调控在安全的自给水平。首先，聚焦目标地块，固化耕地空间，将两区生产用优质耕地划分落实到地块，构筑农业核心用地空间保护红线，将最优质的耕地优先保护起来；其次，聚焦目标作物，稳定耕地用途，两区耕地限于种植目标作物及其养地作物，确保两区生产能力稳定；最后，聚焦目标主体，保障耕地收益，集聚政策资源投入，保障两区生产者种植目标作物能获得合理经济收益，保护生产者积极性，改变农户种粮吃亏、粮食大县财政穷县的局面。

二、国内外两区建设相关经验借鉴

（一）国外经验

1. 基本做法

国外发达国家现代农业发展过程中的专业化布局、耕地保护、农业补贴、精准管理等相关做法和经验对两区建设有一定的参考价值。

一是区域化布局专业化生产。农业区域化布局、专业化生产、规模化经营是世界农业强国普遍做法。美国利用政策引导和经济杠杆的双重作用，促进形成世界上最发达和规模最大的小麦带、玉米带、棉花带和柑橘带等。法国有世界著名的巴黎盆地小麦带、诺尔-庇卡底香槟甜菜带、布列塔尼畜产带和波尔多葡萄带。加拿大、巴西、澳大利亚等农业强国也建立了作物专业化生产区。专业化生产带为上述国家带来高效、稳定、有竞争力的农产品生产。

二是对粮食及重要农产品的保护政策。在世贸协定框架下，发达国家普遍实现了农业补贴立法化，改变原来的生产补贴为现在的收入性补贴、环保补贴等，确保本国农民利益和粮食安全的底线。日本通过立法、严格监管、土地整理、土壤改造等措施，保障耕地数量和质量安全。韩国将农地划为"农业振兴区域"和"农业保护区域"，在农业振兴区域内原则上只允许与农业生产和农地改良直接有关的行为。

三是精准管理耕地资源。美国、欧盟、澳大利亚等发达国家和地区对耕地的管理日趋精准化、系统化、法制化、常态化，为实现耕地的用途保护筑起坚实屏障。美国在19世纪就建立了世界上最早的土地精准管理制度PLSS，奠定了美国土地资源管理的基础框架，至今影响着美国的区域规划理念。欧盟1988年开始建立标准地域统计单元NUTS，目前已建立通用的地域单元分类。澳大利亚利用DGPS技术建立国家级的高精度GPS空间网，应用遥感技术对耕地进行管理。

2. 主要启示

一是遵循农产品产业带成长规律。产业带的产生、成长和完善是一个过程，受自然、市场、技术等多因素综合影响，与国民经济整体发展水平密切相关。因此，要充分认识农产品产业带建设的渐进性和长期性，不可急于求成，政府在农产品产业带发展过程中可适度调控。

二是实施耕地资源精准高效管理。推进图文一体化耕地资源基础信息数据库建设，尽快实现耕地"上图入库",实现所有项目、所有区域耕地资源管理的精准化。加快推进数据共享,推进全国与各省区耕地资源数据库的无缝对接,实现耕地资源各类数据交互查询。

三是加快完善农业土地管理制度。借鉴发达国家经验,合理界定产权关系,明确政府角色和职能,完善法律法规,严格监管,确保耕地用途和功能长久不变。

(二) 国内两区探索

我国沿海地区率先开展粮食生产功能区建设。浙江、上海、江苏等地,应对耕地锐减、粮食生产保障度下降问题,率先划定了粮食等重要农产品生产功能区,并实施了系列激励、监管措施,取得积极效果。2010年以来,浙江省坚持"一张蓝图绘到底",累计建成粮食生产功能区7 886个,面积676.74万亩。上海市2015年启动粮食生产功能区划定工作,共划定88万亩。

两地主要做法包括:底线思维确定目标与范围、逐级分解落实任务与责任、明确条件择优选择划定落实地块、实现"上图入库"、高投入高标准建设提高产能、差别化扶持调动种粮积极性、培育新型经营主体稳定种粮意愿、严格审批稳定功能用途、强化组织管理与分工协作等,实施效果十分明显。

三、两区发展定位

(一) 两区概念内涵

(1) **粮食生产功能区** 是以确保国家口粮绝对安全,谷物基本自给为主要目标,按照"应划尽划"原则,确定的水土资源条件优越、基础设施完善、稳定种植小麦水稻玉米等目标粮食作物,并实施特殊政策的区域。

(2) **重要农产品生产保护区** 是指以保障国家棉油糖等重要农产品合理自给水平、维护产业安全为主要目标,按照择优划定原则,确定的生产条件适宜、基础设施相对完善、稳定种植棉油糖等目标作物,并实施严格保护的区域。

(3) **两区目标作物** 重点选择具有战略性、敏感性、关系国计民生的作物作为两区的目标作物。具体包括"3+5+X"种,即水稻、小麦、玉米等3种粮食生产功能区作物,大豆、油菜、花生、棉花、糖料蔗等5种重要农产品生产保护区作物,X种由各省确定的保护作物。

(二) 两区与其他农业生产区的关系

1. 与主产区、优势区的关系

两区是"主产区""优势区"的细化和升华,也将优先但又不限于在"粮食主产省""农产品主产区""800个产粮大县"和"优势区"范围内划定,不同的是两区不仅要划到县,还要划定具体地块,为精准施策、确保国家粮食等重要战略性农产品安全提供更加精准的区域平台(表1)。

表 1　两区与主产区、优势区关系

项目	主产区	优势区	两区
提出时间	20世纪80年代	21世纪初	2015年中央一号文件
目标	增加产量、解决温饱问题	提高竞争力，应对入世挑战	蓄积产能，精准管理
范围	主产省、主产县、产粮大县、产油大县	16个品种的优势县，114个特色农产品优势县	/
基本单元	省级和县级	县级	地块

2. 与基本农田、高标准农田的关系

基本农田侧重于耕地的保护与用途管制，高标准农田侧重于农田基础设施建设，二者都有要求落实到具体地块。两区将在基本农田范围内划定、优先在已建成的高标准农田范围内划定（图1）。两区不仅落实到基本农田或高标农田中的具体目标地块，还要有相应的具体目标作物产能建设任务，这是两区的特殊性所在。

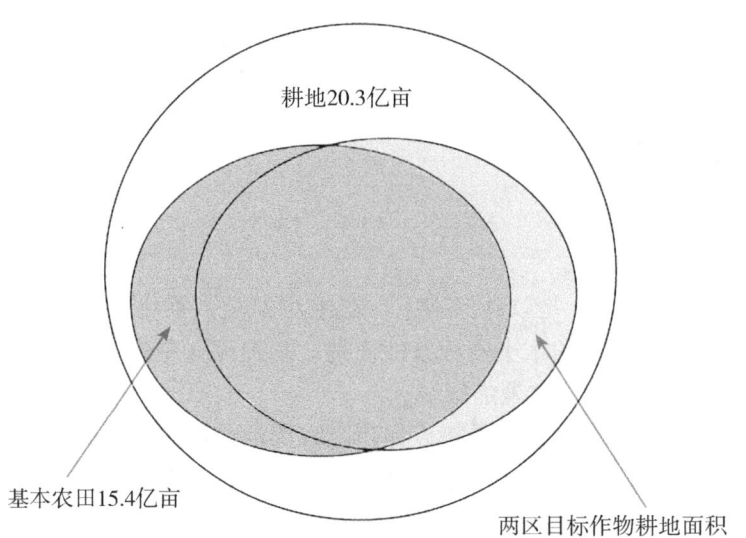

图 1　两区与基本农田和耕地的数量和空间关系

（三）两区的主体功能

1. 定向聚集现代生产要素，提升目标作物生产能力的产品供给功能

通过建设高标准农田，改进土壤肥力，引导新品种、新技术、新装备等现代生产要素向两区定向聚集，加快提高目标作物生产能力，降低粮食等重要农产品对国际市场的依存度，防范市场风险，保障粮食等重要农产品稳定供给，将两区建设成为粮食等重要农产品保供给安全的核心基地。

2. 强化优质耕地保护，提升可持续发展能力的生态保育功能

建立划定和建设两区，固化两区耕地空间，实施更加严格的耕地保护制度，长期稳定核定地块功能用地用途不变,控制两区耕地资源开发强度和利用方式,有效阻止两区优质耕地非农化和非粮化流失,制约生态空间被挤占进程,推进形成合理生产、生态和生活"三生"用地空间格局,优化国土空间分工,促进生产布局与资源环境相匹配,实现农业可持续发展。

3. 改革创新发展机制,提升地方政府和农民生产积极性的收入增长功能

通过改革创新两区的投融资机制、利益补偿机制、收益保障机制,统筹拓展农业多功能,促进一二三产业融合发展,建立健全两区现代农业产业链,切实提高目标作物的种植收益,激发两区地方政府和生产经营主体发展目标作物生产的积极性。此外,由于两区不将单个品种的所有种植面积纳入,因此,针对两区扶持政策可以视同为限产政策,归入WTO蓝箱政策范围,避免WTO黄箱限制。

4. 实施田间地块动态监测,提升农业精准施策能力的管理探索的功能

应用现代高新技术,建立两区农业生产监测体系和田间地块具体信息档案管理平台,对两区田间地块目标作物种植落实情况的动态进行跟踪监测。根据两区耕地用途变化、目标作物生产情况动态监测结果,实现对优质耕地的适时高效精准监管和保护,高效落实兑现两区农业支持政策,降低筛选支持对象、核查支持条件、核定补贴面积等方面的政策执行成本,增强农业支持政策的针对性、精确性。

四、两区生产能力底线确定

农产品生产能力底线是指保障国内农产品消费高峰需求的最低国内农产品生产能力,取决于人口、人均消费水平和农产品自给水平三方面的因素。计算公式如下:

$$生产能力底线 = 人均消费量 \times 总人口 \times 自给率$$

(一)重点农产品消费需求预测

采用时间序列模型,基于1990年以来的数据,对未来我国口粮、饲料粮、油料、糖料和棉花等农产品的人均消费需求量进行预测,结果见表2。

表2 我国人均主要农产品消费量预测　　　　　　　　　　　单位:kg

品种	2014年	2025年	2030年
口粮	166.8	153.36	137.39
饲料粮	148.3	187.27	222.51
油料	67.3	78.6	99.78
糖料	82.3	92.81	108.22
棉花	5.5	6	6

结合相关机构对我国人口的预测结果,估算未来我国主要农产品总消费量,结果见表3。

表 3　我国主要农产品总消费量预测　　　　　　　　　　　　　　　单位：万 t

品种	2025 年			2030 年		
	低方案	中方案	高方案	低方案	中方案	高方案
口粮	21 255.7	21 700.4	22 145.2	18 781.2	19 454.4	20 113.9
饲料粮	25 955.6	26 498.7	27 041.8	30 417.1	31 507.4	32 575.5
油料	10 894.0	11 121.9	11 349.8	13 639.9	14 128.8	14 607.8
糖料	12 863.5	13 132.6	13 401.8	14 793.7	15 324.0	15 843.4
棉花	831.6	849.0	866.4	820.2	849.6	878.4

（二）合理自给率的确定

在充分考虑我国农业生产能力、市场需求、主要农产品国际贸易现状与潜力的基础上，确定主要农产品的自给率（表 4）。

表 4　我国主要农产品自给率水平　　　　　　　　　　　　　　　　单位：%

品种	现状	2025 年	2030 年
口粮	105	100	100
饲料粮	126	90	90
油料	35	37	40
糖料	70	70	70
棉花	76	70	70

（三）主要农产品生产能力底线

在上述研究的基础上，测算我国主要农产品生产能力底线高、中、低方案，结果见表 5。

表 5　我国主要农产品生产能力底线　　　　　　　　　　　　　　　单位：万 t

品种	2025 年			2030 年		
	低方案	中方案	高方案	低方案	中方案	高方案
稻谷	17 571	17 939	18 307	15 526	16 082	16 627
小麦	10 770	10 995	11 220	9 516	9 857	10 191
玉米	20 023	20 442	20 861	23 465	24 306	25 130
油料	4 031	4 115	4 199	5 456	5 652	5 843
糖料	9 004	9 193	9 381	10 356	10 727	11 090
棉花	582	594	606	574	595	615

注：稻谷和小麦消费中口粮消费比例按 75% 折算，玉米消费中饲料消费比例按 70% 折算，饲料粮中玉米所占比例按 60% 折算。在口粮消费中稻谷和小麦的比例分别按 62% 和 38%。

五、两区优质耕地资源测算

(一) 测算方法

采用国家统计局作物播种面积与耕地面积（18.26 亿亩）和国土资源部耕地面积（20.3 亿亩）数据，测算出国土口径的目标作物生产可用优质耕地资源面积，为划定两区提供耕地资源底数。一是考虑耕地复种因素，统计口径目标作物播种面积转换为统计口径目标作物耕地面积；二是考虑数据口径因素（2 亿亩），统计口径目标作物耕地面积转换为国土口径目标作物耕地面积；三是考虑坡度因素，国土口径目标作物耕地面积转换为国土口径目标作物生产可用优质耕地资源面积。

以省为单元，首先以统计口径目标作物现状播种面积（2012—2014 年 3 年平均数）为基础，逐一结合各省现行农作制度特点，消除双季稻、稻茬麦、麦茬玉米等耕地复种因素的影响，计算生成统计口径的目标作物生产用耕地面积；然后再进一步消除统计与国土两种口径的耕地面积差异影响、并扣减 15°以上坡耕地面积，即汇总出全国目标作物可用优质耕地资源面积（图 2）。

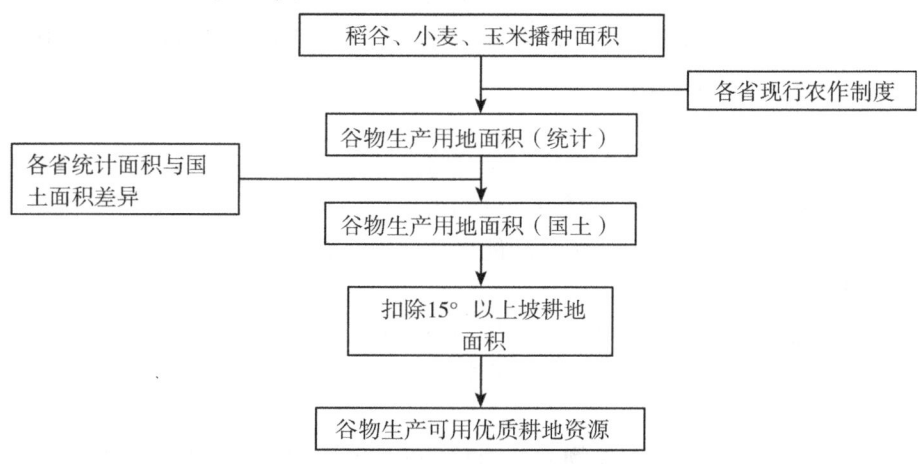

图 2 目标作物可用优质耕地资源测算方法

(二) 测算结果

1. 全国谷物生产可用优质耕地资源面积 10.2 亿亩

其中，口粮（小麦和水稻）生产用地 6.5 亿亩，玉米生产用地 5.7 亿亩，玉米与口粮交叉 1.9 亿亩（表 6）。

表 6 全国谷物生产可用优质耕地资源面积构成　　　　　　　　单位：亿亩

作物	稻谷	玉米	小麦	三大谷物	口粮	玉米与口粮
现状生产用地面积	4.0	6.2	3.8	11.3	7.2	2.1
其中：优质耕地面积	3.6	5.7	3.5	10.2	6.5	1.9

2. 全国重要农产品可用耕地资源总数为 3.81 亿亩

其中，大豆 11 353 万亩、油菜 10 231 万亩、花生 6 762 万亩、棉花 7 005 万亩和糖料蔗 2 720 万亩（表7）。

表7　全国重要农产品优质耕地资源　　　　　　　　　　　　　　单位：万亩

品种	大豆	油菜	花生	棉花	糖料蔗	合计
现状生产用地面积	12 082	12 405	7 298	7 215	2 720	41 720
其中：优质耕地面积	11 353	10 231	6 762	7 005	2 720	38 071

注：糖料蔗生产用地主要在坡耕地。

六、两区划分

（一）基本原则

1. 数量划足

粮食生产功能区按照"米袋子"省长负责制、"应划尽划"原则，将实际口粮生产用地中的优质耕地尽可能划入粮食生产功能区。重要农产品生产保护区按照"择优划定"原则，重点在优势区或主产区划定。

2. 质量划优

划入两区的耕地原则上是基本农田，优先将已经建成的高标准农田和具备改造条件的永久性基本农田划入两区。非基本农田、已纳入退耕还林还草、还湖还湿、土壤污染治理等相关规划的耕地暂不划入两区。粮食功能区耕地坡度控制在15°以下。

3. 地块划实

对划入两区的全部地块，进行统一编号命名，建立电子地图和数据库，并与农用地确权登记和永久基本农田划定紧密衔接，实现精准对号。

4. 逐级划分

中央政府确定全国两区目标作物耕地面积并分解到各省（区），省（区）按照比较优势原则，将需要划定的目标作物耕地面积分解到县，各县再落实到地块。

（二）划分方法

1. 全国两区目标作物耕地面积确定

根据目标作物生产生产能力底线，合理设定两区的贡献率和两区目标作物单产，最终计算出全国两区目标面积。

$$全国两区目标作物耕地面积 = \frac{(目标作物生产能力底线 \times 两区的贡献率)}{两区目标作物单产}$$

2. 全国两区目标作物面积省级分解

综合考虑优质耕地资源优势、现状生产能力优势，将全国两区目标作物面积分解到省（图3）。

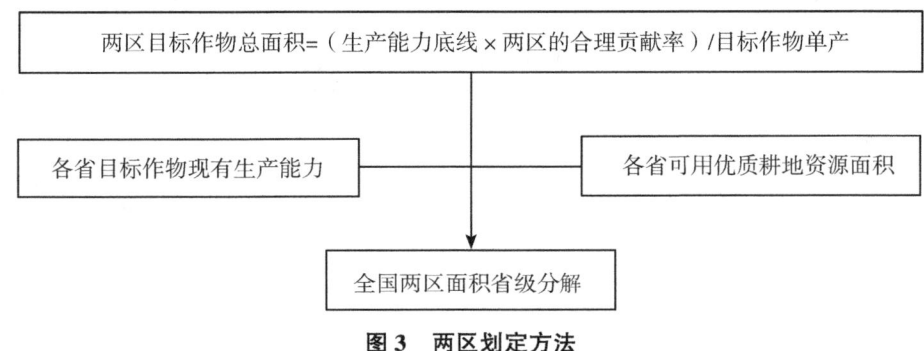

图3 两区划定方法

(三) 粮食生产功能区

粮食生产功能区单产年均增速按0.85%计算，功能区对全国粮食生产能力底线贡献率（简称"贡献率"）设定为70%、80%和90% 3种情景，确定全国粮食生产功能区面积为7.4亿~9.5亿亩，其中，口粮用地面积4.4亿~5.67亿亩，不同贡献率条件下全国粮食生产功能区面积详见表8。

表8 不同贡献率条件下全国粮食生产功能区面积

功能区贡献率	粮食生产功能区面积（亿亩）	口粮生产用地面积（亿亩）	粮食产量（亿t）	口粮产量（亿t）
75%	7.4	4.4	4.03	2.27
80%	8.4	5.0	4.60	2.60
90%	9.5	5.67	5.18	2.92

注：假定未来15年我国稻谷、小麦和玉米的用地结构不变。

(四) 重要农产品生产保护区

大豆、棉花、油料和糖料蔗等重要农产品在区域集中度、对外依存度、地力条件、增长潜力及与其他作物轮作等各方面差异比较大，依据生产能力底线测算结果，结合单产增速和保护区贡献率的不同情景，分品种择优选择重点区域，划定全国重要农产品生产保护区面积2.2亿~2.8亿亩。

1. 大豆保护区

未来大豆生产能力底线为1 632万t，可用优质耕地资源面积11 353万亩。大豆单产年均增速按0.67%计算，保护区对生产能力底线的贡献率分别设定为40%、50%、60%。在不同贡献率的情况下，全国需划定保护区面积为6 160万~9 240万亩。

东北地区是我国最大的大豆主产区，播种面积和产量分别占全国的50%；黄淮海是我国大豆传统优势区，具有较大的恢复性发展潜力。

考虑两个主产区的特殊性，设定了两种大豆保护区划定方案：方案一，以东北地区为主体，保护区面积6 541万亩；方案二，以东北地区和黄淮海地区为主体，保护区面积

8 750万亩（表9）。

表9 大豆保护区面积及其分解　　　　　　　　　　　　　　　　　　　单位：万亩

省份	不同方案下保护区面积	
	方案一	方案二
黑龙江	5 168	5 168
内蒙古	969	969
吉林	404	404
安徽	—	1305
河南	—	609
江苏	—	295
合计	6 541	8 750

2. 油菜保护区

油菜生产能力底线1 983万t，可用优质耕地资源面积10 231万亩。按油菜单产年均增速0.79%计算，设定保护区对生产能力底线的贡献率分别为40%、50%、60%。在不同贡献率的情况下，全国需划定保护区面积为5 919万~8 879万亩。

按照"择优划定"的原则，在长江流域划定油菜保护区，包括四川、重庆、贵州、湖北、湖南、江西、安徽、江苏和浙江等9省（市）。在40%和50%贡献率情况下，油菜保护区总面积分别为5 919万亩和7 399万亩（表10）。

表10 油菜保护区面积及其分解　　　　　　　　　　　　　　　　　　　单位：万亩

省份	不同贡献率下保护区面积	
	40%	50%
湖北	1 349	1 686
四川	914	1 142
湖南	1 416	1 770
安徽	624	780
江苏	427	534
贵州	310	387
江西	621	776
重庆	138	173
浙江	121	151
合计	5 919	7 399

3. 花生保护区

未来花生生产能力底线为1 658万t，可用优质耕地资源面积6 762万亩。按照未来花生单产年均增速1.51%计算，保护区对生产能力底线的贡献率分别设定为70%、80%、

90%，全国需划定保护区面积分别为4 161万~5 350万亩。

按照"择优划定"的原则，选择黄淮海地区的河南、山东、河北、安徽、广东、四川、湖北、辽宁等8个省份划定保护区。在70%、80%和90%贡献率情况下，花生保护区总面积分别为4 162万亩、4 756万亩和5 351万亩（表11）。

表11 花生保护区面积及其分解　　　　　　　　　　　　　　　单位：万亩

省份	不同贡献率下保护区面积		
	70%	80%	90%
河南	1 293	1 478	1 663
山东	912	1 042	1 172
河北	436	498	560
广东	352	402	452
安徽	234	267	300
湖北	233	266	299
四川	255	291	327
辽宁	448	512	576
合计	4 162	4 756	5 351

4. 棉花保护区

棉花生产能力底线为614万t，可用优质耕地资源面积7 005万亩。棉花单产年均增速按1.18%计算，保护区对生产能力底线的贡献率分别设定为50%、70%、90%。在不同贡献率的情况下，全国需划定保护区面积分别为3 007万~5 412万亩。

新疆、黄淮海地区和长江中下游地区是我国棉花主产区。其中，新疆是当前我国棉花最大的主产区，产量和面积都占全国的70%左右；黄淮海和长江中下游是我国传统棉花种植区，具有恢复性发展空间。考虑两个主产区的特殊性，设定了两种棉花保护区划定方案（表12）。

表12 棉花保护区面积及其分解　　　　　　　　　　　　　　　单位：万亩

省份	不同方案下保护区面积	
	方案一	方案二
新疆	3 600	2 900
山东		720
河北		500
湖北		400
安徽		330
江苏		150
合计	3 600	5 000

方案一：以新疆为保护区主体。棉花保护区划定为3 600万亩，对未来棉花生产能力底线的贡献率可以达到60%。

方案二：以新疆、黄淮海和长江中下游为保护区主体，包括新疆、山东、河北、湖北、安徽和江苏等6省，保护区总面积5 000万亩，对未来棉花生产能力底线的贡献率可以达到80%以上。

5. 糖料蔗保护区

糖料蔗生产能力底线为11 090万t，可用优质耕地资源面积2 720万亩。糖料蔗单产年均增速按1.32%计算，保护区对生产能力底线的贡献率分别设定为70%、80%、90%。在不同贡献率的情况下，全国需划定保护区面积分别为1 383万~1 778万亩。

糖料蔗保护区主要选择广西和云南，在70%、80%和90%贡献率情况下，糖料蔗保护区总面积分别为1 383万亩、1 580万亩和1 778万亩（表13）。

表13　糖料蔗保护区面积及其分解　　　　　　　　　　　　　单位：万亩

省份	不同贡献率下保护区面积		
	70%	80%	90%
广西	1 057	1 208	1 359
云南	326	372	419
合计	1 383	1 580	1 778

（五）小结

根据生产能力底线、未来单产年均增速、两区对生产能力底线的贡献率，分别确定全国粮食生产功能区面积7.4亿~9.5亿亩，全国重要农产品生产保护区面积2.2亿~2.8亿亩。

七、两区政策设计

（一）政策设计原则

精准支持原则。集中资源，精准针对规划地块经营者，支持目标作物生产。大力推进良种、良技等现代先进生产要素向两区集聚，稳定改进提升基础地力和农业持续发展能力。

三生协调原则。牢固树立生态环境、生活环境也是生产力的概念，政策实施要有利于促进生产、生态和生活三生合理空间形成，发展现代农业、建设美丽乡村、保护农业生态。

全产业链原则。有利于产业链延伸、一二三融合发展，综合布局基地与加工、仓储、市场，降低成本，形成集聚，提高农业比较效益。

利益均衡原则。有利于平衡不同功能区（口粮功能区与重要农产品生产保护区和特色农产品保护区；生产功能区与生态功能区）之间从业人员的收益，引导劳动力合理流动和空间聚集。

（二）现有政策优化调整

课题组对现有政策进行梳理，将与两区内目标作物相关的支持政策，包括生产效率促进政策、农业生态改善政策、农业多功能发展政策、农民增收政策，以及金融、保险等政策进行列表分析，提出了针对两区的适用建议。

（三）两区政策建议

1. 建立定向补贴制度

确保生产者种植目标作物能与周边一般高效作物有同等收益水平。对于粮食生产功能区，根据农民意愿、财政综合实力和地区差异，给予每亩200~400元补贴。对于重要农产品生产保护区，给予每亩200元补贴。

2. 健全两区利益补偿机制

新增财政投入和现有支农项目向两区倾斜，将目标作物种植面积作为财政转移支付的重要依据，加大对两区内农业大县财政转移支付力度。

3. 加强两区基础设施建设支持

提高中央投资的比例，减轻地方政府压力。

4. 加大财政整合力度

整合农（林、渔）业产业发展资金、小型农田水利、节水灌溉、农业科技成果转化、农林生态环境建设等项目资金，投入两区建设，并逐年加大投入力度。

5. 加大金融保险税收政策支持

创设两区金融支农奖补政策，积极参与落实农业保险保费补贴政策，把两区目标作物全部纳入政策性保险范围。

参考文献

高国力，2007. 我国主体功能区规划的特征、原则和基本思路 [J]. 中国农业资源与区划，28（6）：8-13.

谷树忠，谢美娥，钟赛香，2006. 农业资源与区划领域需要研究的几个问题 [J]. 中国农业资源与区划，27（1）：1-3.

国家发展和改革委员会，农业部. 糖料蔗主产区生产发展规划（2015—2020年）[EB/OL]. [2015-06-04]. http：adrc. gov. cn/xxgk/2cfb/ghnb/201506/t201506 04_962154. html.

国务院. 国务院关于编制全国主体功能区规划的意见 [EB/OL]. [2007-07-31]. http：www. govcn/2ngk/2007-07/31/content_202099. htm.

国务院办公厅. 中国食物与营养发展纲要（2014—2020年）[EB/OL]. [2014-02-08]. http：www. gov. cn/xxgk/pub/govpublic/lurlm/201402/t20140208_66624. html.

韩长赋，2014. 全面实施新形势下国家粮食安全战略 [J]. 求是（19）：27-30.

环境保护部，国土资源部. 全国土壤污染状况调查公报 [Z/OL]. [2014-04-17]. http：www.mee.gov.cn/gkml/sthjbgw/qt/201404/wo20140417558895804588.polf.

环境保护部，中国科学院. 全国生态功能区划 [EB/OL]. [2008-08-02]. http：www.gov.cn/2008-08/02/content-1062543.htm.

罗其友，陶陶，高明杰，等，2010. 农业功能区划理论问题思考 [J]. 中国农业资源与区划，31（2）：75-80.

毛树春，2015. 中国棉花景气报告2014. [M]. 北京：中国农业出版社.

农业部，国家发展和改革委员会，科学技术部，等. 全国农业可持续发展规划（2015—2030年）[EB/OL]. [2015-09-14]. http：www.mca.gov.cn/ztzl/mywrf/gzgh/201509/t20150914_4827900.htm.

农业部. 全国种植业结构调整规划（2016—2020年）[EB/OL]. [2017-11-27]. http：www.gov.cn/nybgb/2016/diwuqi/201711/t20171127_5920851.htm.

欧阳志云，2007. 中国生态功能区划 [J]. 中国勘察设计（3）：70.

唐华俊，李哲敏，2012. 基于中国居民平衡膳食模式的人均粮食需求量研究 [J]. 中国农业科学，45（11）：2 315-2 327.

唐华俊，罗其友，2008. 农业区域发展学导论 [M]. 北京：科学出版社.

陶陶，罗其友，2004. 农业的多功能性与农业功能分区 [J]. 中国农业资源与区划，25（1）：46-50.

郑有贵，2006. 农业功能拓展：历史变迁与未来趋势 [J]. 古今农业（4）：1-10.

《中国农业功能区划研究》项目组，2011. 中国农业功能区划研究 [M]. 北京：中国农业出版社.

中国综合农业区划编写组，1981. 中国综合农业区划 [M]. 北京：农业出版社.

周振亚，高明杰，李全新，等，2014. 基于平衡膳食的中国主要农产品需求量估算 [J]. 中国农业资源与区划（8）：75-80.

周振亚，罗其友，李全新，等，2015. 基于节粮潜力的粮食安全战略研究 [J]. 中国软科学（11）：11-16.

中国玉米空间格局演变研究

李文娟　李婷婷

摘　要：玉米是我国三大主粮作物之一，玉米生产的健康发展对保障我国饲料安全、粮食安全有着十分重要的作用。玉米空间格局演变揭示了玉米生产的空间变化规律，深入探究玉米空间格局的变化对优化玉米生产布局，推动玉米产业平稳健康发展具有十分重要的意义。本文采用经验模态分解模型（EMD）、探索性空间数据分析（ESDA）和比较优势分析法对1978—2018年玉米生产空间格局演变的特征进行研究，揭示了玉米生产的时序变化特征、空间格局特征和比较优势情况。主要研究结论如下：①从时序变化特征看，1978—2018年，我国玉米的产量和播种面积总体呈波动增长态势。玉米生产南北差异较大，始终以东北、黄淮海地区为核心，且生产地位逐渐增强。②从空间格局特征看，我国玉米的空间集聚性总体呈增强趋势。1978—2018年，空间聚集程度波动上升，总体呈北高南低的分布态势。③从区域比较优势看，1978年以来，玉米生产中具有较强规模比较优势和综合比较优势的区域主要集中在东北和华北地区，具有较强效率比较优势的区域集中分布在东北、华北和西北地区。

关键词：玉米；空间格局；EMD模型；ESDA模型；比较优势分析法

Study on Spatial Pattern Evolution of Maize in China

Li Wenjuan, Li Tingting

Abstract：Corn is one of the three main grain crops in China. The healthy development of corn production plays a very important role in ensuring feed safety and food security in China. The evolution of spatial pattern of maize reveals the spatial change law of maize production. It is of great significance to explore the change of spatial pattern of maize for optimizing maize production layout and promoting the stable and healthy development of maize industry. In this paper, empirical mode decomposition model, exploratory spatial data analysis and comparative advantage analysis were used to study the characteristics of spatial pattern evolution of maize production from 1978 to 2018. The temporal change characteristics, spatial pattern characteristics and comparative advantage of maize production were revealed. The main research conclusions are as follows：① From the perspective of time series change characteristics, maize yield and sown area in China showed a fluctuating growth trend from 1978 to 2018. The difference of maize production between north and south is great, and the core of maize production is always northeast and Huang-Huai-Hai region, and its production status is gradually strengthened. ② From the perspective of spatial pattern characteristics, the spatial agglomeration of maize in China is generally increasing. From 1978 to 2018, the degree of spatial agglomeration fluctuated and increased. In general, the production center is concentrated in the North China, and the production status of the South China is further declining. ③ From the perspective of regional comparative advantage, since 1978, the regions with strong scale comparative advantage and comprehensive comparative advantage in maize production are mainly concentrated in Northeast and North China, while the regions with strongefficiency comparative advantage are concentrated in Northeast, North and Northwest China.

Key words: spatial pattern of maize; EMD model; ESDA model; comparative advantage analysis

一、研究背景

玉米作为我国重要的粮食作物之一,在我国粮食生产中具有十分重要的地位。近年来,随着产业结构的升级和人们生活水平的提高,玉米的消费结构呈现多元化,主要用作饲料消费和工业消费的比重渐渐增加,而作为口粮消费的比重逐渐减少。我国作为玉米的生产和消费大国,中华人民共和国成立以来玉米的产量和播种面积逐年递增,但随着工业化的不断推进,农产品加工业、畜牧业等对玉米需求的逐渐增大,玉米的消费量也呈现逐年递增的趋势,为满足玉米的消费需求,应当大力发展玉米生产。

近年来,我国玉米生产空间布局有"北增"趋势,北方地区玉米的播种面积和产量连年递增,为我国粮食增产作出了重要贡献。但随着玉米生产的迅速发展,北方地区的水土资源压力增加,自然和生产不匹配问题日益突出。2016年中央"一号文件"指出,要不断优化农业产业结构和区域布局,而优化玉米生产的空间布局对保障玉米产业的可持续发展十分重要。当前,玉米生产面临着环境压力、资源约束等新问题和新挑战,探究玉米生产空间格局演变规律、优化玉米空间格局并促进玉米稳定生产,不仅能够丰富农作物空间格局演变的相关理论,而且为其他作物空间格局演变的研究提供参考。

二、玉米空间格局演变研究进展

农作物空间格局是对作物种植结构、种植方式和熟制的空间表达,反映了在一定的空间范围内人类通过农业生产利用农业生产资源的状况(吴文斌等,2014)。当前,对农作物空间格局的研究已经成为地理学和生态学的热点,通过研究不仅能够了解农作物的基本情况和分布特征,对农作物结构的调整与优化也有重要的指导作用(Verburg et al., 2013),并且粮食作物作为全世界产量最高且最重要的农作物,而粮食安全问题是涉及经济发展与国计民生的重要问题（黄季焜等，2012）。

围绕玉米及粮食空间格局变化，黄爱军（1995）通过对粮食空间布局的演变趋势的研究，指出中国粮食生产中心逐渐出现"北移"的趋势；Jakubauskas 等（2002）运用遥感数据对大区域范围的农作物空间格局变化的情况进行了研究；Tan 等（2003）对全球的粮食作物的种植模式进行了模拟分析，并对其空间分布的特征进行了剖析；程叶青等（2005）采用区域差异分析方法对粮食生产区域格局的变化特征及规律进行了研究，得出了粮食生产中心逐渐向中部和北方地区转移的结论；Canisius 等（2007）分析了两熟作物在亚洲区域的空间分布情况与基本特征；杨春等（2010）分析了1978—2007年间县域粮食生产空间格局的演变情况；Gao 等（2011）分别分析了黑龙江省在1958年、1980年、2000年的水稻的空间格局演变情况；徐志宇等（2013）对1981—2008年我国七大粮食主产区的三大作物的生产格局变化及其变化特征进行了深入研究；张莉等（2013）分析了在1996—2010年间黑龙江省宾县的各种农作物的空间格局演变特点及其规律；竺三子（2015）基于安徽省的玉米数据，对全省的玉米生产布局变化情况进行了分析，通过构建生产竞争力模型并进行比较优势分析，提出了玉米生产布局优化调整的方案，为当地玉米生产提供了指导；李欠男等（2017）运用集中度指数法剖析了我国玉米生产布局变迁的特征，同时通过构建计量模型对影响生产布局变迁的因素进行了分析，最后提出通过有效灌溉、推动科技进步和完善玉米产业等建议来推动玉米的生产（图1）。

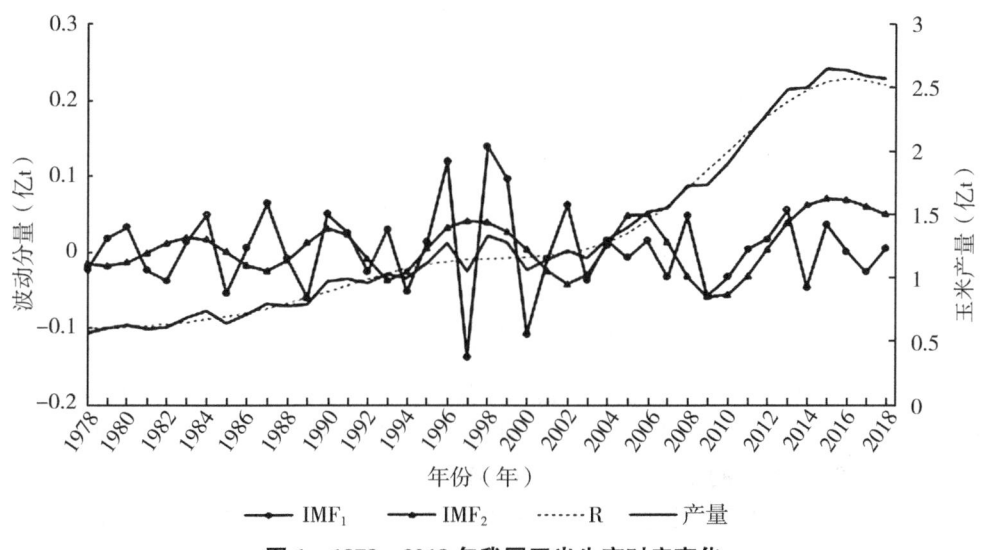

图1　1978—2018年我国玉米生产时序变化

通过梳理文献可知，不同的学者从玉米及粮食的播种面积、总产量、单产等不同的角度，分别运用生产集中度指数、比较优势指数等描述性统计分析方法、重心分析模型和空间自相关性分析等不同的空间统计分析方法等，基于全国、省域、县域、区域、流域等不同空间尺度，对玉米及粮食的空间格局演变情况进行了探索。这些研究都丰富了玉米及粮食空间格局演变的研究成果，对今后的研究具有指导作用。

三、我国玉米空间格局演变特征分析

（一）玉米生产时序变化特征分析

1978 年以来，我国玉米产量和播种面积总体呈波动增长态势。由图 2 可知，1978 年，我国玉米总产量为 5 594.5 万 t，播种面积为 1 996.1 万 hm²，分别占全国粮食产量和播种面积的 18.36% 和 16.55%，到 2018 年我国玉米产量和播种面积分别增至 2.57 亿 t 和 4 213 万 hm²，所占全国比重分别升至 39.1% 和 36%。41 年间，玉米总产量增长 2.01 亿 t，播种面积增长 2 246.9 万 hm²。其中，我国玉米产量和播种面积均呈现先缓慢增长后快速增长的趋势，尤其自 2003 年后，玉米产量和播种面积的增速明显较快。

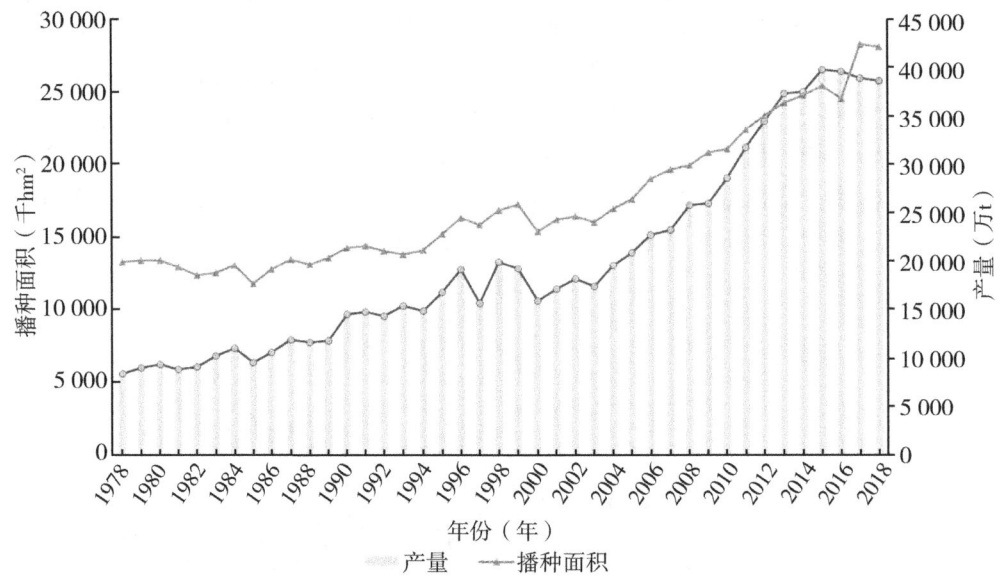

图 2　我国玉米产量 EMD 分解结果

经验模态分解（EMD）法是由 Huang 等提出的一种能够分解时间序列、处理非线性数据的信号处理方法。EMD 法能够将一个复杂且频率不规则的时间信号分解为一个趋势分量和多个不同时间尺度的本征模态函数（IMF）。

为了深入研究玉米生产变化的特征，运用经验模态分解（EMD）模型对 1978—2018 年我国玉米产量进行分解，得到 2 个 IMF 分量和 1 个趋势分量 R，其中，趋势项 R 表示玉米产量变化的总体趋势，IMF 分量分别表示玉米产量在不同时间尺度的变化情况，IMF1 为短周期（高频）分量，IMF2 为长周期（低频）分量。由分解结果可知，趋势项 R 表示我国玉米产量整体呈上升趋势，这与玉米总产量曲线的走势基本一致。其中，依据趋势项 R 曲线的拐点，将我国玉米生产分为 4 个阶段。

1. 玉米生产平稳增长阶段（1978—1984 年）

1978 年中共十一届三中全会提出改变我国的农村经济体制，由人民公社体制向家庭联产承包责任制转变，随着家庭联产承包责任制的实施，农民生产积极性得到极大调动。同时，一系列高产优良玉米品种、先进病虫害防治和施肥技术的推广，促进了我国玉米生产水平的提高。全国玉米产量由1978年的5 594.5万t增加到1984年的7 341万t，总产增幅达到31.22%，年均增幅为5.2%。

2. 玉米生产快速增长阶段（1985—1993年）

玉米作为重要的粮食作物、饲料作物与工业原料，1985年后，随着畜牧业与加工业的快速发展，玉米需求量不断增加。与此同时，玉米优良品种、先进生产设备与技术的进一步推广，使得玉米的生产实现快速增长。1985年，全国玉米产量为6 382.6万t，到1993年增至10 270.4万t，总增产3 887.8万t，占全国粮食产量的比重由1985年的16.84%增至1993年的22.5%。

3. 玉米生产波动阶段（1994—2003年）

1994年后，粮食保护价收购政策的实施使得玉米产量实现了短期增长，之后伴随着自然灾害和粮食生产结构的调整，使得玉米生产出现了较大波动，玉米产量分别在1997年和2000年锐减，1997年产量为1.04亿t，较1996年减少2 316.2万t，减幅为18.17%。2000年产量由1999年的1.28亿t降为1.06亿t，减产2 208.6万t，减幅为17.24%。

4. 玉米生产恢复增长阶段（2004—2018年）

2004年起，通过支农惠农政策和关注"三农问题"的"一号文件"的相继出台，同时，市场对玉米需求的进一步扩大，再次调动了农民生产玉米的积极性，使得玉米生产实现恢复性快速增长。2004年，全国玉米产量为1.3亿t，2012年，总产达到2.05亿t，到2018年总产增至2.6亿t，占全国粮食产量的比重由2004年的34.65%增至2018年的39.1%。

（二）玉米生产空间格局特征分析

1. 全国玉米空间格局

1980年，玉米产量大于500万t的省份依次为山东、河北、辽宁、河南、黑龙江和吉林，6省的玉米产量占全国总产量的59.15%，内蒙古、新疆、山西、陕西、云南、贵州、广东、江苏省8省（区）的产量均超过100万t，其玉米总产量占全国总产量的比重为24.41%，其中，河北的播种面积最大，其次为山东，分别为234.1万hm^2和214.3万hm^2，2省玉米播种面积占全国总播种面积的比重达到22.32%，黑龙江、辽宁、河南的播种面积均大于150万hm^2，吉林、陕西、云南的播种面积均超过100万hm^2。1980年，我国玉米生产空间分布存在较大的差异，玉米生产主要向东北三省、黄淮海地区的山东、河北和河南集中。

1990年，玉米产量超过1 000万t的省份为吉林、山东和黑龙江，3省玉米总产量达3 648.8万t，占全国总产量的比重达37.69%，此外，河南、河北、辽宁的产量大于500万t，内蒙古、陕西、山西的产量均增至300万t以上，6省产量所占比重为37.4%。其中，山东的播种面积最大，较1980年增加26.3万hm^2，辽宁、河南、黑龙江的播种面积均稳步增加，而河北的播种面积略有下降，但5省的播种面积均超过150万hm^2，播种面积大于80万hm^2的省份仍为吉林、陕西和云南，但3省的播种面积较1980年均略有下降。1990年，我国玉米生产进一步向核心产区集中，且生产呈现明显的南北差异。

2000年，玉米主产省山东与河南的产量进一步增加，产量分别为1 467.5万t和1 075万t，占全国总产量的13.84%和10.14%，吉林、黑龙江、辽宁、内蒙古、河北5省的产量均超过500万t，占全国总产量的比重为36.88%，其中，河北和内蒙古的产量均有较为明显的增加，东北三省的产量小幅下降，相反，山西、陕西、贵州、云南的产量略有增加，且产量均大于300万t。此外，播种面积超过150万 hm² 的省份依次为河北、山东、河南、辽宁、黑龙江，占全国总播种面积的比重为37.36%，其中，河北的播种面积最大，其次为山东，分别为247.9万 hm² 和241.4万 hm²，河北、山东和河南的播种面积较1990年小幅增加，而黑龙江和辽宁略有下降。2000年，我国玉米生产空间分异特征进一步凸显，主产区中黄淮海地区的山东和河南的生产地位进一步增强，而东北三省的地位略有下降，其他省份的生产有所恢复与发展。

2010年，黄淮海地区的山东、河南、河北，东北地区的黑龙江、吉林、辽宁产量均有较大幅度的增加，且产量均超过1 000万t，6省的总产量为10 554.5万t，比重达55.33%，此外，山西、陕西、云南3省的产量较2000年有较为明显的增加，且产量均超过500万t，占全国总产量的比重达10.02%。其中，播种面积大于150万 hm² 的省份有8个，依次为黑龙江、辽宁、河北、河南、山东、内蒙古、吉林、山西，除河北的面积略有下降外，其他7个省份的面积均有所增加，且8省占全国总播种面积的64.2%，同时，云南、甘肃、陕西的播种面积均超过80万 hm²，且较2000年均有所增加。2010年，东北、黄淮海地区仍为我国玉米生产的主要地区，且与2000年相比，玉米生产能力都有所提高，同时，其他省份的玉米生产能力也得到进一步提升。

2018年，东北三省、黄淮海地区的山东、河南、河北以及华北的内蒙古和西南的四川的玉米产量均超过1 000万t，8省的产量较2010年均有大幅度增长，占全国总产量的比重达到74.31%。播种面积大于150万 hm² 的省份分别为河北、山西、内蒙古、辽宁、吉林、黑龙江、山东、河南、四川、云南10个省份，所有省份的播种面积较2010年均有所增加。2018年，我国玉米生产的空间分布与2010年基本相同，玉米主产区的生产地位进一步凸显，生产的空间分异特征更加明显，总体呈北高南低的分布态势（图3）。

2. 全局自相关分析

为深入探究全国各省玉米生产的空间集聚程度，采用 GeoDa 软件对1978—2018年我国玉米产量数据的全局自相关指标进行计算，得到全局 Moran's I 指数和 z 得分，结果如表1所示。

表1 玉米生产全局 Moran's I 指数

年份	Moran's I	P-value	Z-value
1978年	0.29	0.001	3.0073
1979年	0.3422	0.001	3.423
1980年	0.2905	0.001	3.0515
1981年	0.2866	0.001	3.0412
1982年	0.2481	0.004	2.8457
1983年	0.3314	0.001	3.3596

(续表)

年份	Moran's I	P-value	Z-value
1984 年	0.3289	0.001	3.4405
1985 年	0.2856	0.001	3.1394
1986 年	0.3328	0.001	3.4933
1987 年	0.3661	0.001	3.9102
1988 年	0.3766	0.001	3.9992
1989 年	0.3408	0.001	3.4207
1990 年	0.4204	0.001	4.2893
1991 年	0.3997	0.001	4.0733
1992 年	0.4517	0.001	4.5283
1993 年	0.4469	0.001	4.4691
1994 年	0.419	0.001	4.3988
1995 年	0.4368	0.001	4.4174
1996 年	0.477	0.001	4.7484
1997 年	0.4706	0.001	4.6791
1998 年	0.4974	0.001	4.95
1999 年	0.4613	0.001	4.5877
2000 年	0.3656	0.001	3.7331
2001 年	0.4253	0.001	4.2892
2002 年	0.4834	0.001	4.8004
2003 年	0.4694	0.001	4.7078
2004 年	0.4953	0.001	4.9469
2005 年	0.4836	0.001	4.7869
2006 年	0.5254	0.001	5.1425
2007 年	0.5042	0.001	4.9269
2008 年	0.5318	0.001	5.1598
2009 年	0.4963	0.001	4.8315
2010 年	0.5279	0.001	5.1378
2011 年	0.5505	0.001	5.4016
2012 年	0.565	0.001	5.5406
2013 年	0.583	0.001	5.744
2014 年	0.5618	0.001	5.5724
2015 年	0.5663	0.001	5.6419
2016 年	0.5741	0.001	5.6394
2017 年	0.5564	0.001	5.476
2018 年	0.5341	0.001	5.3238

由表 1 可知，1978—2018 年我国玉米生产的全局 Moran's I 指数均为正值，且都通过 99%的置信水平检验（Z 得分>2.58）。结果表明，全国各省的玉米生产在空间上存在显著的正相关性，即各省域之间具有相似玉米产量值的区域存在一定的空间集聚性，玉米生产

高值区与低值区分别相对集聚，且相邻省域的玉米生产对全国各省的玉米生产产生较为显著的影响（图3）。

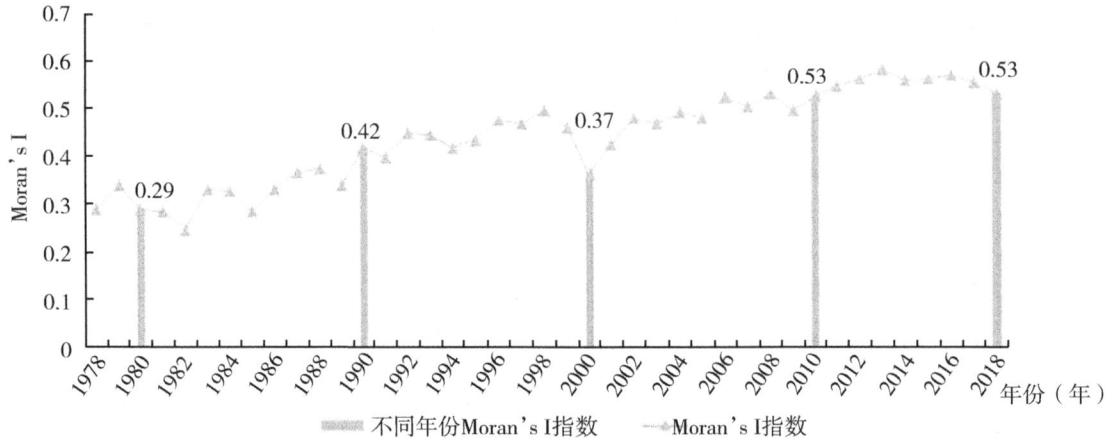

图3 玉米生产全局 Moran's I 指数时序变化

从整体看，我国玉米生产的全局 Moran's I 指数呈波动上升趋势，40 年来，全局 Moran's I 指数值累计增长 0.2441，表明玉米生产的空间集聚性总体上呈波动增强态势。从不同阶段看，1978—1998 年我国玉米生产的空间集聚程度呈波动增长趋势；1998 年后，我国玉米生产的空间集聚程度略有减弱，全局 Moran's I 指数由 1998 年的 0.4974 降低到 2000 年的 0.3656；2000—2018 年我国玉米生产的空间集聚程度呈缓慢增长趋势，且伴随着轻微波动。

从不同年份来看，1980 年玉米生产的全局 Moran's I 指数仅为 0.29；1990 年，全局 Moran's I 指数增至 0.42；到 2000 年，全局 Moran's I 指数较 1990 年减少 0.05，降低为 0.37；2010 年，Moran's I 指数有所增加，增至 0.53。1980—2010 年，我国玉米全局 Moran's I 指数呈现先增加、后减少、再增加的趋势，表明这个阶段内玉米生产的总体集聚程度表现为先增后减再增的趋势，其中，2010 年玉米生产的空间集聚程度最强，1980 年的空间集聚程度弱。

（三）玉米生产区域比较优势分析

1. 规模优势分析

为研究我国玉米生产的规模比较优势情况，对各省的规模优势指数进行计算。吉林、辽宁、北京、天津、河北始终具有较强的规模比较优势，规模优势指数的平均值均大于 1.5，其中，吉林、辽宁、北京的平均规模优势指数值大于 2，规模比较优势最强。其他具有规模比较优势的省份（SAC>1）有山东、云南、陕西、黑龙江、新疆、山西、贵州、内蒙古和河南，而其余省份的规模比较优势不明显。

从 5 个不同时点来看，在全国范围内，东北三省、华北地区的北京、天津、河北、山西、西北地区的陕西、新疆和 3 个零星省份山东、河南和云南一直具有规模比较优势，且规模比较优势指数大多较为稳定，波动幅度较小；而内蒙古在 4 个年份中拥有规模比较优势，而贵州仅有 3 个年份有规模比较优势，2 省规模优势指数波动较大，其中，内蒙古在1990年后开始具有规模比较优势，规模优势指数自1990年以来增加了0.55，增幅为56.12%，随着规模优势指数的不断增大，规模优势逐渐增强；贵州在2000年后不再具有规模比较优势，且规模优势指数逐渐减小，规模优势呈减弱趋势，与1980年相比，2000年的规模优势指数减少了0.84，降幅为48.55%。其余省份基本始终不具有规模优势，少数省份在个别年份具备较弱的规模优势，但平均规模比较优势指数始终较低。

总体而言，玉米生产具有较强规模比较优势的地区主要分布于东北、华北地区，我国北方地区的大部分省份和西南的部分省份基本都具有规模比较优势，表明北方地区的玉米种植规模较大，是我国玉米生产的核心区域。就三大产区而言，北方春玉米和黄淮海夏玉米区一直具有规模比较优势，且北方春玉米区的规模优势较强，而西南玉米区基本不具有规模比较优势。此外，20个主产省自1980年以来始终具有规模比较优势，且平均规模优势指数为1.08，而非主产省不具有规模比较优势（表2）。

表2 三大产区规模比较优势

区域	地区	1980年	1990年	2000年	2010年	2018年	平均
北方春玉米区	内蒙古	0.98	1.06	1.38	1.46	1.53	1.28
	辽宁	2.57	2.32	2.34	2.22	2.16	2.32
	吉林	2.79	3.34	2.70	2.24	2.10	2.63
	黑龙江	1.50	1.55	1.08	1.21	1.23	1.31
	宁夏	0.22	0.56	0.76	0.94	1.17	0.73
	甘肃	0.63	0.55	0.78	1.05	1.06	0.81
	新疆	1.49	1.28	1.23	1.11	1.29	1.28
	平均	1.45	1.52	1.47	1.46	1.51	1.48
黄淮海夏玉米区	河北	1.82	1.58	1.69	1.61	1.46	1.63
	山西	1.23	1.03	1.17	1.66	1.55	1.33
	安徽	0.16	0.35	0.37	0.38	0.43	0.34
	江苏	0.34	0.38	0.38	0.26	0.26	0.32
	山东	1.48	1.56	1.54	1.36	1.30	1.45
	河南	1.11	1.24	1.15	1.01	1.00	1.10
	陕西	1.46	1.31	1.30	1.27	1.09	1.29
	平均	1.09	1.06	1.09	1.08	1.01	1.07
西南玉米区	湖北	0.44	0.39	0.48	0.44	0.45	0.44
	广西	0.79	0.78	0.79	0.62	0.58	0.71
	重庆	—	—	0.85	0.76	0.61	0.74
	四川	0.89	0.92	0.85	0.75	0.82	0.85
	贵州	1.73	1.25	1.09	0.89	0.61	1.11
	云南	1.80	1.45	1.25	1.18	1.19	1.37
	平均	1.13	0.96	0.89	0.77	0.71	0.89

(续表)

区域	地区	1980年	1990年	2000年	2010年	2018年	平均
	3个主产区平均	1.22	1.18	1.15	1.10	1.08	1.08
	北京	2.10	2.45	2.07	2.30	2.00	2.18
	天津	1.75	1.87	1.78	1.86	1.48	1.75
	上海	0.11	0.13	0.09	0.08	0.04	0.09
	浙江	0.11	0.08	0.11	0.08	0.14	0.10
	福建	0.00	0.05	0.09	0.13	0.10	0.07
	江西	0.01	0.02	0.04	0.02	0.03	0.02
	湖南	0.16	0.12	0.26	0.21	0.21	0.19
	海南	—	0.13	0.16	0.18	—	0.16
	广东	0.05	0.08	0.27	0.23	0.16	0.16
	西藏	0.01	0.02	0.02	0.02	0.03	0.02
	青海	—	—	0.03	0.15	0.18	0.12
	全国平均	0.99	0.96	0.91	0.89	0.68	0.90

2. 效率优势分析

运用效率比较优势指数公式对各省玉米生产的效率比较优势情况进行测算。从效率比较优势指数的平均值来看，1978—2018年，平均值大于1.5的省份有青海、宁夏、内蒙古，表明3个省份具有较强的效率比较优势，其中，青海的效率比较优势最强。其他具有效率比较优势（EAI>1）的省份为山西、甘肃、黑龙江、陕西、西藏、贵州、新疆、河北、天津、山东、吉林、辽宁，而其余省份的平均值均小于1，即不具有效率比较优势。

从5个不同时点来看，东北地区的黑龙江，西北地区的青海、宁夏、甘肃、陕西和华北地区的山西、内蒙古的效率比较优势指数始终大于1，表明这些省份在1980—2018年始终具有效率比较优势。其中，内蒙古的效率比较优势指数波动较大，其余省份的波动较小，7个省份效率比较优势指数值均呈减小趋势，效率优势逐渐减小。在大部分年份中具有效率比较优势的省份有吉林、新疆、河北、河南、贵州、云南、西藏、北京8个省份，其中，贵州、云南在2000年后开始具有效率比较优势，效率优势在波动中逐渐增强，到2010年达到峰值，之后又有所减弱；河南、河北的效率比较优势指数均呈逐渐减小态势，并在2010年后效率比较优势指数小于1，即不具有效率比较优势；新疆、西藏除2010年、2000年不具有效率比较优势外，其余年份均具有效率比较优势；吉林、北京分别在多数年份中具有效率优势，仅个别年份不具有效率优势。其他少数省份在个别年份的效率比较优势指数大于1，部分省份在5个年份的指数值一直小于1，这些省份的平均效率比较优势指数始终小于1，即基本始终不具有效率比较优势。

总体来说，东北地区、西北地区和华北地区一直以来在玉米生产效率方面相比其他地区都具有一定优势，个别年份不同省份效率优势度有所差异，体现了在大北方地区玉米生产的效率比较优势，这些地区基本都是我国玉米传统优势区。就三大玉米主产区而言，北方春玉米区效率比较优势变化总体平稳，而黄淮海夏玉米区和西南玉米区效率比较优势有一定起伏，其中，黄淮海夏玉米区效率比较优势呈下降趋势，西南玉米区与之相反，近年主要为增加趋势，表明两个区域在生产效率方面不同的变化情况（表3）。

表3 三大产区效率比较优势

区域	地区	1980年	1990年	2000年	2010年	2018年	平均
北方春玉米区	内蒙古	1.83	1.76	1.60	1.35	1.27	1.56
	辽宁	1.07	1.06	0.90	0.91	0.90	0.97
	吉林	1.08	1.03	0.98	1.01	0.94	1.01
	黑龙江	1.21	1.30	1.25	1.08	1.10	1.19
	宁夏	1.65	1.63	1.85	1.56	1.30	1.60
	甘肃	1.47	1.40	1.65	1.23	1.23	1.40
	新疆	1.12	1.09	1.22	0.88	1.09	1.08
	平均	1.35	1.32	1.35	1.15	1.12	1.26
黄淮海夏玉米区	河北	1.22	1.06	1.01	0.95	0.92	1.03
	山西	1.59	1.42	1.55	1.32	1.18	1.41
	安徽	0.85	0.78	1.04	0.82	0.88	0.87
	江苏	0.85	0.85	0.89	0.81	0.80	0.84
	山东	1.20	0.98	1.08	0.99	0.96	1.04
	河南	1.15	1.08	1.00	0.91	0.91	1.01
	陕西	1.28	1.09	1.27	1.11	1.12	1.17
	平均	1.16	1.04	1.12	0.99	0.97	1.06
西南玉米区	湖北	0.65	0.58	0.89	0.81	0.65	0.72
	广西	0.60	0.52	0.67	0.78	0.88	0.69
	重庆	—	—	0.92	0.97	0.98	0.96
	四川	1.03	0.84	0.83	0.88	0.95	0.91
	贵州	0.97	0.91	1.18	1.36	1.02	1.09
	云南	0.86	0.84	1.12	1.09	1.07	1.00
	平均	0.82	0.74	0.94	0.98	0.93	0.88
3个主产区平均		1.11	1.03	1.14	1.04	1.00	1.00
	北京	1.17	0.93	0.86	1.00	1.02	1.00
	天津	1.22	0.97	0.81	0.98	0.91	0.98
	上海	0.96	0.97	0.98	0.93	0.80	0.93
	浙江	0.49	0.37	0.68	0.66	0.63	0.57
	福建	—	0.35	0.60	0.64	0.67	0.57
	江西	0.34	0.38	0.64	0.79	0.70	0.57
	湖南	0.33	0.35	0.76	0.89	0.82	0.63
	海南	—	0.52	0.73	0.95	—	0.73
	广东	0.37	0.43	0.70	0.78	0.75	0.61
	西藏	1.29	1.08	0.94	1.22	1.15	1.14
	青海	—	—	2.07	2.14	1.57	1.93
全国平均		1.03	0.92	1.05	1.03	0.97	1.01

3. 综合比较优势分析

综合比较优势指数可以全面反映玉米生产的优势程度。运用综合比较优势指数公式对各省玉米生产的综合比较优势情况进行测算，结果如图5所示。从综合比较优势指数的平均值来看，1978年以来，吉林、辽宁、北京3省（市）的综合比较优势较强，且平均指数值均大于1.5。此外，黑龙江、内蒙古、河北、天津、山东、河南、山西、陕西、宁夏、甘肃、新疆、贵州、云南13省（区、市）均具有综合比较优势（AAI>1），而其余省份均不具有综合比较优势，即平均指数值小于1。

从5个不同时点来看，1980年以来，始终具有综合比较优势的有东北三省、华北地区的内蒙古、河北、山西、北京、天津和3个零星省份山东、陕西、云南，除内蒙古外，其他10个省（区、市）的综合比较优势指数呈缓慢减小趋势，其中，吉林、河北的减幅较大。宁夏、甘肃、新疆、河南、贵州等5个省（区、市）在大部分年份具有综合比较优势，其中，宁夏和甘肃的综合优势呈逐渐增强的趋势，而新疆、河南和贵州3个省（区）在波动中略有减弱。此外，宁夏、甘肃自2000年起具有综合比较优势，新疆、河南从2010年开始不具有综合比较优势，其中新疆在2018年再次具有综合优势。贵州在2018年的综合比较优势不明显。而其他省份的平均综合比较优势指数值始终小于1，即这些省份一直不具有综合比较优势。

在玉米生产方面，具有综合比较优势的省份主要集中在东北地区、华北地区和西北地区，总体为北方省份，说明北方地区在玉米生产方面具有一定的优势，作为一种干旱半干旱地区主要种植的农作物在北方地区具有天然的种植优势。但北方地区不同省份在不同时点上玉米生产方面的优势情况有所变化，如宁夏和甘肃的综合比较优势有增加趋势，而河南、贵州等省略有减少，表明不同省份由于玉米生产条件的变化所出现了玉米综合比较优势的变化。就三大不同产区而言，北方春玉米区虽然一直具有综合比较优势，但从时间序列看有先增后减的情况出现，说明北方春玉米区的优势并不稳定。而黄淮海夏玉米区综合比较优势有所起伏，至2018年降至1以下，不再具有优势。西南玉米区一直以来都不具有综合比较优势，且有不断减小的趋势（表4）。

表4 三大产区综合比较优势

区域	地区	1980年	1990年	2000年	2010年	2018年	平均
北方春玉米区	内蒙古	1.34	1.36	1.49	1.40	1.39	1.40
	辽宁	1.66	1.57	1.45	1.42	1.39	1.50
	吉林	1.74	1.86	1.63	1.51	1.40	1.63
	黑龙江	1.35	1.42	1.16	1.14	1.16	1.25
	宁夏	0.60	0.95	1.19	1.21	1.24	1.04
	甘肃	0.96	0.88	1.13	1.14	1.14	1.05
	新疆	1.29	1.18	1.22	0.99	1.19	1.17
	平均	1.28	1.32	1.32	1.26	1.27	1.29

(续表)

区域	地区	1980年	1990年	2000年	2010年	2018年	平均
黄淮海夏玉米区	河北	1.49	1.30	1.30	1.23	1.16	1.30
	山西	1.40	1.21	1.35	1.48	1.35	1.36
	安徽	0.37	0.52	0.62	0.55	0.62	0.54
	江苏	0.54	0.57	0.58	0.46	0.46	0.52
	山东	1.33	1.24	1.29	1.16	1.12	1.23
	河南	1.13	1.16	1.07	0.96	0.95	1.05
	陕西	1.36	1.20	1.29	1.19	1.10	1.23
	平均	1.09	1.03	1.07	1.00	0.97	1.03
西南玉米区	湖北	0.54	0.48	0.65	0.60	0.54	0.56
	广西	0.69	0.64	0.72	0.69	0.71	0.69
	重庆	—	—	0.88	0.86	0.77	0.84
	四川	0.95	0.88	0.84	0.81	0.88	0.87
	贵州	1.29	1.06	1.13	1.10	0.79	1.07
	云南	1.25	1.10	1.19	1.13	1.13	1.16
	平均	0.94	0.83	0.90	0.80	0.80	0.80
3个主产区平均		1.10	1.06	1.10	1.04	1.01	1.01
	北京	1.57	1.51	1.33	1.52	1.43	1.47
	天津	1.46	1.34	1.20	1.35	1.16	1.30
	上海	0.33	0.36	0.30	0.26	0.18	0.29
	浙江	0.24	0.17	0.27	0.24	0.30	0.24
	福建	—	0.02	0.06	0.08	0.06	0.06
	江西	0.06	0.08	0.15	0.12	0.14	0.11
	湖南	0.23	0.21	0.44	0.43	0.41	0.34
	海南	—	0.26	0.34	0.41	—	0.34
	广东	0.14	0.18	0.43	0.43	0.34	0.30
	西藏	0.10	0.13	0.12	0.17	0.18	0.14
	青海	—	—	0.25	0.57	0.53	0.45
	全国平均	0.94	0.86	0.87	0.86	0.84	0.85

四、结论与建议

本文运用经验模态分解模型、探索性空间数据分析和比较优势分析法对1978—2018年玉米生产空间格局演变的特征进行研究，揭示了玉米生产的时序变化特征、空间格局特征和比较优势情况，总结了玉米空间格局演变规律，并提出了玉米生产的政策建议。主要结论如下。

（1）从玉米生产的时序变化特征看，1978年以来，我国玉米的产量和播种面积总体上呈波动增长态势。玉米生产可以划分为4个阶段：1978—1984年是平稳增长阶段；1985—1993年是快速增长阶段；1994—2003年是生产波动阶段；2004—2018年是恢复增长阶段。从玉米生产空间格局特征看，在全国范围内，玉米生产南北分异较大，始终以东北、黄淮海地区为核心，且生产地位逐渐增强。

（2）分析玉米生产空间格局特征可知，我国玉米的空间集聚性总体上呈增强趋势，且伴随着一定的波动。从时间看，我国玉米空间聚集程度在 1978—2018 年间波动上升，2010 和 2018 年达到高峰。从全国看，玉米主产区的生产地位进一步凸显，生产的空间分异特征更加明显，总体呈北高南低的分布态势。

（3）从玉米生产区域比较优势看，1978—2018 年，玉米生产具有较强规模比较优势和综合比较优势的区域主要分布于东北、华北地区，具有较强效率比较优势的区域集中于东北、华北和西北地区。就三大产区而言，北方春玉米和黄淮海夏玉米区一直具有规模比较优势，且北方春玉米区的规模优势较强，而西南玉米区从 1990 年开始基本不具有规模比较优势。

基于以上研究结论，本文提出以下政策建议：

第一，推动玉米主产区不同省份良性互动，有效促进玉米生产空间集聚。研究结果表明，玉米生产在地区间存在强烈的空间正相关性。应根据玉米生产的省域、地区特征因地制宜地采取政策措施。从时间和空间两个层次合理布局玉米生产，引导玉米产业结构合理调整。加强邻近省份间的交流与合作，分享农业科技、信息等资源，正确引导和促进不同地区玉米产业健康发展。

第二，保护玉米耕种土地，优化玉米种植结构。耕地资源是玉米种植面临的首要资源约束。随着城镇化的快速发展，我国的优质耕地面积在减少。因此，在玉米生产过程中，要协调处理好城镇化与玉米生产的关系，重视玉米耕地保护，严惩非法用途占用玉米耕地。同时，以城镇化为发展契机，引导农民进行土地流转，优化玉米种植结构。

第三，提高劳动者种植技能和玉米生产技术水平。提高农业劳动人员的种田技能，通过专业培训、定期进修等多种途径，提升劳动人员的素质，培养一批懂技术、懂生产的新型农民。在平原地区，要大力提高玉米全程机械化水平，扩大玉米机耕、机播、机收等全程机械作业面积。在山地、丘陵等地区，可适宜推广小型农业机械，解决山区机械化生产难题。

第四，加大农业政策扶持力度，调动农户生产积极性。完善玉米价格政策，加大对玉米种植户农业机械购买补贴，稳定玉米种植户的收益，调动农户生产积极性。加大农业财政投入力度与农村人才队伍建设，加强农业科技财政投入，完善农业生产基础设施，吸纳专业技能人员、种植能手到农业生产，为玉米稳定生产提供强有力的政策保障。

参考文献

程叶青，张平宇，2005. 中国粮食生产的区域格局变化及东北商品粮基地的响应[J]. 地理科学（5）：3-10.

黄爱军，1995. 我国粮食生产区域格局的变化趋势探讨[J]. 农业经济问题（2）：20-23.

黄季焜，杨军，仇焕广，2012. 新时期国家粮食安全战略和政策的思考[J]. 农业经济问题（3）：4-8.

李欠男，2017. 中国玉米生产空间布局变迁及影响因素研究［J］. 江苏农业科学，45（18）：284-288.

吴文斌，杨鹏，李正国，等，2014. 农作物空间格局变化研究进展评述［J］. 中国农业资源与区划（1）：12-20.

徐志宇，宋振伟，邓艾兴，等，2013. 近30年我国主要粮食作物生产的驱动因素及空间格局变化研究［J］. 南京农业大学学报（1）：79-86.

杨春，陆文聪，2010. 基于空间计量经济模型的县域粮食生产区域格局研究［J］. 农业技术经济（5）：24-29.

张莉，吴文斌，杨鹏，等，2013. 黑龙江省宾县农作物格局时空变化特征分析［J］. 中国农业科学，46（15）：3 227-3 237.

竺三子，2015. 安徽省玉米生产布局变迁及优化研究［D］. 合肥：安徽农业大学.

CANISIUS F, TURRAL H, MOLDEN D, 2007. Fourier analysis of historical NOAA time series data to estimate bimodal agriculture［J］. International Journal of Remote Sensing, 28（24）：5 503-5 522.

GAO J, LIU Y, 2011. Climate warming and land use change in Heilongjiang Province, Northeast China［J］. Applied Geography, 31（2）：476-482.

HUANG, N. E, SHEN Z, LONG, S R, et al., 1998. The empirical mode decomposition and the Hilbert spectrum fornonlinearand nonstationary time series analysis［J］. Proceedings of the Royal Society of land A, 454（1971）：903-995.

JAKUBAUSKAS M E, LEGATES D R, KASTENS J H, 2002. Crop identification using harmonic analysis of time-series AVHRR NDVI data［J］. Computers and Agriculture, 37：127-139.

TAN G, SHIBASAKI R, 2003. Global estimation of crop productivity and the impacts of global warming by GIS and EPIC integration［J］. Ecological Modelling, 168：357-370.

VERBURG P H, MERTZ O, et al., 2013. Land system change and food security: toward multi-scale land system solutions［J］. Current Opinion in Environmental Sustainability, 5（5）：494-502.

马铃薯种植生态适宜性区划研究
——以吉林省为例

朱娅秋　何英彬

摘　要：吉林省是我国马铃薯主产区之一，马铃薯产业作为主粮化战略对象，在全省农业生产结构中发挥着巨大发展潜力，对吉林省整体经济发展具有深刻意义。因此，为合理利用吉林省自然资源、优化马铃薯种植布局，将有限的自然资源样本点数据转化为连续的面数据进行区划分析，将区划理论与计算机技术有机结合，基于GIS开展吉林省马铃薯种植生态适宜性区划研究具有重要意义。以吉林省地形地貌数据、气象数据、土壤机械组成及理化特性数据为马铃薯种植适宜性评价准则层，结合前人研究成果及实际生产资料，选定海拔高度、坡度、坡向、山体遮蔽度、生育期平均气温、7—8月昼夜温差、生育期降水量、生育期日照时数、≥10℃活动积温、7月平均气温、7—8月降水量、砂粒含量、粉粒含量、黏粒含量、土壤pH值、有机质含量、速效钾含量、碱解氮含量、有效磷含量作为区划指标变量，构建出吉林省马铃薯种植生态适宜性评价指标体系。通过专家打分与层次分析法相结合确定区划指标权重，再综合应用AHP加权PCA法对马铃薯种植的地形地貌因子、气候因子、土壤因子进行了精细化评价，应用GIS技术对研究区域生态环境的空间分布特征进行分析，对吉林省农业自然资源进行综合评价，按最适宜、适宜、次适宜、不适宜4个等级划分吉林省马铃薯种植生态适宜性。主要研究结论如下：吉林省马铃薯种植生态最适宜区主要分布在中部平原与丘陵地带，占总面积的42.09%；生态适宜区主要分布中西部松辽平原地区，占总面积的22.24%；生态次适宜区主要分布在中东部低山地区，占总面积的33.48%；生态不适宜区主要分布在长白山南部及敦化市北部等高山地带，占总面积的2.19%。将区划结果与吉林省马铃薯种植状况进行对比，验证了以上区划方法的科学性和合理性。研究结果可为吉林省各区县马铃薯种植生产布局、基地建设提供参考依据。

关键词：适宜性评价；AHP加权PCA；克里金插值；吉林省；马铃薯

Study on Ecological Suitability of Potato Cultivation in Jilin Province Based on GIS

Zhu Yaqiu, He Yingbin

Abstract: Jilin Province is one of the main potato - producing areas in

China. As the strategic object of main grain production, potato industry plays a huge development potential in the agricultural production structure of Jilin Province, which has profound significance for the overall economic development of Jilin Province. Therefore, in order to reasonably utilize the natural resources of Jilin Province and optimize the layout of potato planting in Jilin Province, it is of great significance to transform the limited natural resource sample point data into continuous area data for zoning analysis, and combine the zoning theory with computer technology organically, so as to carry out the research on the ecological suitability zoning of potato planting in Jilin Province Based on GIS.

Based on the terrain and physiognomy data, meteorological data, land mechanical composition and physical and chemical characteristics data of Jilin Province as the evaluation criteria layer of potato planting suitability, combined with previous research results and actual production data, the altitude, slope, slope direction, mountain shelter, average air temperature during the growth period, temperature difference between day and night in July and August, precipitation during the growth period, sunshine hours during the growth period, and active accumulated temperature of $\geqslant 10℃$ were selected, average temperature in July, precipitation from July to August, sand content, silt content, clay content, land pH value, organic matter content, available potassium content, alkali hydrolyzed nitrogen content, and available phosphorus content were used as the index variables to construct the ecological suitability evaluation index system of potato planting in Jilin Province. Through the combination of expert scoring and analytic hierarchy process to determine the weight of zoning indicators; AHP weighted PCA method was used to evaluate the topography, climate and land factors of potato planting. GIS technology was used to analyze the spatial distribution characteristics of the ecological environment in the study area. The agricultural natural resources in Jilin Province were evaluated comprehensively. The ecological suitability of potato planting in Jilin Province was divided into the most suitable, suitable, sub suitable and unsuitable four grades Suitability.The main conclusions are as follows: The most suitable area for potato planting ecology in Jilin Province is mainly distributed in the central plain and hilly area, accounting for 42.09% of the total area; the suitable area is mainly distributed in the central and Western Songliao plain area, accounting for 22.24% of the total area; the sub suitable area is mainly distributed in the middle and Eastern low mountain area, accounting for 33.48% of the total area; the unsuitable area is mainly distributed in the Changbai Mountain, Dunhua City and other high mountain areas, accounting for 2.19% of the total area. The results of the division were compared with the potato planting situation in Jilin Province, which verified the rationality of the above division methods. The results of the study can provide reference for potato planting production layout and base construction in Jilin Province.

Key words: suitability evaluation；AHP weighted PCA；Kriging；Jilin；Potato

马铃薯在支持工业发展、粮食安全及农业生产等方面占有重要战略地位，日渐成为我国最有发展前景的高产经济作物之一。近年来，中国马铃薯种植面积逐年增加，2015 年，我国正式提出马铃薯主粮化战略，对粮食农产品结构作出战略调整。马铃薯产业是确保粮食安全、发展地域经济的支柱产业，其种植面积、单产水平、总产量和主粮化产品在马铃薯总消费量中的比重均有显著提升。吉林省大部分地区具有适宜马铃薯生长的天然条件，并已建立多个马铃薯生产加工、种薯繁育基地，种植面积不断扩大，但随着全球气候变暖的影响，马铃薯生长发育过程受到气候变化因素制约，对各地区马铃薯生产种植造成不同程度影响（余欣荣，2015；姚玉璧等，2017；刘合光等，2013；杨亚东等，2018；徐飞等，2018）。

吉林省是我国马铃薯主产区之一，也是东北老工业基地，但近年工业发展速度减缓，而马铃薯产业作为主粮化战略对象，在农业生产结构中拥有最大发展潜力，对吉林省整体经济发展具有重要影响。因此，开展吉林省马铃薯种植生态环境适宜性评价研究具有实际意义，有助于合理利用吉林省自然资源，为吉林省的马铃薯种植布局优化提出科学建议，同时，也为全国范围内的马铃薯种植优势区域体系建立提供依据。

一、研究背景

目前，国内针对马铃薯的研究多集中在生物学特性、耕作制度、种植模式、产业分布等方面。最初常采用综合考虑海拔、坡度、坡向、气候因子、土壤环境因子进行空间统计分析，得到马铃薯种植适宜性评价等级分类，选定相应的隶属函数并确定其隶属值，再通过层次分析法确定指标权重，运用综合评价模型计算得到适宜性评价分值（马云强等，2012；付彩菊，2011；魏亚雯，2011）。同时，利用耕地资源管理系统，依据马铃薯种植区域土壤的 pH 值及养分含量等理化性质对马铃薯种薯繁育基地的耕地地力，结合马铃薯生长发育、产量进行分析，以获得马铃薯在研究区内的种植适宜性评价，对马铃薯产业发展提出建议。随着全球变暖，温度升高，关于马铃薯种植对气候变化的响应、马铃薯生长最适宜气候条件等问题也成为研究热点，大部分研究侧重气候变化对各地区马铃薯种植适宜性的影响研究较多（王彦平等，2018；王春玲等，2017；金林雪等，2018；罗孳孳等，2014）。马铃薯生产容易受到种植环境影响，尤其在马铃薯开花—收获时期影响较大。有关学者通过结合气象产量筛选关键气候因子，从大尺度时间和空间上对马铃薯气候种植适宜性进行评价，同时也有学者展开马铃薯气候区划研究，并取得了丰硕成果，提出应注意马铃薯种植环境水热条件的科学管理，合理利用气候资源。综合来看，过去的研究缺乏对马铃薯种植适宜程度受自然、经济、政策、人口等因素影响的整体考察，且研究方法单一、精度偏低，有待进一步完善。

在吉林省关于马铃薯种植结构、育种栽培、产业加工发展、品种脱毒育种及其市场情况等定性研究成果丰富。目前，吉林省马铃薯以农户为主要生产单位，种植规模小，集约化生产能力不强，没有形成大规模产业化生产基地，种植技术参差不齐，栽培管理粗放，整体水平不高，生产存在盲目性（姜成模等，2008）。为最大限度地挖掘马铃薯的增产潜力，刘峰等（2009）利用比较优势理论测算马铃薯在吉林省种植结构中的比较优势，判定马铃薯在吉林省的发展方向和空间。李闯等（2017）采用科学的办法对地区常种的马铃薯品种进行筛选实验，选出适宜本地区大面积推广种植的马铃薯新品种，为农民正确选种提供理论依据。大多数集中在种植结构、育种栽培等微观层面，而在宏观视角方面也过于偏重分析人文要素对马铃薯的影响，在定量化综合分析自然因素方面有所欠缺。需进一步在吉林省开展马铃薯种植生态适宜性精细化研究。

二、研究意义

近年来，由于国家对粮食种植结构调整，马铃薯生产呈现出良好势头，马铃薯的种植面积逐年扩大，单产逐步提高，生产效率销量上升，发展马铃薯产业的潜力很大。但是现吉林省马铃薯种植生产仍以农户分散种植为主，适宜与不适宜种植，种植效果好坏仅凭经验判断，缺乏一个科学的区分依据。选择吉林省作为研究区域，从马铃薯种植适宜性切入，对吉林省马铃薯种植适宜性进行评价，将对吉林省农产品种植布局调整产生重要的指导性意义，其在粮食安全方面将发挥更加重要的作用。

通过采用GIS技术和数理统计方法，结合马铃薯生长发育的生物学特性，对吉林省不同地区马铃薯种植的地形地貌、气候、土壤环境条件进行精细化分析，科学合理地对吉林省马铃薯种植区域的生态适宜性进行划分，充分利用吉林省的自然资源禀赋，结合交通区位、政策等因素提出布局优化建议，以提高马铃薯生产的产量和品质，推动吉林省马铃薯产业的发展。

三、吉林省马铃薯种植生态环境空间分布特征分析

（一）研究区域及基本资料概况

吉林省（121°38′~131°19′E，40°50′~46°19′N）地处我国东北地区的中部，南为辽宁，西接内蒙古，北邻黑龙江，东面与俄罗斯接壤，东南与朝鲜一江之隔，全境东西最长约为750km，南北最宽约为600km，总面积18.74万km²，占中国国土面积的2%，辖8个地级市、1个自治州。吉林省地貌形态差异明显，海拔0~2691m，地势总体呈东南向西北倾斜，以中部大黑山为界，分为中西部平原和东部山地。吉林省地处北半球的中纬度带，欧亚大陆的东部，是我国温带的最北端，接近亚寒带，省内气候存在明显的季节变化和地域差异，从东向西北由湿润气候过渡到半湿润气候再到半干旱气候，四季分明，雨热同季。

所用数字高程模型（DEM）数据来源于地理空间数据云平台的SRTM数据源，分辨率为90m。选取吉林省1951—2016年4月1日到9月31日期间，共计51个国家基本气象站点观测的日平均气温、最高气温、最低气温、日降水量、日照时数等逐日气象资料进行分析研究。土壤数据主要包括两种类别。Ⅰ类土壤数据即为土壤机械组成，数据来源于国家科技基础条件平台——土壤科学数据中心——全国第二次土壤普查典型土种的剖面数据

库，选择各样点土壤发生层次序号为1，厚度为20~50cm的土壤机械组成数据进行分析，包括吉林省各市县土壤砂粒、粉粒和黏粒含量。Ⅱ类土壤数据即指土壤理化特性，该数据为吉林省土壤肥料总站提供，包括吉林省各市县2018年土壤pH值及养分含量数据，其中，Ⅰ类土壤样本点有81个，Ⅱ类土壤样本点有79个（图1、图2）。

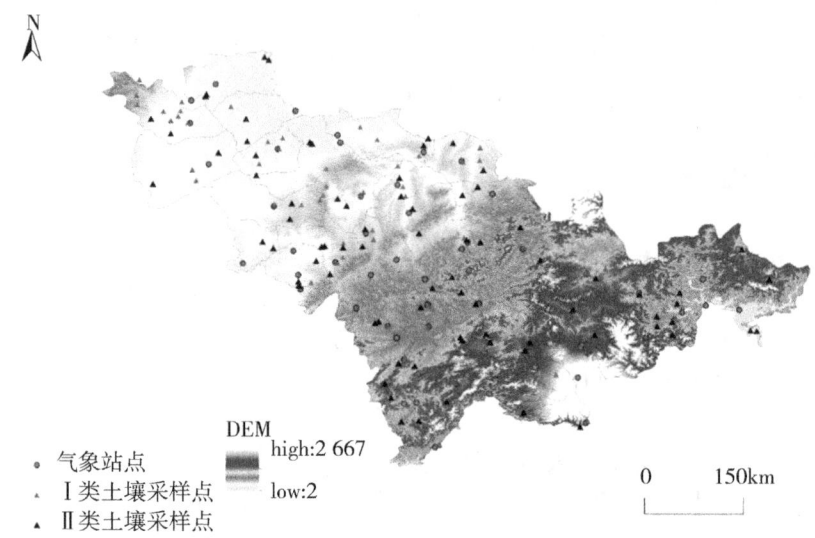

图1 研究区域气象站点及土壤采样点分布

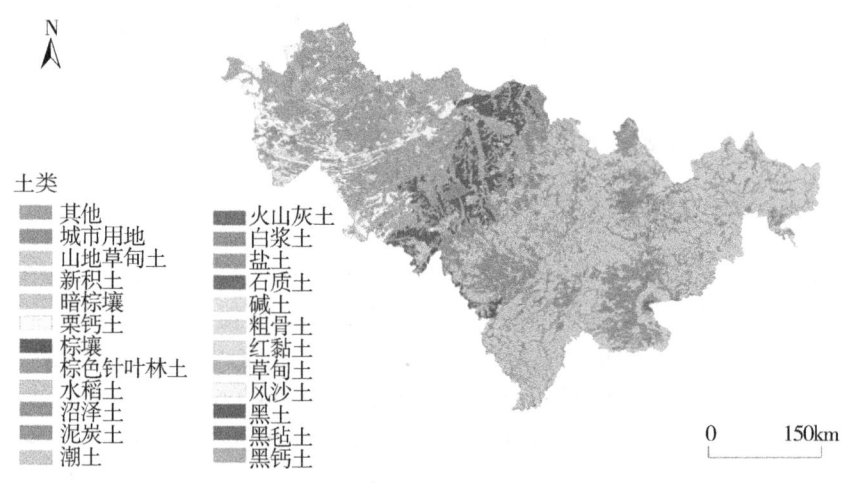

图2 吉林省土壤类型分布

（二）数据空间化

1. 气象数据空间化

在ArcGIS平台加载吉林省行政区划图层，提取出吉林省经度、纬度、海拔高度等空间信息，将它们以栅格数据的形式进行存储。由于通过栅格插值运算所生成的表面通常可以使用多种方法来实现，本文将采用0.01°×0.01°网格作为可推算的最小空间单元，建立基于地理关系的马铃薯种植气候因子空间分析模型推算各气候要素，采用 GIS 空间叠置分析方法，在 ArcGIS 10.4 软件的空间分析模块下，运用栅格计算器进行图层间的数学运算，使得所有关键气象因子推算值均插值到 0.01°×0.01°网格数据点上，实现各气候区划因子的空间连续分布。

首先，对气象数据进行统计运算，各站点气象数据结合马铃薯种植气候适宜性关键影响因子进行分时间段、分类别整理，完成各站点气象因子与各地理因子的相关性分析和多元回归分析，建立吉林省马铃薯种植气候区划因子的地理模型（表1）。由于昼夜温差与经纬度相关性极低，不适宜建立气候地理空间模型，故采用吉林省 7—8 月最高温（T_{max}）和 7—8 月最低温（T_{min}）两者之差计算得出吉林省 7—8 月昼夜温差的栅格图层。

吉林省地形地貌复杂，由东南至西北方向海拔逐级降低，省域内平原与山地间地理环境差异明显，导致当地各气候要素随着地理环境改变，气候资源呈现立体多样性。因此，为满足马铃薯种植气候适宜性精细化区划的要求，采用数理统计方法基于各站点气象资料与地理信息建立区划指标的空间分析模型，推算其余无气象站点区域的气候区划指标分布状况。气候区划指标与地理因子的关系计算式为：

$$F = f(\lambda, \varphi, h) + \varepsilon \tag{1}$$

式中，F 为气候区划指标的栅格点模拟值；λ，φ，h 分别代表经度（°）、纬度（°）、海拔高度（m）；函数 $f(\lambda, \varphi, h)$ 称为区划指标的气候学方程；ε 为局部小地形和随机因素对气候的影响，即综合地理残差项。

表1 吉林省马铃薯气候区划因子的空间分析模型

区划指标	地理关系模型	相关系数	F 值
$\sum T_{\geq 10℃}$	$\sum T_{\geq 10℃} = 14\,678.9120 - 74.5576\lambda - 48.0353\varphi - 1.0841h$	0.9857	582.11**
T_{ave}	$T_{ave} = 71.7120 - 0.3416\lambda - 0.2414\varphi - 0.0053h$	0.9870	640.38**
T_7	$T_7 = 87.4942 - 0.4309\lambda - 0.2136\varphi - 0.0054h$	0.9858	586.35**
T_{max}	$T_{max} = 77.1413 - 0.2492\lambda - 0.3885\varphi - 0.0065h$	0.9621	207.31**
T_{min}	$T_{min} = 69.0504 - 0.2778\lambda - 0.3541\varphi - 0.0049h$	0.9739	306.82**
R	$R = 4\,512.7928 - 7.0284\lambda - 71.9994\varphi + 0.0971h$	0.8016	29.36**
R_{7-8}	$R_{7-8} = 3\,517.1531 - 9.1928\lambda - 47.4222\varphi - 0.0269h$	0.7370	19.82**
S	$S = 3\,831.9694 - 41.0699\lambda + 62.3685\varphi$	0.9180	83.99**

注：λ 为经度，°；φ 为纬度，°；h 为海拔高度，m。**：通过信度 $\alpha = 0.001$ 的显著性检验。

受局部地形和随机因素的影响，气候因子变化存在随机性，会造成气候地理模型计算上的误差，因此，将综合地理残差项 ε 的栅格点模拟值采用反距离权重插值法（陈鹏翔等，2012）计算，具体插值计算公式为：

$$\varepsilon = \sum_{i=1}^{n} \frac{\varepsilon_i}{d_i^k} \bigg/ \sum_{i=1}^{n} d_i^k \tag{2}$$

式中，ε 为气候要素残差项的栅格点模拟值；n 为用于插值的气象站点数目；ε_i 为第 i

个气象站点气候要素的残差值;d_i 为插值的栅格点与第 i 个气象站点之间的欧氏距离;k 为距离的幂。

2. 土壤机械组成数据空间化

土壤机械组成又称土壤质地,是指各粒级土粒在土壤中的相对比例。本文利用 SPSS 22.0 对研究区土壤砂粒(2~0.02mm)、粉粒(0.02~0.002mm)及黏粒(<0.002mm)的含量组成情况进行一般性描述统计。由表2可知,在吉林省研究区域样点分布范围内,砂粒含量的分布区间为 0~86.62%,粉粒含量的分布区间为 2.75%~51.57%,黏粒含量的分布区间为 7.32%~54.86%。从土壤颗粒的变异系数可以看出,研究区内土壤不同颗粒组成分布均存在一定的空间变异性,其中,土壤粉粒含量数据变异系数最高,达到 52.62%,其次为砂粒 46.28%,黏粒含量的变异系数最小,为 39.93%。按照变异系数划分标准,变异系数 C_V<10% 为弱变异性,10%≤C_V≤100% 为中等强度变异,C_V>100% 为强变异性,该地区土壤砂粒、粉粒、黏粒的分布均属于中等强度变异范围。

表2 吉林省土壤机械组成统计特征

颗粒类型	粒径大小(mm)	样本数	最大值(%)	最小值(%)	均值(%)	中位数	标准差	偏度	峰度	变异系数(%)
砂粒	2~0.02	81	86.62	0.00	46.31	47.39	21.43	-0.40	0.11	46.28
粉粒	0.02~0.002	81	51.57	2.75	26.35	26.64	13.86	0.02	-1.12	52.62
黏粒	<0.002	81	54.86	7.32	23.35	23.28	9.32	0.79	1.39	39.93

土壤机械组成作为成分数据,是一种三维数据,为满足其空间插值的非负、定额、线性无偏和最优要求,通常需要对其进行转换处理。球坐标转换法能够满足土壤机械组成的空间插值要求,其计算量小,不需要考虑零值,转换后的土壤机械组成数据插值精度高(李贞等,2018)。球坐标转换(Spherical Coordinate Transform,SCT)是将原始成分数据由直角坐标系转换到球坐标系。在空间上的第 i 个点具有 p 种成分,由于定和限制,ui,1+ui,2+…+ui,p=1,则对成分各分量 ui=(ui,1,ui,2,…,ui,p)开根号,$u'I$,j=(ui,j) 0.5(j=1,2,…,p)做简单的非线性变换,此时有 ($u'i$,1) 2+($u'i$,2) 2+…+($u'i$,p) 2=1,则 $u'i$=($u'i$,1,$u'i$,2,…,$u'i$,p) ∈RP 分布在一个半径为 1 的 P 维超球面上,因此,可将 ui=(ui,1,ui,2,…,ui,p)(i=1,2,…,n)从直角坐标系变换到球坐标系(r,θi,2,…,θi,p)∈ΘP,具体映射公式为:

$$\begin{cases} \theta_{i,p} = \arccos u'_{i,p} \\ \theta_{i,p-1} = arccos \dfrac{u'_{i,p-1}}{\sin\theta_{i,p}\sin\theta_{i,p-1}} \\ \theta_{i,p-2} = \arccos \dfrac{u'_{i,p-2}}{\sin\theta_{i,p}\sin\theta_{i,p-1}} \quad (i=1,2,\cdots,m) \\ \vdots \\ \theta_{i,2} = arccos \dfrac{u'_{i,2}}{\sin\theta_{i,p}\sin\theta_{i,p-1}\cdots\sin\theta_{i,3}} \end{cases} \quad (3)$$

由球坐标系转回直角坐标系为：

$$\begin{cases} u_{i,1} = (\sin\theta_{i,2}\sin\theta_{i,3}\sin\theta_{i,4}\cdots\sin\theta_{i,p})^2 \\ u_{i,2} = (\cos\theta_{i,2}\sin\theta_{i,3}\sin\theta_{i,4}\cdots\sin\theta_{i,p})^2 \\ \quad u_{i,3} = (\cos\theta_{i,3}\sin\theta_{i,4}\cdots\sin\theta_{i,p})^2 \quad (i=1,2,\cdots,m) \\ \quad\quad\vdots \\ \quad u_{i,p} = (\cos\theta_{i,p})^2 \end{cases} \quad (4)$$

式中，$u_{i,j}$ 为第 i 个样点上第 j 中成分的质量分数；$\theta_{i,j}$ 为第 i 个样点上在球坐标系上第 j 个分量，$0<\theta_{i,j}\leq\pi/2$，$j=2,3,\cdots,p_0<\theta_{i,j}\leq\dfrac{\pi}{2}$，$j=2,3,\cdots,p$；$p$ 为成分种类数，取3；m 为样点数。

在球坐标转换方法中，不同成分的排列方式将影响转换后的数据分布，所以黏粒、粉粒、砂粒在不同排列方式下得到的球坐标转换数据分量也有差异。将用 6 种方式对黏粒、粉粒和砂粒进行排序、数据预处理分析，最后选择一种最佳方式参与土壤机械组成分析和空间插值。由于球坐标转换方法会使原始成分数据降维，故经球坐标转换后只有球坐标转换 $\theta_{i,2}$（SCT-$\theta_{i,2}$）、球坐标转换 $\theta_{i,3}$（SCT-$\theta_{i,3}$）两列数据。为探明数据是否服从正态分布和有无比例效应，本文对各组数据平均值和标准差之间是否存在较为明显的线性关系做了分析，并对数据进行了 S-W 检验（表3）。

表3 不同排列方式球坐标转换土壤机械组成描述性统计结果

排列方式	数据类型	均值	中位数	标准差	峰度	偏度	变异系数（%）	S-W检验	Sig.
Sand-silt-clay	SCT-$\theta_{i,3}$	1.07	1.07	0.11	0.54	-0.37	10.35	0.98	0.171
	SCT-$\theta_{i,2}$	1.08	1.05	0.16	-0.47	0.31	14.87	0.97	0.970
Sand-clay-silt	SCT-$\theta_{i,3}$	1.05	1.03	0.17	-0.91	0.30	16.28	0.96	0.013
	SCT-$\theta_{i,2}$	1.09	1.07	0.13	-0.10	-0.03	11.84	0.99	0.441
Silt-sand-clay	SCT-$\theta_{i,3}$	1.07	1.07	0.11	0.54	-0.37	10.35	0.98	0.171
	SCT-$\theta_{i,2}$	0.91	0.86	0.24	2.85	1.74	25.89	0.79	0.000
Silt-clay-sand	SCT-$\theta_{i,3}$	0.85	0.81	0.28	1.73	1.18	33.21	0.87	0.000
	SCT-$\theta_{i,2}$	0.91	0.90	0.20	-0.62	-0.11	22.27	0.98	0.228
Clay-sand-silt	SCT-$\theta_{i,3}$	1.05	1.03	0.17	-0.91	0.30	16.28	0.96	0.013
	SCT-$\theta_{i,2}$	0.90	0.85	0.23	4.31	2.14	25.45	0.70	0.000
Clay-silt-sand	SCT-$\theta_{i,3}$	0.85	0.81	0.28	1.73	1.18	33.21	0.87	0.000
	SCT-$\theta_{i,2}$	0.92	0.91	0.18	-0.10	0.13	19.03	0.99	0.490

如表3所示，比较发现，沙粒—粉粒—黏粒（Sand-silt-clay）排序方式下的两列球坐

标转换数据平均值与中位数接近，峰度与偏度值均小于1，且 Shapiro-Wilk（S-W 检验）值均接近1，显著水平大于0.05，说明两列数据近似符合正态分布；砂粒—黏粒—粉粒（Sand-clay-silt）排列方式下的转换数据均值与中位数接近，峰度与偏度均小于1，S-W 检验值接近1，显著性水平接近0.05，正态 QQ 图检验效果较好，故还需进一步对这两种排列方式的转换数据进行半变异函数分析以确定排列最优方式。

根据普通克里金插值的线性估计方法标准，经比较，本区域以砂粒—粉粒—黏粒（Sand-silt-clay）的排序方式为最优。在该排列方式下，原始成分数据转换为 SCT-$\theta_{i,3}$ 和 SCT-$\theta_{i,2}$ 两种类型，分别采用 Hole effect 和 J-Beesel 半方差函数模型进行普通克里金插值计算。以最优排列组合砂粒-粉粒-黏粒进行计算时，球坐标转换后的 SCT-$\theta_{i,3}$ 数组块金效应值为50%，具有中等强度空间自相关，SCT-$\theta_{i,2}$ 数组块金效应值为20%，具有较强的空间自相关（表4，表5）。

表4 转换后土壤机械组成数据半方差函数模型及相关参数

排序方式	数据类型	理论模型	块金值 C_0	偏基台值 C	块金效应（%）$C_0/(C_0+C)$	变程（km）
Sand-silt-clay	SCT-$\theta_{i,3}$	Hole effect	0.009	0.009	50.00	16.788
	SCT-$\theta_{i,2}$	J-Beesel	0.009	0.036	20.00	10.205
Sand-clay-silt	SCT-$\theta_{i,3}$	J-Beesel	0.006	0.041	12.77	8.949
	SCT-$\theta_{i,2}$	J-Beesel	0.011	0.013	45.83	12.344

表5 模型拟合精度对比

排序方式	数据类型	误差均值	误差均方根	标准平均值	标准均方根	平均标准误差
Sand-silt-clay	$SCT-\theta_{i,3}$	-0.0009	0.1016	-0.0032	1.0278	0.0998
	$SCT-\theta_{i,2}$	-0.0006	0.1011	0.0015	0.9881	0.1082
Sand-clay-silt	$SCT-\theta_{i,3}$	0.0009	0.0838	0.0150	0.9920	0.0919
	$SCT-\theta_{i,2}$	-0.0021	0.1129	-0.0127	1.0079	0.1134

3. 土壤理化特性数据空间化

利用 SPSS 22.0 对土壤理化特性进行一般性描述统计，表6是土壤 pH 值及机质、有效磷、速效钾和碱解氮含量的观测数据原始数据统计结果。变异系数的大小表示土壤理化特性空间变异程度的大小。由于变异系数 $C_V<10\%$ 为弱变异性，$C_V>100\%$ 为强变异性，介于两者之间为中等强度变异。结果表明这五种理化特性元素变异系数都大于20%，说明研究区土壤 pH 值与养分含量均存在中等强度空间变异性，其中有效磷变异系数最大为97.93%，其在土壤中最不稳定。

表6 土壤pH值与养分含量描述性统计结果

土壤属性	样本数	均值	中位数	标准差	偏度	峰度	变异系数（%）	S-W检验	Sig.
pH值	79	6.32	5.82	1.28	-1.06	0.57	20.29	0.86	0.000
有机质（g/kg）	79	32.92	30.98	12.34	0.64	0.74	37.48	0.98	0.255
有效磷（mg/kg）	79	50.18	28.15	49.14	2.13	1.56	97.93	0.82	0.000
速效钾（mg/kg）	79	144.06	134.40	70.01	3.23	1.45	48.60	0.86	0.000
碱解氮（mg/kg）	79	160.03	146.27	76.29	1.36	0.96	47.68	0.94	0.003

利用多次对数变化和Box-Cox转化处理土壤pH值、有效磷、速效钾及碱解氮的原数据，并对转换后的数据进行S-W检验和直方图、正态QQ图对比，最后选定转换效果最好的处理方式作为最佳处理方式。分析结果如表7所示，pH值对数转换一次效果较好，有效磷、速效钾及碱解氮经过一次对数转换后达到最佳效果，转换后的数据均近似呈现正态分布。因此，本文采用有机质含量的原始数据进行Kriging插值，而pH值、有效磷、速效钾和碱解氮均采用对数变化后的数据进行插值。

表7 土壤理化特性相关数据对数转换及转换后数据检验

土壤属性	均值	中位数	标准差	峰度	偏度	变异系数（%）	S-W检验	Sig.
pH值	0.79	0.76	0.08	-0.98	0.42	10.68	0.92	0.001
有效磷	1.52	1.48	0.42	-0.83	0.01	28.00	0.98	0.203
速效钾	2.11	2.13	0.20	-0.45	0.14	9.49	0.99	0.604
碱解氮	2.16	2.19	0.21	-0.03	-0.39	9.84	0.98	0.359
Zn	0.29	0.32	0.34	1.38	-0.75	117.24	0.96	0.015
Fe	1.60	1.68	0.57	6.09	-1.96	35.50	0.84	0.000
Mn	1.49	1.45	0.45	-0.12	-0.33	29.91	0.98	0.375

对吉林省土壤各要素原始数据进行相关性分析表明，土壤中pH值、有机质、有效磷、速效钾和碱解氮元素与某些微量元素之间存在一定的相关性（表8）。其中，土壤中的pH值与碱解氮、有效Mn呈现显著负相关，相关系数分别为-0.61和-0.52；有机质与碱解氮具有较高正相关性，相关系数为0.7；有效磷与速效钾与各要素相关性均不太高。因此，可以利用相关性较高的元素作为协因子参与吉林省土壤养分的协同克里金插值分析。

表8 土壤各要素相关性分析

项目	pH值	有机质	有效磷	速效钾	碱解氮	Zn	Fe	Mn
pH值	1.00	-0.49**	-0.45**	0.02	-0.61**	-0.12	-0.47**	-0.52**
有机质	-0.49**	1.00	0.16	-0.02	0.70**	0.09	0.24	0.24
有效磷	-0.45**	0.16	1.00	0.16	0.16	0.21	0.40**	0.39**

(续表)

项目	pH 值	有机质	有效磷	速效钾	碱解氮	Zn	Fe	Mn
速效钾	0.02	-0.02	0.16	1.00	0.10	-0.02	-0.19	0.36**
碱解氮	-0.61**	0.70**	0.16	0.10	1.00	0.05	0.34**	0.44**
Zn	-0.12	0.09	0.21	-0.02	0.05	1.00	0.17	0.11
Fe	-0.47**	0.24	0.40**	-0.19	0.34**	0.17	1.00	0.31*
Mn	-0.52**	0.24	0.39**	0.36**	0.44**	0.11	0.31*	1.00

注：* 经过信度5%的检验；** 经过信度1%的检验。

利用 GS+，运用不同的半方差函数模型对土壤 pH 值及各养分含量预处理后的正态分布数据进行协同克里金插值，将碱解氮、有效 Mn 元素作为 pH 值的辅助变量，将碱解氮作为有机质的辅助变量，将 pH 值和有机质作为碱解氮的辅助变量。采用标准交叉验证法对估值精度作出评价，依据模型选择的评价标准，最终选定数据处理最优理论模型，其中，有机质的块金效应值为 25.39%，土壤 pH 值、碱解氮的块金效应值均小于 25%，表示这 3 个因子系统内具有较强的强度空间相关性；速效钾、有效磷的块金效应值均介于 25%~75%，表示这两个因子系统内具有中等强度的空间相关性（表9，表10）。

表9 土壤 pH 值及养分含量半方差函数参数及理论模型

土壤属性	理论模型	块金值 C_0	偏基台值 C	块金效应（%）$C_0/(C_0+C)$	变程（km）
pH 值	J-Bessel	0.0015	0.0075	16.67	7.6531
有机质	指数函数	50.4291	148.1876	25.39	7.0390
有效磷	孔洞效应	0.0601	0.1016	37.17	1.8109
速效钾	指数函数	0.0261	0.0145	64.29	1.0270
碱解氮	球面函数	0.0089	0.0600	12.92	5.8979

表10 模型拟合精度

土壤属性	误差均值	误差均方根	标准平均值	标准均方根	平均标准误差
pH 值	0.0021	0.0411	0.0586	0.9887	0.0421
有机质	0.1451	9.0165	0.0098	0.9916	9.1305
有效磷	0.0079	0.3014	0.1317	0.9579	0.3157
速效钾	0.0062	0.1825	0.0243	0.9183	0.2014
碱解氮	0.0013	0.1222	0.0023	0.9610	0.1281

（三）区划评价指标体系及模型建立

1. AHP-PCA 评价模型

运用层次分析法计算得到评价指标体系中各区划指标的权重，将求得的权重值加进主成分分析中，经过加权后的原始数据的方差变大，从而在主成分分析中更为重要，使得主客观、定性定量有机结合，对吉林省马铃薯种植生态适宜性进行客观评价，使评价结果更科学合理。具体步骤如下：

（1）确定指标权重　采用层次分析法构建评价层次结构模型，通过对比各层次两两指标之间的重要性程度，构造出各层次的比较判断矩阵，计算出各指标的相对权重，进行一致性检验，指标相对权重通过一致性检验则认为结果较为满意。

（2）计算指标综合得分　采用主成分分析法计算指标综合得分。主成分分析法的实质是取原变量的线性组合，筛选少数几个相互独立、不相关且能够最大化代表原有指标信息（85%以上）的综合变量，代替原有多个指标变量，可将众多指标综合成少量的几个主成分。即根据多条原始变量数据寻求原指标变量的线性组合，筛选出 m（$m < p$）个主成分，p 为指标个数，对高维变量进行降维处理。将各指标的原始变量数据整理成矩阵：

$$X = \begin{bmatrix} x_{11} & x_{12} & \cdots & x_{1p} \\ x_{21} & x_{22} & \cdots & x_{2p} \\ \vdots & \vdots & \ddots & \vdots \\ x_{n1} & x_{n2} & \cdots & x_{np} \end{bmatrix} \quad (5)$$

式中，x_{np} 为第 n 条原始变量信息的第 p 个指标；n 为原始变量信息数目。

a) 指标数据的标准化处理

采用标准化值 Z-Score 法对指标数据进行标准化处理，计算公式为：

$$x^* = (x_j - \bar{x})/s \quad (6)$$

式中，x' 为各原指标标准化后的数据；s 为标准差；x_j 为第 j 个指标的原始数值，$j = 1, 2, \cdots, p$；$\bar{x}$ 为指标原始数值的均值。

b) 将权重加载到标准化后的指标变量

为了把层次分析法得到的权重纳入主成分分析法中，将客观赋权与主观赋权相结合，将标准化后的数据进行加权：

$$x'_j = w_j X^*_j \quad (7)$$

式中，X^*_j 为第 j 个加权标准化指标，$j = 1, 2, \cdots, p$；w_j 为层次分析法获取的第 j 个加权标准化指标的权重。

c) 计算相关系数矩阵

建立标准化矩阵

$$X' = \begin{bmatrix} x'_{11} & x'_{12} & \cdots & x'_{1p} \\ x'_{21} & x'_{22} & \cdots & x'_{2p} \\ \vdots & \vdots & \ddots & \vdots \\ x'_{n1} & x'_{n2} & \cdots & x'_{np} \end{bmatrix} = [X'_1, X'_2, \cdots, X'_P] \quad (8)$$

式中，x'_{np} 为标准化后的第 n 条原始变量数据的第 p 个指标。

对标准化矩阵 X' 的相关系数进行计算，求得相关系数矩阵

$$R = X' X'^T / (n - 1) \tag{9}$$

d）确定主成分个数

特征方程

$$|\lambda E - R| = 0 \tag{10}$$

式中，E 为 p 维单位矩阵。

由式（10）计算矩阵 R 的特征值 λ_j（$j = 1, 2, \cdots\cdots, p$）。该特征值是各主成分的方差，特征值的大小反映了各主成分的影响力，因此为筛选主成分将其按大小顺序排列，即 $\lambda'_1 \geq \lambda'_2 \geq \cdots \geq \lambda'_i \geq 0$，式中，$\lambda'_i$ 为第 i 个主成分的特征值。计算第 i 个主成分的方差贡献率 $g(i)$ 与方差累计贡献率 $G(i)$

$$g(i) = \sum_{i=1}^{p} \lambda_i \tag{11}$$

$$G(i) = \sum_{i=1}^{m} \left(\lambda_i \Big/ \sum_{i=1}^{p} \lambda_i \right) \tag{12}$$

根据选取主成分个数的原则：一般当 $G(i)$ 大于85%时，$i = 1, 2, \cdots m$，（$m < p$），m 即为主成分的个数。

e）计算主成分得分

有公式

$$(R - \lambda_i E) l_i = 0 \tag{13}$$

将 λ_i 带入式（13）分别求出 m 个主成分对应的特征向量 l_i，且令 F_i 为第 i 个主成分的得分，即

$$F_i = l_{i1} X'_1 + l_{i2} X'_2 + \cdots + l_{iP} X'_P \tag{14}$$

f）计算综合评价得分

利用方差贡献率 $g(i)$ 对修正后的 m 个主成分 F_i 进行加权求和，求出所有样本指标的综合得分

$$F = \sum_{i=1}^{m} \frac{\lambda_i}{\sum_{i=1}^{p} \lambda_i} F_i \tag{15}$$

2. 构建评价指标体系及其等级划分

根据吉林省马铃薯的生长发育周期、发育速度、种植环境影响因子等结合其生物学特性查阅文献，参考吉林省马铃薯专家建议，实地收集农户调查等资料，最终本研究确定从"地形地貌""气候因子""土壤机械组成""土壤理化特性"4类影响马铃薯生长的关键准则对吉林省马铃薯生长发育情况进行分析，得出吉林省马铃薯种植生态适宜性评价指标体系（表11）。

由于各区划指标等级的划分会对区划评价结果的准确性产生较大影响，所以，需要分析影响马铃薯生长的自然生态环境基础条件。通过借鉴分析各类文献资料中专家学者丰富的研究成果及其经验，对本文各项评价指标对马铃薯种植适宜程度进行分级，从而得到吉

林省生态适宜性区划指标的等级划分结果（表12）。

表11　吉林省马铃薯种植生态适宜性评价指标体系层次结构

目标层 A	准则层 B	指标变量层 C
吉林省马铃薯种植生态适宜区划	地形地貌（B_1）	海拔高度（Altitude）
		坡度（Slope）
		坡向（Aspect）
		地形遮蔽度（Hill shade）
	气象因子（B_2）	生育期平均气温（T_{ave}）
		≥10℃活动积温（$\sum T_{\geq 10℃}$）
		7月平均气温（T_7）
		7—8月昼夜温差（ΔT_{7-8}）
		生育期降水量（R）
		7—8月降水量（R_{7-8}）
		生育期日照时数（S）
	土壤机械组成（B_3）	砂粒含量（Sand）
		粉粒含量（Silt）
		黏粒含量（Clay）
	土壤理化特性（B_4）	pH值（pH）
		有机质（OM）
		速效钾（available K）
		有效磷（available P）
		碱解氮（available N）

表12　吉林省马铃薯种植生态适宜性区划指标等级划分标准

指标变量	最适宜	适宜	次适宜	不适宜
Altitude（m）	<300	300~500	500~1200	>1 200
Slope（°）	<5	5~15	15~35	>35
Aspect（°）	22.5~112.5	112.5~202.5	202.5~292.5	<22.5 >292.5
Hill shade	>145	90~145	45~90	<45
T_{ave}（℃）	14~17	10~14 17~20	8~10 20~24	<8 >24
$\sum T_{\geq 10℃}$（℃·d）	2 000~3 000	1 500~2 000 3 000~6 000	1 300~1 500 6 000~8 000	<1 300 >8 000

（续表）

指标变量	最适宜	适宜	次适宜	不适宜
T_7（℃）	16~20	15~16 20~24	12~15 24~28	<10 >28
$\Delta T_{7~8}$（℃）	8~12	5~8	2~5	<2
R（mm）	700~900	600~700 900~1 200	510~600 1 200~1 500	<510 >1 500
$R_{7~8}$（mm）	270~320	230~270 320~370	200~230 370~450	<200 >450
S（h）	900~1 200	700~900 1 200~1 500	400~700 1 500~1 800	<400 >1 800
Sand（%）	40~55	30~40 55~75	75~85 85~100	0~30
Silt（%）	0~100	20~75	0~45	0~20
Clay（%）	0~15	15~25	25~45	45~100
pH	5.5~6.0	5~5.5 6~7	4.8~5 7~7.8	<4.8 >7.8
OM（g/kg）	>35	28~35	15~28	<15
available K（mg/kg）	150~200	120~150 200~220	100~120 220~260	<100
available N（mg/kg）	>200	180~200	150~180	<150
available P（mg/kg）	>100	70~100	50~70	<50

3. 适宜性综合评价得分计算

采用主成分分析法将多个评价指标经标准化后的加权单值变量转换为少数几个不相关的综合指标主成分。本文利用 ArcGIS 中的 Spatial Analyst 工具对预处理后的栅格数据进行主成分分析，其本质是在尽量不丢失信息的前提下将输入的多波段栅格数据变换到一个新的空间。此方法输出的栅格数据包含数目与指定的成分数目相同的波段，一个波段栅格可以描述一种成分。第一个主成分将具有最大的方差，第二个主成分将具有未通过第一个主成分描述的第二大方差，依此类推。在大多数情况下，该主成分工具生成的多波段栅格中的前三个或前四个波段将对 95% 以上的方差进行描述。

4. 适宜指数及等级划分

将区划指标值和指标权重值进行归一化处理，建立吉林省马铃薯种植生态适宜性指数式：

$$I = \sum_{i}^{n} W_i X_i \tag{16}$$

式中，I 为综合评价适宜指数，W_i 为区划指标权重值，X_i 为地形地貌综合评价值、气候综合评价值、土壤环境综合评价值 3 个区划指标无量纲处理后的量化值，其中，综合因子地形地貌数值越大对种植适宜性负面影响越大，转换成负值进行计算；单因子 pH 值数值越大对土壤综合评价越不利，转换成倒数值进行综合计算。

利用 ArcGIS 标准分级方案中的自然断点法结合吉林省各地区马铃薯单产，综合分析研究区内所有站点数据实测值与平均值之差来确定指数相邻分布特征区的界值，多次试验划分后对马铃薯种植生态适宜指数进行分等级划分，得出等级划分标准（表13）。

表 13　马铃薯种植生态适宜性评价因子无量纲分级

综合评价因子 I	最适宜	适宜	次适宜	不适宜
地形地貌	<1	1~2	2~3	>3
气候因子	>0.37	0.32~0.37	0.23~0.32	<0.23
土壤环境因子	>6	6~3	2~3	<2
种植生态适宜性	>2.38	2.18~2.38	1.53~2.18	<1.53

（四）吉林省马铃薯种植生态环境空间分布特征

1. 吉林省马铃薯种植地形地貌特征

如图 3（a）所示，从高程分布来看，吉林省行政区域范围内，地面海拔高度处于 2~2 667m 范围内，大部分地区位于海拔 300m 以下。整个吉林省地貌形态差异明显，呈现出东南向西北倾斜的地势特征，相对高差 2 665m。其中，海拔高度在低于 300m 的面积为 92 901.37km^2，占吉林省总面积的 49.57%；海拔高度在 300~500m 的面积为 35 684.27km^2，占吉林省总面积的 19.04%；海拔高度在 500~800m 的面积为 38 043.85km^2，占吉林省总面积的 20.3%；海拔高度在 800~1 200m 的面积为 1 7767.61km^2，占吉林省总面积的 9.48%；海拔高度在高于 1 200m 的面积为 3 002.91km^2，占吉林省总面积的 1.60%。

如图 3（b）所示，吉林省整体坡度处于 0°~65.6° 的范围内，中西部属于平原地貌，坡度多小于 5°，东部山地起伏，坡度陡峻。以吉林省中部的北东—南西向的大黑山山脉为界线，在东南部属于高海拔山地地貌区，中西部属于低海拔平原地貌区。其中，低于 5° 的平坡面积为 118 793.46km^2，占吉林省总面积的 63.39%，重点分布在吉林省的中西部；坡度介于 6°~15° 的缓坡面积为 48 252.99km^2，占吉林省总面积的 25.75%；坡度介于 15°~25° 的斜坡面积为 17 662.38km^2，占吉林省总面积的 9.42%；坡度介于 25°~35° 的陡坡面积为 2 521.32km^2，占吉林省总面积的 1.35%；坡度大于 35° 的急坡、险坡面积为 169.86km^2，占吉林省总面积的 0.09%。

如图 3（c）所示，吉林省各朝向的数据均存在，即坡向角度范围介于 0°~360°，形成一个完整的圆，且存有部分不具有下坡趋势的平坦区域。由于吉林省四季更替明显，东部山地区域距离黄海、日本海较近，夏季气候湿润多雨，西部平原地区邻近蒙古高原，春季气候较干燥、风大，因此造成在不同坡向的地区，其种植区域气候、土壤性质出现较大差异，对作物生长会产生影响。对重分类后的栅格数据进行统计可得，吉林省具有坡向的地形地貌中，朝向为正北、正南面的地区均占总体的 15% 左右；朝向为东北、西北面的地区均占总体 12% 以上；朝向为东南、西南面的地区占总体 11% 以上；其余朝向为东面、西面、水平面的地区三者占总体的 19%。

如图 3（d）所示，吉林省内自然条件复杂，其地形地貌直接或间接制约着水文、气候、作物种植的空间分布与变化情况，地形遮蔽度的大小影响着作物对太阳光照辐射的吸收。吉林省山体遮蔽度整体介于 0~181，各个梯度的阴影均存在。统计分析可得，吉林省地形遮蔽度小于 45 的地区占总体的 56.13%；地形遮蔽度介于 145~180 的地区占总体的 21.88%，地形遮蔽度介于 45~145 的地区占总体的 21.98%。

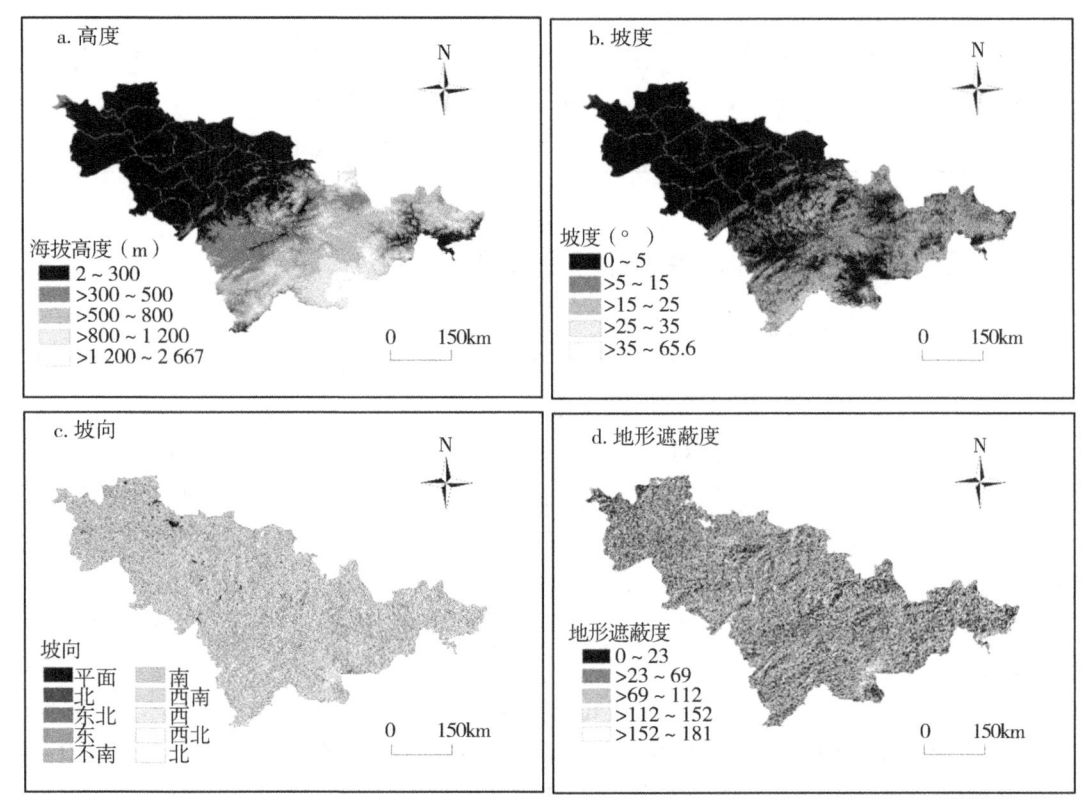

图 3　吉林省海拔高度（a）、坡度（b）、坡向（c）、地形遮蔽度（d）分布

2. 吉林省马铃薯种植气候环境特征

（1）生育期内温度基本特征　如图 4（a）所示，吉林省马铃薯种植生育期≥10℃活动积温介于 710~3 276℃·d 范围内，大部分地区马铃薯 4—9 月活动积温大于 2 000℃·d，说明吉林省大部分地区的活动积温可以满足马铃薯生长需求。根据马铃薯生物学特性可知，生育期≥10℃活动积温在 2 000~3 000℃·d 的地区最适宜马铃薯生长，其面积为 113 870.53km²，占吉林省总面积的 60.76%；生育期≥10℃活动积温在 1 500~2 000℃·d 和大于 3 000℃·d 的地区适宜马铃薯生长，两者类型面积之和为 72 842.81km²，分别占吉林省总面积的 34.36% 和 4.51%；生育期≥10℃活动积温在 1 300~1 500℃·d 的地区比较适宜马铃薯生长，其面积为 498.64km²，占吉林省总面积的 0.27%；生育期≥10℃活动积温在小于 1 300℃·d 的地区不宜种植马铃薯，其面积为 188.01km²，占吉林省总面积的 0.10%。

如图 4（b）所示，吉林省 7—8 月马铃薯生长期的平均昼夜温差介于 5~11.7℃ 范围内，昼夜温差值空间变异较大，说明吉林省的夏季昼夜温差大，对马铃薯种植块茎膨大期的淀粉积累有利。根据统计结果可知，7—8 月平均昼夜温差在 5~6℃ 的地区面积为 32.7km²，占吉林省总面积的 0.02%；7—8 月平均昼夜温差在 6~8℃ 的地区面积为 2 215.19km²，占吉林省总面积的 1.18%；7—8 月平均昼夜温差在 8~9℃ 的地区面积为 15 857.8km²，占吉林省总面积的 8.46%；7—8 月平均昼夜温差在 9~10℃ 的地区面积最大，达到 135 469.78km²，占吉林省总面积的 72.29%；7—8 月平均昼夜温差在 10~11℃ 的地区面积为 33 824.53km²，占吉林省总面积的 18.05%。结合马铃薯生物学特性可知，吉林省 7—8 月平均昼夜温差处于 8~12℃ 范围内为最适宜温差，该区域占吉林省总面积的 98.80%，其余地区 7—8 月平均昼夜温差处于 5~8℃，均属于适宜温差区域。

如图 4（c）所示，吉林省 7 月平均气温介于 11~24℃ 范围内，各地区差异显著，相对温差 13℃。结合统计结果分析马铃薯生物学特性，7 月平均气温在 16~20℃ 的地区非常适宜马铃薯的生长发育，面积为 42 145.79km²，占吉林省总面积的 22.49%；7 月平均气温在大于 24℃ 和 10~15℃ 的地区面积为 531.311km²，占吉林省总面积的 0.28%，该范围对马铃薯种植比较适宜；7 月平均气温在 15~16℃ 和 20~24℃ 的地区适宜马铃薯生长发育，两者面积之和为 5 452.14km²，占吉林省总面积的 2.91%。

如图 4（d）所示，吉林省马铃薯生育期 4—9 月的平均气温介于 6~19℃ 范围内。根据统计结果可知，生育期平均气温在 14~17℃ 的地区最适宜马铃薯生长发育，面积为 80 023.5km²，占吉林省总面积的 42.70%；生育期平均气温在 8~10℃ 的地区面积为 670.34km²，占吉林省总面积的 0.36%；生育期平均气温在 10~14℃ 的地区适宜马铃薯生长发育，面积为 32 102.59km²，占吉林省总面积的 17.13%；生育期平均气温在 17~29℃ 的地区适宜马铃薯生长发育，面积为 74 546.35km²，占吉林省总面积的 39.78%；马铃薯生育期平均气温在 6~8℃ 的地区面积为 57.22km²，占吉林省总面积的 0.03%，不适宜马铃薯种植。

（2）生育期内降水基本特征　如图 5（a）所示，从 7—8 月降水量分布情况来看，吉林省降水量最丰富的地区位于东南部丘陵山地带，自东南到西北方向降水量逐级递减。其中，7—8 月降水量低于 230mm 的地区面积为 47 763.49km²，占吉林省总面积的 25.49%；7—8 月降水量在 230~270mm 的面积为 45 817.97km²，占总面积的 24.45%；7—8 月降水量在 270~320mm 的面积为 47 984.21km²，占总面积的 25.61%；7—8 月降水量在 320~370mm 的面积为 34 905.04km²，占总面积的 18.63%；7—8 月降水量在 370~460mm 的面积为 10 929.28km²，占总面积的 5.83%。

如图 5（b）所示，从吉林省马铃薯生育期的 4—9 月降水量分布情况来看，生育期降水量整体处于 300~860mm 范围内，吉林省大部分地区气候干燥，降水量偏低。生育期降水量低于 410mm 的地区面积为 40 439.16km²，占总面积的 21.58%；生育期降水量在 410~510mm 的面积为 46 937.88km²，占总面积的 25.05%；生育期降水量在 510~590mm 的面积为 47 297.55km²，占总面积的 25.24%；生育期降水量在 590~670mm 的面积为 32 845.07km²，占总面积的 17.53%；生育期降水量在 670~860mm 的面积为

19 880.34km², 占总面积的 10.61%。

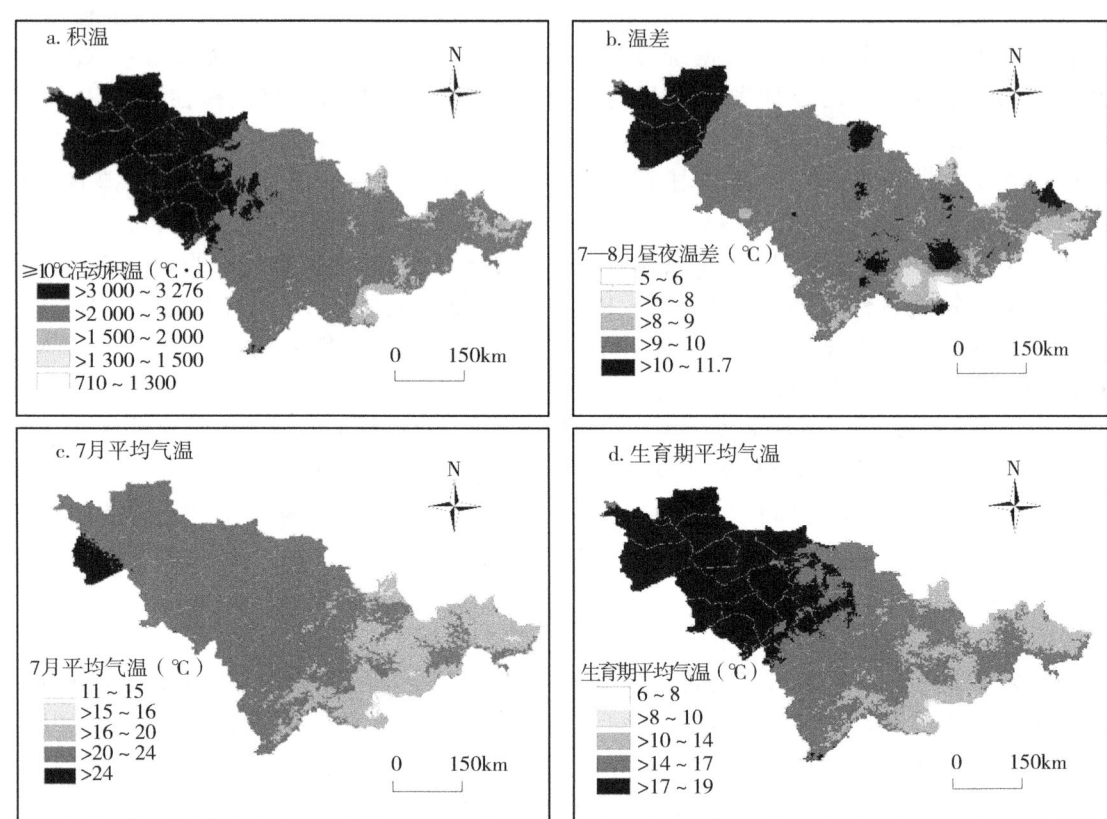

图 4 吉林省马铃薯种植生育期≥10℃活动积温（a）、7—8月昼夜温差（b）、
7月平均气温（c）、生育期平均气温（d）分布图

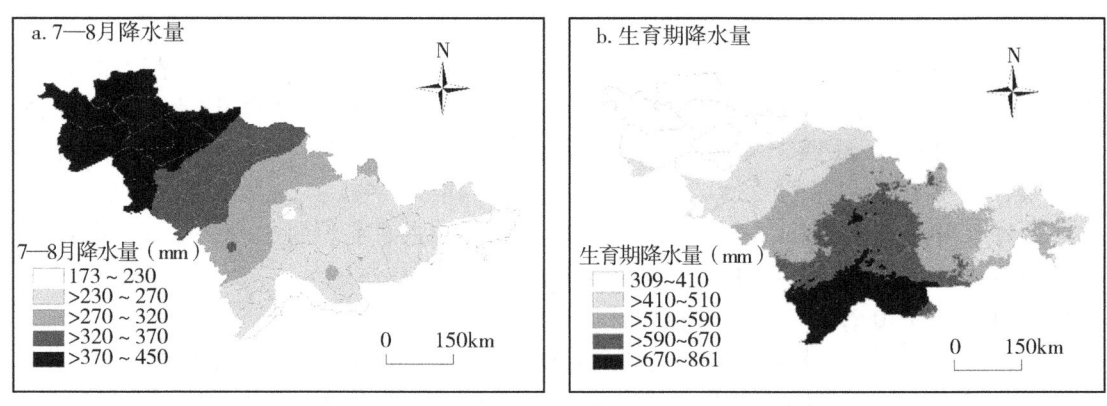

图 5 吉林省马铃薯种植期 7—8月降水量（a）、生育期降水量（b）分布

（3）生育期内光照基本特征 如图 6 所示,从吉林省马铃薯种植生育日照时数分布情况来看,吉林省 4—9 月累积日照时数最高的地区位于高纬度的西部平原地区,处于 1 110~1 698h 范围内,自西到东逐级减少,整体光照条件充足,适宜马铃薯种植。其中,

生育期日照时数介于 1 100~1 200h 是最适宜马铃薯生长的条件，其面积为 14 580.76km²，占吉林省总面积的 7.78%；生育期日照时数为 1 200~1 300h 的面积 67 375.42km²，占总面积的 35.95%；生育期日照时数在 1 300~1 400h 的面积为 28 975.63km²，占总面积的 15.46%；生育期日照时数在 1 400~1 500h 的面积为 30 026.35km²，占总面积的 16.02%；生育期日照时数在高于 1 500h 的面积达到 46 441.83km²，占吉林省总面积的 24.78%。

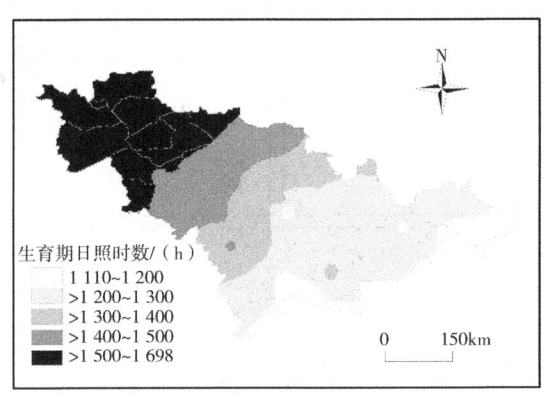

图 6　吉林省马铃薯种植生育期日照时数分布图

3. 吉林省马铃薯种植土壤环境特征

（1）种植土壤机械组成特征　如图 7（a）所示，从吉林省土壤组成的砂粒含量分布情况来看，自东向西砂粒含量在 46%~79% 的范围内逐渐增加，大部分地区砂粒含量低于 60%。其中，砂粒含量处于 46%~50% 的区域面积为 11 098.77km²，占吉林省总面积的 5.92%；砂粒含量处于 50%~55% 的区域面积为 64 709.47km²，占吉林省总面积的 34.53%；砂粒含量处于 55%~60% 的区域面积为 52 569.16km²，占吉林省总面积的 28.05%；砂粒含量处于 60%~68% 的区域面积为 21 335.13km²，占总面积的 11.38%；砂粒含量处于 68%~79% 的区域面积为 37 687.48km²，占吉林省总面积的 20.11%。

如图 7（b）所示，从土壤组成的粉粒含量分布情况来看，吉林省从西部平原向东部山地方向，粉粒含量在 4%~31% 的范围内逐渐增加，大部分地区粉粒含量低于 25%。其中，粉粒含量处于 4%~10% 的区域面积为 43 291.02km²，占吉林省总面积的 23.10%；粉粒含量处于 10%~15% 的区域面积为 13 877.62km²，占吉林省总面积的 7.41%；粉粒含量处于 15%~20% 的区域面积为 12 881.90km²，占吉林省总面积的 6.87%；粉粒含量处于 20%~25% 的区域面积为 69 121.48km²，占总面积的 36.88%；粉粒含量处于 25%~31% 的区域面积为 48 227.97km²，占吉林省总面积的 25.74%。

如图 7（c）所示，从土壤机械组成的黏粒含量分布情况来看，吉林省土壤黏粒含量在 15%~33% 的范围内逐渐增加，大部分地区黏粒含量低于 24%。其中，黏粒含量处于 15%~18% 的区域面积为 1 570.66km²，占吉林省总面积的 0.84%；黏粒含量处于 18%~21% 的区域面积为 43 207.70km²，占吉林省总面积的 23.06%；黏粒含量处于 21%~24% 的区域面积为 108 971.21km²，占吉林省总面积的 58.15%；黏粒含量处于 24%~28% 的区域面积为 31 450.67km²，占总面积的 16.78%；黏粒含量处于 28%~33% 的区域面积为

2 199.76km²，占吉林省总面积的1.17%。

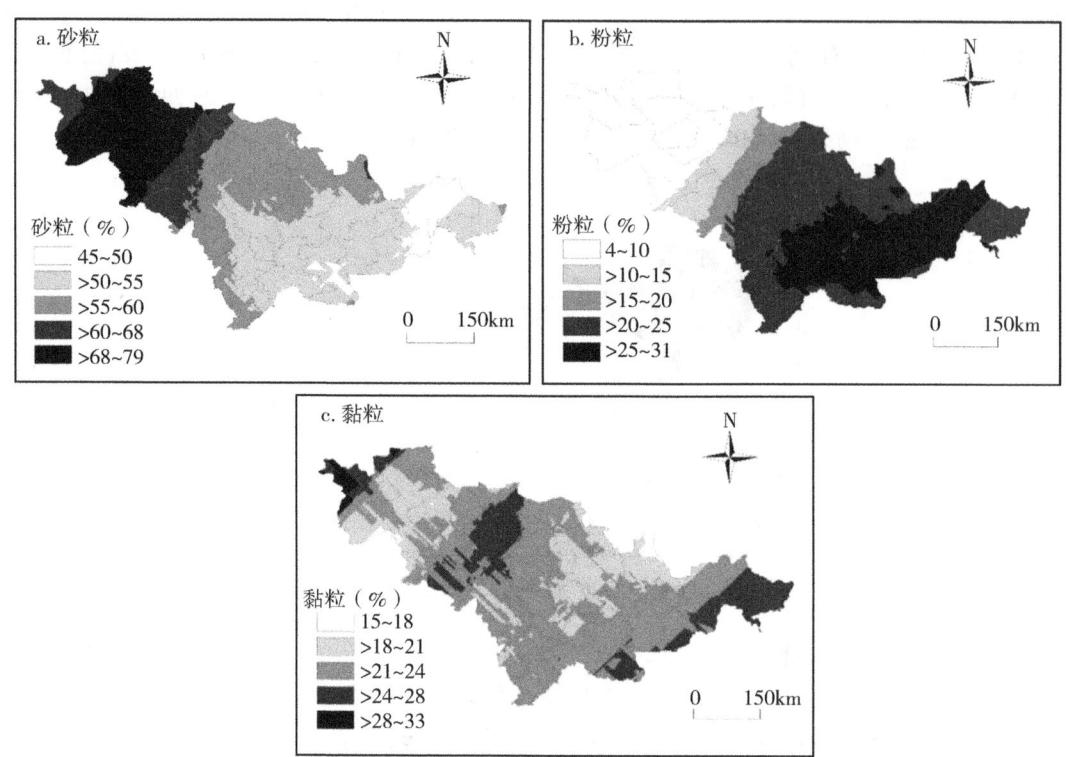

图7 吉林省土壤砂粒（a）、粉粒（b）、黏粒（c）含量分布图

（2）种植土壤pH值及养分含量特征 如图8（a）所示，从吉林省pH值的分布情况来看，土壤酸碱度自东向西在5~8的范围内逐渐增加，从酸性土壤转变成碱性土壤。吉林省pH值在5~6偏酸性土壤，面积为103 646.81km²，占吉林省总面积的55.31%；pH值在6~7的地区属于弱酸性土壤，其面积为29 092.60km²，占吉林省总面积的15.52%；土壤pH值在7~7.8的地区面积为13 348.52km²，占吉林省总面积的7.12%；土壤pH值大于7.8时属于偏碱性的地区，其面积为41 312.07km²，占吉林省总面积的22.04%。

如图8（b）所示，从土壤有机质含量分布情况来看，吉林省东南部山地丘陵地带土壤有机质含量相对更丰富，整体丰度处于14~54g/kg。吉林省土壤有机质含量处于14~22g/kg的区域面积为36 537.08km²，占总面积的19.50%；有机质含量处于22~30g/kg的区域面积为40 928.1km²，占吉林省总面积的21.84%；土壤有机质含量在30~36g/kg的区域面积为52 224.27km²，占吉林省总面积的27.87%；土壤有机质含量在36~42g/kg的区域面积为52 722.12km²，占吉林省总面积的28.13%；土壤有机质含量大于42g/kg的区域面积为41 525.51km²，占吉林省总面积的22.16%。

如图8（c）所示，从土壤速效钾含量的分布情况来看，吉林省土壤速效钾的含量在68~218mg/kg的范围内，相对含量之差为150mg/kg，大部分地区速效钾含量处于120~140mg/kg，其区域面积为97 826.60km²，占吉林省总面积的52.20%。土壤速效钾含量处于68~100mg/kg的区域面积为42 610.9km²，占吉林省总面积的22.74%；土壤速效钾含

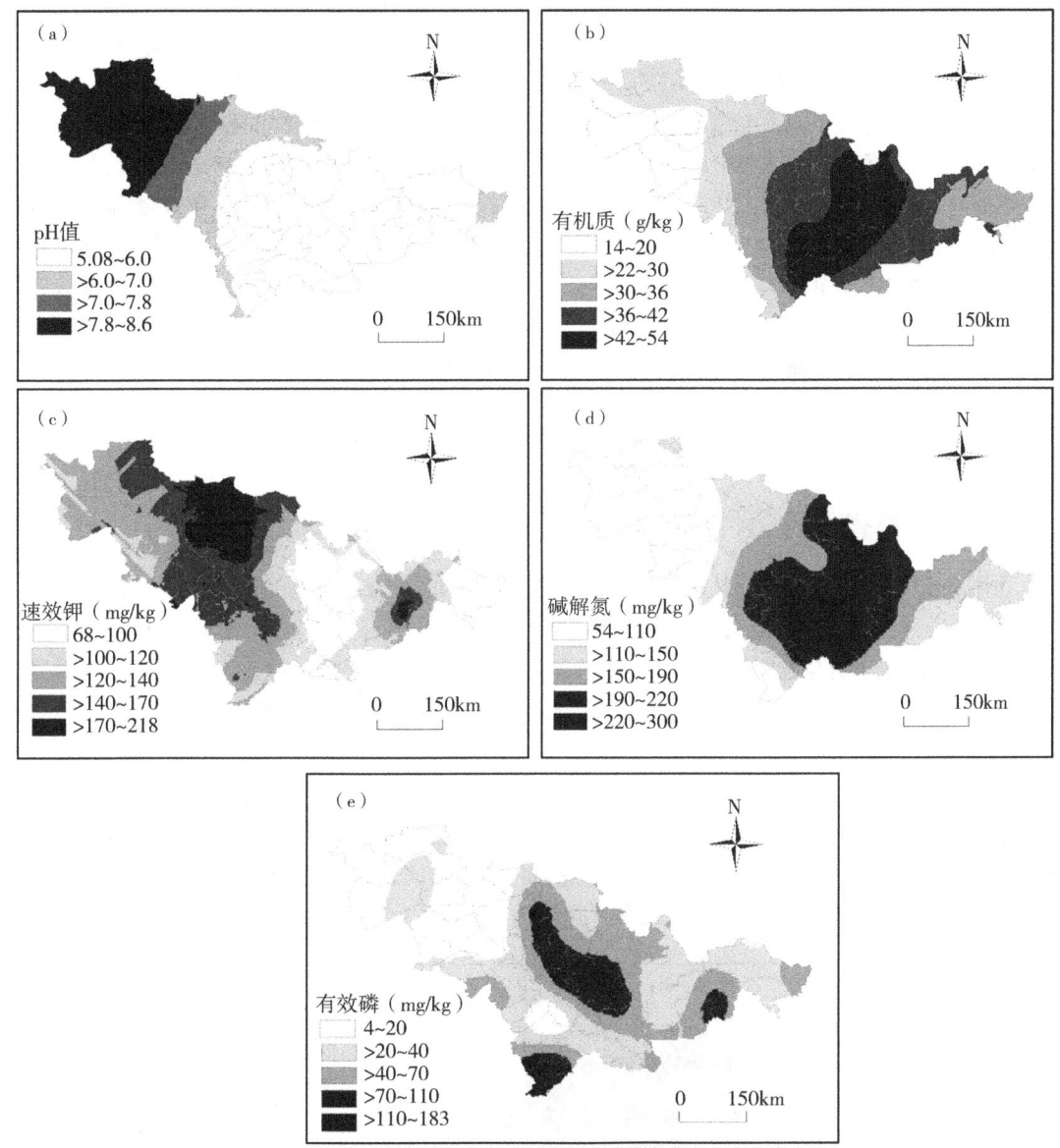

图 8 吉林省 pH 值（a）、有机质（b）、速效钾（c）、碱解氮（d）、有效磷（e）含量分布

量处于 100~120mg/kg 的区域面积为 40 734.24km²，占总面积的 21.74%；土壤速效钾含量在 140~170mg/kg 的区域面积为 30 077.68km²，占吉林省总面积的 16.05%；土壤速效钾含量在 170~218mg/kg 的区域面积为 18 761.48km²，占吉林省总面积的 10.01%。

如图 8（d）所示，从土壤碱解氮含量的分布情况来看，吉林省土壤碱解氮的含量在 54~300mg/kg 的范围内，相对含量之差为 246mg/kg，大部分地区碱解氮含量低于 200mg/kg。其中，土壤碱解氮含量处于 54~110mg/kg，其区域面积为 69 876.03km²，占吉林省总面积的 37.29%；土壤碱解氮含量处于 110~150mg/kg 的区域面积为 53 465.23km²，占吉林省总面积的 28.53%；土壤碱解氮含量处于 150~180mg/kg 的区域面积为

48 826.27km², 占总面积的 26.05%; 土壤碱解氮含量在 180~220mg/kg 的区域面积为 50 513.69km², 占吉林省总面积的 26.96%; 土壤碱解氮含量在 220~300mg/kg 的区域面积为 34 594.81km², 占吉林省总面积的 18.46%。

如图 8（e）所示，从土壤有效磷含量的分布情况来看，吉林省土壤有效磷的含量在 4~182mg/kg 的范围内，相对含量之差为 178mg/kg，大部分地区有效磷含量处于 20~40mg/kg，其面积为 92 926.27km²，占总面积的 49.59%。其中，土壤有效磷量处于 4~20mg/kg 的区域面积为 65 713.52km²，占吉林省总面积的 35.07%; 土壤有效磷含量在 40~70mg/kg 的区域面积为 60 204.56km²，占吉林省总面积的 32.13%; 土壤有效磷含量在 70~110mg/kg 的区域面积为 25 136.35km²，占吉林省总面积的 13.41%; 土壤有效磷含量在 110~183mg/kg 的区域面积为 9 132.82km²，占吉林省总面积的 4.87%。

四、吉林省马铃薯种植生态适宜性区划

（一）吉林省马铃薯种植地形地貌区划

利用 ArcGIS 进行空间分析，将吉林省的海拔高度、坡度、坡向、山体遮蔽度 4 个指标栅格图归一化，通过主成分分析、重分类等处理，得到吉林省马铃薯种植地形地貌适宜指数范围为 1~4，结合自然断点法依次把吉林省马铃薯种植地形地貌适宜性划分为最适宜区、适宜区、次适宜区、不适宜区，最后制作完成吉林省马铃薯种植地形地貌适宜性区划专题图。

如图 9 所示，马铃薯种植地形地貌最适宜区主要分布在吉林省洮南市、白城市、镇赉县、通榆县、大安市、扶余市、松原市、四平市、长春市及舒兰市和吉林市的西部等平原地区。由区划统计结果可知，此区占全省总面积的 47.7%。该区域海拔低于 300m，地形开阔平坦，地势低矮，地块整体分布集中连片，非常适宜耕种。

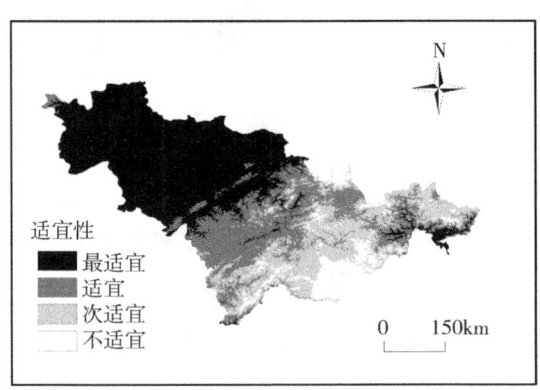

图 9 吉林省马铃薯种植地形地貌适宜性区划

地形地貌适宜区主要分布在辽源市、梅河口市、辉南县、桦甸市、敦化市大部、通化县及龙井市周围部分地区等吉林省中东部的丘陵与低山地区。此区占全省总面积的 24.81%。该区域海拔大多介于 300~600m，整体分布较为集中，小部分地块较为

分散。

地形地貌次适宜区主要分布在吉林省东部山地区域，包括白山市抚松县、靖宇县、延边州汪清县、安图县南部、通化市大部地区。此区占全省总面积的21.07%。该次适宜区地海拔高度介于600~1 000m，地势起伏较大，耕地细碎化严重。

地形地貌不适宜区主要分布在吉林省长白朝鲜族自治县、和龙县西部、敦化市北部等东部山地区域。由区划统计结果可知，此区占全省总面积的6.42%。该不适宜区地处高海拔区，海拔高度为1 000~2 667m，相对高差达到1 667m，坡度大，大部分地区不适合马铃薯商品薯的种植生产。

（二）吉林省马铃薯种植气候区划

将吉林省马铃薯种植生育期≥10℃活动积温、7—8月昼夜温差、7月平均气温、生育期平均气温、7—8月降水量、生育期日照时数、生育期降水量7个指标栅格图归一化，加权后在利用ArcGIS平台进行主成分分析、重分类等操作，得到吉林省马铃薯种植气候适宜指数范围为0~0.42，采用自然断点法依次把吉林省马铃薯种植气候适宜性划分为最适宜区、适宜区、次适宜区、不适宜区，并制作完成吉林省马铃薯种植气候适宜性区划专题图（图10）。马铃薯种植气候最适宜区主要分布在吉林省的中西部平原与丘陵地区，包括洮南市、白城市、镇赉县、通榆县、大安市、乾安县、长岭县、四平市及扶余市、长春市偏东地带。由区划统计结果可知，此区占全省总面积的39.62%。该区域在马铃薯生长发育时期，≥10℃活动积温大于3 000℃，积温方面属于吉林省马铃薯的适宜范围；生育期平均气温为17~19℃，该温度下适宜马铃薯生长发育；7—8月昼夜温差为9~11℃，属于最适宜范围；7月平均温度23~24℃，适宜马铃薯的生长；7—8月降水量170~300mm；生育期日照时数1 500~1 700h；生育期降水量310~530mm，在热量和水分方面整体适宜马铃薯在此种植生长。

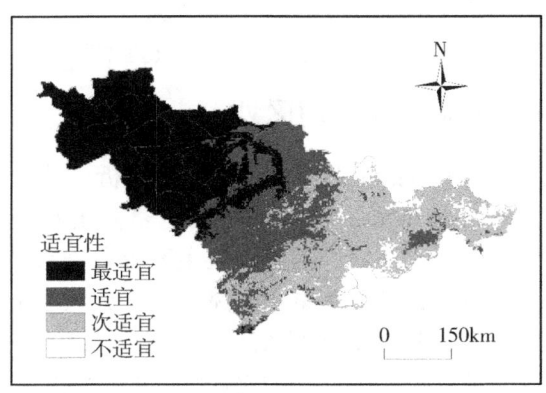

图10 吉林省马铃薯种植气候适宜性区划

气候适宜区主要分布在吉林省中东部的丘陵与低山地区，包括榆树市、舒兰市、蛟河市、磐石市、东丰县、梅河口市、辉南县、桦甸市、柳河县偏西地带。由区划统计结果可知，此区占全省总面积的24.84%。该区域在马铃薯生长发育时期，≥10℃活动积温

2 700~3 000℃，积温方面属于吉林省马铃薯的最适宜范围；生育期平均气温为 16~17℃，7—8 月昼夜温差为 9~10℃，该温度条件下最适宜马铃薯生长发育；7 月平均温度 21~23℃，属于适宜范围；7—8 月降水量 290~400mm；生育期日照时数 1 300~1 500h；生育期降水量 500~620mm；热量条件整体较为适宜马铃薯种植。

气候次适宜区主要分布在吉林省东南部的通化市大部分地区、白山市、靖宇县、抚松县、汪清县中西部、敦化市中南部、安图县中北部、珲春市中南部、和龙县中东部等山地区域。由区划统计结果可知，此区占全省总面积的 29.90%。该区在马铃薯生长发育时期，≥10℃活动积温 2 000~2 700℃，积温方面属于吉林省马铃薯的最适宜范围；生育期平均气温为 12~16℃，该温度下适宜马铃薯生长发育；7—8 月昼夜温差为 8~10℃，区域内差异明显；7 月平均温度 17~20℃，非常适宜马铃薯的生长，安图县北部、汪清县南部等小部分地区为 19~20℃，属于最适宜范围；7—8 月降水量 170~460mm；生育期日照时数 1 100~1 300h，生育期降水量大部分地区达到 620~860mm，其中，次适宜区内偏西区域大部分生育期水量为 600~700mm，属于适宜降水范围，偏东区域小部分降水量为 700~860mm，属最适宜范围。该区水分光照条件适宜马铃薯种植，同时，高海拔地区昼夜温差大、传毒媒介少的特点可有效促进马铃薯淀粉积累，因而该区绝大部分区域属次适宜马铃薯种植区。

气候不适宜区主要分布在长白朝鲜族自治县东北部、抚松县东南部、安图县南端及敦化市北端等吉林省东部高海拔山地区域。由区划统计结果可知，此区占全省总面积的 5.64%。该区气候冷凉，在马铃薯生长发育时期，≥10℃活动积温 700~2 000℃，积温方面区域内变异较大，大部分地区低于 1 800℃；生育期平均气温为 6~12℃，其中，大部分地区生育期平均气温为 10~12℃，属于适宜马铃薯种植范围，敦化市北端及长白朝鲜族自治县部分地区平均温度低至 6~8℃，对马铃薯块茎生长发育不利；7—8 月昼夜温差为 5~8℃，属于适宜范围；7 月平均温度为 11~17℃，比较适宜块茎生长发育；7—8 月降水量 170~300mm；生育期日照时数 1 150~1 400h，生育期降水量 500~700mm，该区地势起伏较大，水热光资源分配不均，热量条件不适宜马铃薯块茎增长。

（三）吉林省马铃薯种植土壤环境区划

首先，利用 GIS 技术对吉林省的土壤类型进行统计分析，结果显示吉林省广泛分布着草甸土，占吉林省国土面积的 18.67%；中东部地区主要分布着暗棕壤和白浆土，分别占吉林省国土面积的 19.69% 和 10.23%；中西部地区主要分布着水稻土和黑钙土，分别占吉林省国土面积的 6.48% 和 6.20%，其次是碱土、风沙土，分别占 4.28% 和 3.91%；松江平原地带主要分布着黑土，占吉林省总面积的 3.51%；高海拔山区主要分布着棕色针叶林土。再对土壤砂粒、粉粒、黏粒、pH 值及各养分含量等区划指标栅格图归一化，接着进行主成分分析、叠加分析、重分类等处理，得到吉林省马铃薯土壤适宜指数范围为 0.49~1.96，再依据各土壤适宜性指数等级划分标准，制作完成吉林省马铃薯种植土壤适宜性精细化区划专题图（图 11）。

其中，马铃薯种植土壤环境最适宜区主要分布在吉林省延边州敦化市、汪清县、和龙县、白山市靖宇县、桦甸市、白山市、吉林市南部、磐石市、蛟河市等东部山地区域。由

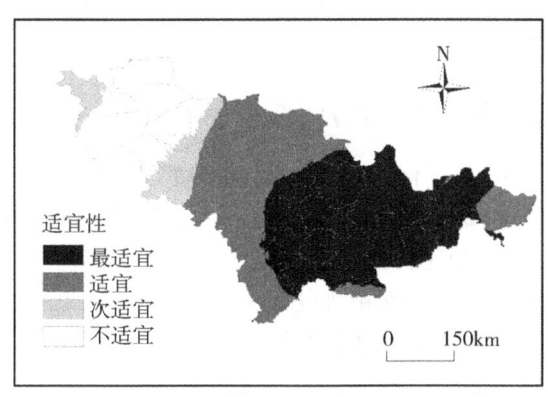

图 11　吉林省马铃薯种植土壤适宜性区划

区划统计结果可知，此区占全省总面积的 41.68%。该区域主要的土壤类型为白浆土、暗棕壤、草甸土、沼泽土，其耕作土壤的砂粒含量介于 45%～55%，粉粒含量 23%～30%，黏粒含量 15%～25%；土壤 pH 值介于 5～6，属于酸性土壤，在酸碱度方面非常适宜马铃薯生长；有机质含量在 35～53g/kg；速效钾含量在 68～180mg/kg，大部分地区速效钾含量处于 68～110mg/kg；碱解氮含量在 150～300mg/kg；有效磷含量在 20～183mg/kg；土壤养分很充足，非常适宜马铃薯在此种植生长。

土壤环境适宜区主要分布在榆树市、九台区、舒兰市、长春市东部、辽源市、通化市、集安市、东丰县及延边州珲春市等吉林省中东部的丘陵与低山地区。由区划统计结果可知，此区占全省总面积的 22.12%。该区域主要的土壤类型为黑土、黑钙土、草甸土、白浆土、暗棕壤、水稻土，其耕作土壤砂粒含量介于 55%～65%，粉粒含量 13%～24%，黏粒含量 20%～26%；土壤 pH 值介于 5.5～7，属于弱酸性土壤，较为适宜马铃薯种植；有机质含量在 25～35g/kg；速效钾含量在 110～218mg/kg；碱解氮含量在 90～170mg/kg；有效磷含量在 10～130mg/kg，其中大部分地区有效磷含量在 20～70mg/kg；土壤养分含量较为充足，整体适宜马铃薯在此种植生长。

土壤环境次适宜区主要分布在松原市长岭县、扶余市、农安县、四平市、梨树县、公主岭市、洮南市西北部等吉林省中西部平原与丘陵地带。由区划统计结果可知，此区占全省总面积的 19.45%。该区域主要的土壤类型为草甸土、黑钙土、栗钙土、风沙土，其耕作土壤砂粒含量介于 60%～70%，粉粒含量 8%～15%，黏粒含量 22%～33%，在洮南市西北部黏粒含量最大，整体处于 25%～33% 范围内；土壤 pH 值介于 7～8，属于弱碱性土壤，在酸碱度方面次适宜马铃薯生长；有机质含量在 20～25g/kg；速效钾含量在 110～170mg/kg；碱解氮含量在 60～100mg/kg；有效磷含量在 10～30mg/kg；土壤养分含量欠缺，整体次适宜马铃薯种植。

土壤环境不适宜区主要分布在白城市、镇赉县、大安市、通榆县、长岭县西部、乾安县等吉林省西北部平原地区。由区划统计结果可知，此区占全省总面积的 16.75%。该区域主要的土壤类型为草甸土、风沙土、碱土、黑钙土、盐土及大量其他用地，其耕作土壤砂粒含量介于 70%～79%，粉粒含量 4%～8%，黏粒含量 15%～25%；土壤 pH 值大于 8，属于碱性土壤，在酸碱度方面不适宜马铃薯生长；有机质含量在 14～30g/kg；速效钾含量在 115~150mg/kg；碱解氮含量在 54~110mg/kg；有效磷含量在 5~40mg/kg；土壤养分相比较而言最少，土壤条件差，对马铃薯种植存在不利因素。

（四）吉林省马铃薯种植生态适宜性综合区划

利用 GIS 空间分析技术对吉林省种植马铃薯的地形地貌、气候、土壤机械组成及土壤 pH 值和各养分含量的适宜性区划指标栅格图归一化，进行叠加分析、重分类等处理，得到吉林省马铃薯生态适宜指数范围为 1.17~3.27，再依据各适宜性指数等级划分标准，制作完成吉林省马铃薯种植生态适宜性精细化区划专题图（图12）。从图12及相关数据分析可得知马铃薯种植生态适宜性在吉林省的等级分布情况：

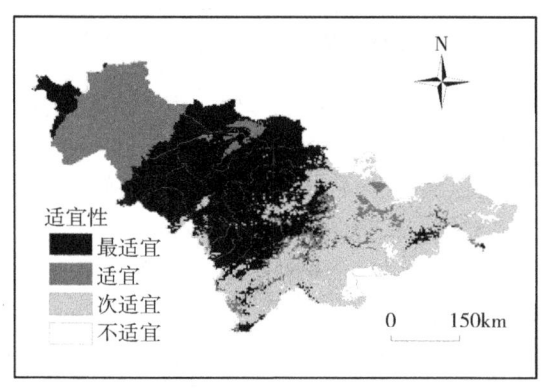

图12 吉林省马铃薯种植生态适宜性区划

1. 最适宜区

生态最适宜区主要分布在吉林省扶余市、九台区、公主岭市、长春市、榆树市、磐石市、舒兰市等中部平原与丘陵地带。由区划统计结果可知，此区占全省总面积的 42.09%。该区域海拔大多介于 170~380m，在马铃薯生长发育时期，≥10℃ 活动积温 2 800~3 100℃，积温方面属于吉林省马铃薯的最适宜范围；生育期平均气温为 17.5~18.5℃，该温度下适宜马铃薯生长发育；7—8月昼夜温差为 9~10℃，属于最适宜范围；7月平均温度 22~23.5℃，适宜马铃薯的生长；7—8月降水量 240~370mm；生育期日照时数 1 400~1 550h，光照十分充足；生育期降水量达 400~600mm；该区气候条件总体非常有利于马铃薯块茎生长和淀粉积累。该区主要的土壤类型为黑土、草甸土、黑钙土、白浆土、暗棕壤、栗钙土、水稻土，土壤pH值介于 6~8，土壤酸碱度较适宜马铃薯生长；土壤砂粒含量介于 55%~70%，粉粒含量 8%~24%，黏粒含量 20%~27%；有机质含量在 35~53g/kg；速效钾含量在 100~218mg/kg；碱解氮含量在 60~220mg/kg；有效磷含量在 10~183mg/kg，其中，大部分地区有效磷含量在 30~130mg/kg；该区土壤十分肥沃，速效钾含量最高，可有效促进马铃薯生长过程的光合作用及淀粉累积，土壤水分饱和、肥力强，综合考虑气候与土壤条件特别有利于马铃种植。

2. 适宜区

生态适宜区主要分布在松辽平原中断东南隆起边缘地带及白城市、镇赉县、大安市、通榆县、乾安县等西部地区。由区划统计结果可知，此区占全省总面积的 22.24%。该区大多位于吉林省中西部平原地区，其海拔低于170m，在马铃薯生长发育时期，≥10℃活动积温大部分介于3 000~3 300℃，积温方面属于吉林省马铃薯的适宜范围；生育期平均气温为17.5~18.5℃，该温度下适宜马铃薯生长发育；7—8月昼夜温差为9.5~11℃，属于最适宜范围；7月平均温度23~24℃，适宜马铃薯的生长；7—8月降水量180~240mm；生育期日照时数1 500~1 700h，光照条件适宜吉林省马铃薯的生长；生育期降水量达310~450mm；该区气候条件总体非常适宜马铃薯种植生长。该区多为沙丘覆盖的冲积平原，土地沙化、盐渍化明显，主要的土壤类型为草甸土、碱土、风沙土、盐土、黑土，土壤砂粒含量高达65%~79%，粉粒含量为4%~8%，黏粒含量为17%~23%；土壤pH值介于8~8.7，酸碱度偏高；有机质含量在14~30g/kg；速效钾含量在115~150mg/kg；碱解氮含量在54~110mg/kg；有效磷含量在5~35mg/kg；该区土壤结构疏松、透气性良好；春季回暖快，有利于促进马铃薯发芽出苗；生长出的块茎表皮更加光滑、干净，薯形整齐，品质好。综合气候与土壤条件适宜马铃薯种植，适合商品薯的生产。

3. 次适宜区

生态次适宜区主要分布在吉林省通化市、集安市、龙井市、白山市、抚松县、安图县、汪清县、珲春市及敦化市南部等中东部低山地区。由区划统计结果可知，此区占全省总面积的33.48%。该次适宜区海拔高度介于380~1 000m，在马铃薯生长发育时期，≥10℃活动积温介于1 800~2 800℃，积温方面属于吉林省马铃薯的次适宜范围；生育期平均气温为12~16℃；7—8月昼夜温差为8~12℃，属于最适宜范围；7月平均温度17~22℃，非常适宜马铃薯的生长；7—8月降水量190~460mm；生育期日照时数1 100~1 300h，生育期降水量达450~860mm，其中大部分地区集中在600~800mm，在东南部临边境地区受大陆海洋性季风影响，降水充沛，在马铃薯生育期降水量超过800mm。该区水分条件有利于马铃薯块茎生长，极大地满足了马铃薯块茎增长、淀粉积累期较多的需水量，整体气候条件适宜马铃薯生长。该区主要的土壤类型为暗棕壤、草甸土、白浆土、水稻土、沼泽土，土壤砂粒含量介于46%~55%，粉粒含量20%~30%，其中，绝对部分地区粉粒含量在25%~28%，黏粒含量17%~25%，其中大部分地区黏粒含量在21%~25%；土壤pH值介于5~6.5，有机质含量在35~53g/kg；速效钾含量介于70~190mg/kg，大部分地区速效钾含量在80~150mg/kg；碱解氮含量在100~300mg/kg，大部分地区碱解氮含量在160~260mg/kg；有效磷含量在10~170mg/kg，大部分地区有效磷在30~100mg/kg；该区各养分含量整体较高，土壤保水、保肥能力强；碱解氮含量较高，能有效促进马铃薯枝叶生长，有利于提高块茎产量和蛋白质含量。但由于该区东南部降水较为充足，加之土壤偏黏重，土壤通气性较差，容易造成块茎膨大时期烂薯情况发生。综合气候与土壤条件，该区种植马铃薯产量较高，但淀粉含量偏低，容易受到自然灾害影响，属于次适宜马铃薯种植区。

4. 不适宜区

生态不适宜区主要分布在吉林省白山市东南部的长白山南麓、珲春市东北部山岭及敦化市北部等高山地带。由区划统计结果可知，此区占全省总面积的2.19%。该次适宜区地处高海拔山脉地段，海拔高度为1 000~2 667m，气候冷凉，在马铃薯生长发育时期，≥10℃活动积温介于710~1 800℃，整体活动积温偏低，不适宜作马铃薯种植；生育期平均气温为6~12℃，该温度范围内，大部分地区不适宜马铃薯生长发育；7—8月昼夜温差为5~8℃，7月平均温度11~17℃，均属于适宜范围；7—8月降水量240~290mm；生育期日照时数1 100~1 400h；生育期降水量达550~700mm；该区水热光资源分配不均，热量不足，气候条件整体不适宜马铃薯块茎增长。该区主要的土壤类型为棕色针叶林土、暗棕壤、白浆土、火山灰土、石质土、沼泽土、山地草甸土，土壤砂粒含量介于50%~60%，粉粒含量22%~25%，长白山南麓黏粒含量为22%~27%，敦化市北部土壤黏粒含量为15%~19%；土壤pH值介于5~6，有机质含量在35~53g/kg；速效钾含量在70~115mg/kg；碱解氮含量在长白山南部为130~180mg/kg，在敦化市北部为210~230mg/kg；有效磷含量在15~50mg/kg；该区土壤质地较轻且粗，粗砂粒及石砾含量较大，有机质含量最高，速效钾及有效磷含量均偏低，整体土壤养分含量虽高，但有效养分贫乏。综合该区气候和土壤条件，可认为不适宜马铃薯的种植生产。

（五）区划成果与实际生产对比分析

选择吉林省各县（区）30年马铃薯单产平均值对本研究区划结果的合理性进行初步验证。从图13可直观看到，马铃薯单产值较高的县（市）相对集中地分布在本研究划分的最适宜区，吉林省马铃薯种植现状和区划结果较为吻合，证明本次综合生态适宜性区划研究结果能够较客观真实地反映吉林省马铃薯的种植状况。同时，通过查阅整理2018年吉林省农业统计年鉴发现：吉林省西部白城市马铃薯播种面积5 049hm²，占全省马铃薯种植面积8.40%，单产5 116.06kg/hm²；中西部松原市马铃薯播种面积7 635hm²，占全省马铃薯种植面积12.70%，单产9 634.05kg/hm²；四平市马铃薯播种面积10 372hm²，占全省马铃薯种植面积的17.26%，单产7 571.83kg/hm²；而中部吉林市马铃薯播种面积4 394hm²，占全省马铃薯种植面积的7.31%，单产7 152.03kg/hm²；东南部辽源市马铃薯播种面积2 370hm²，占全省马铃薯种植面积的3.94%，单产4 368.35kg/hm²；东部延边州马铃薯播种面积3 237hm²，占全省马铃薯种植面积的5.39%，单产5 757.8kg/hm²。将吉林省马铃薯种植生态适宜性区划结果与单产分布情况对比来看，生态适宜区划与单产分级分布情况基本吻合，进一步验证了本研究的实用性。

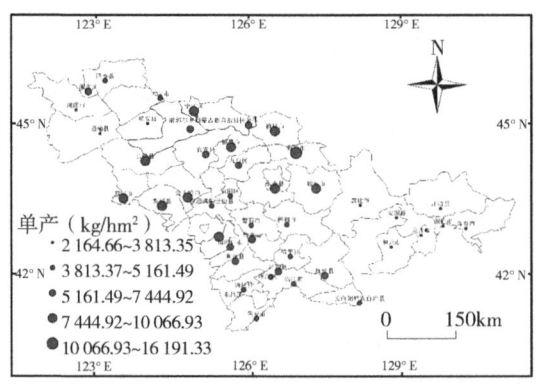

图13 吉林省1984—2013年各县（区）马铃薯单产分布

参考文献

陈鹏翔, 毛炜峄, 2012. 基于GIS的新疆气温数据栅格化方法研究 [J]. 干旱区地理, 35 (3): 438-445.

付彩菊, 2011. 基于GIS的定西市安定区耕地马铃薯的适宜性评价 [J]. 甘肃科技纵横 (5): 61-63.

姜成模, 康哲秀, 金顺福, 等, 2008. 吉林省马铃薯产业现状、对策与发展趋势 [J]. 中国马铃薯 (6): 374-377.

金林雪, 李云鹏, 李丹, 等, 2018. 气候变化背景下内蒙古马铃薯关键生长期气候适宜性分析 [J]. 中国生态农业学报, 26 (1): 38-48.

李闯, 张海燕, 王洋, 等, 2017. 吉林省中部地区马铃薯品种筛选实验 [J]. 吉林蔬菜 (11): 46.

李贞, 张世文, 曹梦, 等, 2018. 基于球坐标转换的土壤机械组成空间插值研究 [J]. 农业机械学报 (3): 295-302.

刘峰, 王凤, 陈树新, 等, 2009. 吉林省马铃薯及主要农作物的比较优势分析 [J]. 吉林农业科学 (5): 46-49.

刘合光, 谢思娜, 2013. 中国马铃薯生产区域格局变化及其成因实证分析——基于1995—2010年省份面板数据 [J]. 农业经济与管理 (1): 72-78.

罗孳孳, 杨世琦, 高阳华, 等, 2014. 重庆秋马铃薯气候影响因子与种植气候区划 [J]. 西南农业学报, 27 (1): 374-379.

马云强, 曹瀚翔, 王宏虬, 2012. 基于3S的替代种植区域马铃薯种植适宜性评价——以老挝琅南塔省为例 [J]. 云南地理环境研究 (2): 68-72.

王春玲, 李宏宇, 曾剑, 等, 2017. 黄土高原半干旱区马铃薯气候适宜度模拟及其时空变化特征 [J]. 干旱气象, 35 (5): 751-760.

王彦平, 阴秀霞, 乌尼尔, 等, 2018. 乌兰察布地区马铃薯气候适宜度模型研究 [J]. 中国农学通报 (13): 126-130.

魏亚雯, 2011. 安定区马铃薯种植及适宜性评价 [J]. 农业科技与信息 (1): 26-27.

杨亚东, 罗其友, 王道龙, 等, 2018. 中国马铃薯区域分布影响因素分析 [J]. 中国农业资源与区划, 39 (2): 76-81.

姚玉璧, 杨金虎, 肖国举, 等, 2017. 气候变暖对马铃薯生长发育及产量影响研究进展与展望 [J]. 生态环境学报, 26 (3): 538-546.

余欣荣, 2015. 马铃薯将成我国第四大主粮 [J]. 农业机械 (1): 41.

[中国农业农村高质量发展区域战略研究]

乡村振兴与农业园区

中央"一号文件"演变特征研究

姜文来

摘　要：对历年特别是党的十八大以来中央"一号文件"进行系统分析，发现"中央一号文件"有五个不变和五个变的重要特征：将"三农"问题作为全党工作重中之重、全面建成小康社会目标、推进现代农业发展、为农民谋幸福和实事求是的工作作风没有变，同时，出现了农业增长由数量向高质量增长转变、农业经营由传统生产体系向现代农业综合体系转变、农业政策措施由普适向精准转变、农业生产方式由不注重生态向绿色发展转变和乡村治理由乡村繁荣战术向乡村振兴战略转变。这五个不变和五个变，持续构筑了乡村振兴根基。

关键词：中央一号文件；演变；特征

Research on the Evolution Characteristics of "No. 1Central Document"

Jiang Wenlai

Abstract: The article has carried out a systematic analysis of the "Central No. 1 Document" over the years, especially since the 18th Party Congress, and found that the "Central No. 1 Document" has five unchanging and five important features: Making the "three rural issues" the top priority of the party's work, the goal of building a moderately prosperous society, promoting the development of modern agriculture, seeking happiness for farmers, and the working style of seeking truth from facts has not changed. At the same time, there have been a shift in agricultural growth from quantity to high-quality growth, a shift in agricultural management from a traditional production system to a modern comprehensive agricultural system, a shift in agricultural policies and measures from universality to precision, a shift in agricultural production methods from not focusing on ecology to green development and rural areas, and a shift in rural governance from the tactics of rural prosperity to the strategies of rural revitalization. These five constants and five changes continue to build the foundation for rural revitalization.

Key words: document No. 1 of the central government; evolution; characteristic

中共中央曾在1982—1986年连续5年发布以"三农"为主题的"一号文件",对农村改革和农业发展作出具体部署。时隔18年后,即从2004年开始,每年"一号文件"都锁定"三农"主题,至2020年已经连续17年。"一号文件"为农业农村健康发展发挥了不可替代作用。系统分析中央"一号文件",特别是党的十八大以来中央"一号文件",发现其存在显著特征:五个不变和五个变。变与不变相互协同作用,共同促进农业农村工作取得历史性成就,推动了农业农村发生了历史性变革,将我国"三农"工作推进新时代,持续筑牢乡村振兴根基,为中国共产党执政和中华民族伟大复兴"中国梦"实现奠定坚实的基础。

一、"中央一号文件"的五个不变

党的十八大以来,"中央一号文件"有五个重要的不变,这些不变体现了中央对"三农"工作不忘初心、牢记使命、砥砺前行。

(一) 将"三农"问题作为全党工作重中之重没有变

"三农"问题是关系党和人民事业发展的全局性和根本性问题,长期以来,中央将"三农"问题作为全党工作重中之重。"一号文件"是党指导"三农"工作纲领性文件,体现了这个根本宗旨。党的十八大以来,党始终将"三农"问题作为党的重中之重开展工作,整体精心谋划,科学施策,拉近了党与农民的距离,获得广大农民的拥护,进一步稳固了执政的基础。

2013年中央"一号文件"指出,"为全面建成小康社会而奋斗,必须固本强基,始终把解决好农业农村农民问题作为全党工作重中之重,把城乡发展一体化作为解决'三农'问题的根本途径"。2017年,"中央一号文件"指出,"各级党委和政府必须始终坚持把解决好'三农'问题作为全党工作重中之重不动摇,重农强农调子不能变、力度不能减,切实把认识和行动统一到中央决策部署上来,把农业农村工作的重心转移到推进农业供给侧结构性改革上来,落实到政策制定、工作部署、财力投放、干部配备等各个方面。"2018年中央"一号文件"要求"把实现乡村振兴作为全党的共同意志、共同行动,做到认识统一、步调一致,在干部配备上优先考虑,在要素配置上优先满足,在资金投入上优先保障,在公共服务上优先安排,加快补齐农业农村短板。"2020年中央"一号文件"强调,做好"三农"工作,关键在党。各级党委和政府要深入学习贯彻习近平总书记关于"三农"工作的重要论述,全面贯彻党的十九届四中全会精神,把制度建设和治理能力建设摆在"三农"工作更加突出位置,稳定农村基本政策,完善新时代"三农"工作制度框架和政策体系。

(二) 全面建成小康社会目标没有变

中国共产党十八大报告首次正式提出全面建成小康社会,党的工作紧紧围绕这个伟大目标展开。"小康不小康,关键看老乡","三农"工作在全面建成小康社会中占有举足轻重地位,正因为如此,"一号文件"对农民小康高度重视,始终将农民进入小康社会作为重要目标在努力奋斗。农民富了,中国才真正富,全面建成小康社会是中国历史上新贡献,对世界都具有特别的重要意义,更是对人类的不可磨灭的一大贡献。

2016年中央"一号文件"的题目就是《关于落实发展新理念加快农业现代化,实现全面小康目标的若干意见》,并指出"大力推进农业现代化,确保亿万农民与全国人民一道迈入全面小康社会"。2017年"一号文件"提出"加大农村改革力度,提高农业综合效益和竞争力,推动社会主义新农村建设取得新的进展,力争农村全面小康建设迈出更大步伐"。2018年"一号文件"特别强调"实施乡村振兴战略,是解决人民日益增长的美好生活需要和不平衡不充分的发展之间矛盾的必然要求,是实现'两个一百年'奋斗目标的必然要求,是实现全体人民共同富裕的必然要求"。2020年"一号文件"的题目是《关于抓好"三农"领域重点工作确保如期实现全面小康的意见》,文件指出,2020年是全面建成小康社会目标实现之年,要对标全面建成小康社会加快补上农村基础设施和公共服务短板,为决胜全面建成小康社会、实现第一个百年奋斗目标作出应有的贡献。

(三)推进现代农业发展没有变

同步推进和实现工业现代化、农业现代化、国防现代化、科学技术现代化是我们伟大理想和奋斗目标。在这"四化"中,农业现代化是我国"四化"中短板,补齐这块短板对实现"四化"至关重要,中央"一号文件"始终坚持围绕补齐这块短板呕心沥血。只有农业农村现代化,中国才真正实现现代化,中国的国力才更上一个台阶。

2013—2016年中央"一号文件"题目连续含有"加快"和"现代农业",例如,2013年题目是《关于加快发展现代农业进一步增强农村发展活力的若干意见》。2017年现代农业虽然没有显现在题目中,但在内容中所占的分量更重,提出"建设现代农业产业园""推进'互联网'+现代农业行动""强化科技创新驱动,引领现代农业加快发展""继续加强农村改革试验区和国家现代农业示范区工作"等,"三农"工作始终围绕推进现代农业发展中心展开工作。2018年"一号文件"提出,2035年农业农村现代化基本实现,对推进现代农业发展做了战略部署,更表明在未来相当长一段时间内推进现代农业发展不会变。2020年"一号文件"提出,"加强现代农业设施建设,提早谋划实施一批现代农业投资重大项目,支持项目及早落地,有效扩大农业投资","加快建设国家、省、市、县现代农业产业园,支持农村产业融合发展示范园建设,办好农村'双创'基地。""采取长期稳定的支持方式,加强现代农业产业技术体系建设"。

(四)千方百计为农民谋幸福没有变

"三农"问题,核心是围绕着增加农民收入,坚决打赢脱贫攻坚战,让农民富起来,缩小城乡居民收入差距,增加农民的安全感、获得感和幸福感。随着社会形势的不断变化,增加农民收入的途径不断调整,但千方百计地为农民谋幸福的核心没有变,是中央"一号文件"的重中之重。

2015年"一号文件"提出围绕促进农民增收,加大惠农政策力度,明确指出"中国要富,农民必须富。富裕农民,必须充分挖掘农业内部增收潜力,开发农村二三产业增收空间,拓宽农村外部增收渠道,加大政策助农增收力度,努力在经济发展新常态下保持城乡居民收入差距持续缩小的势头"。2016年提出"推进农村产业融合，促进农民收入持续较快增长"。2017年"紧紧围绕市场需求变化，以增加农民收入、保障有效供给为主要目标"。2018年就提高农村民生保障水平作了专门重要安排部署，对为农民谋幸福提升到一个新的高度。2020年"一号文件"提出的2020年"三农"工作总的要求之一是"保持农村社会和谐稳定，提升农民群众获得感、幸福感、安全感"，特别提出"保障重要农产品有效供给和促进农民持续增收"。

（五）实事求是的工作作风没有变

为了适应新形势，"三农"工作需要不断地调整工作方法，中央"一号文件"每年针对一个重要的主题开展工作。2013年主要是加快发展现代农业进一步增强农村发展活力，2014年是全面深化农村改革加快推进农业现代化，2015年是加大改革创新力度加快农业现代化建设，2016年是落实发展新理念加快农业现代化实现全面小康目标，2017年是深入推进农业供给侧结构性改革加快培育农业农村发展新动能，2018年是实施乡村振兴战略。虽然每年的主题不一样，各有侧重，但都是中央根据"三农"面临的新形势、新环境作出的适应性调整，无论怎么调整，因时因地制宜、实事求是、脚踏实地做好"三农"工作作风没有变，为"三农"工作持续发展奠定了基础。

二、中央"一号文件"五个重要转变

2013年以来，中央"一号文件"有五个重要的转变，这些转变说明了中央把握"三农"国内外新形势、适应新发展的应变能力和执政能力。

（一）农业增长由数量增长向高质量增长转变

"三农"问题工作虽然千头万绪，但始终遵循发展是硬道理的理念。长期以来，注重数量增长，对于数量与质量并增特别是高质量增长重视不足。党的十八大以来，在重视数量增长的同时，更重视高质量增长，并且将高质量增长放在更加重要的位置上。

2013年"一号文件"提出"健全农产品质量安全和食品安全追溯体系"；2014年"一号文件"提出"在重视粮食数量的同时，更加注重品质和质量安全""强化农产品质量和食品安全监管"；2015年"一号文件"提出"做强农业，必须尽快从主要追求产量和依赖资源消耗的粗放经营转到数量质量效益并重、注重提高竞争力、注重农业科技创新、注重可持续的集约发展上来，走产出高效、产品安全、资源节约、环境友好的现代农业发展道路"；2016年"一号文件"提出"持续夯实现代农业基础，提高农业质量效益和竞争力"；2017年提出"以提高农业供给质量为主攻方向""优化产品产业结构，着力推进农业提质增效"；2018年"一号文件"就提升农业发展质量进行了系统安排部署，成为今后农业发展的主方向，更加提升了农业质量发展的地位；2020年"三农"工作总的要求之一就是"推进农业高质量发展"。农业由数量增长向质量增长转变，有利于提升农业高质量发展，更加有利于提升农业国内外竞争力。

（二）农业由传统生产体系向现代农业综合体系转变

农业要强，必须建立与农业相适应的现代农业经济体系。党的十八大以来，"中央一号文件"中关于农业体系发生了很大变化，由单一的偏向传统的农业生产体系向现代农业经济体系逐步推进。

2013年"中央一号文件"提出"着力构建集约化、专业化、组织化、社会化相结合的新型农业经营体系""加快构建现代农业产业体系"。2014年提出"要以解决好地怎么种为导向加快构建新型农业经营体系，以解决好地少水缺的资源环境约束为导向深入推进农业发展方式转变"。2015年提出"加快构建新型农业经营体系"。2016年"大力推进农业现代化，必须着力强化物质装备和技术支撑，着力构建现代农业产业体系、生产体系、经营体系，实施藏粮于地、藏粮于技战略，推动粮经饲统筹、农林牧渔结合、种养加一体、一二三产业融合发展，让农业成为充满希望的朝阳产业"。2017年提出"优化农业产业体系、生产体系、经营体系，提高土地产出率、资源利用率、劳动生产率"。2018年提出2035年"农业农村现代化基本实现"，进一步强化了农业发展向现代农业综合体系转变。"现代农业产业体系+现代农业生产体系+现代农业经营体系"构成了现代农业经济体系，农业体系由过去传统的生产体系向现代农业经济体系转变，是农业转变经济发展方式、优化经济结构、转换经济增长动力的迫切要求，符合新时代建设现代化经济体系战略目标要求。2020年提出"加强现代农业产业技术体系建设""加快现代气象为农服务体系建设"和"健全面向小农户的农业社会化服务体系"。

（三）农业政策措施由普适向精准转变

习近平总书记在2013年11月于湖南湘西考察时，首次提出了"精准扶贫"，扶贫要实事求是，因地制宜。要精准扶贫，切忌喊口号，也不要定好高骛远的目标。自此"精准"的思想也被反映到中央"一号文件"中。我国农业政策走向精准趋势明显。农业政策和措施由普适向精准转变，有利于提升政策和措施的针对性，有的放矢，提高政策和措施的效率，推进"三农"工作迅速向前发展。

2013年"一号文件"提到"发展农业信息服务，重点开发信息采集、精准作业、农村远程数字化和可视化、气象预测预报、灾害预警等技术"，这是从专业角度来提及的。2014年提出"在有条件的地方开展按实际粮食播种面积或产量对生产者补贴试点，提高补贴精准性、指向性""改进对国家扶贫开发工作重点县的考核办法，提高扶贫精准度"，精准的思想从扶贫向生产领域扩展。2015年提出"推进精准扶贫，制定并落实建档立卡的贫困村和贫困户帮扶措施""合理调整农业水价，建立精准补贴机制"。2016年进一步强调"实施精准扶贫、精准脱贫，因人因地施策，分类扶持贫困家庭，坚决打赢脱贫攻坚战""合理确定农业水价，建立节水奖励和精准补贴机制，提高农业用水效率"。2017年精准扩展到功能区和林业，"功能区和保护区内地块全部建档立册、上图入库，实现信息化精准化管理""继续实施林业重点生态工程，推动森林质量精准提升工程建设。进一步推进精准扶贫各项政策措施落地生根，进一步提高农业补贴政策的指向性和精准性"。2018年"中央一号文件"就打好精准脱贫攻坚战作了重要安排部署。2020年"中央一号文件"提出"要坚持精准扶贫,以更加有力的举措、更加精细的工作""加强农村低保对象动态精准管理"和"强化对'三农'信贷的货币、财税、监管政策正向激励,给予低成本资金支持,提高风险容忍度,优化精准奖补措施"。

(四)农业生产方式由不注重生态向绿色发展转变

农业生产方式向绿色发展方式转变,是农业发展的转型升级,有利于生态文明建设在"三农"领域贯彻和实施,具有十分重要的理论与现实意义。

2014年开始中央"一号文件"有了绿色的概念,2014年提出"支持开展病虫害绿色防控和病死畜禽无害化处理",这只是从防控病虫害角度提出绿色要求。2015年提出"深入推进粮食高产创建和绿色增产模式攻关"绿色的概念扩展到粮食生产领域。2015年10月闭幕的中共十八届五中全会首次提出"创新、协调、绿色、开放、共享"五大发展理念,以保障实现全面建成小康社会的目标。自此绿色的理念成为中央"一号文件"的重要理念被贯彻其中。2016年中央"一号文件"提出"各地区各部门要牢固树立和深入贯彻落实创新、协调、绿色、开放、共享的发展理念""深入开展粮食绿色高产高效创建""加强资源保护和生态修复,推动农业绿色发展""推动农业可持续发展,必须确立发展绿色农业就是保护生态的观念,加快形成资源利用高效、生态系统稳定、产地环境良好、产品质量安全的农业发展新格局"。2017年"中央一号文件"继续贯彻绿色理念,强调"促进农业农村发展由过度依赖资源消耗、主要满足量的需求,向追求绿色生态可持续、更加注重满足质的需求转变""实施农业标准化战略,突出优质、安全、绿色导向""推行绿色生产方式,增强农业可持续发展能力""深入推进绿色高产高效创建""进一步提高农业补贴政策的指向性和精准性,重点补主产区、适度规模经营、农民收入、绿色生态"。2018年中央"一号文件"就如何推进乡村绿色发展进行了专门的部署安排,标志着乡村绿色发展全面推进和升级。2020年"中央一号文件"提出"推进水产绿色健康养殖""增加优质绿色农产品供给"和"优化农村生产、生活、生态空间布局"。

(五)乡村治理由乡村繁荣战术向乡村振兴战略转变

近年来,中央"一号文件"成为中央"三农"文件专用词,对指导、促进"三农"问题工作发挥了不可替代的作用。但从总体情况来看,都是针对"三农"问题采取的因地制宜策略,是战术层面的,对抑制乡村衰落、乡村富裕繁荣发挥了重要推动作用,功不可没。党的十八大以后,"中央一号文件"首次运用"振兴"是2016年"实施休闲农业和乡村旅游提升工程、振兴中国传统手工艺计划",2017年再次提及"全面振兴奶业,重点支持适度规模的家庭牧场,引导扩大生鲜乳消费,严格执行复原乳标识制度,培育国产优质品牌。"党的十九大报告首次提出了乡村振兴战略,2018年中央"一号文件"的题目是《中共中央 国务院关于实施乡村振兴战略的意见》,对实施乡村振兴战略进行了全面部署,确定了实施乡村振兴战略的目标任务,到2020年,乡村振兴取得重要进展,制度框架和政策体系基本形成;到2035年,乡村振兴取得决定性进展,农业农村现代化基本实现;到2050年,乡村全面振兴,农业强、农村美、农民富全面实现。这是对党的十九大报告提出的乡村振兴战略具体实践,是中国乡村发展重大发展战略。"产业兴旺、生态宜居、乡风文明、治理有效、生活富裕"作为乡村振兴的总要求,体现的是"五位一体"的总体布局,乡村治理由乡村繁荣战术层面向乡村振兴战略转变,为新时代乡村美好未来把舵定航。

三、"中央一号文件"变与不变,筑牢党执政和中华民族伟大复兴中国梦实现根基

党的十八大以来,我国粮食生产能力跨上新台阶,农业供给侧结构性改革迈出新步伐,农民收入持续增长,农村民生全面改善,6 600多万贫困人口稳定脱贫,我国农业农村经济稳中向好、稳中向新,成为经济社会转型发展的"稳压器",我国"三农"问题发生了历史性变化,农业农村发展取得了历史性成就,发生了历史性变革,为中国经济社会持续健康发展夯实了基础,为党和国家事业全面开创新局面提供了有力支撑,这与中央"一号文件"不变与变休戚相关。

党的十八大以来,中央"一号文件"有五个重要没有变,即:将"三农"问题作为全党工作重中之重、大力推进农民奔小康目标、推进现代农业发展、为农民谋幸福和实事求是的工作作风,反映了党对"三农"问题工作目标始终坚定如一,反映了党始终将"三农"放在特别重要位置,反映了党始终为农民谋幸福,反映了党始终为补齐农业现代化这块现代化短板呕心沥血,也反映了党始终如一坚持实事求是的工作作风。农业农村历史性变化来自上述的长期不懈的坚持不变以及信心,"三农"工作方向明确,目标坚定,我们可以继续沿着既定的方向奋进!

党的十八大以来,中央"一号文件"有五个重大转变,即:农业增长由数量增长向质量增长转变、农业经营由传统生产体系向现代农业综合体系转变、农业政策措施由普适向精准转变、农业生产方式由不注重生态向绿色发展转变和乡村治理由乡村繁荣战术向乡村振兴战略转变,充分反映了党面对复杂的国内外形势变化审时度势、随机应变的适应能力,反映了党对农业农村经济由粗放增长向高质量发展的转型,反映了党对现代农业经济体系构建,反映了党对"三农"问题精准施策,反映了党对生态文明建设的高度重视,反映了党对乡村振兴同步进入小康社会和现代化强国的信心。

党的十八大以来的中央"一号文件"是在习近平总书记的"三农"思想指导下制定的,是习近平新时代中国特色社会主义思想在"三农"领域的伟大实践。中央"一号文件"五个没有变与五个转变,相互作用,突出了一个主题:将"三农"工作推向新时代,为乡村振兴筑牢根基,为现代化建设补短板,为经济建设增动力,为党的执政和中华民族伟大复兴中国梦实现奠定坚实基础。

参考文献

姜文来."中央一号文件"三提"尊重农民"意义特别[EB/OL].[2013-02-17]. http://theory.people.com.cn/n/2013/0217/c148980-20501326.html.

姜文来.乡村振兴战略是新时代做好"三农"工作的总抓手[EB/OL].[2018-06-

01]. http://theory.people.com.cn/n1/2018/0601/c40531-30027766.html.

万鹏,姜文来.2020年"三农"工作如何抓? 中央一号文件提出两大重点任务 攻克脱贫攻坚最后堡垒 [EB/OL]. [2020-02-06]. http://theory.people.com.cn/n1/2020/0206/c40531-31573970.html.

万鹏,姜文来."中央一号文件"明确政策信号 农业供给侧改革守住三条底线 [EB/OL]. [2017-02-06]. http://theory.people.com.cn/n1/2017/0206/c148980-29060469.html.

万鹏,姜文来.习近平强调"重农固本""中央一号文件"为农民发红包 [EB/OL]. [2016-01-29]. http://cpc.people.com.cn/xuexi/n1/2016/0129/c385474-28096176.html.

万鹏,姜文来.学者:"三农"问题首次系统定位 用"五新"破解发展瓶颈 [EB/OL]. [2015-02-03]. http://theory.people.com.cn/n/2015/0203/c148980-26498546.html.

中共中央,国务院.关于加快发展现代农业进一步增强农村发展活力的若干意见 [EB/OL]. [2012-12-31]. http://www.gov.cn/gongbao/content/2013/content_2332767.htm.

中共中央,国务院.关于全面深化农村改革加快推进农业现代化的若干意见 [EB/OL]. [2014-01-19]. http://www.gov.cn/jrzg/2014-01/19/content_2570454.htm.

中共中央,国务院.关于加大改革创新力度加快农业现代化建设的若干意见 [EB/OL]. [2015-02-01]. http://www.gov.cn/zhengce/2015-02/01/content_2813034.htm.

中共中央,国务院.关于落实发展新理念加快农业现代化实现全面小康目标的若干意见 [EB/OL]. [2016-01-27]. http://www.gov.cn/zhengce/2016-01/27/content_5036698.htm.

中共中央,国务院.关于深入推进农业供给侧结构性改革加快培育农业农村发展新动能的若干意见 [EB/OL]. [2017-02-15]. http://www.gov.cn/zhengce/2017-02/05/content_5165626.htm.

中共中央,国务院.关于实施乡村振兴战略的意见 [EB/OL]. [2018-02-04]. http://www.gov.cn/zhengce/2018-02/04/content_5263807.htm.

中共中央,国务院.关于坚持农业农村优先发展 做好"三农"工作的若干意见 [EB/OL]. [2019-02-19]. http://www.gov.cn/zhengce/2019-02/19/content_5366917.htm.

中共中央,国务院.关于抓好"三农"领域重点工作确保如期实现全面小康的意见 [EB/OL]. [2020-02-05]. http://www.gov.cn/zhengce/2020-02/05/content_5474884.htm.

朱晓娟,姜文来,2019-08-29.乡村产业振兴面临的挑战及其对策 [N].经济日报.

中国乡村振兴五大关键问题

罗其友 伦闰琪 杨亚东 马力阳 刘子萱 高明杰

摘 要：乡村振兴战略是新时期我国"三农"工作的总抓手，是一项复杂的系统工程。从理论层面和操作层面对乡村振兴的规律性问题、规划落地问题将进行综合系统探究，对有序推进乡村振兴具有重要理论和现实意义。本文基于当前乡村振兴战略实施现状和学术研究前沿，从城乡融合发展的视角系统探讨乡村振兴的理论逻辑、发展目标及实现路径。目前，我国乡村振兴面临五大问题：乡村振兴理论准备不足，概念、标准、动力等尚不明晰；乡村振兴路径谋划不足，地区功能定位、主导产业配置、发展模式趋同；县域、镇域、村域的乡村振兴系统规划不足，存在对上级或其他地区规划文件的简单模仿；乡村振兴示范区推广价值不足，"锦上添花"式布局建设较为普遍；乡村振兴制度保障不足，人、地、资本等资源要素潜能亟待激活释放。对乡村振兴五大问题的应对思考：乡村振兴是魅力上与城市无差距的等值发展状态，动力是城市田园化和乡村城镇化"双轮"驱动，突破口是"两园一体"，标准是"六大魅力指数"全面提升；科学确立乡村振兴优先序，优化城乡布局结构；坚持规划先行、规划引领，系统谋划乡村振兴落地方案；分区分类创建乡村振兴示范区，探索可复制可推广的经验与模式；创新体制机制，为乡村振兴保驾护航。

关键词：乡村振兴；理论；路径；规划；示范；制度

Analysis on Five Key Issues of Rural Revitalization in China

Luo Qiyou, Lun Runqi, Yang Yadong,
Ma Liyang, Liu Zixuan, Gao Mingjie

Abstract: The strategy of rural revitalization is the general focus of the work of "agriculture, rural areas and farmers" in the new period. Exploring the problems of rural revitalization from the theoretical level and operational level has an important theoretic and practical significance. Based on the current situation of the implementation of the rural revitalization strategy and the academic research frontier, from the perspective of urban-rural integration, this study systematically analyzed the five key issues of rural revitalization in China, including theoretical logic, realization path, scientific planning, demonstration and institutional support. The theory of rural revitalization is not well prepared, and the concept, standard and driving forces are not clear. Rural revitalization strategy planning is insufficient. Regional functional positioning, leading industrial allocation and development model tend to be the same. The rural revitalization system planning of county, town and village is insufficient, and there is a simple imitation of the planning documents of the superior or other regions. Rural revitalization demonstration area extension value is insufficient; layout of the "icing on the cake" is more common. The system of rural revitalization is inadequate, and the vitality of human, land, capital and other factors need to be released. The revitalization of rural areas is the same development status with no gap between urban charm and urban charm. Urban gardening and rural urbanization are the "two wheels" driving force. The breakthrough point is the integration of two parks. We should establish the priority order of rural revitalization scientifically, optimize urban and rural distribution structure and adhere to the planning firstly. Also systematic planning of rural revitalization implementation plan should be made and some rural revitalization demonstration areas should be selected, replaceable and popularizing models should be extended. Finally, new institutions and mechanisms should be innovated to ensure the rural revitalization goes smoothly.

Key words: rural revitalization; theory; path; plan; demonstration; institution

一、引言

随着我国现代化建设深入推进,乡村正处在大发展、大变革、大转型的关键时期,城乡二元结构矛盾等问题日益凸显。在这一历史节点,乡村振兴战略被确立为国家重大战略,作为"三农"工作的总抓手,乡村振兴战略是化解新时代城乡主要矛盾、平衡城乡发展,破解城乡二元格局、全面建设社会主义现代化强国的必然选择。党的十九大后,全国掀起"乡村振兴热",各地积极开展乡村振兴工作,但目前乡村振兴战略的实施尚处在探索阶段,乡村振兴相关理论、体制机制、实施路径、规划、示范仍存在较多问题,需要深入思考和研究。

二、乡村振兴理论问题

乡村兴则国家兴,乡村振兴上升为国家发展战略,不仅体现了乡村在国家现代化建设中的重要地位,而且也意味着乡村建设将成为今后一段时期内国家现代化建设的主要抓手。实施乡村振兴战略,是国家对"三农"问题和城乡发展规律认知的进一步深入,是"新农村建设""美丽乡村建设"等一系列战略和政策的深化,是深层次的变革。但是,目前乡村振兴的理论储备不足,要加强对乡村及乡村功能、乡村振兴的概念、乡村振兴的标准标志、乡村振兴的动力机制、村庄演变规律等相关基础理论研究,为乡村振兴提供有效的理论支撑。

（一）乡村振兴的概念、内涵、标准

长期以来，不同研究领域的学者对乡村这一概念有不同界定，有从产业角度出发认为从事农业生产的地区就是乡村，也有认为农民居住的地区就是乡村，还有从土地利用的角度进行界定。但随着城镇化进程的加快和城乡人口频繁流动，这些概念显然出现了缺陷。地理学从地域空间系统的角度出发，认为乡村与城市共同构成了整个地域空间系统，乡村是指城市以外的一切区域。乡村是与城市相对应的区域概念，城市是区域中心，空间形态为点或群，乡村是区域腹地，空间形态上为面，乡村与城市共同构成人类活动的主要空间，二者在要素、结构（产业结构、空间结构）和功能上是一种互促、共生的动态耦合关系，共同构成了城乡生命共同体（图1）（吴传钧，1991；赵海林，2010；马力阳，2017）。一般地讲，乡村是以农业为主业、农民为主体的地区，兼具生产、生活、生态、文化等多重功能，是中华民族传统农耕文明的发祥地、国家粮食及其他重要农产品生产基地、国家生态安全的战略腹地、农民生活居住地、城市工商业原料供给地和现代城市居民的康养要地。城市是工商业为主业、市民为主体的地区，城市脱胎于乡村，是乡村区域产业分工演进、科学技术进步、社会经济发展的产物，一般具有集聚人口、集聚产业、创新和管理等功能，能为乡村发展提供先进的技术、人才和资金支持（陆大道，2002；陆大道，2009；陈坤秋，2018；龙花楼，2013；史焱文，2016）。

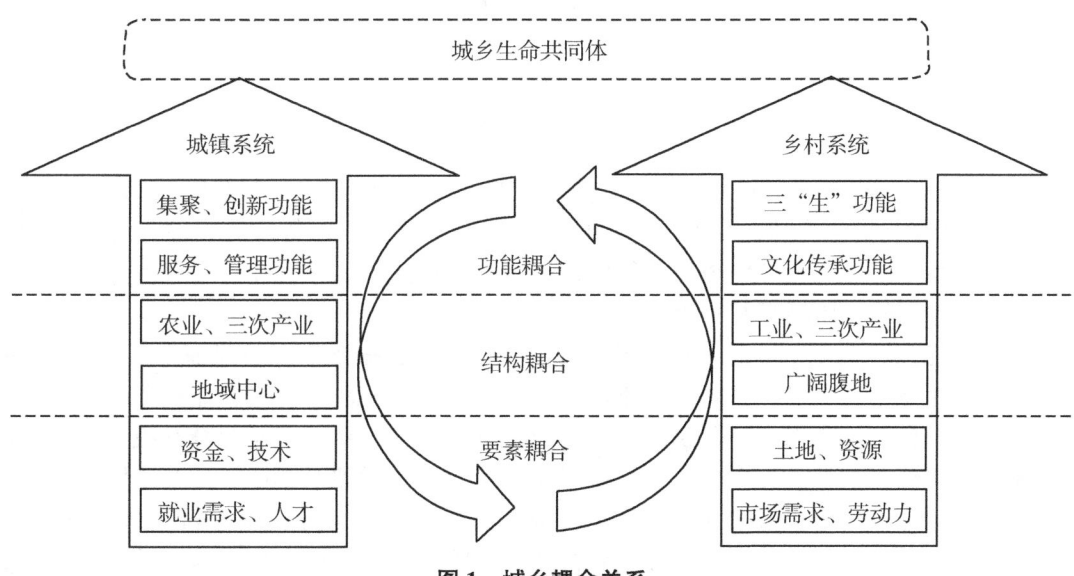

图1 城乡耦合关系

乡村振兴是城乡深度融合背景下乡村功能的全面发展和提升，总体要求是产业兴旺、生态宜居、乡风文明、治理有效和生活富裕，这五个方面是一个有机整体，相互关联、相互协调，共同构成乡村振兴蓝图（图2）。乡村振兴的标准是由经济魅力、生态魅力、生活魅力、文化魅力、格局魅力和组织魅力六方面指标组成的乡村综合魅力指数全面提升，将乡村建设成为宜业宜居宜养的地域综合体，乡村转型升级，乡村实现形态上与城市有差异、魅力上与城市无差距的等值发展状态（刘彦随，2018）。

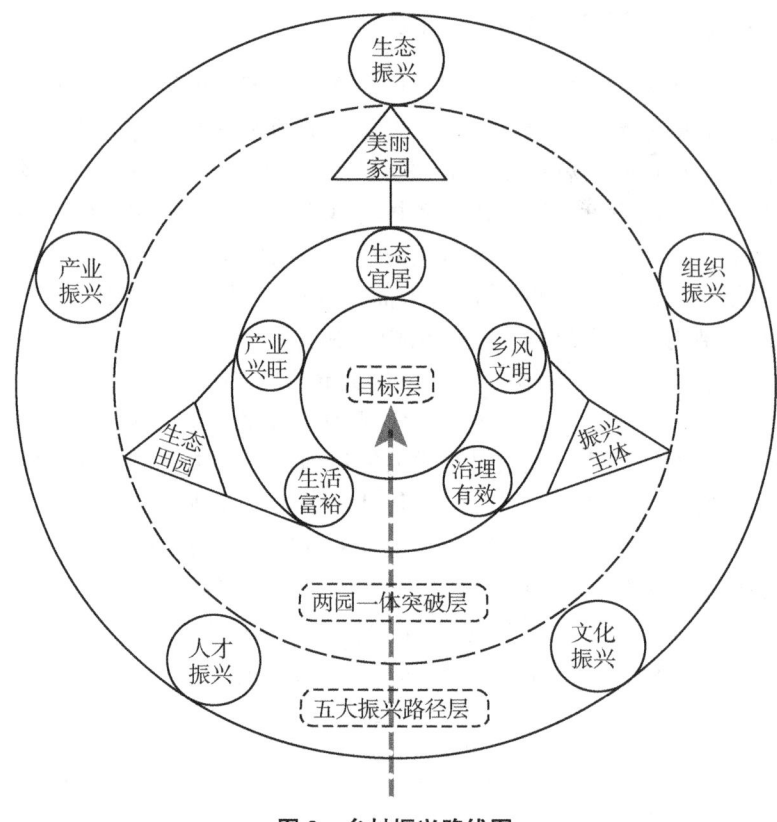

图 2　乡村振兴路线图

以"两园一体"为突破口，实施乡村振兴战略。"两园"指生态田园和美丽家园，"一体"是指乡村振兴主体。生态田园对接产业兴旺和生活富裕等经济发展目标，美丽家园主要对接生态宜居宜业等生态生活目标，一体主要对接乡风文明和治理有效等社会发展目标，解决振兴的主体培育及其组织问题。

以"五振兴"为基本内容，有序推动乡村振兴。"五振兴"指产业振兴、人才振兴、文化振兴、生态振兴和组织振兴。产业振兴重点要构建乡村地区现代农业产业体系，推动一二三产业融合发展，深度挖掘农业的多功能特色优势，走乡村产业融合升级之路，农民能在家门口实现创业就业，为乡村振兴提供不竭动力（赵之阳，2018）；人才振兴要强化乡村振兴主体建设，培养合格现代职业农民队伍，凝聚各方人才，走乡村主体优化之路；文化振兴要传承发展提升农耕文明，走乡村文化兴盛之路，强化振兴的精神动力；生态振兴就是坚持人与自然和谐共生，走乡村绿色发展之路，以良好生态环境支撑，建设宜业宜居的美丽乡村；组织振兴的核心是健全乡村治理体系，走乡村善治之路，确保乡村社会安定有序和百姓安居乐业。

（二）乡村振兴"双轮"驱动机制

乡村振兴是开放性的，乡村发展过程依靠外源动力和内生动力共同作用。外源动力指城市田园化驱动，内生动力是乡村城镇化驱动，二者协同形成"双轮驱动"，在促进乡村地区健康可持续发展同时，也能化解城镇化过程中出现的各种"城市病"问题。

城市田园化是乡村发展的外源驱动力。顺应市民对乡村投资创业和休闲康养日益增长的需求，基于地区资源环境承载力，合理确定城市规模和布局，将超载的产业和人口向乡村扩散，基础设施和公共服务向乡村延伸，助推乡村地区基础设施提升和产业融合发展。近年来，工业化城市化的快速推进，带来了一系列资源环境问题，不仅对社会经济发展造成阻碍，也给城市居民身心健康和幸福感带来了严重冲击。因此在一些地区出现了逆城市化的现象，城市居民对生活环境改善、休闲康养等需求越来越多，乡村地区天然的良好生态环境和缓慢的生活节奏得到越来越多城市居民的青睐。基于此，乡村地区可借助在地域功能上与城市的互补关系，着力提升和改善基础设施条件，大力发展乡村观光休闲和康养旅游等服务业，吸引承接更多的产业形态和人口从城市向乡村地区流动，提升乡村发展水平。

乡村城镇化是乡村发展的内生动力。面向村民对就业增收、城镇美好幸福生活的追求，着力优先推进乡村地区农业农村现代化。开发乡村地区多功能，以农业为基础，延伸乡村产业链，增加非农就业机会，建设美丽家园，开辟农民增收新渠道，创新我国城镇化道路，完善城镇布局体系。多年来，重工轻农、重城轻乡的发展导向造成了乡村地区产业凋敝、人口流失、农民增收困难等问题。充分利用好乡村城镇化这一内生动力，创新乡村产业业态，促进农村剩余劳动力的非农化转移和土地经营权流转，扩大农业经营规模，加速农业现代化和农业高质量发展进程，加快实现农业强、农民富、农村美。

三、乡村振兴路径问题

目前，我国乡村振兴路径谋划不足，地区功能定位、主导产业配置、发展模式趋同等问题突出。全国各地都在搞乡村旅游、休闲农业、农旅结合，这种跟风式选择的市场风险很大。在城乡融合发展背景下，立足乡村地区自然经济社会特色，结合主要矛盾、关键短板，确立乡村振兴目标，研究制定具体地区特色的乡村振兴战略重点和战略路径。

（一）科学确立乡村振兴优先序，合理把握乡村振兴节奏和重点

乡村振兴在乡村不同发展阶段有不同的战略重点、优先序和路径组合。乡村振兴需要产业支撑，产业振兴、打造支柱产业是乡村振兴的前提，是乡村发展的初级阶段，也是最关键的起步阶段。产业振兴与人才振兴和组织振兴组合实施，则进入乡村发展的中级阶段。产业发展能吸引人才、壮大组织，人才振兴与组织振兴能更好地促进产业发展，三者互为因果，相辅相成。文化振兴和生态振兴旨在打造乡村地区精神文明和生态文明高地，文化振兴与生态振兴需要产业、人才、组织"三驾马车"的带动，五大振兴全方位组合推进，则进入乡村发展的高级阶段（廖彩荣，2017）。

（二）抓住乡村主要矛盾，重构城乡结构体系

乡村问题归根结底是发展的问题，处理好发展的问题关键要抓住乡村的主要矛盾，即农民日益增长的美好生活需要和不平衡不充分的发展之间的矛盾。了解和把握农民的真实

需求，以产业振兴、人才振兴、组织振兴、文化振兴和生态振兴这五大方面为抓手，推动乡村地区全面发展和供给侧结构性改革，丰富农民所需的物质和服务供给，提升生产生活质量，化解乡村主要矛盾（张军，2018）。重构城乡布局结构，一是空间布局重构。针对现有传统村落布局分散、土地空废化的现象，应创新乡村空间体系，形成中心镇—重点镇—中心村三级乡村布局体系，重构乡村生产、生活、生态空间格局，积极探索空心村改造、中心村建设和中心镇迁移的地域空间重构模式。二是经济重构。针对传统乡村产业的生产效率低、经营分散等特点，通过推进农村承包地确权登记颁证，发展农业适度规模经营，建立培育扶持龙头企业和特色产业生产基地，完善农业产业链，实现农业生产经营的专业化、标准化、规模化和集约化（何仁伟，2018；龙花楼，2016）。

四、乡村振兴规划问题

2018年，中共中央、国务院印发《乡村振兴战略规划（2018—2022年）》，要求各地区各部门结合实际认真贯彻落实。目前部分省和个别县编制了乡村振兴规划，但普遍存在简单照搬照抄上位规划和其他地区规划，或停留在粗线条的发展意向描述，真正能在乡在村落地实施的可操作建设规则供给严重不足。乡村振兴要坚持规划先行，规划导向，规划约束。

（一）坚持规划引领，构建规划体系

大力推进县—镇—村域的乡村振兴建设规划编制工作。坚持因地制宜原则，加强对县、乡、村域的人口规模、人口结构（原住民、进乡创业者、康养旅居者等）和人口分布变化的趋势预判，系统测算本区域乡村生产生活基础设施等需求，在此基础上科学编制县—镇—村域的乡村振兴规划，做到"源于实际，服务未来"；规划坚持以系统性规划为"龙头"，恪守省、市、县、乡、村各级规划一脉相承、层层细化的原则，要求县域及以下乡村振兴规划务必切实可行，做到"村民易懂，村干部易操作"。

加快构建乡村振兴规划体系。乡村振兴规划体系是保障乡村振兴规划科学制定的重要抓手和理论保障（张军，2018）。乡村振兴规划体系框架包括：明确乡村发展问题、发展目标，进而确定乡村振兴合理的规划范围、空间尺度相关利益与责任主体，以及规划层次、规划时限、规划主体、规划内容、规划深度和规划方法等。乡村振兴应形成一套完善的、兼顾愿景与实际的、包含国家、省、市、县、乡镇、村庄各层次的综合性乡村规划体系，实现"多规合一"（周游，2016）。

（二）开展乡村振兴区划，辨识乡村振兴重点区

合理构建指标体系，开展乡村振兴区划。集成应用地理学、经济学、社会学、生态学和管理学，按照代表性、系统性、动态性、独立性和可操作性原则，建立包括乡村资源指标组、乡村生产指标组、乡村经济指标组和乡村生态环境指标组、乡村社会文化指标组和乡村发展潜力指标组的乡村振兴区划指标体系，采用GIS与现代计量方法相结合的方法进行乡村振兴区划（唐华俊，2008），为各地区乡村振兴分区施策提供基础支撑。

选择振兴的重点区域，培育乡村发展增长极。研究确定哪些村庄需要振兴、哪里村庄需要优先振兴、哪些村庄不需要振兴。要综合评估乡村地区的地理环境、资源禀赋、农业功能、经济总量、民风民俗、人口规模、发展类型、城乡关系等因素，合理选取典型区进行乡村振兴建设探索，为世界提供不同类型乡村振兴的中国样板和中国方案；选定的乡村振兴区域要符合未来城乡关系走向，与城市经济相互辉映，加快乡村要素流动，发展乡村经济，培育乡村发展增长极，真正实现"以城带乡，城乡共荣"的一体化融合发展，带领中国经济进入"乡村振兴时代"。

五、乡村振兴示范问题

目前，各地乡村振兴热情高涨，积极参加乡村振兴示范创建，争做乡村振兴样板。但是各地乡村振兴示范区"锦上添花"式布局创建做法比较普遍，很多典型样板是靠财政补贴性投入"堆"出来的，市场生存能力和示范带动功能弱，可推广性差。需要统筹谋划乡村振兴示范区布局创建，加强对不同类型区示范创建工作的指导，切实发挥好各示范区的典型引路作用。

（一）示范区选择

示范县的选择标准。各地区示范县选择要体现自然条件、经济条件和社会条件的地域差异性和多样性，为不同类区提供可参考、可推广的乡村振兴经验和样板。同时，将具备完整县—镇—村域的乡村振兴建设规划作为入选示范县的前提条件。

示范村的选择标准。乡村振兴是乡村地区的全面振兴，示范应以发展水平中等、数量众多的一般乡村为重点，强调示范的代表性、可学性和可推广性。一是结合县域城乡空间总体规划布局，优先选择区域面积较大、人口相对集中的中心村、核心村，在未来城乡融合发展中能更好地发挥基础性、关键性、引领性作用；二是按照城郊融合类、集聚提升类、特色保护类、拆迁合并类这四类村庄标准，结合地形地貌、资源禀赋等特点，分类、分层选取示范村。

（二）示范内容

第一，产业现代化示范。避免照搬模仿，立足地区自然经济社会条件，培植区域优势特色产业，实现传统农业生产与新理念、新技术、新需求之间的有机融合，打造现代化"大农业"产业链。第二，生活现代化示范。通过生活基础设施的提升、公共配套服务的完善、生态环境的整治，打造生态宜居家园。第三，文化现代化示范。在传承、复兴乡村传统文化的基础上，与现代文化交融，形成现代元素与乡土气息融合的新乡村文化。第四，治理现代化示范。创新乡村治理机制，创新形成社群化、社区化、网络化的治理结构，培育乡村自组织、自治理能力。第五，政策创新试验示范。创新乡村产权制度，探索盘活各类乡村要素资源，优化市场化配置机制，保障乡村振兴对各类生产要素的需求（刘彦随，2018）。

六、乡村振兴制度问题

现阶段我国人口、资金和土地等要素主要还是从乡村往城市的单向流动,没有形成城乡之间双向平等流动,没有形成互补互促的城乡关系。要创新体制机制,释放制度潜能,从城乡两侧全面激活资源要素,既有乡村内部资源激活集聚,也有外部城市资源的进入融合,实现城乡资源要素平等自由交换和市场化配置,形成乡村振兴的持久动力。

(一)创新人力政策

建立有吸引力的人力资源政策,解决乡村振兴主体"人"的问题。政策的核心目标是要平衡好和保护好乡村原住人口与新进人口这两类群体的权利和利益,吸引各方人士投身乡村振兴,优化乡村振兴主体结构。着力培育新型职业农民、农村实用人才、农业科技人员队伍。建立乡村振兴人才集聚平台,引导涉农高校毕业生、"城漂"、退伍军人、退休市民等各类群体回乡创业、休闲康养,为农业农村发展注入新鲜的活力。完善乡村基层干部选拔培养机制,优化干部队伍年龄结构,提高基层干部工资待遇水平。加强引进人才生活和社会保障力度,探索出台相应社会保障办法。

(二)改革土地制度

探索土地制度改革,解决乡村振兴"地"的问题。土地是乡村振兴的载体和平台,土地资源也是当今我国乡村最具潜力的自然资源,积极探索承包地"三权分置"、承包地退出、宅基地退出和集体经营性建设用地入市等系列关联性土地制度改革,为吸引的城市资本、人才、技术和企业下乡提供新渠道和新平台,促进激活乡村要素与城市资源高效融合,城乡双向激活发力,催生乡村产业重构、乡村聚落形态重构和乡村治理模式重构。

(三)创新投融资政策

改革投资融资政策,解决乡村振兴"钱"的问题。现在大家多愿意往城里跑,主要原因就在于乡村软硬件条件都非常落后,乡村建设欠账太多。建议设立乡村振兴专项资金,推进政府涉农资金整合,加大政府对乡村振兴基础性和公益性领域的投入,特别是优先支持"两园一体"建设;有序引导国有资本和民间资本进入乡村振兴领域,充分发挥国有资本的公益性,撬动民间资本支持乡村振兴;大力发展村集体经济,探索多种形式的经营方式;建立"银行—企业—乡村"合作机制,支持乡村产业发展和乡村建设;合理利用互联网金融,创新乡村振兴专用金融产品;进一步盘活土地资源,出台乡村振兴土地专项优惠政策,提高土地出让金用于乡村振兴的比例,将增减挂钩结余指标所得收益重点用于乡村振兴。

(四)出台乡村振兴法

根据欧美等发达国家的经验,实施重大战略必然配套相关法律,利用法律力量来保障战略的顺利实施,同时也使战略在执行过程中实现有法可依、有章可循。乡村振兴是进入新时代后的一个具有全局性、普惠性、长期性的发展战略,未来必然会遇到各种体制机制障碍和不同利益群体的掣肘,建议国家尽快出台"乡村振兴法",保障乡村振兴战略稳健实施。

参考文献

陈坤秋,王良健,李宁慧,2018. 中国县域农村人口空心化——内涵、格局与机理[J]. 人口与经济(1):28-37.

何仁伟,2018. 城乡融合与乡村振兴:理论探讨、机理阐释与实现路径[J]. 地理研究,37(11):2 127-2 140.

廖彩荣,陈美球,2017. 乡村振兴战略的理论逻辑、科学内涵与实现路径[J]. 农林经济管理学报,16(6):795-802.

刘彦随,2018. 中国新时代城乡融合与乡村振兴[J]. 地理学报,73(4):637-650.

龙花楼,2013. 论土地整治与乡村空间重构[J]. 地理学报,68(8):1019-1028.

龙花楼,屠爽爽,2017. 论乡村重构[J]. 地理学报,72(4):563-576.

龙花楼,屠爽爽,戈大专,2016. 新型城镇化对扶贫开发的影响与应对研究[J]. 中国科学院院刊,31(3):309-319.

陆大道,2002. 关于"点—轴"空间结构系统的形成机理分析[J]. 地理科学(1):1-6.

陆大道,樊杰,2009. 2050:中国的区域发展:中国至2050年区域科技发展路线图研究报告[M]. 北京:科学出版社.

马力阳,罗其友,2017. 我国城镇化与农村发展耦合协调时空特征及机制[J]. 地域研究与开发,36(6):45-49,92

史焱文,2016. 传统农区工业化进程中乡村聚落空间演变研究[D]. 开封:河南大学.

唐华俊,罗其友,姜文来,2008. 农业区域发展学导论[M]. 北京:科学出版社.

王轲,朱梦宇,2018. 基于乡村振兴战略的青岛市农村基础设施提档升级驱动力分析[J]. 中国农业资源与区划,39(8):49-53.

吴传钧,1991. 论地理学的研究核心——人地关系地域系统[J]. 经济地理(3):1-6.

张军,2018. 乡村价值定位与乡村振兴[J]. 社会科学文摘(7):9-12.

张军,2018. 乡村价值定位与乡村振兴[J]. 中国农村经济(1):2-10.

赵海林,2010. 统筹城乡发展必须转变城市偏向发展战略[J]. 中国乡村发现(2):24-27.

赵之阳,2018. 以产业融合引领乡村振兴[J]. 中国农业资源与区划,39(8):60-64,74.

周游,2016. 广东省乡村规划体系框架的构建研究[D]. 广州:华南理工大学.

四川省乡村振兴路径选择

杨亚东　罗其友　郭晓鸣　廖祖君

摘　要：乡村振兴作为我国工农城乡关系发展到新阶段的新战略，是我国在新时代作出的战略抉择。本文以四川省为例，根据相关研究成果和实地调研，运用理论分析与实证研究相结合的方法，深入探讨了乡村振兴面临的短板制约与路径选择。四川乡村振兴的现实基础与浙江、江苏等沿海省份差距较大，主要制约因素有土地细碎化、农产品竞争力不强、农村基础设施薄弱、乡村生态环境有待改善、多层次人才匮乏和治理能力面临挑战等。四川省乡村振兴要以涉农产业蓬勃发展、生态环境根本改善、文明乡风基本形成，乡村治理体系更加完善和生活富足为目标，以衰退地区和深度贫困地区作为重点，以特色优势产业发展为核心，以村庄整治和宜居乡村建设为突破口，以贫困人口同步小康为关键，以激活土地要素为措施，以壮大集体经济为抓手，通过"融合""绿色""善治""人文""差异"和"激活"六大战略路径实现乡村振兴。

关键词：乡村振兴；制约因素；战略路径

Study on Path Selection of Rural Revitalization in Sichuan Province

Yang Yadong, Luo Qiyou, Guo Xiaoming, Liao Zujun

Abstract: Rural revitalization, as a new strategy at the new stage for the development of the relationship between industry, agriculture and urban-rural areas in China, is a strategic choice made in the new era. On the basis of examples, it will be helpful to scientifically promote the implementation of rural revitalization strategy to study the constraints, objectives and key points, and the realization path during the process of implementation of rural revitalization. Based on the existing research results and field research, this paper uses the method of theoretical analysis and empirical research to elaborate the realistic needs of rural revitalization in Sichuan Province, and analyzes the constraints, objectives, key points and strategic paths in the process of rural revitalization in Sichuan Province. There is a big gap between the realistic foundation of rural revitalization in Sichuan Province and other coastal provinces, such as Zhejiang, Jiangsu, etc. The rural revitalization is mainly restricted by land fragmentation, weak competitiveness of agricultural products, weak rural infrastructure, poor rural ecological environment, lack of rural talents and weak rural governance ability. It is clear that the goal of rural revitalization in Sichuan Province should be industrial prosperity, ecological livability, rural civilization, effective governance and rich life, with recession areas and deep poverty areas as the focus, with the development of characteristic advantageous industries as the core, with village renovation and livable rural construction as the breakthrough point, with keeping the poor well off at the same time as the key step, with the activation of land factors as the measure, with the strengthening the collective economy as an important starting point, through six paths of "integration", "green", "good governance", "human culture", "differentiation" and "activation" to achieve rural revitalization in Sichuan Province.

Key words: rural revitalization; constraints; strategic path

一、引言

进入新时代，农业农村已经成为我国国民经济发展的短板，城乡发展不平衡也成为我国经济社会发展最大的不平衡。工农城乡关系的客观演变规律促使我国要通过转变发展战略对城乡关系的动态转变作出积极回应。在此背景下提出的乡村振兴战略符合工业化进程中城乡、工农关系的演变规律，也符合我国经济发展的阶段性特征，具有深刻的历史逻辑和现实需求。作为我国重要的农业大省和粮食生产基地，近年来，四川省农业农村工作取得较大成就，但也存在诸多挑战。因此，分析四川省乡村振兴短板，研究其乡村振兴思路，对于推进四川省从农业大省向强省跨越，意义重大，同时也为进一步推进乡村振兴提供借鉴。

乡村振兴源自中国数千年乡村发展史，是对过往乡村建设和发展经验的升华，自党的十九大提出乡村振兴战略以来，"乡村振兴"一跃成为学术界关注的焦点，很多学者对其进行了深入研究和系统论述。在乡村振兴的影响因素研究方面，Johnson（1989）通过研究发现农村金融对农村振兴有重要影响作用；Gladwin（1989）以美国北佛罗里达州农村企业经营者为研究对象，从心理学角度阐释了农户所拥有的创业精神在农村振兴过程中的关键作用；Korsching（1992）通过对美国和加拿大的乡村社区的实地调研，认为两地乡村社区中实行的社区间协作机制对乡村振兴有重要推动作用。从主体对于乡村振兴作用的角度，田甜（2019）通过分析欧盟的乡村发展道路，认为我国乡村振兴中应鼓励多主体参与，充分发挥各类主体的积极作用；Greene（1988）则认为政府作为乡村振兴中的重要主体，应充分发挥其独有的不可替代作用。在乡村振兴实证研究方面，赵之阳（2018）以北京市通州区为例，从产业融合角度阐述了实现乡村振兴的有效路径；陶喆等（2020）以湖南省为例进行了实证分析，结果表明乡村振兴和新型城乡关系的关联程度大于0.5，二者相互影响、相互促进；张可心（2019）通过评估乡村振兴中存在的问题，结合陕西省关中地区的实证研究，探究了实现乡村振兴的战略模式和路径；Carr Patrick（2010）、Zhang（2016）和Nonaka（2015）分别以美洲、东亚地区和日本为研究对象，详细阐述了各地区农村振兴规划,并对其进行实证研究,总结现有经验。在乡村振兴理论研究方面:罗其友(2019)从理论的角度,对乡村振兴的内涵、动力、标准和路径进行了科学阐述;Bai(2014)从乡村振兴和全球乡村治理的层面,借鉴欧美发达国家经验,对我国乡村振兴的理论体系和实现路径进行系统论述;廖彩荣等(2017)从理论层面,阐述了乡村振兴的逻辑、内涵及路径。

通过对现有文献的梳理,国内外学者对"农村振兴、农村发展或乡村振兴"的研究成果比较丰富,但往往局限于宏观角度或理论层面的研究,实证研究较少,尤其缺乏对于我国特定地区乡村振兴模型和路径的研究和探索。本文以四川省为研究对象,对四川省乡村振兴的现实需求、主要制约因素、目标重点和战略路径进行深入分析和研究,并提出促进四川省乡村振兴的相应政策建议。

二、四川省乡村发展的五维对标分析

(一)数据说明

乡村振兴五大目标中,"产业兴旺"是实现经济现代化;"生活富裕"和"生态宜居"是实现社会现代化;"乡风文明"和"治理有效"是实现人的素质现代化。以这五大目标为基础,同时借鉴《乡村振兴战略规划(2018—2022年)》,细分22个具体评价指标。考虑到数据的可获取性和已有乡村振兴规划的实施进展,选取乡村发展水平较高的江苏和浙江及乡村发展水平有待提高的湖南和云南这4个省份为对照组,对四川省乡村发展现状进行对比分析(表1)。其中,江苏省和浙江省的数据为2017年,四川省、湖南省和云南省的数据为2016年,鉴于乡村振兴具体指标的特点,相邻两年的数据变化不会太大,以此进行对比分析仍具有一定参考价值(表1)。

表1 乡村发展基础指标的省际比较

	主要指标	四川(2016年)	江苏(2017年)	浙江(2017年)	湖南(2016年)	云南(2016年)
产业兴旺	粮食综合生产能力(万t)	3 488.9	3 539.83	580.14	3 052.3	1 815.1
	农业科技进步贡献率(%)	59	67	63	57	56
	农业劳动生产率(万元/人)	3.88	6.01	6.47	3.1	3.1
	农产品加工值与农业总产值比	1.9	2.99	3.2	2.2	1.05
	休闲农业和乡村旅游接待人次(亿)	3.5	4.37	3.2	3.07	1.34
生态宜居	畜禽粪污综合利用率(%)	60	68	88	60	70
	村庄绿化覆盖率(%)	—	27	27	20	20
	对生活垃圾进行处理的村占比(%)	89.5	90	95	72.1	50
	农村卫生厕所普及率(%)	83.4	92	98.6	82.6	72.02

(续表)

	主要指标	四川（2016年）	江苏（2017年）	浙江（2017年）	湖南（2016年）	云南（2016年）
乡风文明	村综合性文化服务中心覆盖率（%）	82.3	47.95	—	30	83.8
	县级及以上文明村和乡镇占比（%）	22.4	39.9	59.73	21.2	43.2
	农村义务教育学校专任教师本科以上学历比例（%）	47.6	75	81.64	55.9	46.3
	农村居民教育文化娱乐支出占比（%）	6.9	9.29	8.8	10.6	12.5
治理有效	村庄规划管理覆盖率（%）	—	90		24	70
	建有综合服务站的村占比（%）	13.3	100		14.3	40
	村党组书记兼任村委会主任的村占比（%）	2.1	20	6.5	11.1	28
	有村规民约的村占比（%）	100	100	100	98	100
	集体经济强村比重（%）		33	15	5.3	5.3
生活富裕	农村居民恩格尔系数（%）	38.1	29.5	31	32.2	35.3
	城乡居民收入比	2.53	2.28	2.05	2.72	3.17
	农村自来水普及率（%）	67	98	99	76.6	78
	具备条件的建制村道路硬化率（%）	92	100	100	99.9	88

注：指标体系及数据来源于相关省份《乡村振兴战略规划（2018—2022年）》。尽管5省规划文本中的基期值存在略微差距，但不影响本节分析测评结果的比较。

（二）对比分析

从产业兴旺维度来看，四川省的农业科技进步贡献率、农业劳动生产率和农产品加工效益这三方面相较江苏省和浙江省处于落后位置；从生态宜居维度来看，四川省的畜禽粪污综合利用率、村庄绿化覆盖率等方面较为滞后，但在农村卫生厕所普及、生活垃圾处理等方面排名比较靠前；从乡风文明维度来看，农村专任教师受教育程度、文明村和乡镇占比、农民教育文化娱乐支出占比等指标处于相对落后，而村级综合性文化服务中心覆盖率处于领先位置；从治理有效维度来看，四川省在村党组书记兼任村委会主任比例、集体经济强村比例、建有综合服务站的村占比等方面明显落后，亟须引起高度重视；从生活富裕维度来看，四川省农民恩格尔系数明显偏高、农村自来水普及率明显偏低、城乡居民收入差距等方面与江浙地区差距尤为明显。

（三）综合评价

1. 评价方法

TOPSIS法，又称为"接近理想化目标排序法"，是对研究样本进行相对优劣的评价。TOPSIS（Technique for Order Preference by Similarity to Ideal Solution）法是系统工程理论中一种常用的分析方法，在进行多目标决策中得到学界的广泛运用。本文在运用该方法时对正负理想解的计算方式进行了调整。具体流程为：

（1）数据标准化 将评价指标实际值和该指标最小值的差与该指标极差进行相除，数

学表达式为 $B_{ij} = (A_{ij} - A_{\min})/(A_{\max} - A_{\min})$。$A_{ij}$ 为第 i 个省份 j 项指标实际值，$A_{\max}$ 是最大值，$A_{\min}$ 是最小值，数据标准后构建决策矩阵 B。

（2）权重确定　确定各指标权重，进而构建加权决策矩阵。已有研究采用较多的是熵权权重确定法，本文也采用该方法进行权重确定。权重矩阵 $W = (W_1, W_2, \cdots, W_j)$，建立加权的规范化矩阵 $V = B \times W$，

$$V = \begin{bmatrix} V_{11} & V_{12} & \cdots & V_{1j} \\ V_{21} & V_{22} & & V_{2j} \\ \vdots & & \ddots & \vdots \\ V_{i1} & V_{i2} & \cdots & V_{ij} \end{bmatrix}$$

（3）正负理想解确定　正理想解：$V^+ = \{\max V_{ij} \mid i = 1, 2, \cdots, n\} = \{V_1^+, V_2^+, \cdots, V_n^+\}$，负理想解：$V^- = \{\min V_{ij} \mid i = 1, 2, \cdots, n\} = \{V_1^-, V_2^-, \cdots, V_n^-\}$。

（4）计算距离　分别计算评价向量到正负理想解的距离 D^+ 和 D^-：

$$D^+ = \sqrt{\sum_{j=1}^{m}(V_{ij} - V_j^+)^2} \quad (i = 1, 2, \cdots, n), D^- = \sqrt{\sum_{j=1}^{m}(V_{ij} - V_j^-)^{-2}} \quad (i = 1, 2, \cdots, n)$$

（5）计算评价对象与最优方案的贴近程度 C_i　C_i 的取值范围在 0 到 1，若接近 1，说明评价对象接近最优水平；反之，表明评价对象接近最差水平。

2. 评价结果

鉴于不同统计指标之间的度量单位不一致，因此对不同基础指标进行标准化处理，并采用 TOPSIS 决策分析法对 5 省份乡村振兴发展水平进行综合测评。如图 1 所示，产业兴旺维度，四川省明显滞后于江苏、浙江和湖南；生态宜居维度，四川省与浙江、江苏两省存在较大差距，但优于湖南和云南；乡风文明和治理有效维度，四川省仅仅相对优于湖南省；生活富裕维度，四川省远远滞后于江、浙两省，略优于云南省。不难看出，5 个维度现状值最优的均是江苏和浙江两省。从乡村振兴现状综合测评值来看，江苏 0.801、浙江 0.771、湖南 0.381、四川省 0.344 和云南 0.33。这表明四川省乡村发展与东部沿海省份相比，依然存在较显著差异，除生态宜居外，其余 4 个维度的差距均十分突出。

就具体指标而言，在产业兴旺发展指数方面，四川省在农业科技进步贡献率、农业劳动生产率和农产品加工效益方面均处于落后位置，表明发展的质量和效益是制约四川省产业兴旺的重要短板；在生态宜居发展指数方面，四川省在畜禽粪污综合利用率、村庄绿化覆盖率等方面较为滞后，但在农村卫生厕所普及、生活垃圾处理等方面发展较好，可在以后发展中实现进一步优化提升；在乡风文明发展指数方面，农村专任教师受教育程度、文明村和乡镇占比、农民教育文化娱乐支出占比等指标处于相对落后状态，而村综合性文化服务中心覆盖率处于领先位置，表明四川省在农村文化建设方面取得一定成绩，但整体上仍待加强；在治理有效发展维度方面，四川省得分较弱，特别在村党组书记兼任村委会主任比例、集体经济强村比例、建有综合服务站的村占比等方面明显落后，亟需引起高度重视；在生活富裕发展维度方面，四川省农民恩格尔系数明显偏高、农村自来水普及率明显偏低、城乡居民收入差距依然较大，与江浙地区差距尤为明显。可以看出，四川省与浙江省、江苏省等沿海发达地区在推动乡村振兴战略的现实基础上仍存在较大差距。

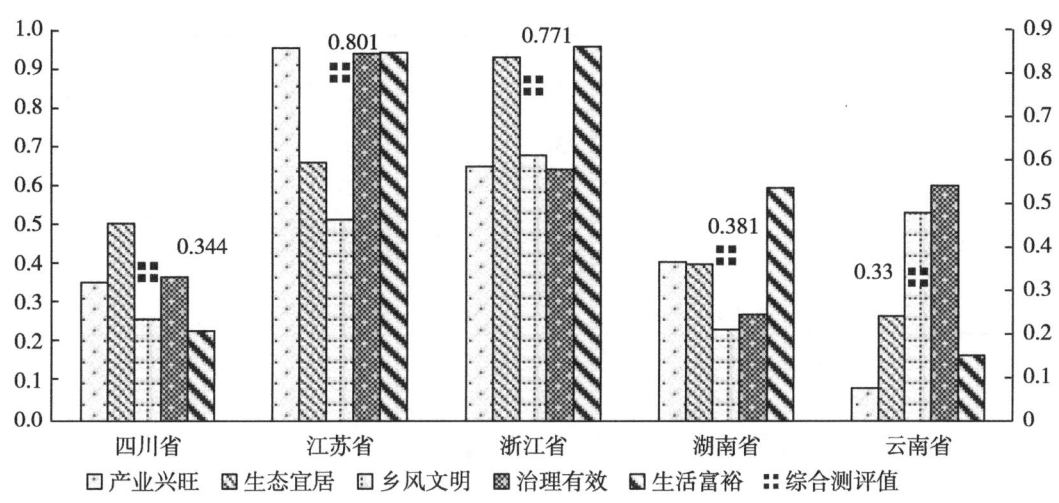

图1 四川省与部分省份乡村振兴分维度发展指数得分比较

三、四川省乡村振兴面临的主要制约因素分析

根据实地调研情况,并结合相关研究成果,认为土地细碎、农产品竞争力弱、农村基础设施较差、乡村生态环境欠账多、乡村人才短缺和乡村治理能力欠缺是制约四川省乡村振兴的主要因素。

(一)土地细碎化、规模化发展难度大

四川省土地资源分散化、细碎化特征明显,坡耕地面积比重达80%以上,适度规模经营难度较大。一方面,四川省作为农村劳动力转移输出大省,农村青壮年劳动力持续大量外流,其农村空心化、农民老龄化问题十分突出,山地丘陵区耕地撂荒弃耕现象尤为普遍。另一方面,土地适度规模经营质量不高。农村许多耕地为近亲朋好友间的代耕代种,并不是经济意义上的适度规模经营,且经营耕地面积在30亩以上的农户数比重仅1.68%,明显低于全国3.88%的平均水平。此外,农户兼业化程度加深固化土地细碎化格局。随着更多的农民转向"工农各半"的生计模式,农民对土地依赖性降低,加之土地持有成本几乎为零,形成了一些农户宁愿将土地抛荒也不愿流转的窘境(表2)。

表2 2018年四川省与部分省(市)农户经营耕地规模情况比较 单位:万户,%

项目	未经营耕地	10亩以下	10~30亩	30~50亩	50~100亩	100~200亩	200亩以上
全国	2 150.5	23 313.6	2 867.9	730.0	272.6	97.9	43.3
比重	7.30	79.09	9.73	2.48	0.92	0.33	0.15
江苏省	204.3	1 418.8	88.0	18.1	7.5	4.4	1.7
比重	11.72	81.41	5.05	1.04	0.43	0.25	0.10

(续表)

项目	未经营耕地	10亩以下	10~30亩	30~50亩	50~100亩	100~200亩	200亩以上
山东省	208.1	2 099.2	183.2	26.2	10.2	3.3	2.4
比重	8.22	82.89	7.23	1.03	0.40	0.13	0.09
河南省	57.5	1 862.7	228.2	46.0	12.2	4.0	1.9
比重	2.60	84.19	10.31	2.08	0.55	0.18	0.09
重庆市	66.9	676.8	33.1	5.9	1.8	0.5	0.4
比重	8.52	86.17	4.21	0.75	0.23	0.06	0.05
四川省	103.7	1 955.1	76.9	25.2	7.6	1.9	1.7
比重	4.77	90.01	3.54	1.16	0.35	0.09	0.08

数据来源：《中国农村经营管理统计年报2018》。

（二）"川字号"农产品竞争力不强

四川省农业产业经营分散、产业链条短，农产品加工转化率仅为58%，比全国平均水平低了5个百分点，大部分"川字号"农产品仍处于鲜销或初加工阶段，产品附加值较低。"川字号"农产品的市场竞争力、影响力相对偏弱，"川字号"农业产业大而不强的问题亟待解决。同时，四川省化肥施用量在2000—2017年间，从212.6万t增长到242万t，增长13.8%，但农药利用效率低下和农膜的过量使用，严重影响农产品市场竞争力。

（三）农村基础设施和公共服务欠账较多

四川省农村公路通达深度较低，连通度较差，农村路网尚不完善。在农田基础设施方面，有效灌溉率仅为43.5%，"望天收"的局面没有得到根本改变。城乡公共文化发展差距大，农村地区与城镇的教育、医疗、就业和社会保障等基本公共服务存在较大差距。2015—2018年，四川省有经营收益的行政村中，集体经济收益5万元以下的行政村占比从72.7%提升至80.14%，集体经济收益在5万~10万元、10万~50万元、50万元以上的行政村占比分别下降了3.94个、2.35个和1.14个百分点，与全国集体经济组织整体发展趋势形成了较大反差。2018年，四川省全省集体经济组织经营性收入仅占总收入的10.27%，比全国平均低了22个百分点，投资收益占总收入比重1.19%，比全国平均低了1.89个百分点。随着新冠肺炎疫情带来的工资性和经营性收入降低，农村集体经济的可持续发展将面临更加严峻的挑战。

（四）乡村生态和人居环境状况不容乐观

四川省城乡二元结构较为固化，乡村地区卫生设施、人居环境整治设施等公共设施比较薄弱。四川省山地、丘陵地形占比较高，"户分类、村收集、镇转运、县处理"等人居环境整治模式在四川省存在着较强的区域局限性，且现有技术与资金投入也难以提供坚强支撑。省内农村人口多为留守老人和儿童，其环保意识尚需引导。此外，省内藏区、彝区村民的环保意识相对较弱。

（五）乡村多层次人才支撑能力不足

四川省各类新型农业经营主体和职业农民较为缺乏，同时，劳动力结构性短缺问题亟待重视。2016年，全省2 429万名农业经营人员中，大专及以上学历的仅占0.9%，35岁及以下的仅占14.6%。基层农技推广人才数量严重匮乏，全省平均每万亩耕地的农技人员仅11人，在45个深度贫困县农技推广编制岗位的空置率高达35.6%。2018年，四川省乡村外出务工人员达2 534万人，返乡创业67.6万人，仅占外出务工人员的2.67%。乡村青壮年人才的不断流失，促使务农劳动力"老龄化"甚至"高龄化"不断加剧，年龄55岁及以上的农业生产者比重高达38.06%。

（六）乡村社会治理现代化面临新的挑战

长期以来，四川省农村发展一直处于相对弱势地位，加之经济社会形态快速转变时期社会思潮复杂多变，传统乡村治理模式的难度和治理成本不断增加。基层组织建设发展较为滞后，乡村社会自我修复和调适能力不断下降。现代文明程度和德治约束力较低，自治组织发展缓慢，不同利益主体之间隐性对抗加剧，乡村传统治理模式受到严重冲击。调研数据显示，42%的干部群众认为"村民自治流于形式"，61.5%的认为"村规民约仅限于口号"；农村法治基础薄弱，34.4%的村民表示"很少运用法律维护自身权益"，法律权威性远未树立；德治基础脆弱，38.8%的村民认为"农村缺乏有效德治载体"，23.4%的村民认为"农村社会金钱至上、不讲情义"。迫切需要形成自治、法治、德治"三治融合"的格局，以保障村民权利全面落实。

四、四川省乡村振兴的目标与重点

（一）战略目标

根据前文分析，四川省应深入实施乡村振兴战略，继续创新发展理念，建立健全城乡融合发展体制机制和政策体系，统筹推进农村经济建设、政治建设、文化建设、社会建设和生态文明建设，着力解决好四川省城乡发展不平衡不充分问题。四川省乡村振兴的总体目标是，到2035年，乡村发展取得突破性进展，基本实现农业农村现代化，基本建成农业强省；农村生态环境根本好转，宜居宜业、留住乡愁的生态宜居美丽乡村全面建成；城乡基本公共服务均等化基本实现，城乡融合体制机制更趋完善；文明乡风基本形成，乡村治理体系更加完善；城乡收入和生活水平差距明显缩小。

（二）重点任务

以重点衰退地区和深度贫困地区为重点区域。四川省丘陵地区农村人口多（>60%）、耕地面积占比大（>50%）、自然资源匮乏等问题相对更加严重，导致丘陵地区成为四川省乡村衰退矛盾最为突出的重点区域。四川省贫困地区特别是大小凉山彝区和高原藏区等基础设施落后、产业发展缓慢、增收渠道狭窄。应将新增项目和资金重点向重点衰退地区和深度贫困地区倾斜，整合资源形成投入合力。

以特色优势产业发展为支撑领域。乡村振兴的关键支撑是产业发展和提升,现阶段四川省尚未完全形成具有鲜明地区特色的优势产业。因此,在实施乡村振兴战略的过程中,针对四川省农业资源的优势和短板,加速推进农产品品牌战略,优先支持具备优势和特色的川粮、川猪、水果、蔬菜、川茶、食用菌、木竹等产业,提高现代涉农产业竞争力。

以村庄整治和宜居建设为破局任务。四川省农村举家外迁率达26%,超过三成的流动人口全年平均回乡不足2次,且新聚居点和新村建设也出现空心化趋势,据相关部门抽样调查,新村聚居点平均入住率不到80%,低的仅有36%,进一步加剧了农村空心化现象,极不利于公共基础设施配套建设,村落整体规划难以开展。因此,四川省乡村振兴应以旧村改造和村庄整治为重要突破口。

以贫困人口同步小康为关键目标。2016年四川省有5个贫困县脱贫摘帽,2 437个贫困村退出,107.8万贫困人口脱贫,贫困发生率从2013年底的9.6%降至2016年的4.3%,但历经3年扶贫攻坚之后,四川省仍有270多万贫困人口,脱贫攻坚主战场向深度贫困地区转移,难度更大,任务更艰巨。因此,四川省实施乡村振兴战略必须始终把贫困人口同步小康作为乡村振兴的关键。

以发展壮大集体经济为核心抓手。针对四川省多数村级集体经济属于"空壳",且集体经济组织发育不足,缺乏发展壮大基础的实际,应在全面完成确权颁证和股权量化的产权制度改革的基础上,通过财政投入向集体经济组织注入"启动"资本,实施集体经济"活化"工程,不断发展壮大农村集体经济。因此,四川省乡村振兴要以壮大集体经济为重要抓手。

五、四川省乡村振兴的战略路径

根据前文阐述的四川省乡村振兴的目标与重点,结合四川省乡村发展实际情况,认为四川省在乡村振兴中应选择"融合化""绿色化""善治化""人文化""差异化""激活化"即"六化合一"的乡村振兴协同推进路径。

(一)"融合化"推进路径

推进城乡空间融合发展。四川省地域广、地形地貌复杂,农村空间布局较为散乱,国土空间利用效率不高,因此,在推进乡村振兴的过程中,必须着重推进空间融合。要在遵循乡村人口、产业布局演变规律,审视未来发展趋势的基础上,加强中心村、特色村建设,合理布局村庄结构,建成规模适度化、布局组团化、功能融合化的新型村落体系。要按照保持农业生产空间、保证生活空间、扩大绿色生态空间的要求,布局促进乡村"三生"空间融合发展。

推进三大产业融合发展。要围绕"优、绿、特、强、新、实",夯实现代农业发展支撑,打造"川字号"特色农产品品牌。要针对四川省农产品附加价值不高的状况,把发展乡村第二产业作为四川省实现全面振兴乡村产业的重要支柱,强化对名优白酒、肉食品、粮油、茶叶、中药材等优势产业发展的力度。大力发展休闲农业、森林康养、文创产业、电子商务等新产业、新业态,推动多种业态互动融合发展。通过发展生产、生活、生态有机结合型农业,提升农业的文化、科技、教育、旅游观光、休闲度假和运动养生价值。

推进城乡基础设施和公共服务融合发展。强化乡村道路、农田水利、电力、通信、卫生等基础设施建设,做到与乡村布局、新村建设和城市发展的统筹协调,夯实乡村振兴发展基础。加快农村教育、文化、卫生、社会保障事业的发展,建立城乡无差异、无障碍、互联互通的基本养老、医疗保险体系,推进城乡公共服务一体化。

(二)"绿色化"推进路径

推进农业绿色生产。利用生态优势,重塑种养循环新模式,以高标准农田建设为载体,以环境容量为基本遵循,在适度发展养殖业的同时配套建设种植基地,因地制宜推广种养循环模式,打造循环生态农业。要开展农业投入品减量行动,强化测土配方施肥。推进农业的标准化和品牌化,将生态优势转变为竞争优势,尤其是要针对四川省"四大片区"生态好、污染少的特征,将生态扶贫与脱贫攻坚紧密结合,通过发展优质生态的特色农产品提高产品附加值。

加强乡村环境治理与生态保护。应大力加强"垃圾治理、污水处理和厕所改造"工作力度,因地制宜推行污染治理与资源利用相结合的建设模式。实施"六化"工程和"五变"行动,结合绿化全川行动,构建生态修复和功能提升机制。针对耕地板结、有机质含量下降等问题,健全耕地轮耕、休耕机制,同时进一步加大草场禁牧、草畜平衡等政策力度。健全耕地、草原、森林、河流、湖泊休养生息制度,完善生态脆弱区生态修复机制。完善天然林保护制度,对天然林实行总量管理,健全省级公益林补偿标准动态调整机制。

强化绿色发展评价机制。建立健全绿色发展评价考核机制,完善经济社会发展绿色评估体系,建立农业资源环境生态监测预警体系,并将农村面源污染监测、治理纳入年度考核,完善经济社会发展绿色评估制度。要健全农业绿色发展激励政策体系,加快建立农业绿色发展激励政策体系,引导和激励生产者加快转变发展方式。要实行差异化的考核和支持政策,同时加大对秦巴山区、乌蒙山区、大小凉山彝区和高原藏区等重点生态功能区的生态扶贫力度。

(三)"善治化"推进路径

加强基层党建。健全"一核多元"村级治理架构,即以村党组织为核心,村民委员会、村务监督委员会、集体经济组织、社会组织广泛参与的治理体系。建立健全村务联席会议制度、村(居)民议事制度,完善和落实村党组织定期听取村民委员会工作报告制度,推进党建带动村级各类组织建设的协同治理机制。推行村党组织书记专职化,加快选派机关、事业单位和国有企业中的优秀人才担任村党组织书记。

强化"三治融合"。依法厘清农村基层党组织、基层政府、自治组织、社会组织、集体经济组织等参与村居发展治理的职责边界和事权划分,构建权力分配合理、职责清晰明确、高效协调运行的工作机制。深入实施"四议两公开一监督"等民主治村工作程序,全面推行自治组织与集体经济组织分离。探索构建村党组织领导下的农村居民自治服务管理机制。加快实现网络互联、数据互通、信息共享,扎实推进形成自治、法治、德治"三治融合"的乡村治理新模式。

(四)"人文化"推进路径

实施"文化+"战略。围绕巴蜀文化、三国文化、红色文化、民族文化、民俗文化和川菜、川酒、川茶文化等,加大文旅、文创企业培育,加强现代文创精品研发,加快建设特色文化产业村和特色文化产业镇。深入实施古蜀文明保护传承工程、最美人文古镇(村落)创建工程等重点工程,深度挖掘整理林盘文化、茶马古道文化、民族特色民居文化以及精耕细作的古蜀农耕文明等乡村优秀文化遗产,打造文化价值突出、民族特色和地域特色浓郁的传统村庄院落。

丰富乡村文化生活。鼓励各地广泛开展群众性文体活动,增加公共文化产品和服务供给,组织农村歌舞表演、特色运动竞技会、民俗风情展、特色节庆活动等深度挖掘乡村传统文化,并借助现代信息技术手段加以呈现。要深化群众精神文明创建,尤其是要以"村规民约""家训家风""文明创建"等为抓手,通过"五好家庭"以及"好邻里""好儿女"等评选活动,促进乡村精神文明与物质文明协同发展。

(五)"差异化"推进路径

分区域推进。鉴于四川省各区域之间差别较大的实情,因地制宜地分类开展乡村振兴。在平原地区,实现高位求进的乡村振兴,强化城乡融合、双向互动的发展格局;在丘陵地区,要把空心村整治作为重点,提高粮油、果蔬等生产标准化、集约化和适度规模化水平;在山区,要重点发展区域性特色优势产业,加强生态产业发展与生态环境保护一体化推进;在民族地区,要重点发展各具特色的生态产业和乡村旅游业。

分类型推进。对有一定产业发展基础、宜居宜业的村庄,积极引导农村人口适度集中居住,集聚要素,激活产业;对有天然区位优势的城郊村庄,大力度扩大城乡之间要素的双向开放,实现城乡联动发展;对自然文化资源丰富的村庄,大力传承弘扬千年农耕文明,保护历史文化古镇、传统村落和民族村寨;对地处偏远、环境恶劣的村庄,实行移民搬迁;对于人口规模很小、衰退严重的空心村庄,实行撤并。

(六)"激活化"推进路径

通过优化乡村人才引育机制激活人才要素。深度探索乡村人才培育和引进机制创新,创新新型职业农民教育体系,建立新型职业农民认证制度。依托农民专业合作社、农业教育机构、农业科研机构等资源,为新型职业农民购买培训服务。要多元支持返乡下乡创业就业。在劳务输出大县建立乡贤信息库,设立村级乡贤参事会。建立农民工返乡创业的多元激励机制,加大对农民工返乡创业的融资、技术、税收等支持。优化基层干部人才队伍,推动实现三农领导干部年轻化、专业化,实施"一村一名大学生"工程。

通过健全乡村投融资政策机制激活资本要素。鼓励财政与社会资本共同建立产业发展基金或投资风险基金等,拓展农村可抵押物范围,完善并推广"两权"抵押贷款试点和土地流转收益保证贷款制度。拓展农业保险范围、创新保险产品,扩大农产品目标价格指数保险、制种保险、特色农业保险覆盖范围。激励社会资本合理参与乡村建设,构建社会资本支持乡村建设的长效机制。制定农业项目PPP模式的操作规范,编制PPP项目库,建立政府采购负面清单制度。

参考文献

高延雷, 张正岩, 王志刚, 2019. 基于熵权 TOPSIS 方法的粮食安全评价: 从粮食主产区切入 [J]. 农林经济管理学报, 18 (2): 135-142.

吉婷婷, 陈童, 毛广雄, 2018. 基于熵权 Topsis 的淮河生态经济带水资源承载力评价 [J]. 中国农业资源与区划, 39 (9): 130-135.

廖彩荣, 陈美球, 2017. 乡村振兴战略的理论逻辑、科学内涵与实现路径 [J]. 农林经济管理学报, 16 (6): 795-802.

鲁春阳, 文枫, 张宏敏, 等, 2020. 基于改进 TOPSIS 法的河南省农业现代化发展水平评价 [J]. 中国农业资源与区划, 41 (1): 92-97.

罗其友, 伦闰琪, 杨亚东, 等, 2019. 我国乡村振兴若干问题思考 [J]. 中国农业资源与区划, 40 (2): 1-7.

陶喆, 向国成, 2020. 新型城乡关系构建与乡村振兴的关系研究——以湖南省为例 [J]. 中国农业资源与区划 (41): 1-10.

田甜, 左停, 2019. 欧盟乡村发展的路径变迁及对中国乡村振兴战略的启示 [J]. 现代经济探讨 (9): 118-124.

张可心, 刘科伟, 程永辉, 等, 2019. 乡村振兴的理论逻辑及发展重点研究——以陕西关中地区为例 [J]. 中国农业资源与区划, 40 (3): 205-210.

赵之阳, 2018. 以产业融合引领乡村振兴 [J]. 中国农业资源与区划, 39 (8): 60-64, 74.

BAI X, SHI P, LIU Y, 2014. Realizing China's Urban dream [J]. Nature, 509 (1799): 158-160.

CARR PATRICK J, KEFALAS MARIA J, 2010. Hollowing out the Middle: The Rural Brain Drain and What It Means for America [J]. Journal of Rural Social Sciences, 291 (14): 30-34.

GLADWIN C H, LONG B F, BABB E M, et al, 1989. Rural entrepreneurship: one key to rural revitalization [J]. American Journal of Agricultural Economics, 71 (5): 1 305-1 314.

JOHNSON T G, 1989. Proceedings issue Ⅱ entrepreneurship and development finance: keys to rural revitalization: discussion [J]. American Journal of Agricultural Economics, 71 (5): 1 324-1 326.

NONAKA A, ONO H, 2015. Revitalization of Rural Economies though the Restructuring the Self-sufficient Realm: -Growth in Small-scale Rapeseed Production in Japan [J]. Japan Agricultural Research Quarterly Jarq, 49 (4): 383-390.

ZHANG LI, 2016. Rural Revitalization: Introductions for Rural Planning and Development in East Asia [J]. Urban Planning International, 31 (6): 11-7.

中国村庄演变规律初探

李国景　罗其友

摘　要：在现阶段实施乡村振兴战略和城乡融合发展背景下，中国村庄发展进入加速重构的关键期。本文综述分析了中国村庄演变的类型、历程、影响因素以及村庄空间重构，展望了未来可能的研究方向。研究发现，现有研究从发展动力源、建设主体、建设路径等视角对中国村庄演变类型进行了分类研究，总体上看，中国村庄向城郊融合类、乡村文化旅游类、集聚提升类、搬迁撤并类演进。中国村庄的演变具有阶段性、多样性和地域性，村庄的演进与各时期的政策背景息息相关，村庄布局多是满足自上而下的政策需求。现有研究多支持中国村庄空间重构向农民集中居中、产业发展集聚、资源利用集约方向演化，但是中国村庄发展的异质性决定中国村庄空间重构应该具有不同的演化方向。最后，中国村庄演变规律与政策，村庄空间重构的实现条件以及后续效应等有待进一步深入研究。

关键词：村庄；演变类型；演变历程；空间重构

A Preliminary Study on the Law of Village Evolution in China

Li Guojing, Luo Qiyou

Abstract: China's village development has entered a critical period of accelerated reconstruction. This paper reviews and analyzes the types, process, influencing factors and spatial reconstruction of villages in China. It is found that the existing studies have classified the evolution types of Chinese villages from the perspectives of development power source, construction subject and construction path. On the whole, Chinese villages have evolved into suburban integration, rural cultural tourism, agglomeration and upgrading, relocation and merger. The evolution of China's villages is characterized by stages, diversity and regionality. The layout of villages is mostly to meet the top-down policy needs. Most of the existing studies support the evolution of rural spatial reconstruction in China to the direction of centralization of farmers, agglomeration of industrial development and intensive utilization of resources. However, the heterogeneity of Chinese village development determines that China's village spatial reconstruction should have different evolution directions.Finally, the evolution rules and policies of Chinese villages, the realization conditions and follow-up effects of village spatial reconstruction need to be further studied.

Key words: village; evolution type; evolution process; spatial reconstruction

一、引言

改革开放以来,伴随着从乡土中国向城乡中国的转型,作为农村人口集聚、生活与生产的场所,村庄面临着分化和重组的新格局(刘守英和王一鸥,2018)。有些村庄因城市建设用地扩张而被兼并吞没,有些村庄依附城市发挥优势形成特色专业村,有些村庄因劳动力迁移而呈现"空心村"现象(龙华楼等,2009;樊立惠等,2019)。统计数据显示,1985—2016年全国行政村数量减少了41.5万个,自然村数量减少了84万个。此背景下,党的十九大提出乡村振兴战略,支持农业发展的基础上开始强调复兴乡村生活,修复乡村生态,振兴乡村产业,合理规划和引导村庄发展。

从乡村振兴实践来看,中国村庄已从传统缓慢的自发式发展转向以政策调控和规划引导为主的快速发展,突显出一批发展成效显著的村庄发展模式,例如苏南地区实施的工业、农业、农民三集中战略,成都重庆的城乡统筹改革试点模式,浙江打造的美丽乡村建设样板等。各地乡村建设工作正渐次展开,但是一些村庄缺少规划,无序建设,一些地方急于求成,盲目大拆大建,导致了千篇一律的城市住区模式。尤其是有些地区在没有安置农民就业、不能按市价补偿的情况下开展合村并居,出现了赶农民上楼的现象,这增加了农民居住成本、种地成本,导致农户陷入农产品与用具无处摆放的困境,更深层次看可能会导致形成低收入、无收入贫民窟社区,给社会带来不稳定因素(周飞舟和王绍琛,2015;桂华,2020;武中哲,2020)。在合村并居各参与方的博弈中,企业投资方借机做强自己,政府希望快速成果和增加财政收益,而本应是基本主体和主要受益者的农民及集体经济组织受到排挤(李昌平,2014)。从原因分析来看,在规划和引导村庄发展中没有遵循村庄发展规律,没有尊重农民意愿,未能充分调研,未能因地制宜的分区施策,而是在行政力量的推动下为了满足各自利益过度干预村庄发展(元剑,2020)。

《乡村振兴战略规划(2018—2022年)》提出要顺应村庄发展规律和演变趋势,理清村庄发展思路,做好法定的村庄规划,分类推进村庄发展。未来中国村庄发展走向何方关乎农村居民的命运,关乎社会稳定和粮食安全。因此,本文将对中国村庄演变的类型、历程、影响因素以及村庄空间重构进行综述分析,这对合理引导村庄健康发展、实施乡村振兴战略、维护社会稳定具有重要的借鉴意义。

二、村庄演变类型分析

乡村是具有自然、社会、经济特征的地域综合体,兼具生产、生活、生态、文化等多重功能,与城镇互促互进、共生共存,共同构成人类活动的主要空间。从地理学地域空间系统的角度来看,乡村与城市共同构成了整个地域空间系统,乡村是与城市相对应的区域概念，指城市以外的一切区域（罗其友等，2019）。农村与乡村是等同的，包括作为居住地的居民点以及除居民点之外的所有的非城镇地区。

村庄是农民、农业和居民点的复合体，一般认为村庄是农村地区最基层的微观构成单元，由生活场所和外围田地两部分构成，具有生产、生活、生态等功能，农村基本相当于微观村庄的加总（陈雪原，2010）。改革开放以来，受主导因素、禀赋条件等方面的影响，村庄发展呈现出多元性、地域性特点。现有文献对中国村庄的演变类型进行了丰富的研究，分类结果因分类依据不同而存在差异。

有研究根据村庄发展动力源的差异对村庄演变类型进行了分类（张富刚和刘彦随，2008；房艳刚等，2009；郭艳军等，2012；董光龙等，2019）。张富刚和刘彦随（2008）基于系统论将中国村庄演变类型划分为工业化、城市化外援驱动主导型和农村自我发展主导型。屠爽爽等（2015）在理论分析村镇建设和农村发展机理的基础上，将村镇演变类型划分为外援驱动型、内生发展型和内外综合驱动型。乡村产业发展是农村现代化发展的重要推动力量，未来乡村主导产业将成为村庄演变类型划分的重要依据（龙花楼等，2009；李裕瑞等，2011）。基于产业发展方向村庄演变类型一般分为农业主导型、工业带动型、商旅服务业主导型等（罗守贵等，2001；曾尊固等，2002；张利库，2006）。随着互联网的发展、物流业等新业态的崛起，乡村功能不断拓展，村庄演变类型的划分更为细致（曾亿武和郭红东，2016）。屠爽爽等（2015）从农村主导功能视角，将村庄演变类型细分为城镇建设带动型、劳务输出带动型、乡村文化产业带动型等七类。

也有研究从村庄建设行为主体、建设路径等视角对村庄演变进行了分类。冯健（2005）基于建设行为主体的不同，将村庄演变类型分为政府推动型和民间推动型。韩非等（2011）研究了半城市化地区的村庄重建路径，认为村庄可以通过城镇化整治、迁建和保留发展三种重建路径来实现分化与重组，形成农民集中安置导向下的农民新村、农业专门化生产导向下的农业专业村镇、生态旅游导向下的民俗旅游村。也有研究对典型区域的村庄演变类型进行了分类。李贵才等（2018）研究了广州市周边村庄的演变，随着城镇化发展形成了生态型、农耕型、工业主导型、农工混合型、人口规模凸显型、外来人口集聚型、商服型等八类。

从现有研究来看，以发展动力源、建设主体、建设路径等为视角的村庄发展分类标准，与中国工业化和城镇化的快速发展存在密切联系，可以说是工业化和城镇化的发展推动村庄向不同的方向演进。一方面，工业化和城镇化带动城市近郊村庄发展成为城郊融合类村庄；另一方面，依据工业化和城镇化带来的交通网、互联网、物流网的发展，一些历史文化名村、少数民族特色村寨等特色资源丰富的村庄发展成为乡村文化旅游村；同时也看到工业化和城镇化带动农村劳动力大量流向城镇，人口流失特别严重的村庄演变成为搬迁撤并类村庄，现有规模较大的中心村通过接纳搬迁撤并的村庄发展成为集聚提升类村庄。

三、村庄演变历程分析

村庄发展蕴含于乡村转型发展中，其演变是指在政治、经济、文化、社会、自然等因素的影响下,村庄发展模式、发展理念、主导功能等发生变化,外在表现为村庄规模、密度等空间结构的变化(李婷婷和龙华楼,2015)。在工业化和城镇化的快速进程中,中国村庄演变呈现阶段性变化,空心村成为村庄演变的一种常见形态,城镇化先行区、城市边缘区、特殊地形地貌区域中的村庄朝着不同的方向演进。

(一)村庄演变阶段

现有文献从国家宏观层面对改革开放以来的村庄演变进行了分析(郭炎等,2018;王竹韵和常江;2019)。从乡村建设视角分析改革开放以来中国村庄的演变来看,一是1978—1992年村庄建设萌芽阶段,此时期家庭联产承包责任制的实施、城市户籍制度的放松等导致村庄掀起大规模农房建设浪潮;村庄是从下而上的自发式发展,出现了占用耕地、大拆大建等现象。同时,乡村建设管理局、城乡建设环境保护部等政府部门相继成立,负责管理全国农房建设、村镇规划编制工作,村庄建设逐步走上有规划可循的轨道。二是1992—2004年村庄建设探索阶段,此时期城镇化的发展导致城乡二元结构特征越来越突出,统筹城乡发展战略开始实施,《村庄和集镇规划建设管理条例》《村镇规划编制办法》等法规相继出台,村庄建设步入有法可依阶段。三是2005—2011年村庄建设快速发展阶段,在工业反哺农业、城市支持农村以及新农村建设等要求下,出台了《关于村庄整治工作的指导意见》《城乡规划法》等村庄整治方面的法律法规,有效遏制了村庄无序建设、违法建设的混乱现状。四是2012年至今的村庄建设成熟阶段,城乡统筹和可持续发展越来受到重视,出台了用于指导美丽乡村建设、乡村人居环境整治的《美丽乡村建设指南》《村庄规划用地分类指南》等文件,同时传统村落建设得到多部门的支持,村庄建设朝着稳定发展方向演进。

李桂君等(2016)从政策背景变化的视角对村庄演变进行了划分。一是1979—1999年以小城镇建设为重点的传统城镇化阶段,村庄在农村支持城市的理念下发展,蕴含于村镇规划和建设中。二是1999—2012年以村庄建设为重点的城镇化调整阶段,村庄在加快农村发展、弥补城乡差距的理念下发展,经历了从城乡统筹发展到新农村建设,注重村庄经济等硬实力的发展。三是2012年以来的新型城镇化阶段,实现区域内城乡融合发展是此阶段的重点,村庄在城乡融合的理念下发展,村庄可持续发展越来越受到重视。也有研究根据影响因素对村庄演变进行了阶段划分(韩非和蔡建明,2011;费钧,2017)。一是改革开放初期的以风水论为主的传统阶段,自然、社会因素中的血缘和地缘关系是影响此阶段村庄演变的重要因素,其中自然因素占据主导位置。二是以政策论为主的现代阶段,社会、经济、政治是影响此阶段村庄演变的主导因素,例如交通、基础设施、经济发展水平、行政区划调整等因素,多数是通过政策的制定和实施来影响村庄布局。此时期,村庄演变多是出于自上而下的政策需求,多是实现相应的政策目标,导致了千村一面的现象。三是以村民意愿为主的未来阶段,村民意愿在村庄演进中逐渐获得尊重,村庄自下而上的演变过程逐步加强(李桂君等,2016)。

在村庄发展演变阶段的研究中,村庄未来的命运是走向终结,还是与城镇共融共生发展一直研究的焦点。从目前的实践来看,各区域间村庄发展的差异性逐渐显现,有些地方开展拆村并居,出现了大拆大建、赶农民上楼的现象,彻底改变了村庄的原有面貌,告别了聚村而居的乡村社会本质，而有些村庄在工业化、城镇化的带动下走向复兴繁荣。改革开放以来，学界就村庄的未来走向开展了丰富的研究。有观点认为随着城市的不断扩张中国村庄未来可能会消失，多数原因是借鉴了一些西方国家村庄发展的经验（孟德拉斯和李培林，1991；李培林，2002；田毅鹏和韩丹，2011）。另一种观点认为中国村庄不会走向终结，村庄消失的条件不具备。例如，城市完全容纳农村富余劳动力的能力并不具备，提供充足的就业机会难度很大；部分进入城镇的人口并未真正扎根城镇，他们后代的教育问题没有得到有效解决；村庄人口流动处于流出和回乡并存的状态；城镇的扩张不是无限的，对偏远地区的村庄影响有限等（张正河，2010；陆益龙，2013；龚春明和汪泽民，2016）。

近年来，部分区域的村庄经历着"拆村并居"式的巨变，出现了过渡城镇化的趋势（夏柱智和贺雪峰，2017）。一方面农民向以楼房为主的集中居住区或新型社区集聚，出现了赶农民上楼的现象；另一方面政府引进企业集中租赁农民承包地，实施农业规模化经营，形成了资本下乡的现象（周飞舟和王绍琛，2015）。在这次城乡社会结构的转型中，农民与村庄间的关系开始松动，村庄维系农户与家户之间秩序的作用逐渐减弱，中国村庄结构形态告别了农民黏在土地、聚村而居、熟人社会的费孝通式的乡土社会（刘守英和王一鸥，2018；乐章和向楠，2020）。近年来的村庄建设实践表明，部分区域的村庄演变进入不稳定时期，河南省小村并大社区的新型农村社区建设导致出现烂尾楼，山东省合村并居一刀切战略导致的征地拆迁和农民失地威胁着社会稳定。在这场围绕着村庄宅基地博弈中，城乡建设用地增减挂钩政策下的行政动力机制和城乡统筹发展下的社会动力机制一并"簇拥"着村庄不断演变。

（二）空心村演变历程

空心村是城乡发展进程中村庄演变的一种特殊形态（龙华楼等，2009）。村庄空心化是指随着村庄规模扩大，新建住宅在村庄外围大量出现而村内宅基地趋于废弃的一种演化过程（Liu et al.，2010；赵明月等，2016）。刘彦随等（2009）认为村庄空心化是农村地域经济社会功能的整体退化，包括农村土地、人口、产业和基础设施空心化等多种外在表现形式。

现有文献依据影响因素、发展模式对空心村的发展演变进行了研究（陈玉福等，2010；刘彦随和刘玉，2010；Long et al.，2012；李长印，2014）。吴文恒等（2012）综合考虑影响空心村形成的因素，将改革开放以来的村庄空心化分为两个阶段：第一阶段是20世纪80—90年中期，在家庭联产承包责任制实施、市场经济体制改革、村庄规划管理滞后、核心家庭地位提高等因素影响下，村民开始改善旧房或建造新房，导致村庄向四周扩展明显、中心位置房屋出现空废。第二阶段是90年代中期以来，村民改善生活质量的需求不断增强，农村人口大量向城镇转移，导致村庄房屋空废加剧。李红波和张小林（2012）对空心村在空间上的演变进行了分类。一是围绕村庄的中心向外围扩散的同心圆演变模式，演变到中后期，由于农户逐步迁向外围，村内的改造环境变得相对宽松，村内开始发展，可能会出现空心村的复兴。二是村庄向靠近大路等交通方便的方向蔓延发展，形成条形或扇形模式，演变到中后期，新旧住宅区会进一步分离，原有村庄可能衰亡乃至消失。三是新房向村庄周围的几个点进行扩张发展，形成多核心演变模式，随着核心的发展，多核可能出现交融，带来村庄的复兴，否则原有村庄会逐步走向衰亡。

空心村的演化形成带有一定的问题取向，认为农村劳动力外流导致的村庄房屋闲置荒废是一个大问题（陆益龙，2013；姜绍静和罗泮，2014）。空心村的形成一定程度上是由于政府把优势资源，例如就业、医疗、教育集中到了城镇，农民工为了生计和发展不得不离乡离家进城务工。村庄部分空置的房屋并一定是资源的浪费，而是部分在城市无法安家的农民工的家。随着乡村振兴战略的实施、进入城市门槛的提高，大量农村居民返乡就业和回乡发展，村庄中心地区不断升级改造，部分村庄空心化得到遏制；与此同时，随着城镇化和工业化的快速发展，部分村庄人口持续流向城镇，空心化现象越来越严重。

（三）不同类型区域村庄演变

由于地域的不同、政策的差异等，中国村庄演变呈现多样化，一些典型区域的村庄演变受到广泛关注。例如，工业、农民、农业三集中政策的苏南地区，美丽乡村建设典范的浙江，以及城市边缘、传统农区等区域的村庄演变是研究的焦点。有学者研究了经济社会水平较高又是城镇化先行区的江苏省和浙江省的村庄演变（李红波等，2015）。改革开放以来在政策导向下江苏省无锡市村庄经历了从村庄宅基地鼓励就地重建，到大规模撤乡并镇，再到有计划民宅集中安置，过渡到目前有序推进环境提升的拆并和发展并重（段进和章国琴，2015）。易海军（2018）以浙江省宁波市镇海区村庄为例，总结了分区实施不同政策促进村庄发展的思路，具体来看，对于主要农业生产区、渔业养殖区采取积极发展的政策，对于山地村和历史传统村落采取引导发展政策，对于处于水源地、滞洪、蓄洪区、风景名胜区的城郊村采取限制发展的政策，对城中村采取禁止发展的政策。

城市建设不断向农村地区延伸，导致城市边缘村庄演变出现分化（楼江等，2010；余航和郑风田，2011）。郑国和叶裕民（2009）从城乡关系的角度将改革开放以来的城市边缘区村庄演变过程划分为乡育城市、城乡分离、城乡融合3个阶段。总体来看，城市周边村庄演变有其一般规律性，也有很多不确定性。李贵才等（2018）研究了广州市周边村庄的演变，从一般规律看，广州市村庄演变是以生态型、农耕型为基础，逐步向工业型、人口型、商服型逐级演化，即由低级发展阶段向高级发展阶段演进，但城市规划的管控、交通线路的建设、生态控制的划定等外来因素影响下，部分广州市周边村庄演化出现跨越式的不确定性，例如从农耕型直接演变为商服型。

近年来，山东省进行的合村并居所引发的村庄演变成为研究的焦点（李婷婷和龙华楼，2014；武中哲，2020）。冀晶娟和尹旭红（2013）将改革开放以来的山东村庄演变类型分为政府导向下设施共享型、城市扩张下被动迁并型、强村强企带动要素重组型、环境恶化下安全保障型。武中哲（2020）认为山东合村并居是在政府推动下开展的，在此基础上，出现了依靠市场力量整合农村社区和依靠行政力量实现村庄合并两种演进路径。

有研究分析了传统农区的村庄演变。朱纪广等（2019）以河南省传统农区的村庄为例，分析了工业主导型、现代农业主导型、新型社区三类村庄的演变，认为新型社区实质是采取路径破坏式的发展模式重构传统村庄空间结构，未来以工业为主导的村庄向工业小镇或小区演变，以现代农业为主的村庄向旅游型村庄发展，新型社区则可能向居住型村庄发展。也有文献研究了具有特殊地形地貌区域的村庄演变。陈永林和谢炳庚（2016）采用空间分析方法分析了赣南丘陵区村庄在宏观上的空间演变规律，发现村庄空间演化呈现数量、规模及密度等均有不同程度的增加趋势。杜佳等（2017）分析了贵州喀斯特山区传统村落的演变，发现该区域中近郊村庄向就地城镇化演进，远郊或交通不便村庄向衰退型演进，水土富饶或交通便利村庄向扩张型演变，其中扩张型村庄在空间演变上表现为突破原有的团状或带状形态转向沿河流、交通线呈指状演进。

四、村庄演变的影响因素分析

中国村庄的演变与自然、经济、社会、文化、政治等因素相关。各个时期影响村庄演变的主导因素存在差异，从一般规律来看，改革开放以来从自然因素主导村庄变化，转到工业化、城镇化、市场化等对村庄发展的影响不断加强，近年来村庄建设实践表明政府调控的影响越来越凸显。未来村庄演变中空间公平与正义因素、以人为本的理念将逐步受到重视（李红波等，2015）。

（一）自然因素

村庄的自然条件包括地理分布及其生态条件，具体包括地理区位、地形地貌、气候水利以及各种自然资源。村庄的演变与其所处的自然环境密切相关，因为地形地貌等自然要素很大程度上决定了农业生产的条件和方式，也因此影响着村庄的演变，可以说自然因素始终影响着村庄的演变（房艳刚和刘继生，2009）。传统村庄对自然环境的依赖性较强，是在不断适应、利用和改造自然的过程形成的。随着社会生产力的发展，村庄演进与自然环境间的关系表现出两种形式，一方面由于恶劣气候、洪涝灾害等的影响，村庄逐渐向远离这些区域布局，另一方面拥有自然景观突出、丘陵、园林以及水域面积较大的村庄依赖自然环境逐渐向生态型村庄演进。

自然条件也是影响着村庄社会经济及文化的重要因素，工业化和城镇化对村庄发展的影响在一定程度上受到村庄自然条件的限制。从一般规律来看，改革开放前自然因素主导着中国村庄的演变，随着工业和城镇化的发展，自然因素的地位逐渐减弱，经济社会因素对村庄的主导作用逐渐加强。目前中国位于平原地带的村庄占35.5%，位于丘陵地区和山区的村庄各占30.1%，位于高原地带的村庄占4.3%，这种村庄自然条件的多样性决定了工业化和城镇化进程中中国村庄发展演变呈现地域性和多样性（陆益龙，2013）。

（二）社会经济文化因素

随着社会经济的快速发展，以社会经济因素为主的驱动力对村庄演变的影响不断增强，在一定程度上削弱了自然因素对村庄布局优化的影响。社会经济发展中的工业化、城镇化对村庄演变的影响越来越明显。一方面，城市优越的经济环境、丰富的就业机会吸引农村人口不断迁往城市，同时进城的农村居民可以将土地流转出去，这些变化促使村庄不断演变；另一方面，当村庄建设与城市发展产生矛盾时，城市往往会辐射带动村庄发展或者将其兼并吞没。苗长虹（1998）认为乡村工业化对新乡村经济空间、社会空间和地理空间的形成和发展有着重要影响。新时期,工业化、城镇化、产业结构升级和制度创新成为村庄发展的四大核心驱动力(陈玉福等,2010)。

良好的交通意味着更加便捷的物流、人流和更多的生存机会,因此道路交通会促使村庄空布局不断演变。随着村道、乡道的修建,沿线土地价值凸显出来,越来越多的村民利用道路沿线修建房屋,村庄向着交通、河流沿线不断发展演进(冯亚芬和俞万源,2018)。李红波等(2015)研究发现交通对苏南地区聚落空间分布的影响逐步增强。道路交通条件改善与村庄空间分布之间的影响是交互的,表现为村庄分布不变而改善道路条件,道路条件不变而村庄向道路布局,因此道路交通的延伸与村庄分布的交通趋向同时存在、相互促进,共同推动村庄空间重。交通线路的建设、基础设施的落地等可能导致村庄发展发生突变,尤其发生在大都市区周边村庄的演进中。例如,一些大都市周边村庄可能由于地铁、机场和车站等重大基础设施的建设,村庄直接从以农耕为主演变为以商业服务为主(李贵才等,2018)。

村庄的演进受社会风尚、价值观念、生活方式和宗教信仰的影响。村庄是反复地同一生活定型的社会,在这个大家同一环境里、走同一道路的定型社会中,村庄会逐渐形成较为统一的生产生活方式、价值观念、社会风俗和宗教信仰,加之血缘和地缘关系,村庄居民在心理认知和社会行为等各方面更加趋同,这会深刻影响村庄的演变过程(费孝通,2013;郝文璟,2016)。具体来看,相同的价值取向和宗教信仰会使区域发展变的较为紧密,进而影响区域内村庄的演变(任映红和王勇,2015)。血缘和宗族关系在村庄的居民关系中占有重要的地位,这种特有的关系反映在村庄建设过程中,会形成以宗祠为中心的村庄布局(龚春明和汪泽民,2016)。

(三)政策因素

改革开放以来,我国绝大多数村庄的演进受到政策因素的影响。不同国家层面的政策对村庄的演进有不同的影响,有些国家宏观政策直接改变了村庄的面貌。例如,实施的三峡移民国家重大工程、宁夏南部生态移民工程等都导致部分村庄强制性衰亡乃至消失(李红波和张小林,2012)。像高铁、机场、车站等大型基础设施的落地也会迅速改变着村庄的空间结构,在辐射带动下部分村庄迅速繁荣扩张,但部分村庄可能搬迁消失。城市规划的管控、生态控制的划定等相关政策的实施也会直接或间接的改变村庄原有的面貌(李贵才等,2018)。另外,与农村宅基地、土地产权制度、农村社会保障制度等相关的政策也在影响着村庄的演进(余敬和唐欣瑜,2018;叶兴庆,2019)。这些与村庄发展相关的政策可以为村庄发展产生积极的推动作用,与此同时,制度执行过程中的不规范和监管的缺失,也导致部分村庄建设无序,空间布局不优化(李耀锋,2016)。

从地区政策来看,近年来在美丽乡村建设、城乡统筹发展等国家宏观政策的指引下,各级地方政府提出了一系列促进城乡统筹发展和引导村庄空间重构的政策,开展了土地整治、人居环境改善、村庄整理的工程,改变着村庄原有的面貌。例如,苏南农村实施的工业、农业、农民三集中战略,河南实施的小社区变大社区战略均引起传统村庄空间的重构。从实践来看,实施了宅基地置换、城市建设用地与农村建设用地增减挂钩政策、农村住宅置换商品房、农村住宅换社保等政策,通过土地整治和村庄整理实现了农地集中、居住集聚、用地集约等目标，但也导致了千村一面和乡村特色消亡（李红波等，2015）。

从目前的研究来看，学者以影响村庄演变的某一重要因素为关注点，或者以典型区域的村庄为例，或者以一个时期为研究区间，或者基于时代的划分为背景，去深入分析中国村庄演变影响因素的机理机制，探讨主导动力源在各个时期的驱动机制等。总体上看，自然因素始终影响着村庄的演变，其主导作用在逐渐减弱；在工业化和城镇化的进程中，行政力量对村庄演变的影响越来凸显；未来随着人文理念、村庄功能的认知逐渐加强，村庄演进中注重村民意愿、以人为本的理念逐渐加强。

五、村庄空间重构分析

村庄空间重构是村庄在空间上表现出的演变过程。有研究认为村庄空间重构是干预村庄演变的政策手段（张泉等，2006）。村庄空间是村庄的物质形态，具体为村庄的规模、功能及空间分布结构（李红波等，2018）。村庄空间重构是在快速工业化和城镇化进程中，在村庄内生发展需求和外源驱动力共同作用下，通过优化镇村空间体系，重构村庄生产、生活、生态空间格局，实现乡村地域空间的优化调整乃至根本性变革的过程（龙华楼，2013）。村庄空间重构是村庄空间结构的重新布局和调整，与村庄经济重构和社会重构一并组成乡村重构的主要内容（范少言和陈宗兴，1995；龙华楼和屠爽爽，2017）。

现阶段中国村庄空间布局分散，土地资源空废化，生产要素的流动受到阻碍，很多村庄公共资源的投资缺乏规模效益和产出效率，教育、医疗和公共基础设施配置也严重不足（龙华楼和屠爽爽，2017）。有研究认为实施村庄空间重构是乡村重构的重要内容，是实现土地集约利用和农业现代化的重要途径（张璐等，2016）。随着经济社会的发展，中国村庄空间格局不断演进，各地都在出台政策进行不同程度的村庄空间整治，尤其在经济发达地区，村庄空间呈现加速变动和重构趋势。现有研究主要集中在村庄空间重构的演变规律、理论机制、实现路径分析方面。

村庄空间形态在重构过程中经历了最初的空间无序蔓延扩张，到空间演变出现分化，表现为村庄空间集聚发展和村庄空废化发展两种形式，再到村庄空间集约合理的发展。如苏南地区村庄空间重构过程中，村庄空间的变化经历了从零散的随机分布到无序的空间扩张，到空间多样性的分化，再到现阶段的农民居住区向城镇和农村新型社区集中的空间集约化发展三个阶段（李红波等，2015）。村庄空间在重构过程中表现出阶段性变化，总体变化表现为村庄空间形态逐渐规则、空间用地逐步集约。

村庄空间重构的内在机制是研究的重点。村庄重构受城市扩张的外在推动和内生性响应的驱动，具体表现为城市居住、服务和工业功能的外扩带来近郊村庄的城中村化和消亡，人口流动、新农村建设释放的住房需求引起乡村地域村庄内部聚落空间的剧烈重构（屠爽爽等，2019）。龙华楼和屠爽爽（2018）基于要素、结构与功能视角，解释了村庄空间重构的作用机制。郭炎等（2018）研究发现，武汉村庄空间重构既源于城市扩张的强势外部干预，又是针对人口流向城镇引起村庄转型进行的内部空间调试。具体来看，一是城市扩张导致近郊村庄的城中村化和消亡，即政府选择性征用农田而留下宅基地，滋生了城中村，而城中村随着城市发展又逐步被改造。二是在城乡二元户籍和土地制度下，人口流动催生了特有的、内生型的村庄重构，即远城区的村庄人口在外流，但村庄建设用地在增加，农民进城镇但未脱离农村土地，农村住房成为其保障未来生活的基本载体，而且村民有着强烈改善住房的需求，这种需求在收入增加和政策调控的双重影响下，被压制或被释放，进而塑造着村庄空间格局。

政府的主导作用在村庄空间重构中表现得越来越明显。村庄空间重构的类型包括政策性的村庄空间重构和自发性的村庄空间重构。龙华楼和屠爽爽（2018）认为应通过出台适应不同地域类型、不同经济发展水平的村庄规划体系编制技术和标准，发挥政府对村庄空间重构的技术引领和管控作用。李红波等（2015）研究了苏南地区的村庄空间重构过程，实践表明村庄空间重构由空间自身更新进入政府主导型阶段，从自然演进状态向规划调控方向发展。

有学者研究了中国村庄空间重构的实现路径。一方面，在村落体系上形成中心镇—重点镇—中心村或社区三级乡村聚落体系，加快推进中心镇、重点镇建设，发挥其集聚功能和辐射带动作用。另一方面，重构村庄内部生产、生活、生态空间格局。具体来看，在重构村庄生活空间上，探索空心村整治、中心村建设、中心镇迁移的模式，通过合村并居适当加强村庄空间集聚。在重构村庄生产空间上，通过开展村庄拆并、宅基地复垦开发和农用地整治，推进集中连片的高标准农田建设；选择区位条件优越、基础设施完善的地区集中布局乡镇企业。在重构村庄生态空间上，通过逐步推行无公害农业生产、强化污染物综合治理工程等手段优化村庄生态空间（龙华楼和屠爽爽，2017）。李红波等（2015）认为城乡资源的空间重构是村庄空间重构的创新路径，包括4个方面，即人口和劳动力资源的相互流动、建设用地的空间整合、农地资源的综合整治、公共设施的集中布局。许君和汪兴福（2019）认为散点式村庄在历经萧条之后便是整合，从自然村合并升级到行政村是城市化村庄衰落困境的化解之策。

从现有研究来看，一致的观点是村庄空间重构的目标体系应涵盖农民集中居中、产业发展集聚、资源利用集约3个方面，部分区域村庄重构实践正朝着这个方向发展，但也导致了千村一面的现象（李红波和张小林，2012）。中国村庄具有地域的特殊性、经济发展不平衡性，以及有其自生固有的历史传统、社会结构、文化基因等，这些因素决定了中国村庄空间重构应该具有不同的演化方向（龚春明和王泽民，2016）。中国村庄空间重构的方向是不确定的，关键在于政府和农民做出何种选择。在当下盛行的政策性因素引起的村庄空间重构，体现人性化和科学化尤为重要，完善征地标准、拆迁补偿、就业安置、居民身份的转型等。李红波等（2015）认为未来应将村庄空间从资本和权力的囚笼中解放出来，以人为本设计空间，通过民主管理，实现村庄空间的自我管理，以减少村庄空间重构的负面影响。

六、结论与展望

本文对中国村庄演变的类型、历程、影响因素以及空间重构进行了综述分析，主要结论为：第一，现有研究从发展动力源、建设主体、建设路径等视角对中国村庄演进类型进行了分类研究。总体上看，在工业化和城镇化的影响下，中国村庄向城郊融合类、乡村文化旅游类、集聚提升类、搬迁撤并类演进。第二，中国村庄的演变具有阶段性、多样性和地域性特点。改革开放以来，村庄的演进与各时期的政策背景息息相关，村庄布局多是满足自上而下的政策需求。目前，城乡建设用地增减挂钩政策下的行政动力机制和城乡统筹发展下的社会动力机制共同促使村庄不断演化，近年来部分区域采取合村并居式的空间重构方式给村庄发展带来不稳定因素。未来村庄的演进方向关键在于政府和农户的选择。第三，自然因素始终影响着村庄的演变，其主导作用在逐渐减弱；在工业化和城镇化的进程中，行政力量对村庄演变的影响越来凸显，尤其是合村并居工作中，政府的推动作用占主导地位；未来随着人文理念、村庄功能的认知逐渐加强，村庄演进中注重村民意愿、以人为本的理念逐渐加强。第四，现有研究表明村庄空间重构由空间自身更新进入政府主导和规划调控阶段，重构路径包括加快村落体系建设和重构村庄内部生产、生活、生态空间格局，重构向农民集中居中、产业发展集聚、资源利用集约方向演化。但是中国村庄具有地域的特殊性、经济发展不平衡性，以及历史传统、社会结构、文化基因等，这些因素决定中国村庄空间重构应该具有不同的演化方向。

村庄空间重构是经济社会发展到一定历史阶段的产物，现阶段村庄空间重构存在着政策梗阻和认知局限，需要政府部门及时提供必要的政策供给，加大宣传。同时进行村庄空间重构，要顺应村庄发展规律和演变趋势，尊重农民意愿，坚持规划先行，合理安置补偿农民、开展土地流转、做好非农转型等。基于以上综述分析，对未来的研究重点进行展望。一是加强乡村振兴战略实施、城乡融合发展背景下中国村庄演变规律与政策研究，包括村庄演变动力机制与模拟，村庄空间布局理论与方法，村庄规划编制技术与政策等。二是加强农户对村庄改造的意愿研究。部分区域村庄改造陷入了困境，原因是未能充分调研，没有尊重农民意愿，未能因地制宜的分区施策。三是加强村庄空间重构的实现条件研究。将村庄推倒重新建设，实现农户居住集中、产业园区集中、农业规划化经营需要很多条件，政府有效发挥行政力量给予农民在福利、就业等方面的支持力度有多大，农户在这场重构中经济和心理等方面的承受能力有多大需要深入研究。四是村庄空间重构的目标实现和后续效应研究。将农户集中居中，村庄秩序等方面如何得到提升；进行村庄重构实现资源集约利用程度有多高；在研究未来村庄演变的可能态势基础上，加强研究重构目标未能实现情况下可能的补救措施。

参考文献

陈雪原，2010. 村庄发展与新农村建设［D］. 北京：中国社会科学院研究生院.

陈永林，谢炳庚，2016. 江南丘陵区乡村聚落空间演化及重构——以赣南地区为例［J］. 地理研究（1）：184-194.

陈玉福，孙虎，刘彦随，2010. 中国典型农区空心村综合整治模式［J］. 地理学报（6）：727-735.

董光龙，许尔琪，张红旗，2019. 华北平原不同乡村发展类型农村居民点的比较研究［J］. 中国农业资源与区划，40（11）：1-8.

杜佳，华晨，余压芳，2017. 传统乡村聚落空间形态及演变研究——以黔中屯堡聚落为例[J]. 城市发展研究(2): 47-53.

段进, 章国琴, 2015. 政策导向下的当代村庄空间形态演变——无锡市乡村田野调查报告[J]. 城市规划学刊(2): 65-71.

樊立惠, 王鹏飞, 王成, 等, 2019. 中国农村空间商品化与乡村重构及其研究展望[J]. 地理科学(2): 316-324.

范少言, 陈宗兴, 1995. 试论乡村聚落空间结构的研究内容[J]. 经济地理(2): 44-47.

房艳刚, 刘继生, 2009. 集聚型农业村落文化景观的演化过程与机理——以山东曲阜峪口村为例[J]. 地理研究(4): 968-978.

费钧, 2017. 资本、权力与村庄空间形态的变迁——基于苏南A村的分析[J]. 南京农业大学学报(社会科学版)(2): 8-18.

费孝通, 2013. 乡土中国[M]. 上海: 上海人民出版社.

冯健, 2005. 经济欠发达地区县域发展模式与战略——以河南省兰考县为例[J]. 地理研究(5): 811-821.

冯亚芬, 俞万源, 2018. 客家乡村旅游发展时空演变及其动力机制研究[J]. 中国农业资源与区划(7): 212-218.

龚春明, 汪泽民, 2016. 全球化背景下中国村庄转型的检视与抉择——由《远逝的天堂》引发的思考[J]. 世界农业(12): 11-17.

桂华, 2020. 警惕激进"拆村并居"给农村带来系统性风险[J]. 新华每日电讯, 2020-06-11.

郭炎, 唐鑫磊, 陈昆仑, 等, 2018. 武汉市乡村聚落空间重构的特征与影响因素[J]. 经济地理(10): 180-189.

郭艳军, 刘彦随, 李裕瑞, 2012. 农村内生式发展机理与实证分析——以北京市顺义区北郎中村为例. 经济地理(9): 114-119, 125.

韩非, 蔡建明, 2011. 我国半城市化地区乡村聚落的形态演变与重建[J]. 地理研究(7): 1 271-1 284.

郝文璟, 2016. 村庄聚居空间演变的基础因素再解析[J]. 安徽建筑(3): 8-9, 24.

冀晶娟, 尹旭红, 2013. 山东省村庄集聚实践与反思[J]. 中国农业资源与区划(4): 80-84.

姜绍静, 罗泮, 2014. 空心村问题研究进展与成果综述[J]. 中国人口·资源与环境(6): 51-58.

乐章, 向楠, 2020. 熟人社会: 村庄社会资本水平及其差异[J]. 农业经济问题(5): 66-78.

李昌平, 2014. 警惕乡村规划设计陷入城市化误区[J]. 中国房地产业(11): 82-83.

李长印, 2014. "空心村"形态特征与生成机理分析——以河南省农村为例[J]. 华中农业大学学报(社会科学版)(2): 95-99.

李贵才, 朱倩琼, 刘樱, 等, 2018. 广州市乡村发展类型及演化模式[J]. 地域研究与开发(4): 158-163.

李桂君，黄道涵，温锋华，2016. 中国村庄布局优化演变特征研究 [J]. 湖南商学院学报（5）：68-74.

李红波，胡晓亮，张小林，等，2018. 乡村空间辨析 [J]. 地理科学进展（5）：591-600.

李红波，张小林，2012. 城乡统筹背景的空间发展：村落衰退与重构 [J]. 改革（1）：148-153.

李红波，张小林，吴启焰，等，2015. 发达地区乡村聚落空间重构的特征与机理研究——以苏南为例 [J]. 自然资源学报（4）：591-603.

李培林，2002. 巨变：村落的终结——都市里的村庄研究 [J]. 中国社会科学（1）：168-179.

李婷婷，龙花楼，2014. 山东省乡村转型发展时空格局 [J]. 地理研究（3）：490-500.

李婷婷，龙花楼，2015. 基于"人口—土地—产业"视角的乡村转型发展研究——以山东省为例 [J]. 经济地理（10）：149-155.

李耀锋，2016. 农村治理中"项目进村"的村庄回应：理论意涵与现实问题 [J]. 农业经济问题（12）：48-54，11.

李裕瑞，刘彦随，龙花楼，2011. 黄淮海地区乡村发展格局与类型 [J]. 地理研究（9）：1 637-1 647.

刘守英，王一鸽，2018. 从乡土中国到城乡中国——中国转型的乡村变迁视角 [J]. 管理世界（10）：128-146.

刘彦随，刘玉，2010. 中国农村空心化问题研究的进展与展望 [J]. 地理研究（1）：35-42.

刘彦随，刘玉，翟荣新，2009. 中国农村空心化的地理学研究与整治实践 [J]. 地理学报（10）：1 193-1 202.

龙花楼，2013. 论土地整治与乡村空间重构 [J]. 地理学报（8）：1 019-1 028.

龙花楼，李裕瑞，刘彦随，2009. 中国空心化村庄演化特征及其动力机制 [J]. 地理学报（10）：1 203-1 213.

龙花楼，屠爽爽，2017. 论乡村重构 [J]. 地理学报（4）：563-576.

龙花楼，屠爽爽，2018. 乡村重构的理论认知 [J]. 地理科学进展（5）：5-14.

楼江，祝华军，蔡建秀，2010. 城市化快速推进地区村庄改造研究——基于上海市郊区的调查 [J]. 农业经济问题（3）：92-97，112.

陆益龙，2013. 村庄会终结吗？——城镇化与中国村庄的现状及未来 [J]. 学习与探索（10）：21-30，2.

罗其友，伦闰琪，杨亚东，等，2019. 我国乡村振兴若干问题思考 [J]. 中国农业资源与区划（2）：6-12.

罗守贵，曾尊固，王伟伦，2001. 苏南地区可持续农业与农村发展模式探索 [J]. 地理研究（2）：247-256.

孟德拉斯，李培林，2010. 农民的终结 [M]. 北京：社会科学文献出版社.

苗长虹, 1998. 乡村工业化对中国乡村城市转型的影响 [J]. 地理科学（5）: 18-26.

任映红, 王勇, 2015. 城市化进程中村落变迁的条件和作用机理 [J]. 理论与探讨（1）: 136.

田毅鹏, 韩丹, 2011. 城市化与"村落终结" [J]. 吉林大学社会科学学报（2）: 11-17.

屠爽爽, 龙花楼, 李婷婷, 等, 2015. 中国村镇建设和农村发展的机理与模式研究 [J]. 经济地理（12）: 141-147.

屠爽爽, 龙花楼, 张英男, 等, 2019. 典型村域乡村重构的过程及其驱动因素 [J]. 地理学报（2）: 125-141.

王竹韵, 常江, 2019. 中国乡村建设演变历程及展望 [J]. 建筑与文化（3）: 83-86.

吴文恒, 郭晓东, 刘淑娟, 等, 2012. 村庄空心化: 驱动力、过程与格局 [J]. 西北大学学报（自然科学版）（1）: 133-138.

武中哲, 2020. 市场与行政: 合村并居重构乡村秩序的两种形式——基于山东省诸城市的调查 [J]. 理论学刊（2）: 135-143.

夏柱智, 贺雪峰, 2017. 半工半耕与中国渐进城镇化模式 [J]. 中国社会科学（12）: 117-137, 207-208.

许君, 汪兴福, 2019. 博弈论视角下的乡村重构与生态治理 [J]. 湖南工业大学学报: 社会科学版（1）: 89-94.

叶兴庆, 2019. 有序扩大农村宅基地产权结构开放性 [J]. 农业经济问题（4）: 4-10.

易海军, 2018. 城市边缘区村庄空间演变及发展模式研究——以宁波市镇海区为 [J]. 小城镇建设（12）: 18-25.

余航, 郑风田, 2011. 城中村改造模式研究——北京市何各庄案例分析 [J]. 农业经济问题（4）: 86-91.

余敬, 唐欣瑜, 2018. 实然与应然之间: 我国宅基地使用权制度完善进路——基于12省30个村庄的调研 [J]. 农业经济问题（1）: 44-52.

元剑, 2020. 城乡中国视角下的"撤村并居"研究述评 [J]. 社会科学论坛（1）: 79-95.

曾亿武, 郭红东, 2016. 农产品淘宝村形成机理: 一个多案例研究 [J]. 农业经济问题（4）: 39-48, 111.

曾尊固, 熊宁, 范文国, 2002. 农业产业化地域模式初步研究——以江苏省为例 [J]. 地理研究（1）: 115-124.

张富刚, 刘彦随, 2008. 中国区域农村发展动力机制及其发展模式 [J]. 地理学报（2）: 115-122.

张利庠, 2006. 可资借鉴的八种新农村发展模式 [N]. 光明日报, 2006-4-10.

张璐, 杜宏茹, 雷加强等, 2016. 少数民族聚集区乡村空间重构的影响机理——以新疆和田地区为例 [J]. 中国人口·资源与环境（6）: 139-147.

张泉, 2006. 城乡统筹下的乡村重构 [M]. 北京: 中国建筑工业出版社.

张正河, 2010. 快速城市化背景下的村庄演化方向研究 [J]. 农业经济问题（11）:

16-20.

赵明月,王仰麟,胡智超,等,2016. 面向空心村综合整治的农村土地资源配置探析[J]. 地理科学进展(10):1 237-1 248.

郑国,叶裕民,2009. 中国城乡关系的阶段性与统筹发展模式研究[J]. 中国人民大学学报(6):87-92.

周飞舟,王绍琛,2015. 农民上楼与资本下乡:城镇化的社会学研究[J]. 中国社会科学(1):66-83,203.

朱纪广,李小建,王德,等,2019. 传统农区不同类型乡村功能演变研究——以河南省西华县为例[J]. 经济地理(1):149-156.

LIU Y, LIU YU, CHEN Y, et al, 2010. The process and driving forces of rural hollowing in China under rapid urbanization [J]. Journal of Geographical Sciences (6): 876-888.

LONG H, LI Y, LIU Y, et al, 2012. Accelerated restructuring in rural China fueled by 'increasing vs. decreasing balance' land-use policy for dealing with hollowed villages [J]. Land Use Policy (1): 22.

深度贫困地区农产品产销衔接研究

高明杰 鲁洪威 周振亚 肖 琴

摘 要：生产出的农牧产品能够顺畅销售，实现产销有效衔接是深度贫困地区产业扶贫成功的临门一脚，习近平总书记在2018年中央财经委员会第一次会议上强调"产业扶贫重点要在扶持贫困地区农产品产销对接上拿出管用措施"，国家相关部委和集中连片贫困地区尤其是深度贫困地区在促进农产品产销衔接方面做了大量工作。通过对以新疆喀什地区、四川凉山州和云南怒江州为代表的"三区三州"深度贫困地区农产品产销衔接情况的调研，发现各地通过政府搭台推流通、企业直采促流通、协会助力带流通、新型业态活流通、区域协同助流通等方式，农产品产销衔接取得了积极成效。但是，仍然存在标准化程度低、进入市场渠道狭窄、农产品外运成本高、市场认知度低、各方面人才匮乏、科技支撑能力弱等问题。因此，提出适度发展适销对路的特色农产品、人才带动农产品的市场竞争力、加强仓储冷链物流设施建设、加强农产品品牌建设、大力发展新业态新模式等对策建议。

关键词：深度贫困地区；农产品；产销衔接；流通

Research on Producing and Marketing Linkage of Agricultural Products in Poverty-Stricken Areas

Gao Mingjie, Lu Hongwei, Zhou Zhenya, Xiao Qin

Abstract: In deep poverty-stricken areas, a good linkage of producing and marketing is the final impact for the success of poverty alleviation through agricultural industry. General Secretary Xi Jinping stressed in 2018 that "effective supporting measures to promote the linkage of producing and marketing of agricultural products are the focus of industrial poverty alleviation in poor areas". Relevant ministries and governments in concentrated poverty-stricken areas, especially the deep poverty areas, have done a lot of work to promote the integration of agricultural producing and sales. Through the investigation of the producing and marketing links of agricultural products in Kashi region of Xinjiang, Liangshan Autonomous Prefecture of Sichuan Province and Nujiang Autonomous Prefecture of Yunnan Province whose are the representation of "three concentrated poverty - stricken areas and three autonomous prefectures" poverty-stricken areas, it is found that the producing and marketing links of agricultural products have achieved positive results such as government sets up platforms to push circulation, enterprise directly purchase to promote circulation, association support to promote circulation, new forms of business appearance to make circulation activatable, and regional collaboration assists circulation etc. However, there are still problems such as low standardization, narrow access to the market, high logistics cost, low market awareness, lack of talents in all aspects, and weak supporting ability of science and technology. Therefore, this paper puts forward some countermeasures and suggestions such as suitably developing agricultural products with special characteristic meeting consumer favorite, driving the market competitiveness of agricultural products by talents, strengthening the construction of storage cold chain logistics facilities, strengthening the brand construction of agricultural products, and vigorously developing new formats and new models of business.

Key words: poverty-stricken areas; agricultural products; producing and marketing linkage; circulation

一、农产品产销衔接理论基础

（一）概念与内涵

1. 深度贫困地区

党的十八大以来，中央把脱贫攻坚作为全面建成小康社会的底线任务和标志性目标，全力推进脱贫攻坚战。深度贫困地区是脱贫攻坚的难中之难，是我国全面建成小康社会最大的短板。深度贫困地区概念的提出是我国在长期的扶贫开发和反贫困事业中不断摸索总结提出的，自20世纪80年代以来，我国一直致力于改善民生和消除贫困的事业，先后确立了331个国家级贫困县并以贫困县的分散程度为依据划分了18个贫困县相对集中的片区，这些相对集中的片区通常情况下都具有一些相同或相类似的致贫因素，由此一种体现重点区域、重点开发思想的新型区域划分方法——连片特困地区应运而生。2011年为了进一步推动贫困地区脱贫摘帽进程，我国颁布了《中国农村扶贫开发纲要（2011—2020年）》（下文简称新《纲要》）。

新《纲要》中以2007—2009年的人均县域GDP、县域农村居民人均纯收入、人均县域财政一般预算收入等一系列能够反映贫困程度的指标为依据，划分出11个集中连片特困区，加上包括西藏、南疆三地州和四省藏区3个已经明确实施扶持政策地区总计14个片区作为新时期下我国脱贫攻坚战役的主战场。集中连片特困地区的提出标志着我国的扶贫开发工作正式进入了区划完整且重点突出的新阶段。而随着我国进入全面打赢脱贫攻坚战役的决胜阶段，2017年我国在原14个集中连片特困区的基础上，并结合贫困发生率高和贫困发生程度广等特点，提出了深度贫困地区的概念，具体包括西藏、南疆四地州及四省藏区在内的"三区"和包含甘肃临夏回族自治州、四川凉山彝族自治州和云南怒江傈僳族自治州在内的"三州"。

深度贫困地区为脱贫进程中的"硬骨头",是脱贫攻坚中的重之重、难中难、坚之坚,具体表现为贫困区域面积大、贫困类型特殊且多样化、贫困程度深、贫困持续时间长、脱贫难度大。

2. 农产品

农产品是人类日常饮食结构的重要组成部分,世界各国农业的不断发展推动农产品的范畴不断得以扩大,普遍公认农产品范畴主要包括"动物、植物、微生物产品及其直接加工产品"。我国农业农村部在《农产品批发市场建设与管理指南》中将"农产品"定义为"粮油、蔬菜、瓜果、畜产品、水产品、调味品、花卉、茶叶、种子、饲料等农、牧、渔业产品及其加工品。胡蓬(2009)将"农产品"的概念界定为"从农业活动中获取可供人食用的原料或其加工品,主要包括农产品及其初级加工品"。结合相关权威部门和研究学者对于"农产品"的概念界定,为便于研究的开展,选取农产品重要组成部分的农产品为农产品研究对象。

3. 产销衔接

农产品"产销衔接"的实质是农产品"流通",对"流通"的界定是"产销衔接"概念界定的前提。流通是经济学概念,根据流通主体不同,可分为货币流通与商品流通。农产品作为商品的一种,属于商品流通范畴。商品流通是指商品通过交换从生产领域到消费领域的全过程,其目的是通过流通实现商品的价值交换和实物交换。广义的农产品产销衔接是指农产品从供应地向接受地的产销衔接全过程,不仅包括生产、收购、运输、储存、配送、分销等环节,还包括通过优化管理实现农产品价值增值的全过程。狭义上农产品产销衔接仅包括农产品收购、运输、储存、销售等中间过程。在农业经济中,产销衔接是实现农产品价值及扩大再生产的关键。

农产品产销衔接渠道就是农产品从生产者向消费者转移时所经过的路径或通道,或者农产品所有权和实体由生产者向消费者转移过程中各种产销衔接机构及其相互关系构成的一种有组织的系统。从宏观角度来看,产销衔接渠道就是农产品从生产者到消费者转移的整体路径和通道系统,也被称为产销衔接模式;从微观角度来看,产销衔接渠道就是生产者某种产品到达消费者的路径和通道,也被称为营销渠道。

20世纪80年代,供应链概念兴起,是指在产品的产销衔接过程中所发生的各个环节各参与主体组成的生产端到消费端的网状结构。农产品供应链是借鉴工业产品供应链理论,形成农产品所特有的网状结构模式,从零售销售开始,通过农产品的加工和销售将生产者和消费者联系起来,农产品供应链实际上也是农产品价值增值链。农产品具有区别于工业品的特殊季节性和生产技术,农产品供应链也有其自身的特点。第一,农产品供应链参与者众多,从生产到流通到最终的消费环节,各参与者各司其职,扮演着不同角色;第二,农产品供应链具有复杂性和多变性,这是由农产品的种类、数量及标准化程度低决定的;第三,农产品供应链不确定因素多,由于农产品受生产气候、市场环境、政策体制影响较大,所以农产品供应链是动态变化的;第四,农产品产销衔接供应链具有较高的物流效率和技术要求。

(二) 相关理论

1. 公共政策理论

公共政策是政府为了解决和处理公共问题，实现公共利益和公共目标，经过一定的政治过程，所发展出来的原则、方针、策略、措施和方法。现阶段的政府治理研究领域，公共政策已经成为一门科学。学者李建华（2009）从公共政策程序正义的角度发展公共政策理论，认为公共政策本质上是"国家运用公共权利协调社会各种利益主体与利益集团的利益，公共政策程序属于抑制性程序，公共政策程序正义属于不完善的程序正义，指出政府作为和不作为的公共政策是否正义的标准在于政府的公共政策是否执行和有利于公共利益的维护和发展；学者周建国（2012）从公共政策评估模式的角度发展了公共政策理论，并提出遵循"批判性政策分析理论、利益相关者理论和理性选择理论"的"多元理性"的公共政策评估模式。

"公共政策"是政府以公共问题为导向，所选择的作为或不作为的有意识的政治活动。现阶段的农产品市场经济问题层出不穷和愈加复杂，单靠市场手段已不能有效解决解决农产品产销衔接，尤其是深度贫困地区农产品产销衔接问题，进而影响到农产品市场经济平稳发展以及农业、农村和农民问题的解决，需要政府积极主动及时发现农产品产销衔接发展过程中出现的问题，将之纳入政府议程，并提出农产品产销衔接的路径发展的方案，从而促进农产品产销衔接问题的解决，实现农产品市场经济稳定和百姓安居乐业。

2. 供应链管理理论

供应链理论发源于20世纪90年代的欧美国家，在制造业和服务业中得到了广泛应用。供应链是由多级供应商、生产者和多级销售商共同组成的基于商业流程的网链结构。而从本质上说，供应链管理就是供应链上企业自身与企业之间的供给和需求管理的总括。现有供应链管理理论把供应链体系各个环节和节点主体视作一个整体进行战略管理研究，通过把商品供应的各个环节以及各个主体链接起来，如商品供应商、仓库、配送和渠道经销商，整合资金流、物资流、信息流、人才流、业务流等，在供应链体系内部实行相应的动态管理，使供应链的运作成本更低，同时运作效益实现最优化。

农产品供应链管理是通过计划、组织、协调和控制农产品供应链体系各个环节主体的市场行为，在共同的平台实现信息、人力资源、设备、资本等资源的共享和市场经济风险共担，促进各个环节主体有效规避市场风险，提高生产、流通和销售效率，并提高彼此经济收益和农产品产销衔接整体体系的运行效益。农产品流通供应链以农产品流通为对象，包含农户、中间商和消费者三大基本成员，中间商主要有运销户、产销批发商、超市和商贩等。在运作过程中，农户为运行起点，通过中间商，将农产品逐级分销，最后抵达消费者手中，供应链可以缩短农产品流通时间，通过专业分工进一步提升各环节的流通速度，减少库存和运输环节的成本，以此提高农产品流通的效率。

3. 交易费用理论

交易费用理论是西方新制度经济学相关理论的核心组成部分，其思想最早起源于科斯（1937），科斯认为市场交易的完成需要付出相应的成本，并在《社会成本问题》（1960）中首次明确提出"市场交易成本"，指出"交易费用"的类别主要包括"督促契约条款严格履行的费用""发现交易对象和交易价格的费用""度量、界定和保障排他性的费用""讨价还价、订立交易合同的费用"。张五常教授（1999）以"制度成本"解释"交易费用"，而制度成本的确立、运行、维护和发展所产生的一系列成本均包含入"交易费用"的范畴。

新制度经济学相关理论，特别是交易费用理论的指导意义贯穿整个研究过程，也是本研究的重要理论基础。交易费用理论可以有效解释为什么农产品市场多种产销衔接方式并存，以及相关主体为什么选择其中的一种产销衔接方式。农产品流通体系主要包括生产、加工、运输、销售、消费，农户与农产品流通中介组织、农产品流通中介组织与市场、市场与消费需求之间的关系。适度的商品流通环节是组织合理的商品流通过程的重要内容。在商品流通过程中，商品流通环节过多，就会延长商品流通时间，增加流通费用，而商品流通环节过少，又不利于开展商品大流通。

我国在生产力相对落后的阶段，农产品产销衔接主要采取"农户+消费者"的方式，发展到一定阶段主要采取"农户+批发市场+消费者"方式。而现阶段，市场经济外界环境的变化使得农产品交易制度创新并发展了包括"农户+超市+消费者"等方式在内的农产品产销衔接方式。

4. 蛛网模型理论

1930 年，舒尔茨（美国）、里西（意大利）以及丁伯根（荷兰）分别提出蛛网理论。1934 年，卡尔多（英国）正式定名为蛛网理论。蛛网理论的假设是：市场处于完全竞争，所有的生产者都认为自己生产计划的改变对市场价格没有影响，而目前的市场价格将会一直稳定下去；产品的供应量决定产品价格，而本阶段的供给量却由上一阶段的市场价格决定；生产的商品不是耐用商品。由于农产品的产销具有特殊的周期性，需遵守一定的生物和自然规律。而农产品的生产的季节性以及农产品产供销之间的信息不对称使得其供需经常失衡。蛛网理论是一种将均衡理论和弹性理论结合在一起的研究产量与价格变动关系的理论。其主要研究的对象主要是生产周期较长的产品。这些产品往往生产规模确定后，不能中途改变生产规模。所以，市场价格只会影响下一个周期的产品。因此，该理论非常适合用来分析农产品供求关系及价格走势。因为，农业生产者总是以现有的市场价格来决策下一期的生产规模。这会出现产量增大而收入减少的现象，也就是所谓的"蛛网困境"。农业生产总是生产赶不上市场变化节奏。

蛛网理论模型：由于需求弹性和供给弹性存的不同，将会出现 3 种情形。①如果需求弹性大于供给弹性，价格和产量的波动会逐渐减弱，经济状态趋于均衡。②如果供给弹性大于需求弹性，价格和产量波动的状态将会越来越剧烈，并逐渐远离均衡点，这种状态下无法达到均衡。③如果供给弹性与需求弹性相等时，价格和产量将会一直保持波动的状态，既不向内收缩，也不远离均衡点。

（三）深度贫困区农产品产销衔接影响因素

农产品产销衔接就是农产品生产方和农产品购买方在价格信号的指引下，通过对自身获取信息的甄别与判断，能够通过直接交易或者借助媒介平台在市场中进行农产品买卖的活动。由此可以知道，深度贫困地区农产品产销衔接顺利进行的前提，首先是买卖主体的存在和拥有足够数量，其次是价格信号对双方买卖行为决策的影响，然后是市场上农产品交易双方所能获取信息的完备程度，以及买卖进行交易的平台对交易双方的便捷性和可用性，还需要看供需双方产品的匹配程度，从整个贫困地区农产品市场上来看就是该地区所能提供的农产品种类和社会所需求的农产品种类的匹配程度。凡此种种，都影响着贫困地区农产品产销双方交易结果。

1. 农产品稳定供应市场的能力

深度贫困地区农产品交易顺利进行，比较重要的因素就是交易双方互相满足对方的要求，这就需要农产品供应者提供的农产品的数量和质量能够满足消费者或者是采购商的需求，而消费者所需要的产品的质量和数量也能够与当下深度贫困地区农产品生产者生产的产品相匹配，这样才能满足产销衔接的最基本条件。对于众多深度贫困地区来说，由于受自然地理条件，农业生产力水平和生产者经济实力多重影响，这些地区所能提供的农产品的质量往往参差不齐，对于某些特色优势农产品数量又无法保证。这就导致深度贫困地区所能提供的农产品在面向广大中高端消费市场时，往往很难以质取胜，做到优质优价，导致众多贫困地区优质的农产品销售不出去。对于某些大中城市消费者需要的特色农产品，受当地生产能力的限制又无法大批量稳定提供，使得深度贫困地区农产品很难把产业做大做强，限制了消费市场的进一步扩大和效益的稳定提升。

2. 农产品生产者经营能力

农产品价格是深度贫困地区农产品生产和消费者消费的指示器。在某些农产品市场行情较好时，群众往往会扩大该种农产品的生产与种植。而对于某些贫困地区生产的优质农产品，如果在价格适当降低后，消费者也会进一步扩大消费量。农产品的价格对于供需双方的数量的影响是根本性的。深度贫困地区出产农产品往往具有质量、生态、民族或文化等某方面的特色品质，但这些特色品质在价格方面很难有相应的体现，深度贫困区农牧业生产以小农户经营为主，市场经营能力比较低。品质较好的农产品，往往混杂在较差的农产品之中，很难通过对农产品包装和分级卖上更好的价格，限制产品附加值的进一步提高，这就进一步限制了农户扩大该地区优势特色农产品的种植，做大做强该产业，又由于贫困地区农产品很难在大中城市打开市场，消费者对其信息的获取较为有限，并且某些优质农产品量比较小，市场需求量稍微变大就会导致价格上升幅度较大，进一步影响人们的购买需求。

3. 农产品交易平台的有效性

农产品的交易平台是农产品供给方和需求方进行买卖行为的媒介，传统的交易平台，诸如批发市场，集中收购点等，在当下，随着电子商务的发展，电商作为一种覆盖范围广泛使用便捷的交易媒介，越来越多的使用在农产品交易中。而对于深度贫困地区农产品的交易，影响比较大的就是交易平台的可用性与便捷性。由于受地方政府财力的限制在很多深度贫困地区并没有占地面积较大，配套设施完善，辐射范围较广的交易市场。再加上农产品生产者自身科技文化水平的影响对电商平台的使用较为有限。使得深度贫困地区农产品没有一个较为便捷的交易平台使交易双方以最小的成本进行广泛交易，这就进一步限制了贫困地区农产品走出去。使用便捷、服务完善的交易平台是农产品交易双方完成大批量、多层次交易的必备媒介。在深度贫困地区，农产品交易中交易平台的欠缺进一步阻碍了交易双方交易行为的进行，阻碍了深度贫困地区农产品产销衔接的开展。

4. 农产品供需结构的匹配度

农产品生产方和需求方交易行为的产生一个必不可少的条件就是生产者提供给需求者切实需要并且令其获得满足的产品。对于深度贫困地区而言，该地区范围内所能提供的全部农产品能够出售的比例也影响着该地区农民的收入，农产品只有完成售卖行为才能实现从商品到货币的惊险一跃。但对于很多贫困地区而言，该地区农产品的商品率是比较低的。究其原因，主要是地区农户生产的农产品与当下人们所需要的高品质农品的结构不匹配。这就使得贫困地区农合生产的农产品很多都无法售卖出去，无法实现农产品产销的有效对接。随着人们生活水平的提高，人们越来越讲究不仅能吃得饱，而且能吃得好、吃得健康，对农产品的绿色有机提出了更高的要求。而众多地区农户在生产农产品的过程中大多处于散、小、弱的自然无序生产状态。导致农产品在满足绿色有机标准，满足质量统一标准方面无法达到市场要求，使得众多农户的农产品在面向市场时无法与其投入成本相匹配，真正使优质变成优价。这也是当下我国农业急需进行供给侧结构性改革的要求，而这一问题对于深度贫困地区农产品而言更加迫切。深度贫困地区农户在把握市场需求，提升自身农产品地域价值方面还有很多工作要做。

二、农产品产销衔接主要模式

（一）农户+消费者

农产品的产和销本来就是密不可分的两个环节。在市场经济不发达的小农社会中，农户往往会在生产农产品留下自己使用的部分后剩余部分拿到市场上售卖。来取得一定的收入。这也是我国古代经济社会中的主要的商品交换形式，而在现代社会中，对一些经济较为落后的地区，尤其是深度贫困地区的农户而言，这种现象仍是大量存在的。这些农户利用自己家的耕地或者是房前屋后，种植一些经济作物。生产出来的产品部分由自己消费外，余下的有些会选择拿到市场上直接出售。在很多农产品交易场所中就存在着自产自销的农户，他们产销的方式就是生产者直接面向消费者。此种模式给农户带来的收益较为有限，并且交易成本较高，跟当下商品交换体系中分工协作的方式不协调。

（二）农户+收购商+超市（批发市场）+消费者

在当下社会经济，尤其是城镇中，人们购买农产品场所一般都是超市或者批发市场。这类交易场所的产生是市场经济深度发展的必然结果，人们可以通过专业化的产品场所购买所需的各类产品，农户可以通过供货给这些交易平台来取得稳定的销售来源。在农产品市场分工体系中存在着一些专门到田间地头收购农户农产品的收购商，他们对不同区域，不同时刻农产品价格的信息较为敏感。通过这些收购商从农户手中对农产品统一收购，并且进行一些简单的分级包装供货给一些大中小型超市，最终在进入消费者的手中。这种方式降低了农户售卖农产品的交易成本，并使得超市有一些质量可靠且稳定的货源，消费者所消费的农产品也有了质量的保证。

(三) 农户+超市（批发市场）+消费者

现实生活中，在超市我们往往会看到一些农场直供或某某合作社供应的标志，这些就是专业化的生产者通过与商超合作直接给超市供货。往往以签订订单的形式来合作，农户可以以这种形式使自己获得稳定的收入，商超可以提升自己商品的质量。消费者在超市中购买此类产品时能够看到供货的渠道，对产品进行追溯。不过此种产销衔接的方式往往需要供应商为较大的专业生产者。而在当下很多地区农业的专业化、规模化生产水平不够。导致很难有实力直接跟商超合作，以取得稳定收益。此种产销衔接方式也是以后能够进一步提高农户收入，提高消费者所消费农产品质量的主要形式。

(四) 农户+电商+消费者

随着当下电商经济逐渐兴起，电商平台在农产品产销衔接中所起到的作用越来越大。尤其是对于很多偏远山区的农户来说，通过网络电销平台可以把自己品质较好的农产品面向全国更大范围内的多种消费者的不同消费需求。电商平台作为一个网络媒介，使得农户和消费者可以直接对接。除了过往收购商对农户价格的欺压和销售渠道较少的限制，使得农户可以面对更广大的消费市场。当下各种电销平台层出不穷，如淘宝，京东，拼多多等电商平台，和抖音，快手等直播电商平台，使得很多拥有特色农产品的农户足不出户就可以通过新的媒介向全国广大消费者推销自己的优质产品，甚至还通过一些较为新颖的营销手段积累了众多粉丝，培育起自己稳定的消费群体，让农产品真正做到了优质优价。此种产销衔接方式主要的问题是对于很多农户而言，电商平台的经营存在很多技术和资金方面的问题。首先，电商平台营销需要了解一定的电商知识，掌握一些网络技术，其次电商在运营初期需要投入大量的宣传和经营资金，对于很多地区的农户而言存在着很高的进入门槛。

三、深度贫困地区农产品产销有效对接的意义

(一) 贯彻落实总书记重要指示精神的内在要求

推动深度贫困地区农产品产销有效对接是贯彻落实习近平总书记关于"产业扶贫要在扶持贫困地区农产品产销衔接上拿出管用措施"重要指示精神的要求，聚焦贫困地区特别是集中连片贫困地区、"三区三州"等深度贫困地区特色优质农产品出村进城，创新流通方式，可以拓宽深度贫困地区农产品流通渠道，加快农产品市场流通，促进贫困农户增收致富。

(二) 实现共同富裕、消除贫困、改善民生的保障措施

中国共产党从成立之日起就确立了为天下劳苦人民谋幸福的目标，这就是我们的初心与使命。现在，我国大部分群众生活水平有了很大提高，但还存在大量低收入群众。习近平总书记指出：贫穷不是社会主义，如果贫困地区长期贫困，面貌长期得不到改变，群众生活长期得不到明显提高，那就没有体现我国社会主义制度的优越性，那也不是社会主

义。推动深度贫困地区农产品产销有效对接、消除贫困、改善民生是社会主义的本质要求，是我们党的重要使命。

（三）助力打赢脱贫攻坚战的有力举措

全面小康目标能否如期实现，关键取决于脱贫攻坚战能否打赢。没有农村贫困人口全部脱贫，就没有全面建成小康社会，我们党向人民作出的承诺不能打任何折扣。如期完成脱贫任务是全面建成小康社会的刚性目标、底线目标。只有脱贫攻坚目标如期实现，解决好贫困人口生产生活问题，满足贫困人口追求幸福的基本要求，才能凸显全面小康社会成色，让人民群众满意、国际社会认可。而推动深度贫困地区农产品产销有效对接是助力深度贫困地区打赢脱贫攻坚战的有利举措，是巩固脱贫攻坚成果的切实需要。

四、深度贫困地区农产品产销衔接调研案例

（一）新疆喀什

1. 区域概况

喀什地区地处欧亚大陆中部，我国西北部，新疆西南部，西部与塔吉克斯坦相连，西南与阿富汗、巴基斯坦接壤。全区总面积16.2万 km^2，下辖1个市和11个县，即喀什市、疏附县、疏勒县、英吉沙县、岳普湖县、伽师县、莎车县、泽普县、叶城县、麦盖提县、巴楚县、塔什库尔干塔吉克自治县。喀什市是喀什地区行署所在地，是喀什地区的政治、经济、文化中心，也是新疆唯一的中国历史文化名城。

喀什地区属暖温带大陆性干旱气候带。境内四季分明、光照长、温差大、降水很少、蒸发量大。夏季炎热，但酷暑期短；冬无严寒，但低温期长。喀什地区三面环山，一面敞开，北有天山南脉横卧，西有帕米尔高原耸立，南部是喀喇昆仑山，东部为塔克拉玛干大沙漠，大体可分为平原区、沙漠荒漠区、山地丘陵区、帕米尔高原区和昆仑山区5类型区。喀什地区农业是典型的绿洲灌溉农业，灌溉水源主要为冰山融雪形成的地表径流，全区有叶尔羌河、克孜勒河、盖孜河、库山河和依格孜亚河5条河流，在其形成的冲积平原上形成了适宜小麦、玉米、棉花、瓜果等传统种植业的发展的平原绿洲区，气温适宜的山地区适宜发展特色林果业，而高原草甸区适宜畜牧业的发展。

目前，从产销角度分析，喀什地区主要农产品分为三类：一是盈余量较大但不存在销售压力的粮食、棉花等大宗粮油产品，基本由政府相关部门按照保护价和目标价进行收购；二是短缺的蔬菜和牛羊肉产品，区内生产量不能满足消费量，需要大量从区外调入进行季节性调剂；三是当地具有较大盈余且有外销需求的产品，具有一定市场规模的产品以红枣、核桃、巴旦木、瓜果、杏、新梅等林特产品为主。

2. 主要问题

（1）农户种植水平低，与加工销售企业需求对接程度差 以核桃、巴旦木、瓜果为代表的喀什地区农产品大多数采用的是传统的种植方式，农民延续着长期以来的种植习惯，在农业生产各环节中运用科学种植技术的程度低，导致农产品品质较差、质量不一、商品率较低。而农产品加工销售企业对农产品原料的需求需要有较高程度的标准化、稳定性和

规模化，合格原料的稳定供应是目前面临的主要问题之一。

（2）农产品加工附加值低、产业链短 喀什地区各县不同的特色农产品已经拥有了一些对应的龙头加工企业或贸易平台，如莎车县万寿菊与晨光集团的叶黄素提取加工相连、叶城核桃种植与美嘉食品的核桃全产业链生产相连、伽师县的伽师瓜种植和新疆果业伽师瓜贸易结算中心以及胡杨牧歌农产品精深加工相连、喀什市的牧草与南达新农业的畜牧养殖相连结。但这些龙头企业要么就仅仅是地方品牌、对外市场知名度有限，要么就是消化吸收能力较低、无法覆盖地区农产品的提供，要不就是仅发展自己的种植基地、流转土地自己收益。农业龙头企业总体上规模化、产业化、标准化水平低，品牌企业整体实力弱、规模小，产业链条短，附加值不高，竞争力弱，自主创新带动能力不强。

（3）农产品出疆难、出疆贵 "羌笛何须怨杨柳、春风不度玉门关"，新疆地区特殊的地理位置和地形地貌使得其产品距我国最主要的中东部消费市场太过遥远，而喀什地区距离新疆消费核心——乌鲁木齐，运距都有 1 500 多千米，距离疆外主要消费市场都在 5 000km 左右，喀什地区的产品要想运到国内主要消费市场就需要跨越近万里的漫漫征途，其成本之高可想而知。再加上南疆地区产业结构中主要以低附加值的产品为主，较低的利润率难以支撑巨额的运输费用来供给中东部消费市场。目前南疆地区农产品外运面临的最大尴尬是：若以鲜活农产品形式外运，虽然可以获得高速费免除的优惠但要面临长距离长时间运输造成的商品损失；若以加工后的产品形式外运，虽然能避免运输过程中的商品损失但高速费又是一项沉重的负担。过高的运输成本就限制了南疆地区优势资源的市场交换，制约了南疆地区参与国际国内市场分工的程度。

（4）人才短缺，限制农产品消化能力提升 生产技术研发与推广人才短缺，原先的良种多已退化，不能适应市场需求，新品种和新技术却难以有效推行。农业产业企业侧重于经营管理人才和产品研发人才以及新型市场营销人才，人才的匮乏制约了大多数企业的进一步发展，束缚了这些企业的进一步对当地百姓收入的拉动能力。南疆地区缺乏知名企业或著名品牌，大多数企业的知名度和辐射能力往往仅限于本地区。即使是国内龙头企业在南疆办厂，其所有人才也往往不太愿意来到南疆。人才的匮乏从根本制约了南疆地区本土品牌的发展，没有真正强大的龙头企业的带动，南疆地区农产品卖出去、农民增收、地区经济转型升级就成了无源之水、无根之木。

（5）农产品加工企业负担重，资金短缺 喀什地区农产品加工企业目前面临的一个比较重的生产成本是电费，在新疆棉纺企业电费标准是每度 0.28 元，一般工业用电标准是每度 0.5 元，而农产品加工企业用电却按的是商业用电每度 0.8 元的标准收费，导致农产品加工企业生产成本负担重。农产品加工企业面临的另一个普遍问题是资金短缺，尤其是流动资金短缺，向农户收购原料需要现金结付，加工出来的产品销售渠道要押款，导致农产品加工企业很难再有能力进行新产品的研发、新生产线的更新等，限制了加工环节农产品消化能力的提升。

3. 主要做法与经验

（1）实施主要农产品托市政策 近年来，新疆瓜果产品市场价格下滑趋势比较明显，为了解决新疆农民增产不增收的问题，2018 年，由新疆昆仑土地扶贫开发有限公司牵头，多方资源广泛参与下，自治区政府推出了托市收购白名单，实施了农产品托市收购工作，率先在南疆施行。鼓励有收购意向的林果协会龙头企业共同参与，整合产业优势、撬动社会资本，参与林果产品收购，通过委托收购、联合经营等方式，确保各项托市收购政策落实到位。地区供销社系统（昆仑公司）依托经营服务网点组织带动农民专业合作社、卫星工厂、农民经纪人与其他市场主体对接，采取开放、互惠互利的方式，鼓励、吸引有社会责任的民营企业参与喀什农产品托市收购，有效保护了农民切身利益。托市价格综合考虑"相关部门调研+农民期望+企业期望+近三年价格"等因素确定，托市政策对维持南疆农产品销售价格起到了明显作用，尤其是在大枣上尤其明显。

（2）政府设立基金撬动金融资本　新疆设立的供销社系统国有公司昆仑公司每年拿出1亿左右风险保障金为相关企业做担保，撬动农业发展银行对企业进行授信贷款，对于合作开展托市收购的有规模、有实力、有市场的民营企业，在落实一定比例风险保证金和担保前提下，可直接或间接给予流动性支持，帮助企业正常生产经营带动农产品就地转化，在很大程度上缓解了经营企业的流动资金压力。

（3）建设农产品购销体系　由供销社系统牵头成立了喀什地区林果业产销协会，通过以优秀林果产品生产企业为主导，各级供销社（昆仑公司）深度参与。同时，喀什地区依托区内果蔬保鲜库，按照县级成立农产品销售公司、乡镇和有条件的村成立农产品购销合作社、村级建立农产品收购点的模式建立完整的三级农产品购销体系，各县市和昆仑公司合计设立蔬菜收购公司19个，乡镇专业合作社（收购站）259个，村级蔬菜收购网点1437个。收购的农产品主要配送至县域内机关、学校、教培中心等，剩余部分在保险库储存择机进行加工或外运销售。

（4）分工合作体系初显　截至2019年年底，喀什地区有地区级以上农业产业化龙头企业170家，其中，国家级龙头企业2家、自治区级龙头企业36家、地区龙头企业132家。在这些企业中虽然生产加工型企业仍占绝大多数，但专业的销售流通型企业也在快速发展，目前已经有新疆果业这样的大型销售公司、有疆果果这样专业的电商企业，其他生产型企业为其提供原料或者贴牌产品，专业销售公司向后端消费市场延伸、加工型企业向前端生产环节延伸，一定程度上形成了各司其职、各取所需的分工合作体系。

（5）建设"两张网"　组织和引导龙头企业、农民合作社等各类市场主体入驻平台，依托地区创建的21个特色农产品公共品牌及"一乡一业""一村一品"，对接四个援疆前方指挥部，发挥援疆资金和政策资源优势，大力推进"鲁喀""沪喀""粤喀""深喀"农产品品牌，结合企业在内地布局建立的分仓，加快农产品疆内收购和疆外销售"两张网"建设。按照品牌集约化要求，促进企业联合合作、共同发展，组织、指导、协调企业特别是上下游企业在平等、自愿、互惠的基础上，结成经济利益共同体，促进资本联结与产业聚集，共同打造产业集群。

（6）突出合作社的联结作用发展订单农业　生产适销对路的农产品是关系到农户能否顺利将手中的农产品卖出获得稳定收益的关键因素，由于小农户对价格信号不敏感，生产具有盲目性与滞后性，一方面出现很多丰产不丰收损害农户利益的情况，另一方面生产加工企业得不到符合需求的原料。喀什地区以美嘉食品、胡杨牧歌、晨光集团、南达乳业等为代表的企业，在满足自身企业生产的同时，大力发展订单农业，在此过程中突出强调合作社对农户生产的指导与引领作用，喀什地区基本实现了一村一合作社，重点推动村两委和乡贤对于合作社的管理，通过熟人治理帮助农户提高种植水平，形成村整体农产品的出售联合体。喀什地区有些产业形成了联系紧密的利益链条，对于某些农业产业的发展起到了很好的带动引领作用，是值得推广与深入探讨的有益尝试。

（7）搭建规范交易平台　对于分散种植的农业生产现状而言，农产品的品质和品牌问题是制约该产业健康发展的关键因素，在过往的生产中，伽师瓜仅是一个地域产品，其产品质量往往很难保证，甚至很多地方也会冒充名气更大的地域品牌，这样不仅伤害了优势产区农民的利益，还损害了这一品牌的美誉度，非常不利于产业的整体发展。为解决这一问题，新疆果业集团在伽师县建立了伽师瓜交易集散中心，实行市场交易伽师瓜、伽师梅统一品牌名称、统一品牌标识、统一质量标准、统一市场监管、统一对外宣传，并且为内地采购商、瓜农提供公平交易平台，公开实时交易价格，在维护品牌形象、保证农产品质量、维护农户利益方面起到了很重要的作用。这对于大部分面临农产品分散化种植，质量难以把控的现实问题的地区而言提供了一条即使在农业生产碎片化的情况下也能有效提升农产品质量，提高农产品价格的新路。

（二）四川凉山

1. 区域概况

凉山彝族自治州地处四川省西南部，总面积6.04万 km^2，下辖西昌、德昌、会理、会东、宁南、普格、布拖、昭觉、金阳、雷波、美姑、甘洛、越西、喜德、冕宁、盐源及木里藏族自治县等17县市，是全国最大的彝族聚居区。西昌市是凉山州的州府所在地，也是攀西地区的政治、经济、文化及交通中心，是全国粮食大县、全国生猪大县、中国洋葱之乡、中国花木之乡、中国冬草莓之乡。

凉山州属亚热带季风气候，冬无严寒，夏无酷暑，干湿季分明。干季降水稀少，温热干燥。湿季降水充沛，温凉湿润。凉山州介于四川盆地和云南省中部高原之间，地势西北高，东南低，北部高，南部低，安宁河谷断裂带几乎纵贯南北；境内以山地、高原为主，占全州面积的90%以上，丘陵、盆地、平原不到10%。由于境内海拔高度差异较大，垂直气候特征显著，具体分为适宜粮食种植的低山河谷气候带、适宜特色果蔬种植的二半山气候带和适宜荞麦等耐寒耐旱作物种植的高山气候带。凉山州境内河流均为长江水系，金沙江、雅砻江和大渡河为州内三大水系。

凉山州农产品可分为两大类：鲜活农产品和粮食及其他非鲜活农产品。鲜活农产品主要有石榴、苹果、桑葚、脐橙等特色水果和野生菌、马铃薯等高山蔬菜，粮食及其他非鲜活农产品主要有苦荞、粳米、核桃、花椒、牦牛肉等。州内粮食及其他非鲜活类农产品本地消费占很大比例，基本不存在"卖难"问题；鲜活农产品以外销为主，对生产、加工、流通等环节的时效性有较高要求，产销问题更多集中在鲜活农产品领域。

2. 主要问题

（1）跟风种植较为普遍，粮食生产比重降低　由于凉山州石榴、茭白等作物的比较收益较高，近年来其种植比例显著增加，导致市场供过于求，价格下滑明显，农户预期经济效益难以实现。存在新旧品种更替缓慢和早中晚熟安排不合理等问题，生产与市场脱节。石榴、茭白等经济作物的种植中占用了大量水稻等粮食作物的土地，造成凉山州水稻等粮食作物种植比重连年下降，州内粮食作物的供给已无法满足本地市场需求，逐渐成为粮食调入地区，"川南粮仓"的粮食生产功能正在弱化。

（2）交通基础设施较差，冷链物流短板明显　现阶段农产品流通主要依赖陆路运输，而凉山州只有一条过境高速公路，各县与州府间没有高速公路或等级较高的道路连接，且盘山公路居多，山高路陡；产地与集散中心之间多以乡村公路连接，道路狭窄，大型货车难以通行，收购和运输成本居高不下。州内现有物流基础设施较差，特别是保存鲜活农产品的预冷库、冷藏库、冷链车需求缺口较大，导致野山菌、水果等鲜活农产品在运输中损坏率极高。凉山州在批发市场和集散中心建设方面比较滞后，现有市场的容量和规模不能满足农产品交易需求。

（3）生产标准化水平低，难以满足市场要求　凉山州大宗农产品在生产、加工、流通等领域的标准化进程缓慢，各类生产经营主体还未意识到农业标准化生产的益处。由于传统农业生产方式的影响，以及农业经营模式的惯性作用，部分农户对生产标准重视程度低，影响了农业标准化生产的推广。州内从事鲜活农产品生产、加工、流通的企业数量少、规模小，本地农业龙头企业带动能力弱。现有标准体系大多集中在马铃薯等大宗农产品的生产环节，缺少环境、质量、运输、加工、销售和管理等环节的标准。

（4）支农资金供给不足，涉农贷款门槛较高　近年来，凉山州虽然不断加大对农业的投入力度，但投入水平仍较低，资金总量不足。考虑到贫困地区财政实力有限，且财政支农资金相对分散，"摊大饼"式的资金投入方式难以形成合力，对于推进批发市场、冷藏库建设等重大项目的作用十分有限。涉农金融机构考虑到农业产业的特殊性，对农业经营主体的放贷门槛较高，手续繁杂，且贷款金额较少，不能满足农业产业发展需求。国家制定的惠农金融政策在地方难以落地，政策执行效率较低，难以达到政策预期效果。

（5）产销对接成果落实困难，认购效果不理想　以"以购代捐"为例，11个深度贫困县每个县的帮扶工作队要完成1亿元以上的认购额，造成帮扶部门压力过大，影响积极性。产销对接活动中意向性合同居多，合同"落地率"较低，产销对接活动效果远逊预期。由于凉山州农业生产的小农特点，农产品缺乏标准化，产品规格和运输时效难以满足认购对象的要求；与此同时，"以购代捐"要求认购对象以高于市场价10%以上的价格进行购买，较高的售价和流通损耗，让一些意向购买者失去认购兴趣，认购效果大打折扣。

3. 主要做法与经验

（1）出台电商扶持政策，助力特色产业发展　为加速本地电商发展，凉山州出台了《凉山州"十三五"电子商务发展规划（2016—2020）》《凉山州电子商务产业发展规划推进方案》《关于加快推进电子商务发展的实施意见》《促进电子商务健康快速发展的实施意见》等系列政策文件，明确了财政、税收、用地、人才等一系列激励措施。建立了凉山州促进电子商务发展工作领导小组、电子商务协会，设立电子商务发展专项资金。会理县先后出台了《会理县乡村振兴农业产业发展贷款风险补偿金实施方案》《关于规范会理石榴营销市场的通告》等一系列文件。其中，《会理县乡村振兴农业产业发展贷款风险补偿金实施方案》提到，会理县政府将在当地金融机构投入500万元资金作为风险抵押金，撬动贷款5 000万元，帮助农业企业解决融资难的问题。

(2) 夯实交通基础设施，完善凉山物流网络　凉山州普通国道三级及以上公路比例达到85%以上，普通省道三级及以上公路比例超过40%，农村公路网络加速完善，持续建设旅游路、资源路和产业路项目910km，实施农村公路安保工程1 400km。凉山州不断完善物流网络，全面开通西昌至16县的专线往返货运班车，基本实现货物24小时送达。现已建成州级农村电商公共服务平台、17个县级服务平台、214个乡镇电商服务平台、662个村级服务平台，电商扶贫网络基本形成。

(3) 强化"大凉山"品牌宣传，提升品牌知名度　以彝族传统火把节和魅力中国城西昌文化旅游博览会为媒介，宣传"大凉山"特色农产品，倡导"把人请进来、把货带出去"。各县市积极参加"三区三州"贫困地区农产品产销对接系列活动、"川"字号农产品展会、中国国际农产品交易会等各类展示推介活动，并开展"川货出川"行动，其中49个特色农产品进入上海百联超市四川扶贫专柜。会理县借助川报、凉山日报、华西都市报等媒体和中国会理石榴网、电子商务平台、农技宝等网络平台，不断推进"鱼鲊蜜芒""吴极金砂桔"等品牌创建。美姑县依托县域优质马铃薯、岩鹰鸡、乌金猪等特色农产品，积极创建"美姑美"特色品牌。

(4) 丰富线上线下经营模式，发展"飞地经济"　在线上，凉山州已建成大凉山特色产品交易中心、凉山特产网、爱淘凉山、彝家优品等12家本土电子商务平台，入驻企业300余家，年交易额达到数亿元。会理县与淘宝、京东、苏宁等电商企业签订战略合作协议，为石榴等特色农产品搭建网络销售平台，已入驻商家达100余家。在线下，会理县建设了会理石榴园综合体，通过农旅结合的方式，拓宽销路。会理县与好丽友、百事等大型食品加工企业合作，建立2 000亩马铃薯订单生产基地，直供加工厂。凉山州结合彝区资源禀赋和特色产业，对接成都、珠三角、港澳等地区需求，建设了佛凉农业产业园、成凉飞地园区，德昌供港果蔬基地等生产园区。

(5) 积极开展"以购代捐"，促进科技化生产　2018年以来，凉山州实施"以购代捐"消费扶贫活动，与种养基地、大型超市、餐饮企业、企事业单位对接，累计采购凉山州1131个贫困村的70多种农副产品，采购价均高出市场均价的8.2%。会理石榴科技小院采用"政府+大学+农户"合作模式，由中国农技协主导，四川农业大学、四川省农村专业协会和中国农业大学提供技术支持。

（三）云南怒江

1. 区域概况

怒江傈僳族自治州位于中缅边境，国土面积1.47万 km²，是个典型的集"边疆、民族、直过、贫困、高山峡谷和资源富集"为一体的民族自治州。辖泸水市、福贡县、贡山独龙族怒族自治县、兰坪白族普米族自治县等4个县（市），下设29个乡（镇）255个村委会、17个社区，总人口54.4万人。

怒江州低纬高原季风气候与立体气候特征明显，适宜多种农作物生长。怒江具有"四山夹三江"的独特地貌，地形复杂。境内除兰坪县的通甸、金顶有少量较为平坦的山间槽地和江河冲积滩地外，多为高山峡谷，可耕地面积只有103万亩，垦殖系数不足4%。耕地沿山坡垂直分布，76.6%的耕地坡度均在25度以上，可耕地中高山地占28.9%，山区半山区地占 63.5%，河谷地占 7.6%。全州 60.9% 以上的面积纳入各类保护地范围，人地矛盾突出。怒江州水资源丰富，由于地质条件复杂，山高水低，发展农业灌溉有限，目前利用率只占水资源总量的 0.70%。

从总体上来说怒江农业还处于从自给自足的自然经济向商品经济转型的阶段，粮油人均占有量远低于全国平均水平，粮油肉主要以满足本地需要为主，可供销售的产品非常少，农业产业化生产刚刚起步，基本不存在滞销的问题，发展生产是该区域的重点问题。该区域农产品标准化程度低，大部分产品算不上商品，只能算土特产。

2. 主要问题

（1）产业规模小，难以形成持续稳定的供货能力　怒江州拥有丰富的特色农业资源，多数农产品具有显著的地方特色和辨识度，但由于气候差异较大、地形复杂、耕地碎片化严重，加之农业资源开发利用不足，导致产业分散、规模小。目前，除草果和核桃外，均未形成一定规模的农业产业，农业规模化水平低，无法形成持续稳定的供货能力，难以满足大型农产品经销商对稳定货源的需求。

（2）标准化程度低，难以进入终端消费市场　怒江州多数特色农产品生产大部分是依靠经验而非标准化的生产技术，农业生产技术以经验性技术为主，即便是半自然半人工的生产方式，多数经营主体尚未取得相关生产许可证，专业化、标准化程度低，产品质量无法保障，不满足市场准入条件，难以进入终端消费市场。有食品生产许可证的企业数量仅 10 余家，与怒江州种类繁多的特色农产品相比差距还比较大。

（3）精深加工不足，产品市场竞争力弱　怒江州农产品加工业刚刚起步，加工企业数量少、规模小，且多数停留在初加工上，产业链短，导致加工产品特色鲜明但品质及技术含量不高，产品附加值低，市场竞争力弱。此外，由于生产规模小、原料供应不足，或是产品开发不足、市场销量不好，有些产品的加工经常处于半停滞状态。

（4）流通成本高，农产品缺乏价格优势　怒江州 98% 以上的面积是高山峡谷，坡度在 25° 以上的耕地占耕地总面积的 51.3%，绝大多数农作物种植于坡地或山上，农业生产资料运输成本高，农业生产过程消耗的劳动力较多，导致农产品生产成本高。同时，远离农产品终端消费市场，农产品运距长，物流成本高，降低了农产品的市场价格优势。

（5）品牌缺乏，产品市场认知度低　由于整个怒江州独特的高山峡谷地理条件，自然生态环境保持完整，种植以施用农家肥为主，养殖处于半自然半人工状态，这便使怒江初级农产品具有天然无污染的优势，具有巨大的市场潜力。但由于规模化、标准化程度低，难以获得绿色、有机等相关认证，加之认证环节复杂、费用较多、技术支持乏力、相关培训不足，严重影响了农业龙头企业和合作社主动进行品牌培育和宣传的积极性，许多特色农产品处于有"品"无"牌"的尴尬境地，市场认知度低。

3. 主要做法与经验

（1）"定制+订单"保障中药材销售　怒江昂可达农林生物科技开发有限公司是怒江州的招商引资企业，专门从事中药材种植、生产、加工和销售。公司与云南省农业科学院、云南农业大学、西南林业大学等科研院校密切合作，根据怒江的气候、土壤、水利等自然环境和资源条件，精心培育、试验、筛选出适宜当地种植的中药材品种，在老窝镇凤凰山建立了金铁锁、云当归、黄草乌、天门冬、滇黄精、滇红花等药材良种繁育基地，为怒江道地药材种质资源圃建设奠定了良好基础。为确保药材"产得出、卖得好",公司建立起"定制药园+订单种植"发展模式。公司积极与昆明龙津药业、云南保元堂药业、云南国鹤药业、云南西部药业等省内外多家药企合作,在怒江州建立专门的药材种植基地。同时,通过合作社组织当地贫困农户进行药材种植。公司通过上游与药企建立"定制药园",下游与农户建立"订单种植",秉承"无订单不种植"理念,通过营销订单倒逼种植品种、规模、方式与市场对接,既能确保中药材卖得出、卖得好,又能推动当地中药材种植的标准化。

(2) 电商公共服务中心助力特色农产品销售 为了解决农业经营主体自建电商平台成本高、人才缺乏、技术支撑不足等问题,怒江州建设了电子商务公共服务中心,积极探索促进怒江州农产品"走出去"的新途径。该中心由怒江州电子商务协会负责运营,设有产品展示展销中心、人员培训中心、企业入驻孵化中心、个人创业孵化中心、会议室、摄影中心、运营中心等七大功能区,为全州内农业企业、合作社提供完整的产品展示、电商咨询、人员培训、企业及个人孵化、产品拍摄等"一站式"综合服务。已有20多家企业和合作社入驻,展示三江火腿、野生核桃油、老姆登高山茶、云黄连、滇黄精等怒江特色农产品100余种。该中心已成为怒江州农产品展示体验的重要窗口,通过组织线上线下营销,对推动和促进怒江州农村消费品、农业生产资料、农产品流通交易的线上线下融合发展发挥了积极作用。

(3) 农旅融合带动农产品销售 泸水市鲁掌镇三合村距离州府六库15km,紧邻高黎贡山自然保护区。近年来,三河村依托生态、区位、民族文化三大优势,念好"山"字经,做活"林"字文,着力打造集住宿、餐饮、摄影、度假、休闲娱乐于一体的三河源庄园,实施"怒江·百鸟谷"计划,以"三棵树两棵草一只鸟",走出了一条特色生态产业致富的路子,即以核桃、花椒、刺龙苞等香料种植,草果、重楼等中药材种植,以及高端观鸟游,带动三河村全部产业发展。

三河村已吸纳中国鸟网、三人行、西南林大、云南财大等社团在三河源庄园设立摄影、科研、实战、实习、就业等基地,通过微信公众号、中国鸟网等渠道和平台,开展怒江百鸟谷宣传,直接在中国鸟网接团,或组织村民到机场接团,积极把中国鸟网的22.5万会员引到三河村观鸟、赏景、品食,以"鸟家乐"成功带动当地特色农产品销售。通过农旅结合规避了农产品销售物流成本高的问题,也为当地农产品的销售找到了一个新渠道。

五、促进深度贫困地区农产品有效对接的对策措施

(一) 适度发展适销对路的特色农产品

深度贫困地区的农产品要立足实际,细分市场,瞄准需求,发展适销对路的特色农产品。对于青稞、牦牛等消费市场主要在区域内的农产品应适度发展,保证本地市场供应为目标,对怒江草果、特色中药材等全国其他地区产量少,在全国市场上具有话语权的农产品,应根据市场容量确定合理发展规模,进行重点发展。对大枣、核桃、石榴等主要市场在区域外的特色农产品,要在品牌建设,品质提升上下功夫,提升产业竞争力。

（二）提升农产品的市场竞争力

要选派优秀农业技术干部到深度贫困地区挂职帮扶，提升当地农产品生产和加工技术水平，协助开展农产品认证、品牌建设等相关工作。要加强深度贫困地区特色农产品研发投入，大力开发满足市场需要的特色农产品，促进深度贫困地区农产品销售。要加强对深度贫困地区农户生产技术培训，提高农产品生产的科技水平。

（三）加强仓储冷链物流设施建设

在规模较大的农产品产区，建设或改建一批气调库、冷藏冷冻保鲜库，提高冷链物流覆盖面；支持重点农产品冷链物流园和生鲜农产品冷链物流集散点建设，健全贫困地区冷链体系。支持贫困村建设田头市场，提高贫困群众议价能力，减少流通损耗。支持贫困县建立农产品配送中心，分拣分级、集中配送，逐步形成标准化的配送服务体系；县级以上的城市在主要农产品批发市场或农贸市场设立扶贫农产品销售配送专区，用于集散、配送从贫困村、贫困户采购的农产品。

（四）加强农产品品牌建设

指导支持深度贫困地区打造农产品区域公用品牌和地理标志产品，做好品牌整体规划，加强品牌宣传，形成有社会影响力的农产品区域公用品牌；以农业产业化龙头企业为基础打造企业品牌，提高品牌的知名度、美誉度和顾客忠诚度；以农民合作组织为载体，运用地域差异、品种差异，打造具有文化底蕴和地方特色的"小而美"产品品牌；各贫困县可统筹整合财政涉农资金对获得国家级、省级农产品品牌的新型经营主体给予奖励；加大品牌保护力度，加大执法力度，严厉打击假冒伪劣和虚假广告等违法行为。

（五）大力发展新业态新模式

支持深度贫困地区搭建农村电子商务网络服务体系，建设县级电子商务运营中心、乡镇电子商务服务站、村级电子商务服务点。帮助贫困地区引入知名电商企业，通过网店、微博、微卖、微信等多种平台，畅通特色农产品线上销售渠道，支持电商平台设立扶贫专卖店、电商扶贫馆和扶贫频道，让贫困地区新型经营主体免费入驻。深度贫困地区要充分发挥自然环境优美，旅游资源丰富的优势，大力发展休闲农业，引导人流、资金流、信息流进入产区，带动特色农产品本地销售，规避区外运输成本，顺畅农产品市场流通。

参考文献

崔彬，2005. 国外农产品产销衔接的有效方式评析 [J]. 生产力研究（9）：147-148.

崔雪冬，2012. 产销衔接视域下的农业专业化合作组织发展思考 [J]. 农业经济（4）：147-148.

崔瑜琴，2019. 经济新常态视角下的农产品销售途径分析 [J]. 科技经济市场（1）：110-112.

代玉洋, 2015. 河北省蔬菜直销模式研究 [D]. 保定: 河北农业大学.

宫名扬, 2019. 山东省蔬菜类产品供需对接方式优化研究 [D]. 济南: 山东理工大学.

黄兰婷, 2018. "互联网+" 背景下农产品销售模式研究 [J]. 中国市场 (36): 113-114.

黄梓轩, 2020. 长江经济带农产品流通效率及其影响因素研究 [D]. 重庆: 重庆工商大学.

李创, 2019. 中国深度贫困地区自我发展能力研究 [D]. 重庆: 重庆师范大学.

马瑞, 2020. 深度贫困地区生态移民可持续生计研究 [D]. 西安: 西北师范大学.

邵锋, 楼栋, 孔祥智, 2012. 谁来与农户衔接: 经纪人, 合作社, 还是龙头企业?——对农产品流通市场产销衔接环节的分析 [J]. 江西农业大学学报 (社会科学版), 11 (2): 1-6.

孙丹, 2020. 农产品流通模式对农户收入的影响研究——基于"农超对接"利益分配的视角 [D]. 杭州: 浙江工商大学.

孙林林, 2020. 我国农产品"农超对接"模式发展机理及系统运行模式研究 [J]. 农业经济 (6): 142-144.

汪婷婷, 范淑颖, 2019. 规模化经营视角下对农产品销售问题的探究——以安徽省砀山县为例 [J]. 商场现代化 (3): 14-15.

王丽娟, 信丽媛, 贾宝红, 2015. 天津市地产蔬菜产销衔接路径调研与分析 [J]. 山西农业科学, 43 (10): 1 368-1 371, 1 376.

王尚旭, 2015. 重庆市农产品产销衔接的路径及政策选择研究 [D]. 重庆: 重庆大学.

王志英, 2009. 市场化条件下粮食产销协作模式与区域粮食安全研究 [D]. 无锡: 江南大学.

徐天骄, 2020. 可持续生计资本视角下新疆深度贫困地区农户收入差距问题研究 [D]. 石河子: 石河子大学.

严子明, 2019. 四川深度贫困地区自我发展能力测度与提升研究 [D]. 雅安: 四川农业大学.

杨冠, 2017. 农民合作社"农超对接"政策需求优先序研究 [D]. 南昌: 江西农业大学.

杨树玉, 2019. 深度贫困地区金融扶贫效率的影响因素研究 [D]. 兰州: 兰州财经大学.

杨勇, 季刊, 孙玥祺, 2020. 贫困地区农产品销售扶贫问题研究 [J]. 南方农机, 51 (13): 29-30.

张丽, 黄腾, 刘天军, 2018. 互联网能弥合农产品销售市场的数字鸿沟吗?——基于陕西省苹果种植户的微观数据分析 [J]. 农林经济管理学报, 17 (6): 660-668, 737.

张译文, 2018. 成都市农产品流通体系的现状及对策研究 [D]. 雅安: 四川农业大学.

现代农业园区引领驱动产业兴旺战略研究

肖 琴 罗其友

摘 要：作为全国现代农业发展"排头兵"、农业改革"试验田"和区域现代农业"展示板",现代农业园区是促进乡村产业要素融合的重要平台,是推动乡村产业集聚发展的重要载体,是优化乡村产业发展路径的重要抓手。经过近四十年的发展,中国现代农业园区建设成效显著,农业现代化水平稳步提高,农业产业结构明显优化,农业发展动能明显增强,农业发展质量明显提升,初步形成了门类齐全、四级联动、梯次发展的格局,基本实现了涉农县(市、区)的全覆盖。但现代农业园区建设和发展仍存在一些不足,在一定程度上制约了其引领驱动乡村产业振兴作用的发挥。需要剖析现阶段现代农业园区引领驱动产业兴旺的主要问题,明确"十四五"建设现代农业园区引领驱动产业兴旺的基本思路和重要举措,以加快现代农业园区建设步伐,提升现代农业园区引领驱动乡村产业振兴能力。

关键词：现代农业园区；产业兴旺；乡村振兴；发展战略

Research on How to Build a Modern Agricultural Park to Drive the Development of the Rural Industry

Xiao Qin, Luo Qiyou

Abstract: As the "vanguard" of the development of China's modern agriculture, the "experimental field" of agricultural reform and the "demonstration board" of regional modern agriculture, modern agricultural parks are an important platform to promote the integration of rural industry elements, an important carrier to promote the development of rural industry clusters, and an important gripper for optimizing the development path of rural industries. After nearly 40 years of development, the construction of modern agricultural parks in China has achieved remarkable results. The level of agricultural modernization has been steadily improved. The agricultural industry structure has been significantly optimized. The momentum of agricultural development has been significantly enhanced. The quality of agricultural development has been significantly improved. However, there are still some shortcomings in the construction and development of modern agricultural parks, which to a certain extent restrict its role in leading and driving the revitalization of rural industries. It is necessary to analyze the main problems and clarify the basic ideas and important measures for the construction of modern agricultural parks in the "14th Five-Year Plan", so as to speed up the construction of modern agricultural parks and enhance the capacity of modern agricultural parks to revitalize rural industries.

Key words: modern agricultural park; thriving businesses; rural revitalization; development strategy

一、现代农业园区建设现状与成就

经过近40年的发展，中国现代农业园区建设成效显著。截至2019年年底，共建设国家农业科技园区213个，国家现代农业示范区281个，国家现代农业产业园114个。作为全国现代农业发展"排头兵"、农业改革"试验田"和区域现代农业"展示板"，3类园区在促进农业产业结构调整、培育农业发展新动能、推动农业可持续发展以及带动农民增收致富等方面发挥了重要作用。

（一）农业现代化建设成效显著，排头兵和领头羊地位日益彰显

目前，国家现代农业示范区基本实现农业现代化程度平均达到95%以上，农业现代化建设保持较快增速。其中，科技推广水平自2012年达到基本实现农业现代化目标以来，保持了年均增长0.6分的良好态势；物质装备水平、支持水平和可持续发展水平超过基本实现农业现代化目标值。

国家现代农业产业园立足当地资源优势、发展水平和发展潜力，选择比较优势突出的特色产业作为主导产业，综合施策，促进生产要素在空间和产业上的优化配置，强化链条延伸和集约开发，打造产业集群，将资源优势、比较优势转化为产业优势、产品优势和竞争优势，产业发展水平在区域甚至在全国处于领先地位。

（二）农业产业结构深化调整，供给体系适应性明显增强

1. 种养结构调整成效显著，"三箭齐发"促进农牧互动

国家现代农业示范区按照"稳粮、优经、扩饲"的基本思路，不断巩固粮食生产能力，扩大高效经济作物种植规模，促进农牧循环发展、渔业减量增收，农业产业结构调整呈现新态势。粮改饲、粮改经、粮改特及"藏粮于地、藏粮于技"战略稳步推进，粮经饲统筹的三元种植结构逐步形成，稳粮调结构成效显著；以粮改饲推进过腹转化增值能力不断提升，畜牧业产能调控效果继续发挥；渔业产值增幅明显高于产量增幅，渔业减量增收趋势明显。

2. 产业融合向纵深化拓展，"三链重构"助推产业升级

现代农业园区着力推进产业交叉融合，以加工业带动"接二连三"、以服务业促进"隔二连三"，有效促进了产业链延伸、价值链提升、供应链贯通，实现了"三链重构"，以规模化种养基地为依托、以农业产业化经营为带动、以农民合作化经营为纽带、以农业

社会化服务为支撑的产业融合纵深化拓展格局加快形成。国家现代农业示范区土地适度规模经营比重达到56.9%，畜禽规模化养殖比重达到64.9%，水产标准化健康养殖比重达到44%，示范区多种形式的适度规模经营引领现代农业发展的格局已经确立。农产品加工产值与农业总产值比值达到2.5∶1，示范区农产品加工业引领带动作用逐步增强，产业链条完整、功能多样、业态丰富、利益联结更加稳定的农业产业化新格局基本形成。产业要素逐步向各类新型经营主体集中，龙头企业带动能力不断增强，农业产业组团式、集群化发展态势明显。示范区农户参加农民合作社比重达到56.7%，以农民为主体的合作化生产经营体系不断壮大，与企业及科研机构间的协同协作机制日益完善，主体融合水平加快提升。农林牧渔服务业增加值占农林牧渔业增加值比重达4.1%，农业生产性服务业实现快速发展，推动现代生产要素加快聚集。国家农业科技园区二三产业产值占比平均值为75.93%，一二三产业联动发展格局初步形成。国家现代农业产业园围绕主导产业发展，科学规划布局生产、加工、物流、研发、休闲、服务等功能板块，推动产业链纵向延伸和产业间横向拓展，形成产加销、农工商、农文旅一体化发展格局，并逐步打破一二三产业割裂形态，积极探索深度融合和系统经营模式，初步形成六次产业新业态。

（三）农业发展动力加速转换，"双驱动"创新活力持续迸发

现代农业园区加快推进农业物质装备条件升级，广泛应用现代科技信息技术，促进生产经营制度和管理体制机制改革，全面激活市场、激活要素、激活主体，努力培育现代农业发展新动能，激发园区发展新活力。

1. 现代科技驱动生产方式转变，农业发展新旧动能加快转换

国家现代农业示范区高标准农田面积占耕地面积的超过60%，农田灌溉水有效利用系数平均达到0.63，比全国平均水平高0.1，为提高农业综合生产能力、保障农产品有效供给奠定了坚实基础。农作物耕种收综合机械化水平达79.4%，比全国平均水平高13%。农机装备、服务组织和作业水平大幅提升，主要农作物生产全程机械化、种养加全面机械化取得显著进展。

国家农业科技园区通过实施人才战略，引进了一批研发队伍，聚集了一批科技特派员，吸引了一批优秀复合型人才，逐渐形成了产学研协同创新、科技特派员创业、研发人员汇聚的人才队伍。注重科技创新与转化能力建设，已逐渐建成以企业为主体，国家、省、地市共建的研发创新平台体系，科技创新条件和创业服务能力大大提升。88%以上的园区建立了自己的电商平台。大多数园区加强协同创新的共享交流机制，面向全国科研机构及高等院校、园区建设单位、龙头企业，建立了包括园区科技成果数据库、专利数据库、新产品数据库、科技文献数据库等在内的园区建设相关领域科技成果转化数据库系统。其中，约75%的园区链接了相关专业网络中心，获取多种农业信息资源，为创新主体提供了公用信息化服务平台。

国家现代农业产业园积极与科研院校开展紧密合作，搭建科研平台，共建产学研合作基地，开展新品种、新技术、新装备的研发、示范、推广，打造农业科技创新高地和现代技术与装备集成区。2017—2018年批准创建的62个国家现代农业产业园中，有23个产业园拥有院士工作站，有7个产业园拥有博士后工作站，有12个产业园拥有国家级研发、

试验、检测中心。依托这些科研平台，以技术服务和成果转化为手段，为产业园发展、人才培养、科技贡献提升等提供技术支撑，产业园科技进步贡献率达到 70.7%，高于全国平均水平 13.2 个百分点。

2. 体制机制驱动生产关系协调，农业发展新活力不断释放

现代农业园区持续推进财政资金整合和投资结构优化，财政支持方式由资金整合直接投入向财政杠杆间接撬动转变，财政投入撬动效应进一步突出。国家现代农业示范区农业保险深度达到 1.2%，单位农林牧渔业增加值信贷资金投入达到 1.24 元，示范区通过项目补助、贷款贴息、以奖代补、先建后补和 PPP 合作等方式，搭建财政+金融+保险支农互动平台，优先支持产能升级、科技创新、绿色发展和公共服务等建设领域，实现了政府投入效率、企业经营效益和农民群众受益的最大化。在农业科技园区建设过程中，大多数园区均设立了投资管理公司，为入园企业搭建投融资平台，吸引金融资本和社会资本，增加了园区的资金来源，初步形成了政府、企业、社会各界投资参与园区建设和技术引进的多元化投融资机制。国家现代农业产业园在财政扶持、用地保障、金融支持、保险服务等方面积极探索、出台针对性强、含金量高的政策措施。

（四）农业发展质量明显提升，绿色兴农品牌强农促进农业提质增效

现代农业园区树立"资源节约、环境友好、持续发展"的生态经济观，坚持"质量兴农、绿色兴农、效益强农"的发展原则，推进农业经济发展由外延式扩张向内涵式增长转变，农业可持续发展能力显著增强，农民收入实现稳定增长，引领全国农业供给体系质量和效率由低水平向高水平跃升。

1. 优质农产品供给比例提升，质量兴农再上新台阶

国家现代农业示范区从生产端、供给侧入手，调整优化产品结构、品质结构，全面构建契合市场经济和消费需求的农产品供应体系。"三品认证"农产品产量占食用农产品产量的超过 20%，农产品质量安全抽检合格率达到 99.8%，示范区发展已由重点依赖资源消耗、主要满足"量"的需求，逐步向追求绿色生态可持续、更加注重满足"质"的需求转变，推进农产品供需关系在更高水平上实现新的平衡。

2. 农业"三率"全面提高，绿色兴农破解资源约束

现代农业园区牢固树立绿色发展理念，紧紧围绕"一控两减三基本"的目标，大力发展资源节约、环境友好、生态保育型农业，打好农业面源污染治理攻坚战，加强农业资源环境突出问题治理，不断加快资源利用高效化、农业投入减量化、生产过程清洁化和废弃物利用资源化进程，实现农业土地产出率、资源利用率和劳动生产率水平稳步提升。国家现代农业示范区土地产出率不断提高，2016 年平均单产达到 462.5kg/亩，比全国平均水平高 99kg/亩；劳动生产效率实现较快增长，劳均农林牧渔业增加值达到 4 万元/人；资源利用效率再度提升，单位能耗创造的农林牧渔业增加值达到 2.7 万元。国家农业科技园区的土地产出率与劳动生产率稳步提升，2015 年全国 157 家园区的平均土地产出率为 9.49 万元/hm^2，平均劳动生产率 13.27 万元/人。国家现代农业产业园，全面推行农业清洁生产，形成了一批可复制可推广的农业绿色、低碳、循环发展模式，优质农产品供给能力大幅提升。

3. 农产品质量安全水平提升，品牌建设实现突破

现代农业园区深入推进农业标准化生产，积极开展"两品一标"认证，推进全程执法监管，严格投入品监管，强化生产督导巡查，深化专项整治，从生产、监管两端发力，确保农产品质量安全保持较高水平。2016年，国家现代示范区农产品质量安全抽检合格率平均达到99.8%，比全国农产品质量安全监测合格率（97.5%）高2.3个百分点。国家农业科技园区不断加大品牌建设力度，着力打造地理标识产品，将地理标识产品保护和名牌战略、技术标准化战略有机结合，促进农业规范化、品牌化发展。2015年全国157家园区拥有的品牌总数为3 156个，平均每个园区20.1个；有92家园区取得了地理标识产品。国家现代农业产业园着力构建现代农业绿色生产体系，大力推进生产、加工、流通和质量安全标准体系建设，加强品牌培育力度，构建起以绿色、有机、地理标志保护、生态原产地产品保护认证为基础，以区域公用品牌为支撑，以企业品牌、产品品牌为补充，驰名商标、著名商标齐头并进，地域特色鲜明的农业品牌体系。

4. 农民增收水平持续领先，效益强农带动精准脱贫

现代农业园区在稳定农民经营收入基本盘的基础上，释放改革效应与政策红利，着力推进农村产权制度改革创新，通过股份合作、二次分配、合同契约等形式，构建农户与企业等经营主体间的协同协作机制，结成利益共同体，让农民更多分享二三产业增值收益。2016年，示范区农民人均可支配收入达到14 925元，比全国平均水平高20.7%，"十二五"以来年均增速达到12.4%。2015年157家国家农业科技园区新安置就业人口28.08万人，平均每家园区新安置就业人口1 788.56人；带动当地农户1 122.74万人，平均每家园区带动农户71 511.8人。国家现代产业园以土地流转、土地入股、务工就业等形式，推动发展"龙头企业+合作社+基地+农户"的合作制、股份制、订单农业等多种利益联结方式，深化"订单农业+合同价收购+二次分红"利益联结模式，探索构建"大园区+小庭园""大产业+小业主"等产业化联合体，促进小农户与大市场、现代农业发展有机衔接。2018年产业园农民人均可支配收入达到2.2万元，比2016年增长27%，比各产业园所在县平均水平高出30%以上。

二、现代农业园区引领驱动乡村产业兴旺的内在机理

（一）现代农业园区是促进乡村产业要素融合的重要平台

党的十九大报告提出，要着力加快建设实体经济、科技创新、现代金融、人力资源协同发展的产业体系。产业体系作为现代农业体系的重要组成部分，乡村产业体系现代化是农业现代化的战略重点。现代农业园区突出创新引领、创新驱动，真正解决科技与农业产业的"两张皮"问题，实现科技与农业产业的深度融合，以质量变革为主体，以效率变革为导向，以动力变革为基础，推动产业结构优化升级。同时，统筹土地、能耗等基础要素，以及现代金融、人力资源、信用保险等新要素，协同发力，将互联网、大数据、人工智能等植入乡村产业，实现产业类型协同融合、要素协同，构建良好产业生态，构建支撑农业高质量发展的现代产业体系，不断增强乡村经济创新力和乡村产业竞争力。

(二) 现代农业园区是推动乡村产业集群发展的重要载体

产业集群是在特定的区域内,大量相互关联的企业以及相关支撑机构在空间上集聚,形成强劲、持续竞争力的产业发展形态。现代农业园区以产业链耦合为基础,提供高质量、高效率的公共基础设施和公共服务产品,吸引具有产业关联性的大量新型经营主体入园,通过优化规模、集中布局、功能互补、设施配套、分工协作等,形成产业集群,并在此基础上通过产业关联各环节衍生出一批具有分工协作关系的关联企业,进一步壮大产业集群。产业集群发展,能够大幅提升专业化投入品和服务的指向性、知识的溢出性、市场的集聚与辐射性、以及劳动力市场的共享性,实现资源利用效率提高、成本节约、收入或效用增加,使得乡村产业在生产效率、交易效率、产业组织优化带来的市场绩效和产品差异等方面就有明显的竞争优势。

(三) 现代农业园区是优化乡村产业发展路径的重要抓手

新中国成立以来,乡村产业的发展模式随着经济社会的发展而不断变化演进。在乡村产业发展的 1.0 阶段,主要表现为单一的种养殖业,以低成本为导向,由土地和劳动力等原始要素驱动;在乡村产业发展的 2.0 阶段,主要表现为农产品生产向农产品加工延伸,探索构建产业价值链;在乡村产业发展的 3.0 阶段,乡村产业形态日益丰富,生产、加工、流通等业态涌现,但多处于无序发展状态;近年来,随着创新驱动发展战略的实施和农业供给侧结构性改革的深化,我国乡村产业的发展开始进入 4.0 阶段,以产业链延伸和价值链重组为特征的产业融合成为新的发展模式。现代农业园区集聚各类要素,形成人才、土地、资金、产业、信息汇聚的良性循环,具备高势能优势,着力培育多元融合主体,发展多类型融合业态,搭建城乡产业协同发展平台,推动城乡要素跨域配置和产业有机融合,为乡村产业振兴注入新动能,加快乡村产业转型升级。

三、现代农业园区引领驱动产业兴旺的主要问题

(一) 农业物质装备仍然薄弱

现代农业园区内农田灌溉水有效利用率偏低,高标准农田建设规模和建设水平有待提升,需进一步强化高标准农田建设与农田水利建设的同步推进,加快灌区续建配套与现代化改造,建设一批重大高效节水灌溉工程,提高抗旱防洪除涝能力。此外,受自然区域特点和作物种植模式的影响,适宜丘陵坡地小块地和特色农作物耕种收的农机农艺融合技术体系尚未建立,中西部丘陵山区农业机械化瓶颈仍未破题,需加强科研机构、设备制造企业联合攻关,加快研发经济作物、丘陵山区农林机械,提高薄弱环节的农业机械化水平。

(二) 农业标准化进程提升缓慢

多数园区普遍存在"两品一标"基地建设规模偏小、品牌运作及产销衔接不畅等问题,农产品大品牌不多,多数品牌影响力还仅停留在局部地域,跨省跨区域的品牌不多,国际上的知名品牌则更少,"两品一标"农产品更多局限于鲜活农产品或初加工产品,缺

乏精深加工、二次增值的高附加值产品，难以提升品牌农业的国际竞争力。

（三）一二三产业融合有待深化

部分产业园一二三产业发展不平衡，同时也未针对一二三产业发展的短板，进行升级改造，做大做强园区的产业支撑。大部分园区的初级产品多，深加工不足，加工转化率低，产业链延伸不足。个别园区加工业发达，但规模种养基地发展不足，原料来源依赖其他地区，产业链不完整。此外，多数园区的休闲、生态、文化等功能开发不足，价值链拓展有限。产业链环节之间没有紧密联系，产业间关联度较低，没有形成生态网络。在项目设计上，各自独立，无法实现真正的融合发展。

（四）社会化服务水平相对滞后

现代农业园区农业社会化服务水平与土地适度规模化经营水平不匹配，农产品烘干、保鲜、储藏、加工、物流、营销及金融、保险、信息等产后环节社会化服务缺位问题更为明显，难以适应现代化的生产经营需求，通过统一服务实现连片种植、规模饲养，形成服务型规模经营，已成为现代农业园区推进多种形式适度规模经营的迫切需要。

（五）农业产业化带动能力依然不强

现代农业园区内农业产业化龙头企业在带领农民专业合作社开展标准化生产、强化品牌建设、促进加工增值、开拓产品市场、延伸产业链条等方面的带动作用仍需强化，亟需通过兼并、重组、参股、联合等方式，整合产业上下游资源要素，组建大型领军型加工企业，着重提高产业集中度和产业化整体水平。部分园区针对农民合作社、家庭农场等新型农业经营主体，投入资金少，扶持力度小，带动农户受益不明显。大部分园区的利益联结机制依然停留在订单农业、土地租金收益、就近打工收益等浅层次的水平，对如何壮大农村集体经济，如何体现农民主体、确保农民长期受益，具体措施不多。

四、"十四五"建设现代农业园区引领驱动乡村产业兴旺战略

（一）形势与需求

当前，中国特色社会主义进入新时代，我国社会主要矛盾已经转化为人民日益增长的美好生活需要和不平衡不充分的发展之间的矛盾，我国经济也已由高速增长阶段转向高质量发展阶段。深化农业供给侧结构性改革，巩固拓展脱贫成果，实施乡村振兴战略，农业农村发展进入"方式转变、结构优化、动力转换"的新时期。

1. 实施乡村振兴战略对园区发展提出新要求

实施乡村振兴战略，是以习近平同志为核心的党中央着眼党和国家事业全局，深刻把握现代化建设规律和城乡关系变化特征，顺应亿万农民对美好生活的向往，对"三农"工作作出的重大决策部署。乡村振兴，关键是产业要振兴。产业兴旺，是解决农村一切问题的前提，从"生产发展"到"产业兴旺"，反映了农业农村经济适应市场需求变化、加快优化升级、促进产业融合的新要求。园区要准确把握未来发展的阶段性特征和新的任务要

求，以完善利益联结机制为核心，培育农业农村新产业新业态，打造农村产业融合发展新模式，推动要素跨界配置和产业有机融合，让农村一二三产业在融合发展中同步升级、同步增值、同步受益，加快发展根植于农业农村、由当地农民主办、彰显地域特色和乡村价值的产业体系，推动乡村产业全面振兴。

2. 推进农业高质量发展为园区发展提供新动能

当前，我国农业正处在转变发展方式、优化产业结构、转换增长动力的攻关期。推进农业高质量发展，实现农业由总量扩张向质量提升转变，才能提高农业综合效益和竞争力，实现我国由农业大国向农业强国转变。园区要强化提质导向，以推进农业高质量发展为动源，以优化农业农村要素配置、产业结构、空间布局、管理方式为关键点，着力优环境、促融合、管安全、强科技、育人才，大力推进农业绿色化、优质化、特色化、品牌化，加快推动农业发展质量变革、效率变革、动力变革，全面提升农业质量效益和竞争力，实现产品质量高、产业效益高、生产效率高、经营者素质高、国际竞争力强，为更好满足人民美好生活需要和推进乡村全面振兴提供强有力支撑。

3. 巩固拓展脱贫成果为园区发展带来新机遇

当前，脱贫攻坚已到了决战决胜、全面收官的关键阶段，需要采取有效措施，巩固拓展脱贫攻坚成果，确保高质量打赢脱贫攻坚战。在推进脱贫攻坚进程中，几乎所有贫困地区都在因地制宜培育富民产业，但也存在产业同质化、产品低端化以及市场竞争力不强、抵御风险能力薄弱等问题。巩固拓展脱贫成果，要围绕"质"字做文章，筑牢产业发展基础，提升产业发展质量，实现脱贫产业从遍地开花到遍地结果的转变。陆续摘帽的贫困县逐步将工作重心转换到稳定脱贫质量、实现脱贫攻坚与乡村振兴相衔接等工作上来。园区要紧抓机遇，探索脱贫攻坚与乡村振兴的有效衔接，从以脱贫攻坚引领经济发展转向以乡村振兴引领经济发展转变，在体制机制、监督考核等方面进行衔接，并在工作重点、工作方法等方面实现转换，其中最重要的工作是做好产业发展，使产业扶贫转向产业振兴。

（二）总体思路

1. 指导思想

以习近平新时代中国特色社会主义思想为指导，深入贯彻党的十九大和十九届二中、三中、四中全会精神，牢固树立新发展理念，落实高质量发展要求，紧紧围绕统筹推进"五位一体"总体布局和协调推进"四个全面"战略布局，以实施乡村振兴战略为引领，以深入推进农业供给侧结构性改革为主线，以产业兴旺为总抓手，聚焦重点产业、优势产业、特色产业，聚集资源要素，突出集群成链，着力促进园区向高端化、集聚化、融合化、绿色化方向发展，辐射带动农业全面升级；着力发挥园区连工促农、连城带乡的桥梁纽带作用，促进产城相融、园村共建，统筹城乡发展，推动农村全面进步；着力提升价值链，分享利益链，构建促进农民持续较快增收的长效机制，大幅度增加农民收入，推动农民全面发展。

2. 基本原则

——以农为本。秉持姓农、务农、为农、兴农的宗旨，坚持农业主导地位，坚持农村优先发展，坚持农民主体地位，确保加工、科技、金融、电子商务、休闲旅游等业态的介入均服务于农业,均以做大做强农业、促进农村发展、带动农民增收为核心,坚决防止非农异化。

——要素集聚。聚集土地、资金、科技、人才、信息、市场、政策等现代农业生产要素,增强各要素间的协调性和耦合性,提高要素配置率,发挥园区聚集效应,形成外部规模经济,实现率先发展。

——产业融合。围绕产前、产中、产后各环节,构建育种、生产、收储、加工、物流、销售于一体的农业全产业链。围绕产业间联动,强化种养有机结合,挖掘农业各环节的生态价值、文化价值、休闲价值。通过产业链纵向延伸和横向拓展,推动农业价值链重构和演化升级,形成产业共同体,实现一二三产业相互渗透、交叉重组和系统融合。

——绿色发展。将绿色发展理念贯穿于园区建设全过程,全面推行农业绿色生产,加强农业污染防治,保护与节约利用农业资源,切实改善农村人居环境,增加绿色优质农产品和生态产品供给,探索可复制可推广的区域绿色生态循环发展模式,引领示范全域绿色发展。

——创新驱动。将创新发展理念融入园区建设全过程,全面推进科技创新、产品创新、政策创新、组织管理创新,强化农科教、产学研大联合大协作,改进农业生产组织经营方式,完善农民利益联结机制,打造农业农村发展综合改革试点试验区,积极探索创新发展新模式,激发园区发展活力。

3. 目标定位

到 2025 年,构建以国家级为引领、省级为骨干、市县级为基础的层次分明、功能互补、特色鲜明、创新发展的农业园区体系,以园区建设为载体,不断健全乡村产业体系,优化乡村产业空间结构,提升乡村产业聚合力,增强乡村产业持续增长力,培育乡村产业发展新动能,带动农村一二三产业融合发展增加值年均增速实现较大幅度提高,乡村产业振兴取得重要进展。

(三) 重点任务

1. 科学合理布局现代农业园区,优化乡村产业空间结构

结合国家和区域农产品布局规划,综合考虑区位特点和比较优势,加快构建覆盖不同地域特色、不同产业类型、不同发展层级的现代农业园区建设体系,形成国家级园区为龙头、省级产业园为骨干、市县级产业园为基础,共生发展、梯次推进的现代农业园区格局。优先在粮食生产功能区、重要农产品生产保护区、特色农产品优势区等布局建设,形成以产业带为支撑的园区建设链。发挥乡镇上连县、下连村的纽带作用,重点支持现代农业园区以镇域为中心布局建设,推进镇域产业集聚和镇村联动发展。

2. 加强现代农业园区全产业链建设,培育壮大乡村产业

按照规模化、设施化、绿色化、标准化的要求,建设高标准的规模种养基地和特色农产品基地,增加绿色优质农产品供给。强化农产品采后商品化处理、精深加工、贸易流通等环节建设,布局建设一批烘干、保鲜、分拣、包装、储藏等初加工和商品化处理设施,引导加工企业向园区集聚,开展精深加工,配套建设农产品批发市场、冷链物流体系。积极拓展农业多种功能,推进农业与旅游、教育、文化、健康养老等产业深度融合,推进休闲农业与乡村旅游发展由单一休闲向深度体验转变、由简单粗放向精细品质转变。健全农资供应、土地托管、代耕代种、统防统治、烘干收储等农业生产型服务业。发展农村电子商务，做实"互联网+"农业，实施数字农业工程，加快重要农产品全产业链大数据建设。全面完善产业链条，打破过去农业管生产、工业管加工、商业管销售的产业形态，不断做强现代种养业、做精乡土特色产业、提升农产品加工流通业、优化乡村休闲旅游业、培育乡村生产服务业、发展乡村信息产业，实现一二三产业的系统协调、融合发展。

3. 推进现代农业园区质量兴农绿色兴农建设，增强乡村产业持续发展能力

现代农业园区不仅是农产品的产出园，也是资源环境的保护园。既要保障绿色农产品的供给，又要保障生态产品的供给。现代农业园区建设，要深入落实"一控两减三基本"要求，以投入品减量化、生产清洁化、废弃物资源化、产业模式生态化为引领，大力推进全产业链各环节、生产全过程的质量管控，确保农产品的优质安全，以及资源环境绿色可持续。要大力推进全程标准化生产，加强农业投入品质量安全管理和农业废弃物回收处理，严格执行农产品质量分级及产地准出制度。同时，加大品牌培育力度，大力支持绿色、有机、地理标志、生态原产地保护产品等认证，实施"区域公用品牌、企业品牌、产品品牌"三位一体发展战略，并深入挖掘品牌内涵，提升品牌价值，扩大品牌溢出效应。

4. 提高现代农业园区双创能力，培育乡村产业发展新动能

高度重视科技在现代农业园区建设中的支撑作用，以政府为引导，以企业为主体，加强与科研院校的对接合作，联合组建科技研发中心、重点实验室、院士工作站、博士后工作站等科创基地，实现农科教、产学研联合协作，加快新品种、新技术、新装备的培育孵化。引导产业技术体系、科技创新联盟、科创企业在园区设立试验站、中试基地，推动新品种、新技术、新装备率先在园区示范应用。大力培育适合年轻人从业的分享农场、共享农庄、创意农业、农村电商、休闲旅游、特色文化等新产业、新业态，创建农村创新创业和孵化实训基地，培养领办合作社等新型经营主体的职业经理人，吸引年轻的农二代、农三代和城镇人员返乡下乡创业就业。

5. 创新现代农业园区利益联结机制，提升乡村产业聚合力

以现代农业园区为载体，支持发展产业关联度高、辐射带动能力强、多种主体参与的农业产业化联合体，实现小农户与现代农业的有效衔接。加快推广"订单收购+分红""土地流转+优先雇用+社会保障""农民入股+保底收益+按股分红"等多种利益联结方式，将企业与农民从简单的产品购销、劳务聘用、土地流转，转变为更为紧密的合作共赢关系，让农民更多分享产业增值收益，增加农民经营性收入和工资性收入。扩大财政资金折股量化试点，开展土地经营权入股从事农业产业化经营试点，积极探索集体土地、房屋等资源资产参与园区建设的可行路径，增加农民财产性收入，让农民长期享有持续稳定的收益。

（四）保障措施

1. 加强分类指导，统筹规划园区建设与乡村振兴

建设现代农业园区，要强化乡村振兴内容，将园区与乡村振兴统筹规划、协同建设、融合发展，以产业为龙头，集约集聚资源，推动产业融合、产村融合、城乡融合发展。重点要处理好四个关系。一是处理好园区建设共性与个性的关系，要充分考虑各地自然条件、资源禀赋、产业基础、经济社会条件等区域差异，因地制宜地确定适合不同区域、不同主导产业的园区建设标准与方式，对园区进行分类指导与管理。二是处理好点与面的关系，科学把握现代农业园区与县域现代农业发展之间的相互作用，把现代农业园区作为推进县域农业供给侧结构性改革、加快县域农业产业转型升级的重要抓手，通过建成一个园区、实现带动全县一个主导产业的升级拓展。三是处理好生产保障与功能拓展的关系，要以农为基，做好农工、农旅、农商等产业融合发展，协调好园区的生产功能与休闲、生态等功能，既要保证园区优质农产品的安全稳定供给，又要延伸与拓展产业的价值链，提升产品附加值。四是处理好产业发展与新农村、新型城镇化建设的关系，按照城乡统筹、产村一体、产城融合的思路，整合各方资源，促进农业现代化、美丽乡村建设与新型城镇化协同推进。

2. 系统谋划政策支持体系，强化人才用地资金支撑

围绕支持现代农业园区一二三产业融合发展的思路与要求，统筹协调国家发改、财政、自然资源、农业农村等部门，系统谋划出台园区建设的政策支持体系，着力解决园区建设资金不足、用地受限、人才支撑乏力等问题。

（1）要落实资金支持　支持相关县市根据现代农业园区建设的实际需要，继续加大涉农资金整合力度，把资金投入到产业链建设的关键环节和薄弱环节，进一步提升涉农资金支出效益。探索政府购买服务、PPP、专项建设基金等财政支农新方式，撬动金融资本、社会资本投向现代农业园区。推动园区与金融部门建立顺畅的对接机制，推进中央层面的涉农金融政策改革创新举措率先在园区试点实施。鼓励园区成立财政出资的担保公司，或利用园区闲置土地、固定资产或其他有效担保物等，为园区内的新型经营主体和农业产业化联合体等提供抵押担保，解决其融资难问题。

（2）要强化用地保障　在园区率先落实国务院办公厅《关于推进农村一二三产业融合发展的指导意见》（国办发〔2015〕93号文）提出的相关土地政策，对社会资本投资建设连片面积达到一定规模的高标准农田、生态公益林等，允许利用一定比例土地开展观光和休闲度假旅游、加工流通等经营活动。完善新增建设用地保障机制，推动年度新增建设用地指标中确定一定比例用于园区内的新型农业经营主体项目建设，通过土地整理新增耕地可按一定比例置换为建设用地。加大力度盘活农村存量建设用地，允许村庄整治、宅基地整理等节约的建设用地，通过入股、联营等方式，重点支持园区建设。

（3）要强化人才支撑　支持园区与人才市场合作，提供人才招聘、档案管理等服务，完善园区生活配套设施，吸引人才在园区内安居乐业。鼓励支持园区内的龙头企业、合作社等新型经营主体通过提升工资待遇、提供发展平台等，积极引进和培育科技人才、营销人才。

3. 创新完善市场化运营模式，激发园区发展活力

按照政府主导、市场运作思路探索现代农业园区的长效建设与运营模式，注重协调平衡好园区各类主体利益，确保农民权益得到最大限度尊重与保护。强化政府的政策支持与公共服务，通过规划等方式实现政府对园区发展的宏观调控与管理，在土地流转、项目审批与备案等行政服务、农产品质量安全检测、科技推广等方面提供高效率的政府服务。探索园区的市场化运营路径，将龙头企业作为推进园区建设的重要力量，一方面，要加强招商引资，为龙头企业入驻园区及产业经营做好公共服务，另一方面，要加强工商资本投资园区的监管，把带动农户效益作为引入龙头企业考核的重要指标，通过股权合作、订单农业等多元化途径探索农户参与的具体方式，切实保护农民利益。探索农民以自然生态、村容环境、民俗文化等资源评估、作价入股和分红的有效途径，特别是要兼顾农村集体资产的分红，要鼓励留出一定比例的村集体干股参与分红，不断壮大村集体经济，更好地实现资源变资产。探索开展现代农业园区PPP公私合营建设机制，明确"政府规划主导、企业开发运营、农户深度参与、园区市场化运作"的路径。

4. 统筹构建管理机制，加强监测评估与典型宣传

根据现代农业园区创建的层级，相应谋划设立中央、省、市县三级组织管理机构，形成上下贯通、左右互联的高效工作机制，建立完善园区建设的组织领导与管理体系，根据授权行使政府部门的行政审批、经济协调与管理等职能。在中央与省级层面通过组建现代农业园区建设联席会议制度的方式，加强与发改、财政、自然资源、生态环境等部门的沟通交流，统筹整合相关部门的政策资源，形成园区建设工作合力。

对国家级现代农业园区采取"能进能退、动态管理"的考核管理机制，制定完善园区建设水平评价办法，组织年度考核评价工作。对发展好的园区，加大支持力度；对考核不合格的，撤销其国家级园区称号，并给予处罚。同时，加强对全国各地现代农业园区建设的动态调查研究，对园区发展的新举措、新机制、新情况、新问题进行深入的调查、总结与提炼，为全国提供经验借鉴。加大对现代农业园区建设的宣传力度，利用CCTV17、农业信息网、农博会等媒体与展会平台，推出现代农业园区建设宣传专栏，引导社会各界广泛投入，为园区建设营造良好的社会氛围。

参考文献

常力强，2019-01-18. 乡村产业兴旺的示范样板 [N]. 农民日报（001）.

韩俊，2018. 实施乡村振兴战略五十题 [M]. 北京：人民出版社.

矫健，陈霞，陈伟忠，康永兴，穆钰，2018. 现代农业园区发展现状及国际经验借鉴 [J]. 农业展望，14（11）：20-24，3.

李飞，2019-04-20. 坚持姓农务农为农兴农建园宗旨 高质量推进现代农业产业园建设 [N]. 农民日报（1）.

农业部，财政部. 关于开展国家现代农业产业园创建工作的通知 [EB/OL]. [2017-04-05]. http://nys.mof.gov.cn/zhengfuxinxi/czpjZhengCeFaBu_2_2/201704/t20170405_2575093.html.

任璐，2017-12-20. 国家现代农业产业园建设扎实推进 [N]. 农民日报（001）.

吴佩，2019-07-26. 建设现代农业产业园 引领乡村产业振兴 [N]. 农民日报（001）.

吴圣，吴永常，陈学渊，2019. 我国农业科技园区发展：阶段演变、面临问题和路径探讨 [J]. 中国农业科技导报，21（12）：7.

肖琴，罗其友，2019. 国家现代农业产业园建设现状、问题与对策 [J]. 中国农业资源与区划，40（11）：57-62.

颜文华，2015. 休闲农业旅游产品开发模式创新研究 [J]. 中国农业资源与区划，36（7）：123-128.

张来武，2018. 六次产业理论与创新驱动发展 [M]. 北京：人民出版社.

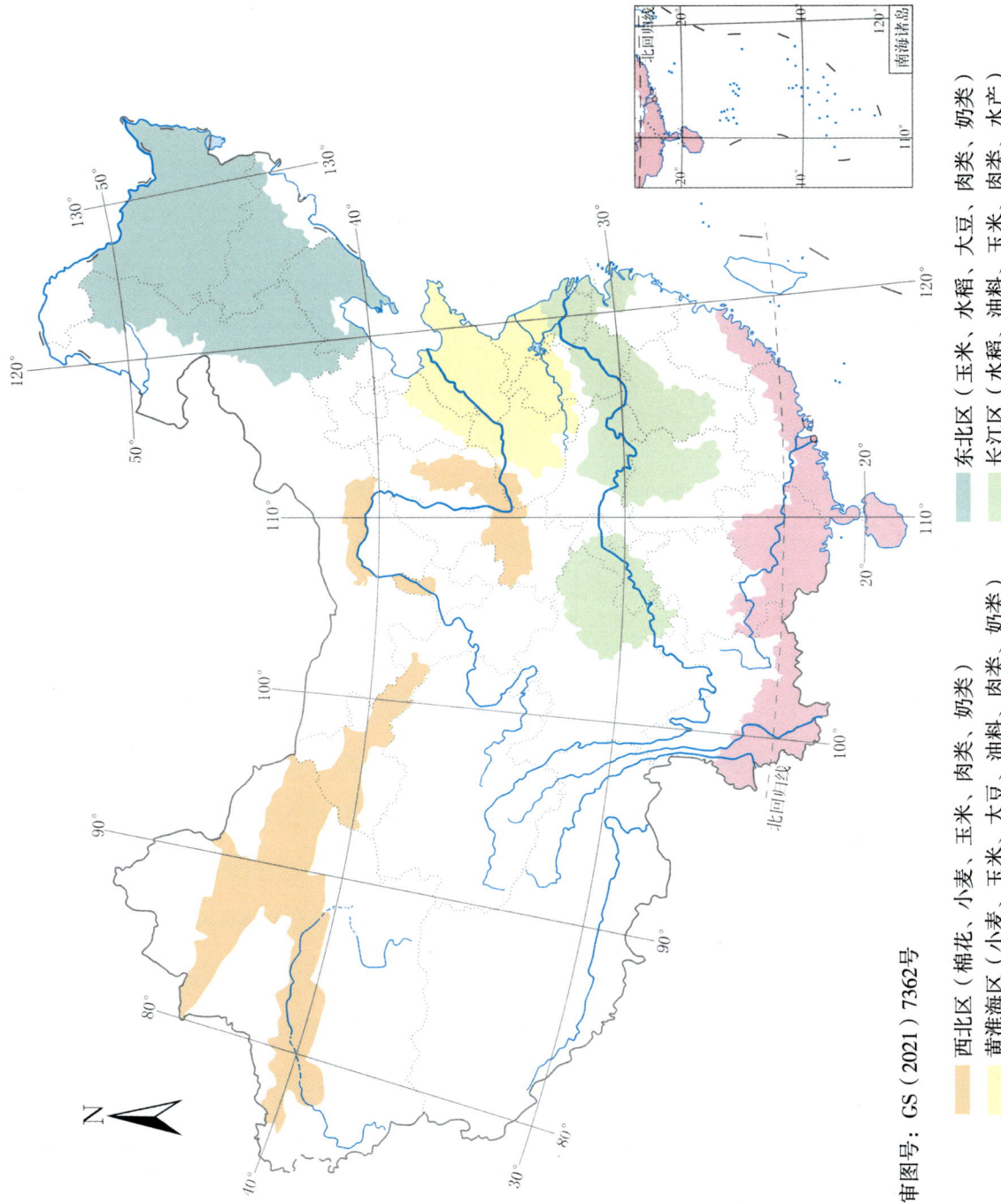

图 全国"六区十一带"农业空间格局示意